Carl Busley

Die Entwickelung der Schiffsmaschine (1890)

Carl Busley

Die Entwickelung der Schiffsmaschine (1890)

ISBN/EAN: 9783954271047
Erscheinungsjahr: 2012
Erscheinungsort: Bremen, Deutschland

www.maritimepress.de | office@maritimepress.de

Bei diesem Titel handelt es sich um den Nachdruck eines historischen, lange vergriffenen Buches. Da elektronische Druckvorlagen für diese Titel nicht existieren, musste auf alte Vorlagen zurückgegriffen werden. Hieraus zwangsläufig resultierende Qualitätsverluste bitten wir zu entschuldigen.

Die

Entwickelung der Schiffsmaschine

in den letzten Jahrzehnten.

Von

Carl Busley,

Kaiserlicher Marine-Ingenieur.

Mit 142 Textabbildungen und 5 lithographirten Tafeln.

Zweite, verbesserte und sehr vermehrte Auflage.

Berlin.

Verlag von Julius Springer.

1890.

Mit Benutzung der bezüglichen Veröffentlichungen

in der

Zeitschrift des Vereines deutscher Ingenieure

1888 und 1889.

Vorwort

zur zweiten Auflage.

Der schnelle Absatz und die weitere starke Nachfrage der ersten Auflage dieses Buches liefsen es dem Verleger wünschenswert erscheinen, eine zweite, möglichst verbesserte und vermehrte Auflage folgen zu lassen. Ich bin diesem Wunsche hauptsächlich deshalb nachgekommen, weil es mir bisher nicht möglich war, die dritte Auflage meines seit längerer Zeit vergriffenen Werkes »die Schiffsmaschine« so weit zu fördern, dafs ein Teil derselben erscheinen konnte. Den Fortschritten der Schiffsmaschinentechnik folgend, sind in der nachstehenden Auflage sämmtliche mit der Speisung der Hochdruckkessel zusammenhängenden neueren Apparate wie Speisewasser-Reiniger, Vorwärmer und Verdampfer ganz besonders berücksichtigt. Der Abschnitt über Vierfach-Expansionsmaschinen ist dem weiteren, jetzt vorliegenden Stoffe entsprechend sehr beträchtlich ergänzt worden und die Wasserrohrkessel haben, ihrer in Zukunft gewiss noch mehr in den Vordergrund tretenden Wichtigkeit wegen, eine sehr umfassende, gröfstenteils völlig neue Bearbeitung erfahren.

Kiel, im Januar 1890.

Der Verfasser.

Inhaltsverzeichnis.

Einleitung.

Um die Umwandlungen der Schiffsmaschine innerhalb der letzten Jahrzehnte nach ihrer vollen Bedeutung würdigen und die Bestrebungen zu ihrer weiteren Vervollkommnung aufmerksam verfolgen zu können, muss man etwas weit ausholen und sich eine Watt'sche Niederdruckmaschine vergegenwärtigen, wie sie noch in der Mitte der fünfziger Jahre der bei weitem gröfste Teil aller Schraubendampfer besafs. Durch dieses Zurückgreifen wird es nötig, eine Reihe längst bekannter Thatsachen anzuführen, deren Erwähnung aber nicht zu umgehen ist, wenn die neuesten Erfahrungen, welche sich mehr oder minder daraus entwickelten, in das rechte Licht gesetzt werden sollen. Mafsstab für die erzielten Fortschritte.

Die Kessel der Watt'schen Maschinen hatten fast ausnahmslos noch die Kofferform; vielfach waren es ältere Zugrohrkessel oder Kessel mit neben den Feuerungen liegenden Feuerrohren; nur die verhältnismäfsig neueren Kessel besafsen über den Feuerungen liegende Feuerrohre. Die Dampfspannung schwankte von 1 bis 2 kg/qcm Ueberdruck. Die Dampfcylinder der Maschinen waren nicht mit Dampfmänteln umgeben; als Umsteuerung diente gewöhnlich die Stephenson'sche Kulisse, in den meisten Fällen auch zur Füllungsänderung innerhalb sehr bescheidener Grenzen benutzt. Nur wenige Schiffsmaschinen konnten sich einer durch eine Klappe oder ein Ventil gebildeten, in der Regel nicht zwangläufigen, mehr oder minder unbeholfenen Expansionssteuerung rühmen. Im Kondensator wurde der Dampf durch Einspritzung von Seewasser niedergeschlagen. Die Uebertragung der vom Dampf in den Cylindern geleisteten Arbeit von der Kurbelwelle auf die Schraube geschah noch häufig mittels Vorgeleges; nur die Maschinen jüngeren Datums waren nach dem Vorgange Penn's ohne ein solches direkt wirkend ausgeführt. Als Propeller diente die mathematische Schraube und in vereinzelten Fällen die erst wenige Jahre früher patentirte Griffiths-Schraube. Einrichtung der Watt'schen Maschine.

Die neueren und besseren Maschinen der vorbeschriebenen Konstruktion erteilten den von ihnen getriebenen schnelleren Schiffen während der Probefahrt im Durchschnitt eine Geschwindigkeit von 11 bis 12 Knoten; 14 Knoten galt damals für einen Schraubendampfer als eine sehr beachtenswerte Geschwindigkeit und wurde auch nur beim Ablauf der Meile erreicht, während man schon Ende der vierziger Jahre mit Raddampfern (z. B. »Banshee« 1847) auf Meilenfahrten fast 16 Knoten erzielt hatte. Der Kohlenverbrauch betrug zu jener Zeit etwa 2,5 kg für 1 ind. Pfkr. und Std. und konnte ausnahmsweise bei gröfseren Maschinen und geschickt bedienten Feuern während der Dauer einer Probefahrt bis auf etwa 2,2 kg sinken. Geschwindigkeit und Kohlenverbrauch der älteren Schraubendampfer.

Vor 30 Jahren musste also ein Dampfer, dessen Maschine im Durchschnitt etwa 1000 Pfkr. indizirte, für eine Reisedauer von nur 20 Tagen in seinen Bunkern einen Kohlenvorrat von ungefähr 1200 t mitnehmen, wozu als eiserner Bestand noch etwa 10 bis 20 pCt. dieser Menge, also etwa 100 bis 200 t, traten.

So wuchs der ganze Bunkerinhalt auf 1300 bis 1400 t an, was bei den damaligen Gröfsenverhältnissen der Dampfer eine überaus starke Inanspruchnahme ihrer Tragfähigkeit herbeiführte und die Verlängerung der Dampferlinien nach solchen überseeischen Ländern, in denen keine Kohlen gewonnen wurden, gegenüber dem Mitbewerbe der Segelschifffahrt wenig nutzbringend erscheinen liefs.

Fortschritte in der Verwendung des Dampfes.

Die weitere Ausbreitung der Dampfschifffahrt war daher von Einschränkungen im Kohlenverbrauch der Schiffsmaschinen derart abhängig, dass sich die Konstrukteure in den fünfziger Jahren gezwungen sahen, jede, wenn auch nur geringe Kohlenersparnisse in Aussicht stellende Verbesserung der Kessel- oder Maschinenanlagen zu erproben. Erst im Laufe der sechziger Jahre begannen die grofsen Umwälzungen, welche sehr erhebliche Verminderungen des Kohlenverbrauches zur folge hatten. Zu den Verbesserungen der ersteren Art gehören 1) die Wiedereinführung des Dampfmantels der Cylinder und 2) die Ueberhitzung des Dampfes; als einschneidende Umwälzungen sind 3) die Anordnung des Oberflächenkondensators und 4) die hierdurch ermöglichte Verwendung hochgespannten Dampfes auf See in der Hochdruckmaschine anzusehen. Um eine vollkommnere Ausbeutung des hochgespannten Dampfes zu erreichen, wurde bald darauf 5) die Zweifach-Expansionsmaschine, später 6) die Dreifach-Expansionsmaschine und neuerdings 7) die Vierfach-Expansionsmaschine an Bord erprobt. Wie die folgenden Erörterungen zeigen werden, handelte es sich hierbei immer nur um eine günstigere Ausnutzung oder vielmehr um eine durchgreifendere Nutzbarmachung des einmal erzeugten Dampfes; und nach dieser Richtung hin sind unbestritten glänzende Fortschritte zu verzeichnen.

Gegenwärtig neigt man aber ziemlich allgemein der Ansicht zu, dass ein Weiterschreiten auf diesem Wege, also Steigerung der Dampfspannung bis auf 20 kg/qcm und darüber sowie eine hiermit verknüpfte mehrstufige Expansion, nicht nur keine nennenswerthen Vorteile mehr in Aussicht stellt, sondern auch an gewissen praktischen Schwierigkeiten scheitern wird, wie später klargelegt werden soll.

Fortschritte in der Erzeugung des Dampfes.

Angesichts des zu erwartenden Stillstandes in der Ausnutzung des erzeugten Dampfes richten sich die Blicke wieder auf eine Vervollkommnung der Dampferzeugung selbst, welche seit Einführung der Kofferkessel mit über den Feuerungen liegenden Feuerrohren keine Aufsehen erregenden Fortschritte mehr zu verzeichnen hat. Dass sich der Erfindungsgeist auf diesem Gebiete, welches ihm heute noch einen sehr grofsen Spielraum gewährt, in neuester Zeit erfolgreich zu regen anfängt, beweisen 8) die Einführung des künstlichen Zuges und des Unterwindes, 9) die Zuleitung erwärmter Verbrennungsluft, 10) die ausgiebige Vorwärmung des Speisewassers und 11) dessen Ergänzung durch destillirtes Wasser; aufserdem 12) die gesteigerte Verwendung der Wasserrohrkessel und der flüssigen Brennstoffe, über welche letztere ich mich schon früher eingehender ausgelassen habe [1]).

---

[1]) Zeitschr. d. Ver. deutscher Ingenieure 1887 S. 989 u. f.

I.

Fortschritte in der Verwendung des erzeugten Dampfes.

Erster Abschnitt.

Der Dampfmantel.

a. Ausführung des Dampfmantels.

Der Dampfmantel ist schon im Jahre 1769 von Watt erfunden, indessen erst 1776 von ihm praktisch ausgeführt und in der Folge für seine sämmtlichen Dampfmaschinen beibehalten worden. Es erscheint jedoch mehr als fraglich, ob Watt die Notwendigkeit und die Wirkung des Dampfmantels so eingehend gekannt hat, wie wir heute; wahrscheinlicher ist es, dass er den Dampfmantel nur einführte, um seine Absicht, »den Dampf im Cylinder so warm wie möglich zu erhalten« bis zum äufsersten zu verfolgen. Watt's Dampfmantel.

Die Nachfolger Watt's verstanden die Zweckmäfsigkeit des Dampfmantels nicht und liefsen ihn, der ihnen bei der Herstellung der Dampfcylinder mit den damaligen beschränkten Hilfsmitteln oft genug Schwierigkeiten bereitete, als überflüssig fort. Erst als man die Expansivkraft des Dampfes in höherem Mafse auszunutzen suchte, machte sich die Notwendigkeit eines Dampfmantels dringender geltend, und man fing an, ihn wieder allgemein einzuführen, so dass heute fast alle Schiffsmaschinen, mit Ausnahme der neuesten weiter hinten erwähnten, mit Dampfmänteln ausgerüstet werden. Fortfall und spätere Wiedereinführung des Dampfmantels.

Die ersten Dampfmäntel umgaben nur die Seitenwandungen der Cylinder, weil diese, durch die Kolbenreibung stets blank und rein gehalten, ganz besonders geeignet waren, den in den Cylinder tretenden Dampf zu kondensiren und hierdurch Dampfverluste herbeizuführen. Dampfmäntel der Seitenwände.

Bald aber wurden die Stirnwände der Cylinder ebenfalls doppelwandig hergestellt und ihr innerer Raum mit dem Dampfmantel vereinigt; ja, es sind später sogar Konstruktionen ersonnen, um auch in die hohlen Kolbenkörper den Heizdampf des Mantels zu leiten, ohne indessen, ihrer Umständlichkeit wegen, Eingang in die Praxis zu finden. Dampfmäntel der Stirnwände.

Gegenwärtig wird die Cylinderhülle in den weitaus meisten Fällen mit den Dampfkanälen, der Schieberfläche und dem doppelwandigen Cylinderboden in einem Stücke gegossen und in die Hülle ein innerer Cylinder — der Arbeitscylinder — derartig eingeschoben, dass zwischen beiden ein ringförmiger Zwischenraum von etwa 20 bis 25 mm verbleibt, welcher den Dampfmantel bildet. Der Arbeitscylinder wird dann am Cylinderboden mittels eines Flansches fest verschraubt und am Cylinderdeckel stopfbüchsenartig eingedichtet, wie Textfig. 1 zeigt. Allgemeines Verfahren beim Einsetzen des Arbeitscylinders.

Bei neueren Dreifach-Expansionsmaschinen, bei denen man den Zwischenraum zwischen Arbeitscylinder und Umhüllung nicht als Dampfmantel benutzen will, ist man stellenweise wieder auf das schon vor 20 Jahren von Humphrys und Penn Früheres Verfahren beim Einsetzen des Arbeitscylinders.

ausgeführte stramme Einsetzen des Arbeitscylinders in die Hülle zurückgekommen. Letzteres geschieht entweder durch Schrumpfen oder durch Eintreiben. Im

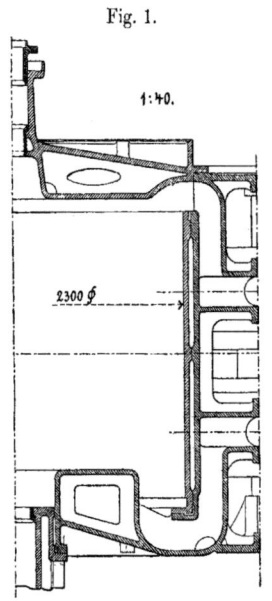

Fig. 1.

1:40.

2300 ⌀

ersteren Falle versieht man den Arbeitscylinder an seinen Stirnenden, und je nach seiner Länge auch in seiner Mitte, mit Bunden, welche wie die ihnen entsprechenden ringförmigen Ansätze in der Hülle entweder cylindrisch oder nach dem Cylinderboden hin etwas verjüngt glatt gedreht werden. Die senkrecht aufgestellte Umhüllung wird angewärmt, was am bequemsten mittels Dampfes aus einem Betriebskessel der Fabrik geschieht, und der Arbeitscylinder so in die hierdurch erweiterte Hülle eingesetzt, dass er durch seine eigene Schwere ohne Anwendung anderer Druckmittel in seine richtige Lage sinkt. Die beim Abkühlen schrumpfende Hülle hält den Cylinder fest. Die Befestigung durch Schrumpfen bleibt wegen des erforderlichen gleichmäßigen Anwärmens der Hülle stets ein recht schwieriges, langwieriges und mancherlei Erfahrung erforderndes Verfahren.

Gegenwärtiges Verfahren beim Einsetzen des Arbeitscylinders. Schneller und einfacher gestaltet sich die Arbeit, wenn der Arbeitscylinder in die Hülle eingetrieben wird, was mittels Holzrammen geschieht. Die Bunde des Arbeitscylinders sind dann nach dem Cylinderboden hin leicht konisch, und zwar etwas rauh, zu drehen, mit dicker zäher Mennigfarbe zu bestreichen und die Hülle selbst nicht anzuwärmen. Eine weitere Befestigung der Arbeitscylinder durch Schrauben usw. findet in beiden Fällen nicht statt. Damit etwa in ihren Hüllen sich lösende Arbeitscylinder sich nicht verschieben können, lässt man die Flansche der Cylinderdeckel fest gegen ihre Stirnflächen stofsen. Textfig. 2 zeigt einen solchen im Vulcan bei Stettin ausgeführten, mit eingetriebenem Arbeitscylinder versehenen Dampfcylinder einer Dreifach-Expansionsmaschine, wie sie die im Sommer 1887 fertig gestellten chinesischen Panzerkreuzer »King-Yuen« und »Lai-Yuen« erhalten haben.

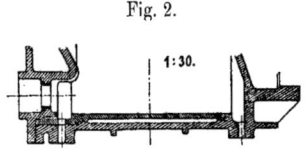

Fig. 2.

1:30.

Früher, als man die Zwischenräume der Hüllen und Arbeitscylinder als Dampfmäntel benutzen wollte, musste man diese beiden Befestigungsarten der letzteren aufgeben; denn obgleich die Cylinder fest safsen, liefsen sie sich doch nicht so dicht in die Hüllen einfügen, dass nicht sehr viel Dampf aus dem Mantel in den Cylinder überströmte. Nach praktischen Erfahrungen konnten derartig hergestellte Dampfmäntel, wenn nicht übermäfsige Dampfverluste auftreten sollten, höchstens mit Dampf von 2 Atm. Ueberdruckspannung geheizt werden.

Vorzüge der vorstehenden Konstruktionen. Alle angeführten Befestigungsarten der Arbeitscylinder gestatten, dass sich die letzteren mehr oder weniger ausdehnen und zusammenziehen können, ohne hierdurch in ihren solchen Bewegungen weniger ausgesetzten Hüllen starke, zu Rissen oder Sprüngen Veranlassung gebende Beanspruchungen hervorzurufen. Ein weiterer Vorzug dieser Konstruktionen liegt darin, dass man den Arbeitscylinder aus härterem Gusseisen als die Hülle herstellen kann.

b. Zweck des Dampfmantels.

Die bahnbrechenden Versuche und Untersuchungen von Clark[1] und Isher- Verwertung des Nachdampfes.
wood[2] sowie namentlich diejenigen der Elsässer Hirn[3] und Hallauer[3] haben
zu der jetzt fast allgemein als richtig anerkannten, unter anderen auch nach ihren
in der Zeitschrift des Vereines deutscher Ingenieure veröffentlichten Arbeiten von
Grashof[4] und Brauer[5] geteilten Ansicht geführt, dass in einem durch Dampfmäntel geheizten Cylinder das Nachdampfen in geringerem Umfange als bei unge-
heizten Wandungen auftritt und beinahe vollständig während der Expansion vor
sich geht, wodurch fast sämmtlicher Nachdampf noch zu nutzbarer Arbeit herangezogen wird. Wenige Worte mögen diesen Umstand erläutern.

In dem nicht mit einem Dampfmantel geheizten Cylinder einer Kondensations- Einschränkung der inneren Kondensation.
maschine kommt der eintretende Dampf stets mit Wandflächen in Berührung, welche
kurz vorher mit dem Kondensator in Verbindung standen, mithin eine geringere
Temperatur als der Dampf selbst besitzen. Während der Füllung erfährt daher der
Dampf eine teilweise Kondensation, infolge deren sich ein Wasserbeschlag auf diesen
Wandflächen bildet. Der Beschlag wird um so stärker, je gröfser der Temperaturunterschied zwischen Eintrittsdampf und Cylinderwand und je feuchter der Dampf
ist. Sinkt während der Expansion die Temperatur des Dampfes unter diejenige
der Cylinderwand, so verdampft das an den Cylinderwandungen hängende Wasser
infolge der heftigen Wärmeabgabe der letzteren wieder. Dieselben Umstände, welche
einen stärkeren Wasserbeschlag verursachen, verlegen den Beginn des hierdurch
herbeigeführten Nachdampfens an das Ende der Expansion. Da nun die Steuerungen
der Schiffsmaschinen die Vorausströmung zwischen 0,80 — 0,95 des Hubes beginnen
lassen, so geht das Nachdampfen gröfstenteils während der Ausströmung und ganz
besonders während des Kolbenrückganges vor sich, wenn die absolute Spannung im
Cylinder zwischen 0,15 — 0,30 kg/qcm schwankt und die an den Cylinderwänden
hängenden Wasserteilchen schon bei einer Temperatur von 50 — 70°C. verdampfen.
Durch starkes Nachdampfen, welches so lange dauert, als überhaupt noch Feuchtigkeit an den Cylinderwandungen vorhanden ist, wird diesen sämmtliche Wärme
wieder entzogen, die sie von dem eintretenden Dampfe aufgenommen hatten. Erst,
wenn die Wandungen trocken sind, vollzieht sich der Wärmeübergang von der
Cylinderwand in den Dampf auf dem langsamen Wege der Strahlung und Leitung
durch den Dampf hindurch, wird dann also erst sehr geringfügig. Grofse Nach-
dampfmengen erzeugen ferner eine wesentliche Vermehrung des vor dem Kolben
befindlichen Gegendruckes, indem sie die Temperatur des Kondensators erhöhen.

Hieraus folgt nun: Umfangreiches Nachdampfen führt die Cylinderwand durch
die beträchtliche Wärmeabgabe auf ihre ursprüngliche niedrige Temperatur zurück,
befreit sie von Niederschlägen und trocknet sie, während sie durch die Kolbenreibung blank und rein erhalten wird, so dass sie beim nächsten Hingange des
Kolbens auf den eintretenden Dampf wieder in hohem Grade kondensirend wirken kann.

Sehr eingehende Untersuchungen über die Gröfse der in einem Cylinder ohne Versuche von Gately und Kletzsch.
Dampfmantel auftretenden Kondensation des Dampfes sind zuletzt von Gately und

---

[1] Clark: Railway machinery 1852.
[2] Isherwood: Experimental researches in steam engineering 1862.
[3] Bulletin de la société industrielle de Mulhouse 1873 — 80.
[4] Zeitschr. d. Ver. deutscher Ingenieure 1883 S. 161 u. Zeitschrift der Vereine deutscher Ingenieure 1884 S. 293 u. 313.
[5] Zeitschr. d. Ver. deutscher Ingenieure 1883 S. 649.

Kletzsch[1]) im Mai 1885 in Sandy Hook nach Anweisung von Professor Thurston an einer liegenden eincylindrigen Harris-Corliss-Maschine angestellt worden. Sie ergaben, dass der durch die innere Kondensation eintretende Dampfverlust x, ausgedrückt in Prozenten des Gesammtdampfverbrauches, sich für die bei dieser Maschine untersuchten Grenzen aus den nachstehenden empirischen Formeln berechnen ließ:

> a) Veränderlicher Füllungsgrad $\varepsilon = 0{,}15$ bis $0{,}55$; Dampfüberdruck rund 4 kg/qcm; Min.-Umdr. 68.

$$x = 19 \sqrt{\frac{1}{\varepsilon}} \ \text{pCt}.$$

> b) Veränderlicher Kesseldruck $y = 22{,}3$ bis 80 Pfd. engl. Ueberdruck pro Quadratzoll (1,57 bis 5,62 kg/qcm); Füllungsgrad schwankend zwischen 0,24—0,20; Min.-Umdr. rund 70.
>
> $x = 65 - 0{,}1266\, y$ pCt. (für y in Pfd. auf den Quadratzoll engl.)
>
> $x = 45 - 1{,}8\, y$ pCt. (für y in kg/qcm).

> c) Veränderliche minutl. Umdrehungszahl $z = 34 - 63$; Füllungsgrad schwankend zwischen 0,93—0,98; Dampfüberdruck rund 1,33 kg/qcm.
>
> $$x = 45 - 0{,}33\, z \ \text{pCt}.$$

Versuchs-Ergebnisse. Die Versuche bestätigten also die bekannte Thatsache, dass im allgemeinen unter sonst gleichen Verhältnissen die innere Kondensation in einem Cylinder ohne Dampfmantel wächst:

> 1) mit der Abnahme der Füllung bei gleichem Dampfdruck und gleicher Kolbengeschwindigkeit;
>
> 2) mit der Abnahme der Kolbengeschwindigkeit bei gleichem Füllungsgrade und gleichem Dampfdruck.

Nach der Gleichung unter b) wuchs der Dampfverlust in dem ungemantelten Cylinder der untersuchten Maschine mit der Abnahme des Dampfdruckes bei gleichem Füllungsgrade und gleicher Kolbengeschwindigkeit, eine Beobachtung, welche mit den vorstehenden Ausführungen in Widerspruch steht. Unter sonst gleichen Verhältnissen muss der Dampfverlust mit zunehmender Spannung, also höherer Eintrittstemperatur des Dampfes wachsen, wie dies auch neuere Versuche von English[2]) beweisen. Eine genaue Untersuchung der fünf Versuche, aus denen die Gleichung unter b) abgeleitet wurde, zeigt übrigens, dass bei einem Ueberdruck von 4,7 kg/qcm 48 pCt. und bei einem solchen von 2,6 bezw. 1,55 kg/qcm gleichmäfsig 41 pCt. Dampfverlust eintrat — eine einfache Bestätigung der allgemeinen Regel. Leider ist zur Ableitung der Gleichung b) das Ergebnis des erstgenannten Versuches ausgeschieden worden, und an dessen Stelle sind die meinem Dafürhalten nach weniger richtigen Beobachtungswerte der beiden anderen Versuche mit den letztgenannten zusammengestellt.

Heizung des Mantels mit Kesseldampf. Umgiebt man die Cylinderwandungen mit einem von frischem Kesseldampf gespeisten Dampfmantel, so wird ihre abwechselnde Erwärmung und Abkühlung sehr bedeutend vermindert. Der zum Cylinder geführte Dampf tritt in einen Raum, dessen Wandungen fast dieselbe Temperatur besitzen, wie er selbst. Die Kondensation des Dampfes während der Füllung ist daher weniger bedeutend, und der entstehende Beschlag verdampft während der Expansion, so dass er noch Nutzarbeit leisten kann.

---

[1]) The Engineer. 1885. II. S. 341, 362, 402, 424, 492. 1886. I. S. 84.
[2]) Engineering. 1887. II. S. 386.

Brauer[1]) ist der Meinung, dass dieser Beschlag dem Kolben wie ein Schatten folgt, der eben entstanden, wieder schwindet. Es wird also die Wärmeabgabefähigkeit der Cylinderwand, welche bei fehlendem Beschlag durch Strahlung und Leitung nur ganz geringfügige Wärmemengen verlieren kann, wesentlich beschränkt. Somit ist klar, dass die Wärme- und also auch die Dampfverluste in einem Cylinder mit Dampfmantel bedeutend geringer ausfallen, als in einem solchen ohne Dampfmantel. Ansicht von Brauer.

Ganz ungewöhnlich grofs müssen nach diesen Ausführungen die Dampfverluste in Cylindern ohne Dampfmäntel werden, welche sehr feuchten Dampf in verhältnismäfsig kleinen Füllungen verarbeiten. Dieser Umstand findet auch durch die Versuche des früheren Chefingenieurs der Vereinigten Staaten-Marine Isherwood seine Bestätigung, denn dieser stellte die bei der Expansion feuchten Dampfes in einem Cylinder ohne Dampfmantel des Raddampfers »Michigan« auftretenden Dampfverluste für einen Füllungsgrad von 0,90 auf 15 pCt. und für einen Füllungsgrad von 0,25 auf 61 pCt. des Gesammtdampfverbrauches fest. — Für die Maschine des Dampfes »Gallatin«, welche gesättigten Dampf von etwa 1 kg/qcm Ueberdruckspannung verarbeitete, fand der amerikanische Marineingenieur Emery bei einem Füllungsgrade von 0,46 den Dampfverlust zu 36,54 pCt. des Gesammtdampfverbrauches, wenn der Dampfmantel nicht benutzt wurde, und nur zu 22,10 pCt., wenn der Dampfmantel in Betrieb war. Diese Zahlen zeigen, welche Ersparnisse man selbst mit den alten Niederdruckmaschinen bei der Expansion des gewöhnlichen, einen gewissen Prozentsatz Feuchtigkeit enthaltenden Dampfes in einem mit Dampfmantel umgebenen Cylinder erzielen konnte, und wie viel mehr sich die Ersparnisse steigern mussten, als man anfing, den Dampf vor seinem Eintritt in den Cylinder zu trocknen oder — noch besser — zu überhitzen. Versuche von Isherwood und Emery.

Durch die Wärmeabgabe des den Mantel füllenden Dampfes an die Cylinderwand tritt selbstredend innerhalb des Mantels eine Kondensation des Dampfes und somit ein gewisser Dampfverlust ein, welcher aber gegenüber dem durch Kondensation des Dampfes im Cylinder ohne Dampfmantel verursachten Dampfverlust verhältnismäfsig gering ist und beispielsweise nach Versuchen des englischen Ingenieurs Longridge[2]) bei einer zweicylindrigen Kompoundmaschine mit Seitenmänteln an beiden Cylindern und der Zwischenkammer auf 7,33 bis 11,30 pCt. des Gesammtdampfverbrauches bestimmt wurde. Versuche von Longridge.

Uebereinstimmend mit diesen Zahlen giebt Otto II. Mueller jun.[3]) diesen Verlust für eine Kompoundmaschine der Prager Maschinenbaugesellschaft zu 7 pCt. des Gesammtdampfverbrauches an. Durchschnittlich wird er in Schiffsmaschinen wohl etwa 10 pCt. betragen, während er unter ungünstigen Verhältnissen auch auf 15 bis 20 pCt. des Speisewasserverbrauches steigen kann. Versuch von Mueller.

c. Verminderung des Wertes der Dampfmäntel.

Der Nutzen des Dampfmantels kann aber ein recht geringer werden und sich praktisch fast gänzlich verwischen, wenn: Ursachen der Wertabnahme des Dampfmantels.

1. der Cylinder sehr gewaltige Abmessungen besitzt;
2. die Kolbengeschwindigkeit sehr grofs wird;
3. die Füllung sehr beträchtlich ausfällt;

---

[1]) Zeitschr. d. Ver. deutscher Ingenieure 1883 S. 657.
[2]) Engineering 1882. I. S. 174, 220, 242, 266.
[3]) Zeitschr. d. Ver. deutscher Ingenieure 1886 S. 526.

4. das Temperaturgefälle sehr klein wird;

5. die Cylinderschmierung eine sehr reichliche ist;

6. dem Eintrittsdampfe Luft zugeführt wird;

7. der zum Heizen benutzte Dampf eine niedrige Temperatur hat;

8. das Ausblasen des Mantelwassers unterbleibt.

Einfluss der Cylindergröfse.   Zu 1. Je gröfser der Durchmesser des Cylinders, um so kleiner wird die Heizfläche des Mantels im Verhältnis zu dem eingeschlossenen Dampfvolumen. Ein Cylinder von 0,5 m Dmr. und 1 m Hub z. B. besitzt eine Mantelfläche von $0{,}5 \cdot \pi \cdot 1{,}57$ qm; hierzu die Boden oder- Deckelfläche mit $\frac{\pi}{4} \, 0{,}5^2 = 0{,}196$ qm, was eine Gesammtaufsenfläche von 1,766 qm ergiebt. Das den Cylinder füllende Dampfvolumen, welches auf einer Seite von dem beständig abkühlend wirkenden Kolben begrenzt wird, beträgt 0,196 cbm, so dass auf je 1 cbm Dampf 9,01 qm Aufsenfläche entfällt. Hat der Cylinder aber 3 m Dmr. bei 1 m Hub, so stellt sich seine Gesammtaufsenfläche auf 16,5 qm, sein Inhalt auf 7,07 cbm; er hat nur noch 2,33 qm Aufsenfläche auf 1 cbm Dampfinhalt. Der Heizmantel des kleineren Cylinders ist also 2,33 : 9,01 = 3,85 mal wirksamer als der des grofsen.

Einfluss der Kolbengeschwindigkeit.   Zu 2. Hat aufserdem der Kolben des kleinen Cylinders nur eine Geschwindigkeit von 1 m i. d. Sek., wie bei den älteren Maschinen üblich, so füllt sich der Cylinder in 1 Sek. gerade einmal, und auf 1 cbm sekundl. in dem Cylinder befindlichen Dampfes kommen, wie vorhin festgestellt war, 9,01 qm Aufsenfläche. Besitzt hingegen der Kolben des grofsen Cylinders 3 m Kolbengeschwindigkeit, wie bei neueren Maschinen ganz gebräuchlich, so wechselt das Dampfvolumen dieses Cylinders in 1 Sek. dreimal, und auf 1 cbm sekundl. Dampfvolumen kommt nur noch eine Aufsenfläche von 0,77 qm. Der Mantel des kleineren Cylinders ist demnach unter sonst gleichen Verhältnissen bei der geringeren Kolbengeschwindigkeit 0,77 : 9,01 = 11,8 oder rund 12 mal wirksamer als der des grofsen Cylinders bei der gröfseren Kolbengeschwindigkeit. — Dieselben Schlüsse lassen sich aus dem auf der XXIV. Hauptversammlung des Vereines deutscher Ingenieure in Dortmund gehaltenen Vortrage von Brauer[1] »Ueber die gegenwärtige Richtung der Dampfmaschinentheorie und ihre experimentelle Begründung« ziehen.

Einfluss des Füllungsgrades.   Zu 3. Die meisten neueren Schiffsmaschinen mit einstufiger Expansion besitzen eine Zweischiebersteuerung, bei welcher der Expansionsschieber die Dauer der Füllung, der Grundschieber aber die der Ausströmung bestimmt. Die bei verständigem Betriebe stets auf »Volldampf« gestellte Grundschiebersteuerung ergiebt für alle mit dem Expansionsschieber erzielbaren Füllungsgrade dieselbe Dauer der Ausströmung oder, was dasselbe ist, die gleiche Dauer des schädlichen Nachdampfens. Findet in einem Cylinder die Kondensation einer gewissen Dampfmenge statt, so wird sie sich nach und nach vergröfsern, bis sie denjenigen Betrag erreicht, welcher während der Dauer der Ausströmung nachzudampfen vermag. Da nach dem vorstehenden die Nachdampfmenge im allgemeinen als gleichbleibend anzusehen ist, so folgt, dass der durch Kondensation im Cylinder entstehende Dampfverlust um so fühlbarer wird, je geringer die Füllung ist, wie schon oben ausgeführt und auch von Clark[2] 1852 durch seine Versuche an Lokomotiven nachgewiesen wurde. Für gröfsere Füllungen wird daher der Dampfverlust einen kleineren Prozentsatz des Gesammtdampf-

---

[1] Zeitschr. d. Ver. deutscher Ingenieure 1883 S. 663.

[2] Clark: Railway machinery 1852.

verbrauches erreichen, und um so weniger kann sich auch der Einfluss des Dampfmantels geltend machen.

Zu 4. Bei den Einfach-Expansionsmaschinen, welche mit einer Kesselspannung von 6 kg/qcm Ueberdruck arbeiteten, trat der Dampf mit 160⁰ C. in den
Cylinder und entwich mit etwa 80 bis 60⁰ C. in den Kondensator. Der Unterschied
zwischen Ein- und Austrittstemperatur des Dampfes oder sein Temperaturgefälle
betrug also ungefähr 80 bis 100⁰ C. In die Hochdruckcylinder der neuesten Dreifach-
Expansionsmaschinen mit 10 kg/qcm Kesselspannung gelangt der Dampf mit etwa
180⁰ C. und geht aus den Niederdruckcylindern mit ebenfalls etwa 80 bis 60⁰ C.
Sein Temperaturgefälle, auf die drei Cylinder gleichmäfsig verteilt, beträgt also nur
etwa 30 bis 40⁰ für jeden Cylinder, und dementsprechend kühlt sich auch die
Cylinderwand während eines Kolbenspieles im zweiten Falle weniger ab, als im ersten.
Fehlt der Dampfmantel, so würde der durch Kondensation eintretende Dampfverlust
in der Einfach-Expansionsmaschine viel gröfser sein müssen, als in der Dreifach-
Expansionsmaschine mit dem viel kleineren Temperaturgefälle. Aus diesen Erwägungen
geht hervor, dass der Dampfmantel für die mehrstufige Expansionsmaschine nicht
mehr die Bedeutung hat, wie früher für die Einfach-Expansionsmaschine, und dass
er in Zukunft vielleicht wieder entbehrt werden kann.

Zu 5. Donkin und Salter, welche nach Lüders[1]) schon seit den sechziger
Jahren mit den von ihnen gelieferten Dampfmaschinen regelrechte Untersuchungen
anstellen, haben durch Versuche[2]) gefunden, dass der Wärmeverlust in einer
Woolf'schen Maschine bei sehr reichlicher Schmierung in beiden Cylindern, wenn
kein Dampf in die Mäntel gelassen wurde, um nahezu 2 pCt. geringer war, als
wenn diese Maschine mit angestellten Dampfmänteln ohne jegliche Cylinderschmierung
lief. Diese Erscheinung findet ihre Erklärung in dem Umstande, dass sich bei sehr
reichlicher Schmierung der Cylinder deren innere Wandungen mit einer Fettschicht
überziehen, welche anfänglich die schnelle Wärmeabgabe des Eintrittsdampfes an
diese Wandungen und damit die Bildung eines gröfseren Wasserbeschlages auf
ihnen ebenso verhindert, wie sie später die Wärmeausstrahlung der Cylinderwände
begünstigt, wodurch das Nachdampfen fast vollständig in die Expansionszeit verlegt
wird. Wahrscheinlich ist deshalb auch die bei Probefahrten fast allgemein übliche,
mehr als verschwenderische Cylinderschmierung bis zu einem gewissen Grade daran
schuld, dass später im gewöhnlichen Maschinenbetriebe nie wieder dieselben günstigen
wirtschaftlichen Erfolge, wie bei jener, erzielt werden können.

Zu 6. Da die Kondensation des Dampfes an kälteren Cylinderwänden durch
die Gegenwart von Luft wesentlich vermindert wird, so folgt, dass mit der letzteren
auch die Wirksamkeit des Dampfmantels abnehmen muss. Man ist der Frage, ob
es praktisch empfehlenswert sei, hochgespanntem Dampf vor seinem Eintritt in den
Cylinder Luft zuzupumpen, in neuester Zeit mehrfach näher getreten. Ueber die
in dieser Beziehung von Professor Reynolds im Jahre 1874 und von den amerikanischen Ingenieuren Zeller und Hunt im Jahre 1886 ausgeführten Versuche
berichtet Professor Werner in der Zeitschrift des Vereines deutscher Ingenieure[3]).
Selbstredend kann eine solche Belüftung des Dampfes nur für Hochdruckmaschinen
ohne Kondensation ausgeführt werden, und darf auch bei diesen nicht, wie in dem

Margin notes:
Einfluss der mehrstufigen Expansion.

Einfluss der Cylinderschmierung.

Einfluss der Dampfbelüftung.

---

[1]) Zeitschr. d. Ver. deutscher Ingenieure 1882 S. 239.

[2]) Engineering 1886 II. S. 487 und 577.

[3]) Zeitschr. d. Ver. deutscher Ingenieure 1887 S. 284.

erwähnten Berichte unter c) vorgeschlagen, dadurch herbeigeführt werden: »dass man bei ununterbrochener Speisung des Kessels durch die Speisepumpe die nötige Luft mitsaugen lässt«. Denn nach übereinstimmender Erfahrung in allen Marinen hat sich lufthaltiges Wasser neben feuchter Luft als der schlimmste Zerstörer der Kesselwandungen erwiesen. Es kann deshalb nur die letzte Hälfte des dort unter d) angeführten Vorschlages empfohlen werden, »dass man die Luft durch die Speisepumpe von dem zu fördernden Wasser getrennt in den Ventilraum des Dampfcylinders in einem aus fein zerteilten Strahlen bestehenden Strome drückt«.

Einfluss der
Heizung.   **Zu 7.** Je kälter der Heizdampf des Mantels, um so niedriger ist die mittlere Temperatur der Cylinderwand, um so weniger wird daher auch die Bildung eines Wasserbeschlages in der Füllungsperiode eingeschränkt, und um so mehr erfolgt das Nachdampfen während des Ausströmens. Es ist daher vollständig klar, warum die in früheren Jahren von den Amerikanern vielfach vorgenommene Füllung des Dampfmantels mit dem verbrauchten Dampfe ungünstige Erfolge aufweisen musste. Auch das eine Zeit lang in Frankreich gebräuchliche Verfahren, den Arbeitsdampf vor seinem Eintritt in den Cylinder erst durch den Mantel zu führen, hat sich wegen der hiermit verbundenen unvermeidlichen Spannungsverluste ebensowenig bewährt.

Versuche
von Guzzi.   Gegenwärtig lässt man daher bei Einfach-Expansionsmaschinen allgemein in den Seitenmantel, welcher mit dem Bodenmantel in unmittelbarer Verbindung steht, durch ein vom Hauptdampfrohr abgehendes Rohr frischen Kesseldampf strömen und führt von diesem Rohr durch ein kleines Zweigrohr den Dampf auch in den Deckelmantel, weil die dampfsparende Wirkung des Mantels in fast allen Fällen nachgewiesen wurde, in denen er mit möglichst heißem Dampfe gefüllt wurde. Sehr lehrreiche Versuche sind in dieser Richtung noch vor etwa 2 Jahren von dem italienischen Ingenieur Guzzi[1]) angestellt. Für die Füllung der Cylindermäntel einer Dampfmaschine erzeugte er Dampf von etwa 15,5 kg/qcm Ueberdruck in einem sehr kleinen Wasserrohrkessel von ähnlicher Bauart, wie der weiter hinten beschriebene von Perkins. Diesen kleinen Kessel brachte er in der Feuerung des grofsen Kessels unter, welcher den Dampf für die Maschine zu liefern hatte und mit 4 kg/qcm Ueberdruck arbeitete. Der in das Innere der Cylinder tretende Dampf hatte demnach eine höchste Temperatur von 150⁰ C., wogegen der Manteldampf eine solche von 200⁰ C. besafs, also um 50⁰ C. wärmer war. Die Kondensation innerhalb der Cylinder erfuhr hierdurch eine sehr beträchtliche Verminderung, und da aufserdem das Mantelwasser direkt in den grofsen Kessel ausgeblasen wurde, trat eine erhebliche Dampfersparnis ein. Eine seit $1\frac{1}{2}$ Jahren im Betriebe befindliche, von Guzzi erbaute Dampfmaschine zeigte bei ihrer Untersuchung folgendes Ergebnis:

	Manteldampf von 12,4 kg/qcm Ueberdruck	Manteldampf von gleicher Spannung wie der Cylinderdampf
Tag des Versuches	24. Februar 1886	20. Februar 1886
Dauer des Versuches	6 Std. 18 Min.	7 Std. 11 Min.
Mittlerer Ueberdruck im Betriebskessel	3,98 kg/qcm	3,95 kg/qcm
Mittlere ind. Pfkr.	25,9	25,67
Stündlicher Wasserverbrauch für 1 ind. Pfkr. . . .	8,89 kg	10,66 kg

[1]) Engineering 1888 I. S. 222.

Hiernach betrug die Dampfersparnis bei Anwendung sehr heifsen Manteldampfes etwa 20 pCt. gegenüber der gewöhnlichen Mantelheizung. Um die Gefahren, welche durch den hochgespannten Manteldampf entstehen könnten, zu umgehen, hat man den Vorschlag gemacht, den Mantel, statt mit Wasserdampf, mit Leinöldampf zu füllen, weil das Leinöl unter Atmosphärendruck erst bei etwa 370° C. siedet. Vorteil heifsen Manteldampfes.

Die Hochdruckcylinder von Kompound-, sowie von Dreifach- und Vierfach-Expansionsmaschinen, welche mit hohen Dampfspannungen, grofsen Füllungen und Kolbengeschwindigkeiten arbeiten, umgiebt man in neuester Zeit nur mit einer guten, die Wärme möglichst schlecht leitenden Bekleidung, aber nicht mit einem Dampfmantel, weil man dem Dampf in diesen Cylindern eine gewisse Menge Feuchtigkeit erhalten will. Hochdruck-cylinder ohne Dampfmantel.

Die Feuchtigkeit des Dampfes schmiert die glatten Schieber- und Cylinder-flächen, erlaubt daher eine Einschränkung im Gebrauche sonstiger Schmiermittel, welche bei den hohen Dampftemperaturen einerseits sehr wenig nützen, weil sie zu schnell verflüchtigt werden, andererseits aber mit dem Speisewasser in die Kessel gelangend sich unter gewissen Verhältnissen auf den Feuerbüchsen- und Rauchkammer-decken als unlösliche Seifen absetzen und, wie später auseinandergesetzt wird, die Gefahr des Durchbeulens dieser Decken nahelegen. Verwendung der Dampf-feuchtigkeit.

Da der Dampf, welcher sich im Hochdruck- bezw. Mitteldruckcylinder nieder-schlägt, darin zum gröfsten Teile während der Ausströmung wieder verdampft und in den folgenden Cylinder strömt, wo er allerdings mit geringerem Druck, aber auf eine viel gröfsere Kolbenfläche wirkend, noch nutzbare Arbeit leistet, so kann bei gut abgemessenen Cylindern und bei nicht zu grofsen Druckunterschieden in jedem derselben der entstehende Dampfverlust auch ohne Dampfmäntel sehr gering werden. Geringe Dampfverluste in ungemantelten Mehrfach-Expansions-maschinen.

Der Niederdruckcylinder erhält, weil in ihm meistens das gröfste Temperatur-gefälle eintritt, gewöhnlich einen Dampfmantel, welcher in der Regel aus der Kammer zwischen dem Hoch- und Niederdruckcylinder bei Kompoundmaschinen, bezw. aus derjenigen zwischen Mittel- und Niederdruckcylinder bei Dreifach-Expansions-maschinen, mit Dampf versehen wird. Dieser Dampfmantel verhindert die Bildung eines stärkeren Wasserbeschlages an den inneren Cylinderwänden und damit die Wärmeausstrahlung der letzteren nach dem Kondensator. Nach den angeführten Versuchen von Guzzi müsste der Dampfmantel des Niederdruckcylinders noch wirk-samer sein, wenn man ihn mit Kesseldampf füllen würde, was in den meisten Fällen wohl nur aus Festigkeitsrücksichten unterbleibt. Bestätigt wird diese Ansicht durch die oben schon erwähnten Versuche von Donkin und Salter, bei welchen die Wärmeverluste, wenn nur der Mantel des Niederdruckcylinders mit Kesseldampf geheizt wurde, unwesentlich gröfser waren, als wenn die Mäntel beider Cylinder angestellt wurden. Mantelung des Niederdruck-cyliuders.

Für den Mitteldruckcylinder ist die Praxis verschieden; einige Konstrukteure umgeben ihn nicht mit einem Dampfmantel, andere halten auch für diesen den Dampf-mantel für unerlässlich; letztere dürften im grofsen und ganzen wohl auf dem richtigeren Wege sein. Mantelung des Mitteldruck-cylinders.

Bei Dreifach-Expansionsmaschinen mit sehr hohen Kolbengeschwindigkeiten und grofsen Füllungen, bei denen es, wie z. B. bei Torpedobootsmaschinen, besonders auf ein möglichst geringes Gewicht ankommt, lässt man auch am Niederdruckcylinder den Dampfmantel fort, und zwar, wie die Erfahrung gelehrt hat, ohne dass sich die hierdurch entstehenden Dampfverluste besonders stark fühlbar gemacht hätten. In jüngster Zeit sind auch in England für Frachtdampfer verschiedentlich Dreifach- Schnellgehende Maschinen ohne Dampfmantel.

und Vierfach-Expansionsmaschinen, mit 2,0 bis 2,5 m Kolbengeschwindigkeit und etwa 0,6 Füllung in jedem Cylinder, ohne jeden Dampfmantel ausgeführt, mit welchen ganz gute wirtschaftliche Erfolge erzielt wurden.

Zu 8. Das im Mantel durch die Wärmeabgabe des Dampfes entstehende Kondensationswasser muss zeitweise durch Ausblasen in den Kondensator entfernt werden. Bleibt es im Mantel stehen, so wird die Cylinderwand nicht nur nicht mehr gewärmt, sondern es wird ihr von diesem Wasser beständig eine gröfsere Wärmemenge entzogen. Ein Cylinder, dessen Dampfmantel mit Wasser gefüllt ist, arbeitet daher mit gröfseren Dampfverlusten als ein Cylinder ohne Dampfmantel. Leider ist die Ansammlung von Wasser im Dampfmantel, herbeigeführt durch verabsäumtes Ausblasen seitens der Maschinisten, eine nach den vielseitigen Erfahrungen Mac Farlane Gray's[1]), des ersten englischen Lloyd-Ingenieurs, sehr oft vorkommende Erscheinung. Um sie einzuschränken, hat man bei Hammermaschinen an einer geeigneten, leicht sichtbaren und möglichst tiefen Stelle des Dampfmantels einen Wassersammler mit Wasserstandsglas angebracht, so dass die Wasserbildung beständig verfolgt werden kann. Bei horizontalen Maschinen nützt eine solche Einrichtung indessen sehr wenig, weil sie tief unten in der Bilge liegend unsichtbar ist, weshalb auch bei diesen Maschinen das Ausblasen am häufigsten unterbleibt. Wie sehr man diesem Umstande Rechnung trägt, geht schon daraus hervor, dass manche Konstrukteure die Cylinder horizontaler Kompound- oder Dreifach-Expansionsmaschinen überhaupt nicht mit Dampfmänteln versehen, weil sie den Ruf ihrer Fabrik nicht durch die mögliche Unzuverlässigkeit des Maschinenpersonals gefährden wollen und daher von vornherein, auf hervorragende Erfolge verzichtend, mit geringeren Durchschnittsleistungen fürlieb nehmen.

In neuester Zeit sind an Hammermaschinen selbstthätige Kondensationswasser-Ableiter für die Dampfmäntel in Gebrauch gekommen, von denen sich die auf Ausdehnung eines messingenen Rohres durch die Wärme beruhenden, wie sie beispielsweise Thornycroft bei seinen Torpedobootsmaschinen anbringt, und wie sie in noch besserer Ausführung von Dreyer, Rosenkranz & Droop in Hannover sowie von Kori in Berlin gefertigt werden, bei gleichmäfsigem Druck im Dampfmantel gut bewährt haben sollen. Auch der jüngst von Klein in Frankenthal hergestellte Dampfwasserableiter dürfte für diesen Zweck benutzbar sein.

Den Dampfwasser-Ableiter von Thornycroft zeigt Textfig. 3. Das mit dem Mantel in Verbindung stehende Messingrohr A ist, wenn mit Dampf gefüllt, so stark erwärmt und infolgedessen ausgedehnt, dass seine Oeffnung a durch den Stutzen B geschlossen ist. Sammelt sich Wasser in dem Rohre A, so kühlt es sich ab und verkürzt sich; das Wasser kann aus a durch die Oeffnung b in den Stutzen B entweichen und wird in die Speisewasserzisterne gedrückt. Um die Vorrichtung betriebsfähig zu machen, löst man die gleichzeitig die Dichtungsscheibe anpressende Gegenmutter c, schraubt den Stutzen B mittels des Sechskants d in das Kniestück e hinein und lässt nun Dampf in den Mantel, welcher einige Minuten durch den Ableiter bläst und ihn erwärmt. Hierauf schliefst man allmählich die Oeffnung a durch Hochschrauben des Stutzens B, ohne indessen Gewalt anzuwenden, bis das Blasen aufhört.

Der Dampfwasser-Ableiter von Dreyer, Rosenkranz & Droop (Textfigur 4) weist gegenüber dem vorbesprochenen drei Vorzüge auf: Erstens besitzt er oben eine Wasserschlaghaube; zweitens ist das Messingrohr von einem schmied-

---

[1]) Transactions of the institution of naval architects 1882 S. 50.

eisernen Rohr umschlossen, welches dessen plötzliche Abkühlung durch äufsere Einflüsse verhindert, und drittens ist die etwas unbeholfene Einstellvorrichtung durch ein leicht zugängliches und bewegliches Ventil ersetzt.

Der Dampfwasser-Ableiter von Kori (Textfig. 5) besitzt die meistens wohl entbehrliche Wasserschlaghaube nicht, das messingene Ausdehnungsrohr ist aber Kori's Wasserableiter.
ebenfalls in ein Abkühlung verhinderndes, hier gusseisernes, Gehäuse eingeschlossen. Den Hauptvorteil seines Ableiters sucht Kori in der Anordnung des Einstellventiles. Nach Abnahme des Deckels a und des Ventils b sowie nach Lösen der Schraube c kann man auch den Ventilsitz d herausnehmen und nun Sitz und Ventil wieder sehr bequem dampfdicht auf einander schleifen. Für senkrechte Aufstellung dieses Ableiters ist die hohe Lage des Ablaufrohres sowie die Benutzung des Stopfbüchsendeckels als Mutter für die Ventilspindel insofern ein Nachteil, als diese Dichtung beständig lecken dürfte.

Der Dampfwasserableiter von Klein[1]) (Textfig. 6) enthält als Expansionskörper einen Kniehebel aob, welcher in dem Gehäuse g bei a und b be-

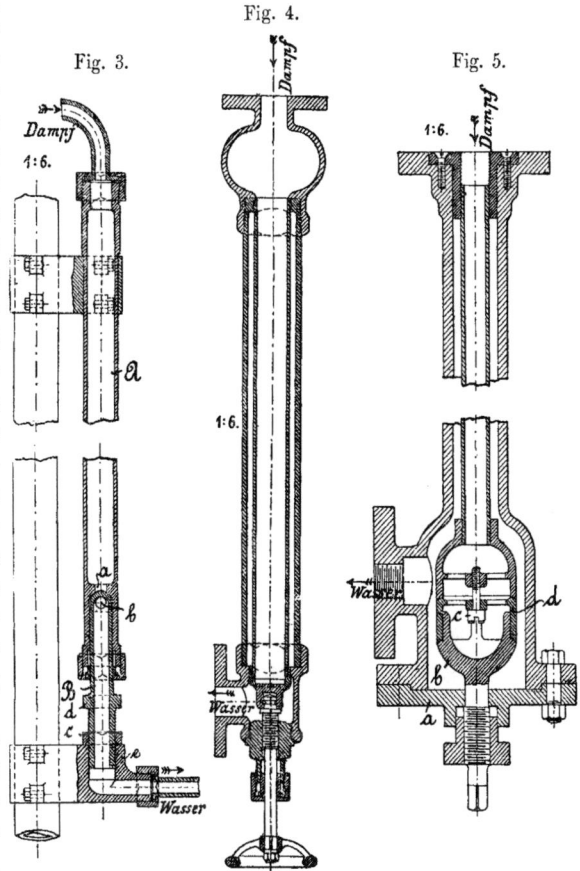

Fig. 4.

Fig. 3.

Fig. 5.

festigt ist. Der Teil ao des Knichebels steht mit dem Uebersetzungshebel ac mittels Klein's Wasserableiter
der Feder f in elastischer Verbindung, wodurch die Bewegungen des Punktes o bei c vervielfacht auf das Ventil v übertragen werden. Beim Eintritt von Dampf in g wird der Kniehebel nach unten ausgebogen und v geschlossen. Dieser Wasserableiter hat den Vorzug vor den anderen, dass er vollkommen selbstthätig wirkt, dass also auch ein zu starkes Anspannen des Abflussventils, welches die Wirkung der vorgenannten beeinträchtigen würde, bei ihm nicht vorkommen kann; dagegen wird er wegen der Kniehebelgelenke eine etwas grössere Pflege beanspruchen.

Fig. 6.

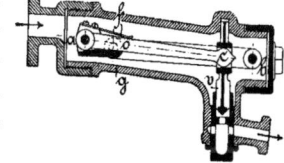

¹) Zeitschr. d. Ver. deutscher Ingenieure 1889 S. 926.

Der aus allen vorstehenden Erörterungen folgende Schluss, dass der Wert des Dampfmantels um so mehr abnimmt, diese Einrichtung daher um so leichter zu entbehren ist, je gröfser der Cylinderdurchmesser, die Kolbengeschwindigkeit und die Füllung, je kleiner das Temperaturgefälle, je reichlicher die Zuführung von Schmiermaterial und Luft zum Cylinder, je kälter der heizende Dampf und je seltener die Abführung des Mantelwassers wird, ist aufser den schon erwähnten Versuchen von Isherwood sowie von Donkin und Salter hauptsächlich durch die Untersuchungen der Elsässer, durch die von Emery[1]) angestellten Probefahrten der amerikanischen Dampfer »Bache«, »Dallas«, »Dexter«, »Gallatin« und »Rush«, ferner durch die Versuche von Longridge[2]) mit einer zweicylindrigen stationären Kompoundmaschine, durch die Versuche von Borodin[3]) mit Lokomotiven u. a. m. erwiesen.

Zweiter Abschnitt.

Der Ueberhitzer.

a. Anordnung der Ueberhitzer.

Der erste praktisch brauchbare und in Betrieb gebliebene Ueberhitzer wurde von dem Chefingenieur der Vereinigten Staaten-Marine Martin im Jahre 1854 für einen Hudsondampfer konstruirt, welchem bald weitere Vorrichtungen dieser Art auf amerikanischen Postdampfern folgten. Im Jahre 1856 stellte Hirn in Colmar mit einer kleineren eincylindrigen und einer gröfseren Woolf'schen Maschine seine bekannten Versuche mit überhitztem Dampf an, und 1857 rüstete Penn den Dampfer »Valetta« mit dem ersten Ueberhitzer in England aus. Allgemeinere Einführung, namentlich auf Passagierdampfern, fanden die Ueberhitzer aber erst nach dem Jahre 1859, als Taylor und Faraday die Ungefährlichkeit der Ueberhitzung des Dampfes nachgewiesen und namentlich der letztere erklärt hatte, dass, falls die befürchtete Dissoziation des überhitzten Dampfes wirklich einträte, sich daraus nur eine geringe Menge Wasserstoff von der Spannung des Dampfes ausscheiden und dass die Verbindung des Wasserstoffes mit dem übrigen Dampf ein explosives Gemisch nicht ergeben könne. Seit dieser Zeit bürgerten sich die Ueberhitzer sowohl auf Handelsdampfern wie auf Kriegsschiffen immer mehr ein, bis die allgemeine Einführung des Hochdruckdampfes ihre Verwendung aufhob.

Nachdem der Dampf im Kessel erzeugt war, wurde er, bevor er in das Hauptdampfrohr gelangte, durch einen im Rauchfang oder im Schornsteinhalse gelagerten, in den meisten Fällen aus dünnwandigen Rohren gebildeten Behälter geleitet und darin durch die innerhalb oder aufserhalb dieser Rohre vorbeistreichenden, dem Schornstein zueilenden Heizgase auf eine höhere als seine Sättigungs-Temperatur gebracht. Dieser ohne besonderen Brennstoffaufwand, lediglich durch die den entweichenden Heizgasen noch innewohnende Wärme hergestellte überhitzte Dampf besitzt gegenüber dem gesättigten und mit Wasserteilchen durchtränkten Dampf folgende Vorzüge:

------

[1]) Engineering 1875 bis 1876.
[2]) Engineering 1882 I. S. 174, 220, 242 u. 266.
[3]) Engineering 1886 II. S. 248, 273, 301 u. 328.

b. Vorteile der Ueberhitzer.

1) Der überhitzte Dampf kann eine Temperaturerniedrigung erleiden, ohne eine Spannungsabnahme zu erfahren; er tritt daher in den Cylinder der Maschine mit derselben Spannung ein, mit der er den Kessel verlässt, wogegen der gesättigte Dampf auf dem Wege vom Kessel zu den Cylindern bei Schiffsmaschinen in der Regel etwa 0,5 kg/qcm an Spannung verliert. *Keine Spannungsverluste.*

2) Das bei gleichem Füllungsgrade benötigte Gewicht an überhitztem Dampf ist infolge seines geringeren spez. Gewichtes kleiner, als das von gesättigtem Dampf. *Brennstoffersparnis.* Oder was dasselbe ist, es erfordert die Herstellung eines bestimmten Volumens überhitzten Dampfes weniger Speisewasser und daher auch weniger Brennmaterial, als das gleiche Volumen gesättigten Dampfes. Für zwei gleich grosse, mit voller Füllung arbeitende Dampfmaschinen, welche mit gleichem Gange arbeiten und von denen die eine überhitzten, die andere gesättigten Dampf von 5 Atm. Ueberdruck verbraucht, folgt aus dem Verhältnis der für die Erzeugung der beiden Dampfgewichte erforderlichen Wärmemengen eine Brennstoffersparnis von 9,13 pCt. zu Gunsten der mit überhitztem Dampfe arbeitenden Maschine. Wenn beide Maschinen aber mit Expansion arbeiten, so verringert sich der Vorteil des überhitzten Dampfes, weil sich die adiabatische Kurve desselben der Abscissenachse schneller nähert, als diejenige des gesättigten Dampfes, seine Expansionsarbeit also kleiner, als die des letzteren ausfällt.

3) Der überhitzte Dampf bewirkt in Cylindern mit Dampfmänteln eine Erhöhung der mittleren Temperatur der Cylinderwand, wodurch der Niederschlag während der Füllung verringert und das Nachdampfen beschleunigt wird, so dass es gröstenteils schon während der Expansion erfolgt. *Verminderung der Dampfverluste.* Wird der überhitzte Dampf in einem Cylinder mit ebenfalls durch überhitzten Dampf geheiztem Dampfmantel verarbeitet, so kann die mittlere Temperatur der Cylinderwand höher als die Sättigungstemperatur des Dampfes liegen. Im letzteren Falle verhält sich der überhitzte Dampf wie ein vollkommenes Gas, und die Wärme-, mithin auch die Dampfverluste, sind fast Null. Diese Eigenschaft entwickelt der überhitzte Dampf aber nur, wenn seine Temperatur genügend hoch liegt; beispielsweise müsste Dampf von 1 bis 2 kg/qcm Ueberdruck, dessen Temperatur im gesättigten Zustande 120 bis 133° C. beträgt, um dieselbe zu besitzen, bis auf etwa 180 bis 200° C. erwärmt werden. Aber selbst so hoch überhitzter Dampf von 2 kg/qcm Ueberdruck kehrt bei kleineren Füllungsgraden als etwa 0,50 während der Expansion in den gesättigten Zustand zurück, und falls er nur auf 160° überhitzt war, thut es schon bei weniger als ungefähr 0,70 Füllung. Dampf von 3 kg/qcm Ueberdruck auf 170° überhitzt wird schon gesättigter bei einer geringeren Füllung als 0,80, und Dampf von 4 kg/qcm Ueberdruck auf 180° überhitzt, bei weniger als 0,70 Füllung. — Bemerkt sei hier noch, dass es nicht vorteilhaft erscheint, überhitzten Dampf in Cylindern ohne Dampfmäntel zu verarbeiten, denn nach Berechnung von Grashof[1]) gab bei einer von Hirn im Jahre 1875 zu Versuchszwecken benutzten Dampfmaschine der Dampf etwa 14 W. E. bei jedem Hube während der Epansionsperiode an die Cylinderwand ab, weil die mittlere Temperatur der letzteren niedriger war, als die Endtemperatur des expandirenden Dampfes. Die betreffende Maschine war eine ungemantelte Einspritzkondensationsmaschine, welche Dampf von 2,3 kg/qcm Spannung auf 223° überhitzt mit 0,45 Füllung verarbeitete.

---

[1]) Zeitschr. d. Ver. deutscher Ingenieure 1883 S. 176.

c. Grenze der Ueberhitzung.

     Jahrelange Erfahrungen haben gezeigt, dass es nicht empfehlenswert ist, den Dampf von 1 bis 2 kg/qcm Ueberdruck höher als bis auf 160⁰, also um 40 bis 30⁰C., zu erhitzen, weil er bei höheren Temperaturen die Schmiermittel der Cylinder verflüchtigt, die Stopfbüchsenpackungen verbrennt und selbst die glatten Flächen der Schieber und Cylinder sowie der Schieber- und Kolbenstangen angreift. Vielfach wurden daher von den Konstrukteuren die Heizflächen der Ueberhitzer von vornherein so klein bemessen, dass sich eine höhere Ueberhitzungstemperatur überhaupt nicht erreichen liefs, und in den allermeisten Fällen konnten die »Ueberhitzer« genannten Vorrichtungen auf diesen Namen gar keinen Anspruch erheben, weil sie nur als Dampftrockner wirkten. Unter diesen Umständen blieben denn auch die durch Ueberhitzung des Dampfes erhofften Kohlenersparnisse in der Praxis weit hinter den Versuchsresultaten zurück, welche angegeben werden von: Hirn [1]) bei Ueberhitzung des Dampfes um etwa 90⁰ C. auf 27,5 pCt., Martin und Penn [2]) bei Ueberhitzung des Dampfes um etwa 60⁰ C. auf 20 pCt., sowie von einigen Dampfern der »Peninsular and Oriental« Linie [3]) auf 21 bis 34 pCt., und welche Rankine [4]) auf grund seiner theoretischen Untersuchungen bei einer Ueberhitzung um etwa 80⁰ C. auf 23 pCt. berechnet.

     Trotzdem schätzte man den Nutzen der Ueberhitzer so grofs, dass man sie, so lange die Dampfspannung in den Schiffskesseln nicht über 2 kg/qcm Ueberdruck stieg, für unentbehrlich hielt. Alle sorgfältiger ausgeführten Schiffsmaschinen, deren Cylinder Dampfmäntel besafsen, wurden auch mit Ueberhitzern versehen, obgleich deren Anlagekosten bei einer Ausführung, wie auf Kriegsschiffen, recht beträchtlich waren und ihre Unterhaltungskosten wegen des schnellen Verschleifses der Rohre immer sehr erheblich ausfielen.

     Die damaligen Einspritzkondensationsmaschinen, welche mit Ueberhitzern und Dampfmänteln versehen waren, gebrauchten im Durchschnitte für 1 ind. Pfkr. und Std. bei den Probefahrten nur noch 1,9 bis 2,0 kg Kohlen, wiesen also gegenüber den nicht mit diesen Verbesserungen versehenen besten Watt'schen Maschinen, welche dafür 2,2 kg Kohlen nötig hatten, eine Kohlenersparnis von reichlich 10 pCt. auf. Ein Dampfer, dessen Maschine durchschnittlich 1000 Pfkr. indizirte, brauchte also für eine 20tägige Reise mit der nötigen Zugabe höchstens noch 1000 bis 1200 t Kohlen mitzuführen, während ein solcher mit älterer Maschine 1300 bis 1400 t nötig hatte.

     Wie sich bald nach der allgemeiner gewordenen Benutzung der Ueberhitzer eine Ueberhitzung des Niederdruckdampfes um mehr als 30 bis 40⁰ C. auf die Dauer als unthunlich herausstellte, so ergab sich im Laufe der Jahre, dass bei steigender Sättigungstemperatur, also bei zunehmender Spannung des Dampfes, dieser für die Ueberhitzung zulässige Spielraum allmählich verringert werden musste, wenn die üblen Folgen zu stark überhitzten Dampfes von den Maschinen fern gehalten werden sollten. Je näher aber die Sättigungstemperatur an die praktisch

---

[1]) Zeitschr. d. Ver. deutscher Ingenieure 1866 Heft IV.
[2]) Sennet, The marine steam engine 1885 S. 196.
[3]) Schwarz-Flemming, Die Kesselabteilung auf Dampfschiffen 1873 S. 167.
[4]) Rankine, A manual of the steam engine 1873 S. 437.

durchführbare Ueberhitzungstemperatur rückte, um so mehr verringerten sich die angeführten Vorteile. Hierzu kam, dass man bei höheren Dampfspannungen kleinere Füllungen als früher bei dem niedrigeren Dampfdruck anwendete, wodurch der unter 2) erwähnte Vorteil kaum noch ins Gewicht fiel und der unter 3) aufgeführte mehr und mehr verschwand. Diese Umstände, welche mit der fortschreitenden Steigerung der Dampfspannung den durch Ueberhitzung erzielbaren Gewinn allmählich fast auf Null zurückführten, veranlassten nach und nach die Abschaffung der Ueberhitzer, und heute wird kein Hochdruckkessel mehr mit einem solchen ausgerüstet, ja selbst Dampftrockner werden seltener, da man aus dem schon Seite 13 angeführten Grunde lieber etwas feuchten als zu trockenen Dampf in die Cylinder leiten will.

So sind denn auch die neueren Versuche von Normand[1]) in Havre, den verbrauchten Dampf des Hockdruckcylinders bei Kompoundmaschinen, bezw. denjenigen dieses Cylinders und des Mitteldruckcylinders bei Dreifach-Expansionsmaschinen, während seines Uebertrittes zum Niederdruckcylinder bezw. auch zum Mitteldruckcylinder zu überhitzen, als fehlgeschlagen zu bezeichnen. Normand leitete den von einem zum anderen Cylinder überströmenden Dampf bei den von ihm erbauten Maschinen durch einen in der vorderen Rauchkammer liegenden, von den abziehenden Heizgasen durchstrichenen Ueberhitzer. Die hierdurch erforderliche verwickeltere Rohrleitung verhinderte eine weitere Verbreitung dieser Konstruktion und die fortwährenden Reparaturen an den Ueberhitzerrohren in Verbindung mit dem geringen Nutzen dieser Einrichtung hatten zur folge, dass man sie auf den meisten damit versehenen Dampfern wieder beseitigte.

Versuche von Normand.

Dritter Abschnitt.

Der Oberflächenkondensator.

a. Ausführung des Oberflächenkondensators.

Der Oberflächenkondensator ist im Jahre 1831 von Samuel Hall erfunden. Er wurde zuerst in einem Raddampfer »Wilberforce« eingebaut, der 1837 fertiggestellt war und zwischen Hull und London fuhr. Die Rohre dieses Kondensators verschlammten sehr bald, weil auch das Hunter- und Themsewasser als Kühlwasser benutzt werden musste. So wurde der Kondensator im Jahre 1841 als unpraktisch wieder aus dem Schiffe herausgenommen und geriet dadurch in schlechten Ruf. Erst im Jahre 1859 gelang es den unablässigen Bemühungen von Humphrys, den Oberflächenkondensator dauernd in die Praxis einzuführen, und hiermit trat nach dem Jahre 1860 der erste grofse Umschwung im Schiffsmaschinenbau ein.

Hall's Oberflächenkondensator.

Im Oberflächenkondensator wird der Dampf, von dem zur Kühlung benutzten Seewasser durch dünne Wandungen getrennt, zu destillirtem Wasser niedergeschlagen. Die dünnen Wandungen werden gewöhnlich durch messingene Rohre von 17 bis 22 mm äufserem Dmr. und 0,75 bis 1,5 mm Wandstärke gebildet, welche mit ihren Enden in bronzenen Platten oder Rohrwänden, gewöhnlich stopfbüchsenartig, mit Baumwollenschnur verpackt, eingedichtet sind. Am zweckmäfsigsten ist es, das

Anordnung des Oberflächenkondensators.

---

[1]) Demoulin, Nouvelles machines marines des bâtiments à grande vitesse; 1887 S. 52.

Kühlwasser durch, den zu kondensirenden Dampf um die Rohre zu leiten, also
Aufsenseitenkondensation anzuwenden.   Das Kühlwasser wird entweder durch eine
mit der Schiffsmaschine verbundene Kolben- oder, besser, durch eine mit besonderer
Dampfmaschine versehene Zentrifugalpumpe durch den Kondensator gedrückt, oder
im ersteren Falle zweckmäfsiger gesaugt.

Gewicht
der
Oberflächen-
kondensatoren.
Die Oberflächenkondensatoren der in der Handelsmarine üblichen Hammermaschinen werden gewöhnlich in den Cylinderständern untergebracht, während jene
der meistens horizontalen Kriegsschiffmaschinen für sich getrennte Maschinenteile
bilden.   Früher wurden die Kasten solcher Kondensatoren allgemein aus Gusseisen
hergestellt und mit den Luftpumpenkasten vereinigt, wie Textfig. 7 zeigt.   Bald

Fig. 7.

Gusseiserner Innenseiten - Kondensator.

Kühlfläche	840 qm.		d = Dampfeintritt.
Gewicht mit Wasser . . .	62000 kg.		i = Kühlwassereintritt.
Maschinenleistung	4000 ind. Pfkr.		k = Kühlwasseraustritt.
			l = Luftpumpen - Ausguss.

Mafsstab = 1 : 50.

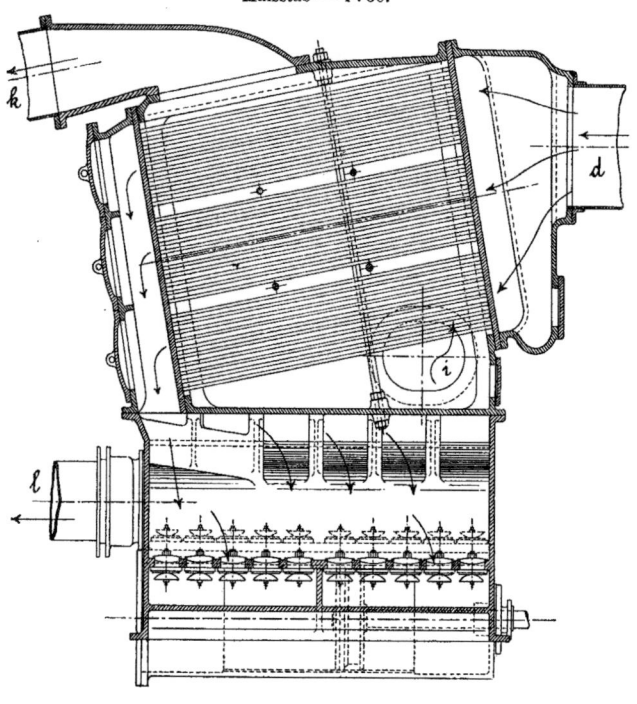

fand man aber, dass die gusseisernen Wände durch die galvanische Wirkung der
Kühlrohre stark angefressen wurden, weshalb man sie durch Messingbleche ersetzte,
welche wie Kesselbleche zusammengenietet wurden.   Diese Konstruktion trug aber
gleichzeitig wesentlich zur Einschränkung des Maschinengewichtes bei, denn Kondensatoren, wie Textfig. 8 und 9 einen für Aufsenseiten-Kondensation darstellen,
wiegen einschliefslich des Luftpumpenkastens und des in beiden beim Betriebe
befindlichen Wassers etwa 38 bis 40 kg für 1 qm Kühlfläche, während gusseiserne
älterer Konstruktion, wie der in Textfig. 7 gezeichnete, für Innenseiten-Kondensation
mit Luftpumpenkasten und Wasser durchschnittlich 75 kg für 1 qm Kühlfläche

wiegen, also etwa doppelt so schwer ausfallen. Bemerkt sei hierzu, dass die Maschinen, zu welchen die gezeichneten Kondensatoren gehören, je 2 solcher besitzen; die den Figuren beigegebenen Daten beziehen sich aber nur auf einen Kondensator, geben also auch nur die halbe Maschinenkraft an.

Bronzener Aufsenseiten-Kondensator.

Kühlfläche	200 qm.	$d =$	Dampfeintritt.
Gewicht mit Wasser	7640 kg.	$i =$	Kühlwassereintritt.
Maschinenleistung	1200 ind. Pfkr.	$k =$	Kühlwasseraustritt.
		$l =$	Luftpumpen-Ausguss.

Mafsstab 1 : 50.

Fig. 8.　　　　　　　　　　　　Fig. 9.

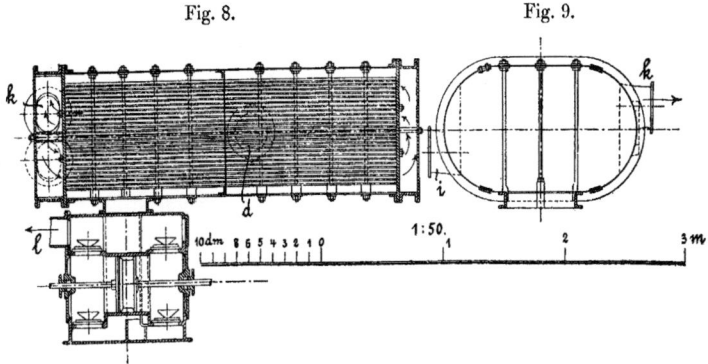

b. Vorteile der Oberflächenkondensatoren.

Die Vorteile der Oberflächenkondensatoren gegenüber den Watt'schen Einspritzkondensatoren lassen sich, wenn man sie so zusammenstellt, dass der am meisten ins Gewicht fallende Vorzug zuletzt genannt wird, folgendermafsen ordnen: *Aufzählung der Vorzüge.*

1) sie erzeugen eine bessere Luftleere;
2) sie liefern ein reineres Speisewasser;
3) sie ermöglichen das Halten eines hohen Dampfdruckes im Kessel.

Zu 1). Während die Vakuummeter der Einspritzkondensatoren im gewöhnlichen Betriebe nur eine Luftleere von 0,8 bis 0,85 kg/qcm anzeigen, weisen diejenigen der Oberflächenkondensatoren in der Regel eine solche von 0,9 bis 0,95 kg/qcm und darüber auf. Da nun, günstige Ausströmungsverhältnisse vorausgesetzt, der Gegendruck im Cylinder um so geringer wird, je mehr die Luftleere im Kondensator steigt, so wird eine Maschine mit Oberflächenkondensator stets eine gröfsere indizirte Leistung besitzen, als eine gleich grofse Maschine, welche unter denselben Verhältnissen mit einem Einspritzkondensator arbeitet. Aber auch ihre Nutzleistung wird gröfser werden, weil einerseits zum Betriebe der hinzutretenden Zirkulationspumpe in regelrechten Verhältnissen ein geringerer Druck als 0,1 bis 0,15 kg/qcm der Dampfkolbenfläche erforderlich ist, welcher Druck durch die bessere Luftleere des Oberflächenkondensators in der ersteren Maschine für diesen Zweck zur Verfügung steht; andererseits aber die Arbeit der Luftpumpe, welche nur das Kondensationswasser — ohne das Einspritzwasser — fortzuschaffen braucht, eine viel kleinere wird. *Nutzleistung der Kondensatoren.*

Die schlechtere Luftleere in dem Einspritzkondensator findet ihre Begründung in der Luftmenge, welche mit dem Einspritzwasser in den Kondensator dringt; sie ist sehr beträchtlich, wie nachstehendes Beispiel beweist, bei welchem das Volumen *Eindringende Luftmenge beim Einspritzkondensator.*

des in den Kondensator entleerenden Cylinders = 1 cbm, die Temperatur des Einspritzwassers = 15⁰ C. und die Temperatur des Kondensators = 40⁰ C. gesetzt ist. Nimmt man den gewöhnlichen Fall an, dass der Dampf mit 0,3 kg/qcm abs. Spannung den Cylinder verlässt, so wird das aus ihm entstehende Kondensationswasser einen Raum von nicht ganz 0,0002 cbm einnehmen, während das zu seiner Kondensation erforderliche Einspritzwasser 0,0125 cbm beträgt, vorausgesetzt, dass als allgemein giltiger Mittelwert zur Kondensation von 1 kg Dampf 25 kg Einspritzwasser erforderlich sind. Nun enthält je 1 cbm Seewasser beim Druck der äufseren Luft und bei 15⁰ C. Temperatur etwa 5 pCt. seines Volumens an absorbirter Luft, welche beim Eintritt in den Kondensator aus dem Seewasser entweicht und infolge der höheren Temperatur und niedrigeren Kondensatorspannung nach dem Gay-Lussac-Mariotte'schen Gesetz ihr Volumen vergröfsert. Somit führen die 0,0125 cbm Seewasser bei einer im Kondensator herrschenden mittleren Luftverdünnung von 0,85 Atm. 0,0045 cbm Luft von 0,15 Atm. abs. Spannung in den Kondensator, d. h., sie erzeugen darin ein Luftvolumen, welches dasjenige des Kondensationswassers um das 22 fache übersteigt.

Eindringende
Luftmenge beim
Oberflächen-
kondensator. Beim Oberflächenkondensator kommt der Dampf mit dem Kühlwasser nicht in Berührung, und es kann, abgesehen von sonstigen Undichtigkeiten, nur dann Luft in den Kondensationsraum treten, wenn man in ihn das zur Ergänzung des Speisewassers erforderliche Zusatzwasser, welches dem Kühlwasser entnommen wird, behufs seiner Erwärmung leitet. Das bei diesem in der Praxis üblichen Verfahren im Oberflächenkondensator sich ausbreitende Luftvolumen beträgt indessen höchstens 7 bis 8 pCt. von dem Volumen des Kondensationswassers, wenn man das erforderliche Zusatzwasser sehr reichlich[1]) mit 10 pCt. des letzteren veranschlagt, und ist mithin um etwa 300 mal geringer als das in einem Einspritzkondensator auftretende. Setzt man, wie bei den heute gebräuchlichen hohen Dampfspannungen erforderlich geworden ist (siehe weiter hinten), dem Speisewasser nur destillirtes Wasser zu, so verschwindet die Luft im Oberflächenkondensator bis auf unbedeutende, nur von unvermeidbaren Undichtheiten herrührende Reste. Eine Aenderung der augenblicklichen Oberflächenkondensator- und Pumpenanordnung in der Richtung, wie vor kurzem Weifs[2]) in dieser Zeitschrift ausführte, wird sich daher um so weniger Bahn brechen, als schon seit Jahren auf sehr vielen Handelsdampfern die Gröfse der Luftpumpen nur für die Oberflächenkondensation ausreichend bemessen wird. Den Grund für dieses Vorgehen bildet eine mehr als zwanzigjährige Erfahrung, nach welcher es, trotzdem die Oberflächenkondensatoren der Dampfschiffe nach tausenden zählen, nur in ganz vereinzelten Fällen nötig wurde, die Einspritzung in Gebrauch zu nehmen.

Salzgehalt
des
Speisewassers. Zu 2). Das zur Kondensation des Dampfes eingespritzte Seewasser enthält in den grofsen Ozeanen zwischen 3,3 bis 3,5 pCt. gelöste Stoffe, welche bei der Verdampfung im Kessel zurückbleiben. Würde man einen Kessel mit Seewasser füllen, so müssten sich bei der Verdampfung von 100 kg desselben im Kessel 3,3 bis 3,5 kg Rückstände absetzen. Nicht viel besser ist es, wenn der Kessel aus einem Einspritz-

---

[1]) Nach Angaben von Hall ist das Wasser eines gewöhnlichen Schiffskessels erst nach 8- bis 10 tägigem Dampfen vollkommen erneuert, woraus folgt, dass unter regelrechten Verhältnissen der durch Zusatzwasser zu deckende Speisewasserverlust nur etwa 2 pCt. des Gesammtwasserverbrauches beträgt. Nach Otto H. Mueller (Zeitschr. d. Ver. deutscher Ingenieure 1889 S. 172) lässt sich der wirkliche durch Undichtheiten in stationären Maschinen eintretende Dampfverlust bei guter Ausführung höchstens zu 0,5 bis 1 pCt. des gesammten Speisewasserverbrauches beziffern.

[2]) Zeitschr. d. Ver. deutscher Ingenieure 1888 S. 84.

kondensator gespeist wird, weil zur Kondensation von 1 kg Dampf etwa 20 bis 30 kg Seewasser gehören, je nach der Temperatur des letzteren, also je nach dem Breitengrade, auf welchem sich der Dampfer befindet. Im günstigsten Falle verteilt sich daher im Einspritzkondensator 1 kg Süßwasser, welches aus dem kondensirten Dampfe entsteht, auf 20 kg eingespritztes Seewasser; mithin besitzt das aus dem Kondensator entnommene Speisewasser immer noch über 3 pCt. gelöste Stoffe, welche man in der Praxis kurz als Salzgehalt bezeichnet. Unter diesen Bestandteilen sind die kohlen- und schwefelsauren Kalksalze, von denen in 100 kg Seewasser bis nahezu 0,2 kg vorkommen, die gefährlichsten, weil sie bereits bei einer Temperatur von 144⁰ C. im Wasser unlöslich sind. Sie scheiden sich bei dieser Temperatur ohne Rücksicht auf den Sättigungsgrad der Lösung vollständig aus und überziehen die Kesselwände mit der bekannten Kesselsteinkruste. Bei der schlechten Wärmeleitungsfähigkeit des Kesselsteines genügt schon ein gleichmäßiger Ueberzug von etwa 2 mm Stärke über alle feuerberührten Flächen, welcher bei der Speisung mit so salzhaltigem Wasser, wie es aus Einspritzkondensatoren kommt, in mittelgroßen Kofferkesseln von 200 qm Heizfläche innerhalb 7 Stunden erreicht sein würde, um bei gleichbleibender Dampferzeugung den Kohlenverbrauch gegenüber dem bei reinen Kesselwänden erforderlichen um etwa 20 pCt. zu steigern. Bedenklicher sind aber die Gefahren, welche diese Ueberzüge, falls sie sich an einzelnen Stellen zu beträchtlicher Stärke ansammeln, dadurch herbeiführen, dass sie die Bleche, namentlich die Feuerbüchsen- und Rauchkammerdecken, dem kühlenden Einflusse des Kesselwassers entziehen und ihr Erglühen veranlassen. Da das erglühte Blech eine beträchtlich geringere Festigkeit als das kalte besitzt, so beult der im Kessel herrschende Dampfdruck die glühenden Bleche nach dem Feuerraum hin aus und bewirkt das höchst gefahrvolle Eindrücken der Feuerbüchsen- und Rauchkammerdecken.

Aus vorstehenden Gründen durfte man bei Einspritzkondensationsmaschinen die Temperatur des Kesselwassers nie bis auf 144⁰ C. steigern, sondern musste sie, um das Ausscheiden der Kesselstein bildenden Salze zu verhüten, etwas niedriger halten. In der Regel ging man nicht über 135⁰ C., entsprechend einer Dampfspannung von 2 Atm. Ueberdruck. Diese Vorsichtsmaßregel allein war indessen nicht ausreichend; man durfte auch den Prozentsatz der im Kesselwasser enthaltenen gelösten Bestandteile nicht über eine bestimmte Höhe kommen lassen, weil sich das im Seewasser enthaltene Kochsalz bei einer Temperatur von 135⁰ C. schon in größeren Mengen ausscheidet, wenn 100 kg Kesselwasser 12 kg solcher gelösten Stoffe enthalten. Man hält jetzt den Salzgehalt des Kesselwassers bei Speisung aus Einspritzkondensatoren mit Rücksicht auf eine möglichst lange Lebensdauer der Kessel etwa auf 9 pCt., und hat daher, um eine Steigerung dieses Gehaltes zu verhüten, von 100 kg zugespeisten, 3 pCt. Salz enthaltenden Wassers 33⅓ kg wieder auszublasen, darf also nur 66⅔ kg verdampfen.

Bei Einspritzkondensation mögliche Temperatur des Kesselwassers.

Da das eingespeiste Wasser sofort die Temperatur des Kesselwassers annimmt, so entzieht je 1 kg dem Kessel, wenn es wieder ausgeblasen wird, bei 30 bis 40⁰ C. Speisewasser- und 130 bis 140⁰ C. Kesselwassertemperatur rund 100 W.-E. Während nun die 66⅔ kg im Kessel verbleibenden Wassers unter regelrechten Verhältnissen etwa 8 kg Kohlen behufs ihrer Verdampfung erfordern, hat man zur Erwärmung der 33⅓ kg ausgeblasenen Wassers rund 0,6 bis 0,7 kg Kohlen nötig, so dass bei der Speisung aus Einspritzkondensatoren im günstigsten Falle schon 7,5 pCt. des Gesamtkohlenverbrauches durch das unbedingt erforderliche Ausblasen verloren gehen. In der Praxis erreichen diese Verluste bei niedrigeren Speisewassertemperaturen, höherem

Wärmeverluste durch Ausblasen.

Salzgehalt des Seewassers und den immer mit einem gewissen Niederschlage bedeckten Kesselwänden bis zu 15 pCt.

Salzgehalt
des
Kesselwassers
bei nicht zu
hohen Dampf-
spannungen.
Wird das Speisewasser einem Oberflächenkondensator entnommen, so hat man wohl zunächst reines destillirtes Wasser; da es aber wegen der in der Maschine auftretenden Dampfverluste nicht zur Speisung der Kessel ausreicht, so muss man ihm noch eine gewisse Menge anderen Wassers zusetzen. Wie schon erwähnt, wurde dieses Zusatzwasser bisher meistens dem Kühlwasser des Kondensators entnommen, und wenn man es, wie gesagt, sehr reichlich zu 10 pCt. des Kondensationswassers veranschlagt, so konnte der Salzgehalt des Speisewassers, welches mit dem Zusatzwasser von 3,3 bis 3,5 pCt. Salzgehalt vermischt ist, höchstens etwa $^1/_3$ pCt. betragen. In solchem Speisewasser sind nur noch Spuren von schädlichen Kalksalzen enthalten, so dass das Ausblasen fast ganz aufhören kann, und zwar umsomehr, als man bei weniger hohen Dampfspannungen den Salzgehalt des Kesselwassers, um einen dünnen, die Kesselwände vor dem Oxydiren schützenden Niederschlag zu erzielen, bis auf 12 pCt. steigen lässt.

Kohlen-
verbrauch der
Oberflächen-
kondensations-
Maschinen.
Mit der Einschränkung des Ausblasens verminderte sich auch der Kohlenverbrauch der Schiffsmaschinen; er betrug bei den Probefahrten der mit Oberflächenkondensatoren ausgerüsteten Niederdruckmaschinen, welche Dampfmäntel und Ueberhitzer besaſsen, etwa 1,5 bis 1,6 kg für 1 ind. Pfkr. und Std., wies also gegenüber den mit Einspritzkondensatoren versehenen gleichen Maschinen, welche für dieselbe Leistung etwa 1,9 bis 2,0 kg Kohlen nötig hatten, eine Ersparnis von etwa 15 bis 20 pCt. auf. Gegenüber den besten der alten Watt'schen Maschinen wurden aber schon reichlich 30 pCt. Kohlen gespart. Ein Dampfer, dessen Maschine im Durchschnitt 1000 Pfkr. indizirte, brauchte daher für eine 20 tägige Reise einschlieſslich der nötigen Reserve nur noch 850 bis 900 t Kohlen an Bord zu nehmen.

Verwendung
hochgespannter
Dämpfe.
Zu 3). Bei den sehr geringen Mengen aufgelöster Bestandteile, die das aus Oberflächenkondensatoren kommende Speisewasser noch enthält, selbst wenn es mit dem aus See genommenen Zusatzwasser gemischt wird, konnte man die Temperatur des Kesselwassers ohne Gefahr für den Betrieb beliebig über 144^0 C. erhöhen und erreichte hierdurch den Hauptvorteil des Oberflächenkondensators: die Möglichkeit, hochgespannte Dämpfe für Schiffsmaschinen zu verwenden.

Vermeidung
des
Kesselwasser-
Salzgehaltes
bei sehr hohen
Dampf-
spannungen.
Um aber auch die geringen Spuren aufgelöster Stoffe vom Kesselinneren fern zu halten, welche das aus See entnommene Zusatzwasser in das Speisewasser führt, füllte man in den letzten Jahren die Kessel stets mit süſsem Wasser auf, wechselte es möglichst selten und nahm vielfach auf Panzerschiffen mit Doppelboden und auf Handelsdampfern mit Wasserballasträumen einige Abteilungen derselben voll Süſswasser mit, aus welchem man das Speisewasser während der Reise ergänzte. Bei Dampftemperaturen von 180 bis 200^0 C., wie sie die neuesten Schiffskessel besitzen, scheint aber auch diese Vorsichtsmaſsregel insofern wenig zu nützen, als sie die Bildung eines Niederschlages auf den feuerberührten Wänden nicht verhindert. Thatsache ist, dass seit der Einführung der Dreifach-Expansionsmaschinen, also seitdem die hohen Dampfspannungen in Schiffskesseln zu allgemeinerer Anwendung kamen, mehrfach Handelsdampfer mit eingedrückten Feuerbüchsen- und Rauchkammerdecken in ihre Heimatshäfen zurückkehrten. Dank dem guten Material der jetzt zum Kesselbau durchgängig benutzten Bleche konnten sich diese Decken in einzelnen Fällen bis zu einem recht sichtbaren Grade durchbiegen, ohne aufzureiſsen, wodurch

die naheliegende Gefahr der Explosion der Kessel nach schnellem Herausreißen der Feuer nicht nur glücklich umgangen, sondern noch nach stattgehabter Untersuchung der Kessel die Reise mit vermindertem Dampfdruck beendet werden konnte. Hierdurch ist man zu der Ansicht gekommen, dass schon eine geringe, durch dünne Niederschläge verursachte Verlangsamung des Wärmeüberganges von den Heizgasen zum Kesselwasser eine Erhitzung der Kesselbleche herbeiführen kann, bei welcher ihre infolge der hohen Dampftemperatur ohnehin schon geschwächte Festigkeit nicht mehr im stande ist, dem Dampfdruck genügenden Widerstand zu bieten. Es galt daher, die Kessel von Niederschlägen gänzlich frei zu halten, welche Absicht nur mittels Speisewasserergänzung durch destillirtes Wasser vollständig zu erreichen war.

c. Bekämpfung der Fettsäuren des Kesselwassers.

Auf Torpedobooten hatte man bald nach ihrer allgemeineren Einführung besondere Destillirvorrichtungen zur Erzeugung des Zusatzwassers aufgestellt, nach deren Vorbild jetzt auch die von Dreifach- bezw. Vierfach-Expansionsmaschinen getriebenen Kriegs- und Handelsdampfer mit besonderen Verdampfungsapparaten ausgerüstet werden. Diese Einrichtungen, welche neben der Herstellung des Zusatzwassers teilweise noch zur Gewinnung von Trinkwasser benutzt werden, sind weiter hinten beschrieben. Fragt man sich, weshalb man nicht früher auf dieses sehr einfache und naheliegende Mittel gekommen ist, so bleibt als einzige Erklärung hierfür das Misstrauen, welches man seit Einführung der Oberflächenkondensatoren gegen eine derartige Speisung der Kessel hegte. Den häufig recht schnellen Verschleiß von Kesseln, welche aus Oberflächenkondensatoren gespeist wurden, erklärte man damals, weil die wirklichen Ursachen noch nicht genügend erforscht waren, wie dies z. B. noch Burgh[1]) im Jahre 1871 that, durch eine gewisse auflösende Wirkung, die das vollkommen reine weiche Wasser auf die Kesselwände ausüben sollte. Selbst ein so bedeutender Metallurge wie Dr. John Percy[2]) trat noch im Jahre 1873 in einem Gutachten an die englische Admiralität dieser Meinung bei. Wenngleich die praktischen Ingenieure diesen mit ihren Erfahrungen nicht im Einklange stehenden Erklärungen widersprachen, so bedurfte es doch einer vieljährigen, streng durchgeführten Beobachtung, um den Beweis zu erbringen, dass die Ansicht, sehr reines bezw. destillirtes Wasser greife die Kesselwände an, eine irrige sei. Heute weiß man, dass eine Oxydation der Kesselwände durch reines Wasser nur dann herbeigeführt werden kann, wenn es sehr lufthaltig, also sauerstoffreich ist; destillirtes Wasser ist aber stets mehr oder minder luftarm. Anders verhält es sich dagegen mit süßem, fetthaltigem Speisewasser, wie sich beim allgemeineren Gebrauche der Oberflächenkondensatoren bald herausstellte.

Wirkung reinen Wassers.

Als man in größerem Umfange merkte, dass die aus solchen Kondensatoren gespeisten Kessel eine viel kürzere Lebensdauer als die aus Einspritzkondensatoren gespeisten besaßen, ja oft einer schnellen inneren Verrostung unterworfen waren, wurden Analysen der Niederschläge und Anfressungen vorgenommen. Diese zeigten, dass man es nicht, wie man ursprünglich annahm, mit einer auflösenden Wirkung

Wirkung fettigen Wassers.

---

[1]) N. P. Burgh, Condensation of steam, London 1871. S. 218.

[2]) Evidence, Addenda and Appendices to the reports of the committee appointed by the lords commissioners of the admiralty, to inquire into the causes of the deterioration of boilers & o. and to propose measures, which would tend to increase their durability. Presented to both houses of parliament by command of Her Majesty. London 1877. S. 772.

des reinen Speisewassers, auch nicht mit einer kräftigen galvanischen Wirkung zwischen einzelnen von den anfänglich kupfernen Rohren des Kondensators abgelösten, mit dem Speisewasser in den Kessel gedrungenen Kupferteilchen und dessen eisernen Wänden, sondern mit einer chemischen Wirkung von Fettsäuren zu thun hatte, herrührend von den tierischen und pflanzlichen Fetten, mit denen die Dampfcylinder geschmiert wurden. Professor A. W. Hofmann[1]) hat das Verdienst, diese Thatsache zuerst erkannt und in einem an Humphrys gerichteten Schreiben unterm 1. März 1864 begründet zu haben. Er sagt darin: Wenn man Talg — mit welchem die Cylinderflächen namentlich geschmiert wurden — in einer Sodalösung kocht, so zerlegt es sich in Stearinsäure und Glycerin. Die Stearinsäure verbindet sich mit der Soda zu einer im Wasser löslichen Seife, und das für die Kesselwände unschädliche Glycerin wird frei. Eine ähnliche Zersetzung erfährt der Talg, wenn er, wie im Dampfkessel, beständig unter hoher Temperatur bei höherem Druck gekocht wird; nur wird dann auch die Stearinsäure frei, weil sie keine Soda zur Verseifung findet.

Schmierung der Cylinder mit Mineralölen.
Obgleich die Fettsäuren im Vergleich zu Schwefel- und Salzsäure sehr schwach sind, so können sie doch allmählich eine zerstörende Wirkung auf die eisernen Kesselwände ausüben und im Laufe der Zeit recht empfindliche Abrostungen an ihnen hervorrufen. Hofmann schlug damals schon die später fast allgemein eingeführte Schmierung der Cylinder mit Mineralölen vor, welche sich im Kessel nicht zersetzen und daher keine Fettsäuren bilden. Leider verflüchtigen sich die aus den Rückständen der Petroleumdestillation gewonnenen, als Schmiermittel benutzten Mineralöle schon bei der Temperatur des hochgespannten Dampfes, sodass man sie im Betriebe vielfach mit Rüböl oder Olivenöl gemischt verbraucht, oder nur die Kolbenstangen, um sie blank zu erhalten, mit Talg schmiert. Die Entstehung von Fettsäuren in den Kesseln wird dann allerdings nicht verhindert, sondern nur etwas eingeschränkt. Andererseits ist aber auch ein anhaltendes reichliches Schmieren mit reinen Mineralölen nicht zu empfehlen, weil man in solchen Fällen auf den feuerberührten Kesselwänden gummiartige, zähe, dunkelbraune Niederschläge gefunden und sie als die Ursache des Einbeulens dieser Wände erkannt hat. Man lässt daher meistens das Eindringen von Fettsäuren in die Kessel zu und sucht sie durch Zusätze von Sodalösung zum Speisewasser im Kessel zu verseifen. In der französischen Marine setzt man dem Speisewasser die billigere Kalkmilch zu, welche die Fettsäuren zwar auch unschädlich macht, aber mit ihnen im Wasser unlösliche Seifen bildet, die sich auf den feuerberührten Wänden ablagern und schliefslich ebenfalls zu Gefahren Veranlassung geben können.

Zinkschutzplatten.
Als Schutz gegen die schnelle innere Abrostung der Kessel hat man ferner mit den eisernen Wänden in metallischer Verbindung stehende Zinkplatten in die Kessel gehängt, welche mittels des salzhaltigen Kesselwassers einen elektrischen Strom erzeugen, der das letztere in Sauerstoff und Wasserstoff zerlegt. Der Sauerstoff geht als elektronegativer Bestandteil zur Anode — dem Zink —, dessen Oxydation er herbeiführt, während der elektropositive Wasserstoff sich an der Kathode — dem Eisen — sammelt, es gleichsam mit einer dünnen Schicht überzieht und vor dem Verrosten schützt. Endlich suchte man in neuen Kesseln durch anfängliches Fahren mit Einspritzkondensation bei abgestellter Salzausblasevorrichtung schnell eine dünne Kesselsteinschicht herzustellen, welche die Fettsäuren von den

Kesselsteinschicht.

---

[1]) Evidence, Addenda and Appendices S. 779.

Kesselwänden fern halten sollte, da sie selbst von ihnen nicht aufgelöst wird. In der englischen Marine versah man statt dessen die inneren Wände neuer Kessel mit einem dünnen Portlandzementanstrich, ein Verfahren, das sich nicht immer bewährt *Zementanstrich.* hat, weil sich der Zement, wenn nicht von allerbester Beschaffenheit und auf den vorher gründlich gereinigten Wänden mit gröfster Sorgfalt aufgetragen, in kleinen Teilchen ablöst und mit dem Dampf in die Cylinder dringend die Zerstörung der glatten Flächen herbeiführt.

Da erfahrungsmäfsig keine der angeführten Mafsregeln einen dauernden Schutz *Einschränkung* gegen die Verrostung der inneren Kesselwände gewährt, so sucht man in neuerer *des Schmierens der Dampf-* Zeit die Hauptursache, die Schmierung der Cylinder mit Fetten, entweder auf das *cylinder.* äufserste einzuschränken und· aufserdem das Speisewasser vor dem Eintritt in das Kesselwasser zu reinigen, oder — besser — die Schmierung der Cylinder ganz zu umgehen. Bei Hammermaschinen wird letzteres dadurch erreicht, dass man den Dampf, wie bereits angeführt, mit einem gewissen Feuchtigkeitsgehalt in die Cylinder treten lässt, wobei sich die glatten Flächen nur durch die Dampf-feuchtigkeit ohne Fettzusätze schmieren. Dieses Verfahren hat sich nicht nur praktisch durchführbar, sondern auch an den Torpedobootsmaschinen der Kriegs-marinen bei nicht zu hohen Kolbengeschwindigkeiten und an den Hammermaschinen einiger englischer Dampfergesellschaften dauernd als höchst zweckmäfsig erwiesen. Im Jahre 1886 sind sogar die forcirten Probefahrten der Vierfach-Expansions-hammermaschine von 400 ind. Pfkr. der Dampfyacht Rionnag-na-Mara[1]), von welcher später noch die Rede sein wird, ohne jede Schmierung der Cylinder ausgeführt, und ohne, dass hieraus irgend welche Anstände für den Betrieb erwachsen wären. Auch die im Jahre 1880 von Perkins erbaute Maschine der Dampfyacht »Anthracite« lief bei den weiter hinten (siehe im 12. Abschnitt, unter Perkins-Kessel) beschriebenen Versuchen ohne Schmierung der Schieber und Kolben, deren gleitende Flächen mit einem besonderen Bronze-Ueberzuge versehen waren, welcher sich bei der reichlichen inneren Kondensation vollkommen glatt hielt.

Für horizontale Cylinder hingegen kann man leider der grofsen Kolbenreibung *Reibungs-* wegen die Schmierung mit Fetten nicht ganz einstellen. In England neuerdings *verluste in nicht geschmierten* nach dieser Richtung hin angestellte Versuche[2]) mit der schon erwähnten liegenden *horizontalen* Woolf'schen Versuchsmaschine von Donkin und Salter ergaben bei ausreichender *Cylindern.* Schmierung der Cylinder mit Fett in den Hochdruckschieberkasten durch eine Mollerup'sche Schmiervorrichtung eine Gesammtreibungsarbeit der Maschine von nur 20 pCt. ihrer indizirten Leistung, bei gänzlicher Einstellung der Cylinder-schmierung aber eine solche von 37 pCt. derselben.

Ein warnendes Beispiel für die Unzuträglichkeiten, welche eine reichliche *Ausbeulung der* Cylinderschmierung für Kessel mit hochgespanntem Dampfe im Gefolge hat, bildet *Kesselwände.* der nachstehende, seitens des österreichischen Marine-Ingenieurs Burstyn[3]) mit grofser Gründlichkeit untersuchte Fall. An einem Schiffskessel mit kupferner Feuer-büchse[4]) zeigte sich namentlich zwischen den Stehbolzen stellenweise eine blasen-

---

[1]) Engineering 1886 II. S. 362.

[2]) Engineering 1886 II. S. 573.

[3]) Mitteilungen aus dem Gebiete des Seewesens 1887 S. 621.

[4]) Wahrscheinlich ist dies ein von Yarrow gebauter Torpedobootskessel gewesen, denn diese besitzen kupferne Feuerbüchsen, und die meisten österreichischen Torpedoboote stammen von Yarrow. Ist diese Vermutung richtig, so arbeitete der Kessel mit 8 bis 10 kg/qcm Ueberdruck und besafs dem-nach eine Dampftemperatur von 175 bis 185 ⁰ C.

förmige Erweiterung des Metalles. Nach genauer Erwägung aller Umstände konnte die Ursache dieser Erscheinung nur einer mangelhaften Fortleitung der Wärme in das Speisewasser und der daraus folgenden Ueberhitzung des Metalles zugeschrieben werden, wodurch eine bleibende Ausdehnung der nicht gestützten Metallflächen verursacht wurde. Die mangelhafte Wärmeleitung konnte nur in den Ablagerungen auf dem Kesselinneren ihren Grund haben, weswegen diese auf die genannte Eigenschaft untersucht wurden, nachdem vorher durch eine Analyse die wesentlichsten Bestandteile der abgelagerten Massen ermittelt worden war. Durch den Augenschein ließen sich die letzteren schon als zwei verschiedenartige Massen erkennen. Die eine, weitaus die größte Menge, war amorph, knetbar, von braunroter Farbe und bestand aus: 4,5 pCt. Wasser; 23,9 pCt. Erdöl, wobei geringe Mengen Fett und 71,6 pCt. unorganische Körper, zumeist Eisenoxyd mit Spuren von Kupferoxyd und gewöhnlichen Kesselsteinbestandteilen. Die zweite Masse bildete harte, schichtenförmig gelagerte, zerbrechliche Roststücke bis zu 3 mm Dicke von hohlcylinderförmigem Querschnitt. Es sind dies sehr wahrscheinlich Roststücke, die von den Stehbolzen und Ankern herabgefallen sind. Sie waren im Verhältnis zu dem vorher beschriebenen knetbaren Körper in geringerer Menge vorhanden. Bei der Bestimmung der Wärmeleitungsfähigkeit der erstgenannten Masse im Vergleich zu jener des Wassers ergaben drei in verschiedener Weise ausgeführte Versuche, dass sie die Wärme im mittel 6,75 mal schlechter leitet als Wasser, wenn letzteres umlaufen kann. Die Wärmeleitungsfähigkeit der Ablagerungsmasse ist also sehr viel kleiner als jene des Kupfers und auch als jene des Wassers, sodass der Wärmeübergang von den Heizgasen zum Kesselwasser beim Vorhandensein solcher Massen ein unvollkommener war und daher die Temperatur der Kupferwand so hoch steigen konnte, dass Ausbauchungen an den Stellen eintreten mussten, die nicht gestützt waren. Da die hier beobachteten Erscheinungen überall auftreten werden, wo — wie bei Maschinen mit Oberflächenkondensatoren — Schmiermittel, namentlich Mineralöle, in das Speisewasser gelangen und Anlass zur Bildung ähnlicher Ablagerungen an weniger zugänglichen Stellen der Kessel geben, so kann die schon empfohlene weise Sparsamkeit mit Cylinder-Schmiermitteln bei hochgespanntem Dampf, sowie die Aufstellung eines der nachstehend beschriebenen Speisewasserreiniger nicht genug hervorgehoben werden.

d. Speisewasserreiniger.

Zweck.

Die nachstehend beschriebenen Speisewasserreiniger sollen eine Entfettung und Entluftung des aus Oberflächenkondensatoren kommenden Speisewassers bewirken. Wenn einige derselben das Speisewasser hierbei gleichzeitig etwas erwärmen, so geschieht dies mehr zur Hervorbringung einer gründlicheren Reinigung des Wassers, als um die schädlichen Wirkungen des kalten Wassers von den Kesseln fern zu halten bezw. um Brennstofferparnisse zu erzielen. Dagegen ist bei den im Abschnitt 10 beschriebenen Apparaten von Weir und Maclaine die Vorwärmung des Speisewassers Hauptzweck und die Entfettung bezw. Entluftung desselben erfolgt nebenbei.

Bekanntere Arten der Speisewasserreiniger.

Von den vielen Speisewasserreinigern, welche in den letzten Jahren für Schiffskessel in Gebrauch gekommen sind, zählen zu den bekannteren:

1) der Speisewasserreiniger von Daniels in Boston,
2) »   »   » Lechner in Berlin,
3) »   »   der Howaldtswerke in Kiel.

1) Der Speisewasserreiniger von Daniels[1]) ist in die Druckrohrleitung Daniels'scher
Speisewasser-
reiniger. der Speisepumpen eingeschaltet. Das Speisewasser wird durch ein inneres Rohr f und Ventil h wie Textfig. 10 zeigt, in das Glasgefäss g^1 geleitet, wo mittels des Entluftungshahnes m^1 der Flüssigkeitsspiegel in der Nähe des Deckels b erhalten wird und das Oel sich oben sammelt. Das Wasser fliefst in der halben Höhe des äufseren Rohres g bei k nach dem Kessel, und das Oel wird von Zeit zu Zeit durch den Hahn m abgelassen. Die Sinkstoffe, welche sich aufserdem noch aus dem Speisewasser ablagern sollten, werden durch das Dampfrohr o und den unteren Hahn n ausgeblasen. Es lässt sich annehmen, dass die Entfettung und Entluftung des Speisewassers im Daniels'schen Reiniger weniger vollständig vor sich gehen wird, als in dem nachstehend beschriebenen, falls nicht durch o beständig Kesseldampf zur Erwärmung des Speisewassers zugeführt wird.

2) Der Speisewasserreiniger von Lechner[2]) liegt innerhalb des Kessels Lechner'scher
Speisewasser-
reiniger. zwischen den Feuerrohren am Ende der Speisewasserleitung, wie Textfig. 13 er-

Fig. 10.

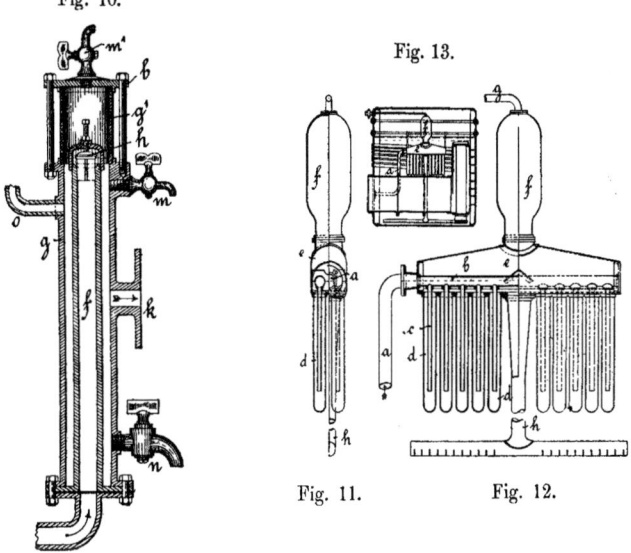

Fig. 13.

Fig. 11.　　　　Fig. 12.

kennen lässt. Das Speisewasser gelangt aus dem vom Speiseventil in das Kesselinneren führende Rohr a auf dem Wege b, c, d in den Raum e. Bei seinem wegen des grofsen Querschnittes der Wärmrohre sehr langsam erfolgenden Aufsteigen wird das Speisewasser vom heifsen Kesselwasser bis nahezu auf dessen Temperatur erwärmt und die in ihm befindlichen Fett- und Luftheile ausgeschieden, welche vermöge ihres geringeren spezifischen Gewichts schneller nach oben steigen und sich in dem Windkessel f ansammeln. Von Zeit zu Zeit werden sie durch Oeffnen des aus dem Kessel geleiteten Rohres g entfernt. Das gereinigte und gleichzeitig erwärmte Speisewasser tritt durch das mit Schlitzen versehene Rohr h in den untersten Theil des Kessels aus. Hier verhindert es das Kaltbleiben der unterhalb der Feuer befindlichen Wassermenge, welches eine ungleiche Ausdehnung der oberen und unteren Kesseltheile und somit Undichtheiten der Nietnähte verursacht. So-

[1]) Zeitschr. d. Ver. deutscher Ingenieure 1888, S. 1060.
[2]) Zeitschr. d. Ver. deutscher Ingenieure 1889, S. 29.

bald die Speisepumpen in Betrieb genommen werden, wirkt der Lechner'sche
Reiniger selbstthätig und vermöge der grofsen Erwärmung des Wassers jedenfalls
viel wirksamer als der vorbeschriebene Daniel'sche, nebenbei aber leistet er dann
auch als Temperatur-Ausgleicher sehr gute Dienste. Da er auch in anderen Formen
z. B. mit seitlichen schrägen Wärmrohren ausgeführt werden kann, so lässt er sich
in allen Kesseln ohne Unterschied der Bauart unterbringen. Er ist bereits auf verschiedenen Dampfern mit gutem Erfolge in Gebrauch.

Howaldt'scher
Speisewasser-
reiniger.

   3) Der Speisewasserreiniger der Howaldtswerke ist derart in die
Druckrohrleitung der Speisepumpe eingeschaltet, dass man ihn, ohne den Betrieb

Fig. 14.

Fig. 15.

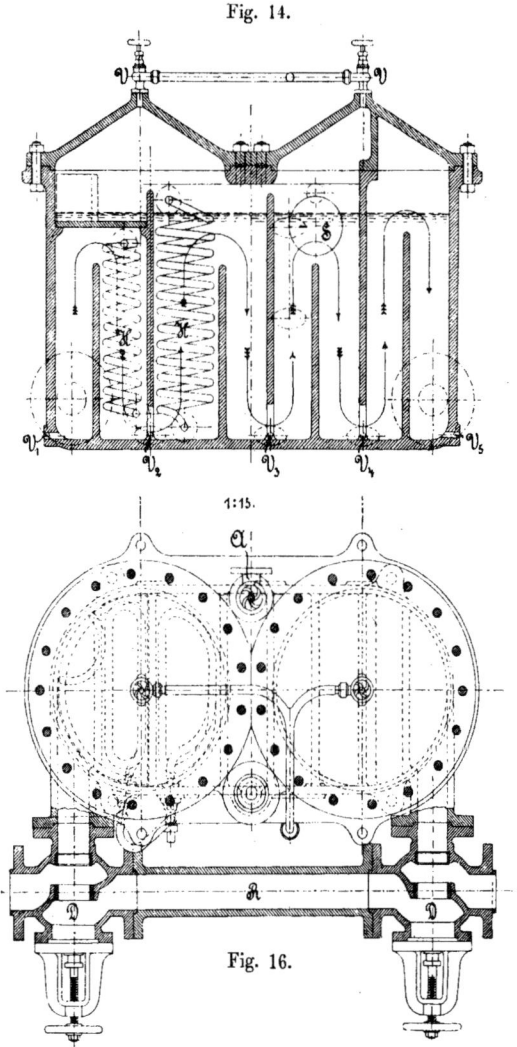

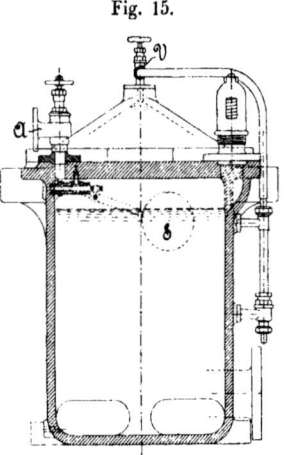

Fig. 16.

der Pumpe zu stören, unter-
suchen kann. Es werden dann
nur die Doppelsitzventile D
(Textfig. 16) geschlossen, das
Speisewasser tritt dann durch
das Verbindungsrohr R direct
in den Kessel. Ist der Reiniger
in Betrieb, so durchläuft
ihn das Wasser in der von
den Pfeilen angedeuteten
Richtung, wobei es sich
während des Umströmens
der beiden Heizschlangen H
erwärmt. Das infolge der
Erwärmung aus dem Wasser
aufsteigende Fett sammelt
sich in den kegelförmigen
Deckeln der Reinigungs-
kammern an und kann aus

denselben durch Oeffnen der Ausblaseventile V fast bis zum letzten Teilchen entfernt werden. Die ausgeschiedene Luft wird durch ein selbstthätiges Schwimmerventil S abgeleitet. Etwaige Sinkstoffe lassen sich durch die für jede Kammer

vorgesehenen Ventile V_1, V_2, V_3, V_4, V_5 entfernen. Das Ausblasen derselben wird durch das mit dem Kessel in Verbindung stehende Ventil A wesentlich erleichtert, aufserdem kann durch den aus A zutretenden Dampf, wenn nötig, die Temperatur im Reiniger so hoch gesteigert werden, dass sich sämmtliche an den Wänden desselben etwa haften gebliebenen Fetttheile auflösen und ausspülen lassen. Der Howaldt'sche Reiniger, welcher wie der vorstehende das Wasser ebenfalls anwärmt, ist bereits auf mehr als 100 Dampfern in Betrieb, und hat sich unter anderen auf einer Reihe der von Hamburg regelmäfsig nach Südamerika und Australien fahrenden Dampfer gut bewährt. Er wird für Speiserohre von 30—160 mm Durchmesser und für Dampfspannungen bis 12 kg/qcm Ueberdruck gefertigt. In jüngster Zeit hat die bekannte, weiter hinten mehrmals erwähnte Wallsend-Gesellschaft in Wallsend-on-Tyne den Vertrieb der Howaldt'schen Speisewasserreiniger für England übernommen. Die von den Howaldtswerken getrennt von den Speisewasserreinigern als besondere Apparate hergestellten Temperatur-Ausgleicher haben ebenfalls in vielen Schiffskesseln, unter anderen auch in solchen unserer Marine zufriedenstellend gearbeitet.

Die Befreiung des Speisewassers von Oelen verdient um so gröfsere Beachtung, *Ueberhitzung mit Oelschichten bedeckter Feuerungsbleche.* als die in jüngster Zeit beendeten Untersuchungen von Hirsch[1]), welche die Ursachen des Verbrennens der Feuerungsbleche in den Kesseln klarlegen sollten, erwiesen haben, dass das Eindringen von Fetten in das Kesselinnere in manchen Fällen geradezu gefährlich werden kann. Bei den Versuchen wurden die inneren Kesselflächen mit Oel bestrichen, darauf liefs man Wasser ein und heizte den Kessel an. Bei gewissen Oelen wurden die Bleche viel stärker erhitzt, als wenn das Wasser sie unmittelbar berührte und dieser Temperaturunterschied erhöhte sich, wenn das Feuer verstärkt wurde. Bei einer stündlichen Verdampfung von etwa 6 kg Wasser auf 1 qm Heizfläche war die Temperatur des Bleches 50^0 C. höher als die des Wassers, bei einer stündlichen Verdampfung von ungefähr 10 kg auf 1 qm Heizfläche betrug die Temperaturerhöhung 200^0 C. In einem Falle stellte sich die Temperatur des Bleches bei einer stündlichen Verdampfung von rund 7 kg auf 1 qm Heizfläche auf mehr als 450^0 C., sie überstieg also die Schmelztemperatur des Zinks. Von den verschiedenen Oelen verursacht ein Ueberzug von Leinöl, welchem Rüböl nicht viel nachsteht, die stärkste Temperaturerhöhung des Bleches; Naphta bringt nur, wenn es sich zersetzt, eine Ueberhitzung hervor, seine Zersetzung erfolgt indessen bei schnellem Anheizen ziemlich leicht. Valvoline erzeugt nur bei grofser Verdampfungsgeschwindigkeit des Kessels eine Ueberhitzung des Bleches. Im Allgemeinen lässt sich sagen, dass Oele, welche sich infolge von Erwärmung schnell zersetzen, die Ueberhitzung der damit bedeckten Bleche ganz besonders befördern, während Mineralöle verhältnismässig unschuldiger sind.

e. Metallventile der Luftpumpen.

Zu erwähnen ist hier noch, dass die in den Kondensator dringenden Fette *Zerstörung der Gummiklappen* auch die aus Gummiklappen bestehenden Ventile der Luftpumpen in häufig nicht sehr langer Zeit zersetzen und dann öftere, recht kostspielige Erneuerungen notwendig machen. Um diese zu vermeiden, hat man seit einigen Jahren Metallventile in Gebrauch genommen, welche immer allgemeinere Verwendung finden. Diese Ventile bestehen zum überwiegenden Teile aus dünnen Membranen von irgend einer

---

[1]) Engineering 1889, II, S. 497.

Bronzelegirung. In England sind am bekanntesten die gewölbten, etwa 4 mm starken

Membranen. Scheibenventile von Thomson, Textfig. 17, die einfachen und mehrfachen Membranen

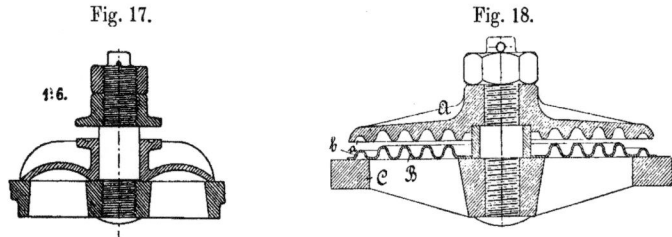

Fig. 17.   Fig. 18.

von Kinghorn, Textfig. 19 und 20, welche ähnlich wie die Gummiklappen angeordnet sind, und die gewellten Metallventile von Beldam, Textfig. 18, die sich

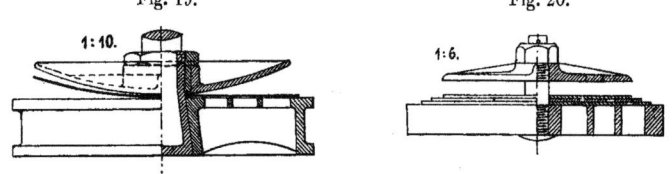

Fig. 19.   Fig. 20.

in neuester Zeit so ziemlich der größsten Beliebtheit erfreuen. Beim Oeffnen dieses
Ventils bleibt Wasser in der Rinne *a* zwischen Schutzdeckel *A* und Teller *B*, und
beim Schliefsen bleibt Wasser in der Rinne *b* zwischen Teller *B* und Sitz *C*, um
den Schlag zu mäfsigen. Um bei aufsergewöhnlich starken Pressungen gröfseren
Hub zu gestatten, wird der Schutzdeckel aus zwei in der Axenrichtung verschieb-
baren Teilen zusammengesetzt, zwischen welche starke Federn eingeschaltet werden.
In der französischen und russischen Marine hat man die durch eine dünne, flache

Metallscheiben. Spiralfeder belasteten Metallscheiben von O'Haggan und Brichaux[1]), Textfig. 21,

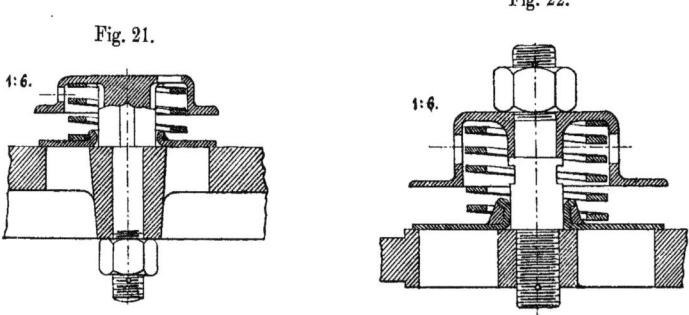

Fig. 21.   Fig. 22.

eingeführt, welche sich auf den neuen grofsen Schnelldampfern der von Havre nach
Amerika fahrenden Compagnie générale transatlantique gut bewährt haben sollen.
Diese letzteren lassen sich auch, ohne weitere Umänderungen der Ventilsitze zu
erfordern, wie Textfig. 22 zeigt, an Stelle der früheren Gummiklappen verwenden. —

Ventile Neuerdings sind noch die in Textfig. 23 bis 26 gezeichneten Ventile von Wyndham[2])
mit Packung.

[1]) Engineering 1887 II. S. 236.
[2]) The marine engineer 1887 S. 206.

mit Packung an den Dichtungsflächen in Gebrauch gekommen. Fig. 23 und 24 stellen das Ventil für Luftpumpen, Fig. 25 und 26 für Zirkulationspumpen dar. In der Vertiefung des Ventilrückens bleibt Wasser stehen, welches das harte Anschlagen des Ventiles gegen den Hubbegrenzer verhindert. Die 4 Stifte *a* des Zirkulationspumpen-

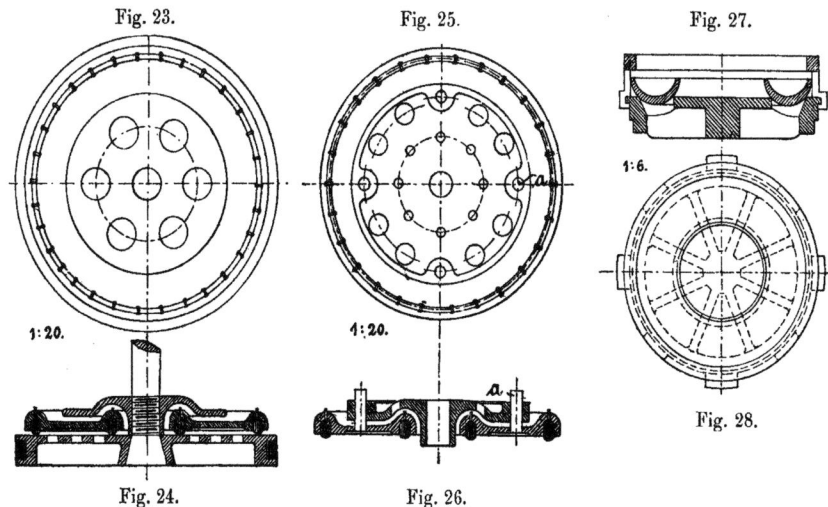

Fig. 23.   Fig. 25.   Fig. 27.

Fig. 24.   Fig. 26.   Fig. 28.

ventiles dienen zu seiner besseren Führung. Endlich möge noch das spindellose Ventil von Reid, Textfig. 27 u. 28, Erwähnung finden, welches dem Wasser einen bequemeren Durchfluss gestattet, und dessen mittels Bajonnetverschlusses am Ventilsitze befestigte Führung eine schnelle Untersuchung oder Reinigung des Ventiles ermöglicht. Spindellose Ventile.

Vierter Abschnitt.

Die Hochdruckmaschine.

a. Geringer Erfolg der Hochdruckmaschine.

Fast gleichzeitig mit der Einführung des Oberflächenkondensators, als dessen Hauptvorteil die Möglichkeit, hochgespannte Dämpfe für Schiffsmaschinen zu verwenden, hingestellt wurde, begann man mit der Erbauung von Hochdruckmaschinen. Im Anfange der 60er Jahre wurden sie zuerst als Einfach-Expansionsmaschinen, und zwar meistens als Zwillingsmaschinen, genau nach dem Vorbilde der bisherigen Niederdruckmaschinen mit Oberflächenkondensatoren und Dampfmänteln, sowie mit als Dampftrocknern wirkenden Ueberhitzern hergestellt. Sie erwiesen sich aber nicht als lebensfähig und fanden nur eine geringe Verbreitung, weil die Vorteile, welche man durch die Erhöhung der Dampfspannung von 2 zunächst auf 4, dann Einführung der Hochdruckmaschine.

auf 5 und endlich auf 6 kg/qcm Ueberdruck zu erzielen hoffte, sich nur teilweise verwirklichten, jedenfalls weit hinter den gehegten Erwartungen zurückblieben. Es ist daher erklärlich, dass bis gegen Ende der 60er Jahre die Niederdruckmaschine mit Dampfmantel, Ueberhitzer und Oberflächenkondensator das Feld behaupten konnte und erst verdrängt wurde, wie die Kompoundmaschine sich als unzweifelhaft überlegen erwies.

Kohlen-verbrauch der Hochdruck-maschine.

Die Einfach-Expansionshochdruckmaschinen mit Ueberdruck-spannungen von 4 bis 6 kg/qcm verbrauchten während der Probefahrt etwa 1,3 bis 1,4 kg Kohlen für 1 ind. Pfkr. u. Std., erreichten also gegen-über den ihnen vollständig gleichen Niederdruckmaschinen, welche für dieselbe Leistung 1,5 bis 1,6 kg Kohlen erforderten, in Wirklichkeit nur die geringe Kohlenersparnis von etwa 12 pCt., während sich letztere nach den theoretischen Erwägungen bedeutend höher stellen musste.

b. Theoretische Vorteile des hochgespannten Dampfes.

Aufzählung der Vorteile.

Die aus der Verwendung hochgespannten Dampfes erwarteten Vorteile be-gründeten sich:

1) auf den zur Erzeugung eines gleichen Gewichtes Dampf, unabhängig von dessen Spannung, gleichbleibenden Kohlenverbrauch;

2) auf das mit wachsender Spannung in geringerem Maſse zunehmende Ge-wicht der Volumeneinheit Dampf;

3) auf die gröſsere Expansivkraft des höher gespannten Dampfes.

Gleichblei-bender Kohlen-verbrauch.

Zu 1). Nachdem Regnault im Jahre 1847 seine heute noch maſsgebenden Untersuchungen über die gesättigten Wasserdämpfe beendet hatte, wusste man, dass das alte Watt'sche Gesetz, nach welchem die zur Bildung von 1 kg Dampf von beliebiger Spannung aus Wasser von 0^0 C. erforderliche Gesammtwärme konstant 650 W.-E. sein sollte, nicht richtig ist, sondern, dass die Gesammtwärme mit der Spannung zunimmt. Innerhalb der gebräuchlichen Dampfspannungen bleibt die Zu-nahme der Gesammtwärme indessen so gering, dass sie die Giltigkeit des alten Watt'schen Gesetzes für die Praxis fast gar nicht berührt. Um 1 kg Wasser von 0^0 C. in Dampf von 3 kg/qcm abs. Spannung zu verwandeln, gebraucht man nach Regnault 647 W.-E.; um daraus Dampf von 6 kg/qcm abs. Spannung zu bilden, hat man 654,68 W.-E. nötig, also 7,68 W.-E. mehr. Von der Wärmemenge, welche 1 kg mittelguter Steinkohlen in einer gut angelegten Schiffskesselfeuerung entwickelt, kann man etwa 5500 W.-E. nutzbar machen, braucht mithin zur Verwandlung einer gewissen Wassermenge in Dampf von 6 kg/qcm absoluter Spannung nur ein um $\frac{7,68}{5500} = 1/716$ gröſseres Gewicht an Steinkohlen zu verbrennen, als wenn man Dampf von 3 kg/qcm abs. Spannung erzeugen wollte. Es heiſst dies für die Praxis: Ver-brennt man 716 t Kohlen, um Dampf von 3 kg/qcm abs. Spannung zu erzeugen, so würde man 717 t, d. h. 1 t mehr, nötig haben, um dieselbe Wassermenge in Dampf von der doppelten Spannung zu verwandeln. Dass ein so geringfügiger Unterschied des Kohlenverbrauches im Betriebe gar nicht zu bemerken ist, vielmehr durch mancherlei Nebenumstände gänzlich in den Schatten gestellt wird, liegt auf der Hand. Je höher die Spannung des Dampfes steigt, um so gröſser wird zwar dieser Unter-schied, bleibt aber doch immer ein so verschwindender, dass er z. B. für die Er-zeugung eines bestimmten Gewichtes Dampf von 12 kg/qcm abs. Spannung nur um $1/333$ gröſser ist als für das gleiche Gewicht Dampf von 3 kg/qcm abs. Spannung.

Zu 2). Es wiegt 1 cbm Dampf von 3 kg/qcm abs. Spannung 1,603 kg; 1 cbm Langsamere
Zunahme des
Gewichts.
Dampf von 6 kg/qcm abs. Spannung 3,074 kg. Würde das Gewicht der Volumen-
einheit Dampf proportional mit der Spannung wachsen, so müsste jene ein Gewicht
von 1,603 · 2 = 3,206 kg besitzen; sie ist aber nahezu um 4½ pCt. leichter. Je höher
die Spannung des Dampfes steigt, um so bemerkenswerter wird dieser Unterschied,
denn Dampf von 12 kg/qcm abs. Spannung ist schon etwa 8 pCt. leichter als er
sein würde, wenn sein Gewicht proportional der Spannung zunähme.

Zu 3). Berechnet man die theoretische Arbeit, welche Dampf von 3 kg/qcm Gröfsere
Expansivkraft.
abs. Spannung bei der Expansion im Cylinder einer Schiffsmaschine verrichtet, wenn
man die für diese Spannung nach praktischen Erfahrungen günstigste Füllung von
35 pCt. anwendet, so findet man, dass dieselbe Arbeit mit Dampf von 6 kg/qcm
abs. Spannung bei ungefähr 11 pCt. Füllung, mit Dampf von 12 kg abs. Spannung
schon bei etwas weniger als 5 pCt. Füllung unter sonst gleichen Verhältnissen geleistet werden kann. Die bei 6 kg/qcm abs. Dampfspannung und 11 pCt. Füllung
nötige Speisewassermenge ist hierbei mit Rücksicht auf das unter 2) gesagte um
etwa 40 pCt., die bei 12 kg/qcm abs. Dampfspannung und 5 pCt. Füllung um über
50 pCt. geringer als die bei 3 kg/qcm abs. Dampfspannung und 35 pCt. Füllung
erforderliche. Folglich müsste sich auch der Kohlenverbrauch im ersteren Falle um
40 pCt., im zweiten um 50 pCt. günstiger stellen als im letzteren. In der Praxis
erreichte man aber, wie schon angegeben, durch die Verdoppelung der Dampfspannung von 3 auf 6 kg/qcm abs. Spannung statt 40 pCt. nur etwa 12 pCt. Kohlenersparnis.

c. Uebelstände bei der Verwendung hochgespannten Dampfes.

Die Gründe, welche ein so mäfsiges Ergebnis verursachten, bestehen in: Begründung des
Misserfolges
der Hochdruck-
maschine.

    1) der geringeren Leistungsfähigkeit der Cylinderkessel,

    2) dem Fortfall der Ueberhitzung,

    3) dem grofsen Temperaturgefälle des Dampfes in den Cylindern der Maschine.

Zu 1). Für die Erzeugung eines höheren Dampfdruckes als 3 kg/qcm zeigten Minderwertig-
keit der
Cylinderkessel
sich die Kofferkessel, wegen der nicht mehr gut ausführbaren Verankerung ihrer
flachen Wände, als unbrauchbar. Man führte daher die widerstandsfähigeren Cylinderkessel ein, welche aus gleichen Rücksichten cylindrische Feuerbüchsen erhielten, wenn
sie, wie in den weitaus meisten Fällen üblich, für rückkehrende Flamme konstruirt
waren. In den engen Feuerbüchsen dieser Kessel findet eine weniger vollkommene
Verbrennung statt, als in den geräumigen Feuerungen der Kofferkessel, sodass sich
letztere als schnellere und vorteilhaftere Dampferzeuger auswiesen. Während im
allgemeinen in den Kofferkesseln bei Probefahrten 8,5 bis 8,7 kg Wasser mit 1 kg
guter Kohlen verdampft wurden, erreichte man in Cylinderkesseln durchschnittlich
nur eine 8,1 bis 8,3 fache Verdampfung. Die Einführung der Cylinderkessel verursachte also einen 5 bis 6 pCt. betragenden Mehrverbrauch an Kohlen, welcher um
so mehr zunahm, je kleiner die Durchmesser und je gröfser die Längen der cylindrischen Feuerungen wurden.

Zu 2). Ein, bei gewöhnlichem Betriebe vielleicht ebenso grofser, Mehrverbrauch Fortfall
der Ueberhitzer.
an Brennstoff entstand ferner durch den Fortfall der Ueberhitzung des hochgespannten
Dampfes aus den früher bereits angeführten Ursachen.

Zu 3). Die gröfsten Kohlenverluste entstammen indessen den bedeutenden Wärmeverlusten, welche bei der Expansion des Dampfes von höherer Spannung, also auch höherer Temperatur, in einem einzigen Cylinder stets entstehen müssen. Wie bereits ausgeführt, erwärmt der Dampf bei seinem Eintritte die Cylinderwand, welche sich während der Ausströmung wieder abkühlt. Im Beharrungszustande nimmt die Cylinderwand etwa die mittlere Temperatur zwischen der Eintritts- und Austrittstemperatur des Dampfes an. Dampf von 6 kg/qcm abs. Kesselspannung, welcher mit einem Spannungsverlust von 0,5 kg in den Cylinder tritt, hat 154,6⁰ C., wogegen seine Austrittstemperatur sich auf 65⁰ C. schätzen lässt, sodass die Cylinderwand eine mittlere Temperatur von 0,5 (154,6 + 65) = rund 110⁰ C. annehmen muss. Der vom Kessel kommende Dampf strömt daher bei jedem Hube in einen Raum, dessen Wände um 44 bis 45⁰ C. kälter sind als er selbst. Die Folge davon ist die schon besprochene massenhafte Kondensation des Dampfes während der Einströmung und die damit verbundenen Nachteile in einem Cylinder ohne Dampfmantel. In einem Cylinder mit Dampfmantel lässt sich dieser Uebelstand bis zu einem gewissen, von der Wirksamkeit des Mantels abhängigen Grade vermeiden; da aber auch hier die Cylinderwand das Bestreben, die mittlere Temperatur anzunehmen, nicht verliert, so muss sie durch beständige Wärmeabgabe des Dampfes im Mantel auf der Eintrittstemperatur des Dampfes erhalten werden, wodurch eine Kondensation des Dampfes im Mantel eintritt, die, wenn auch bei weitem nicht so fühlbar und nachteilig als die im Cylinder, doch immerhin recht bemerkbar bleibt. Emery, Ingenieur der Ver. Staaten-Marine, hat die in den Cylindern eintretenden Dampfverluste für die mit 5 bis 6 kg/qcm abs. Druckes arbeitende Kondensationsmaschine des Dampfers Gallatin [1] beim Betriebe ohne Dampfmantel auf 30 pCt., beim Betriebe mit Dampfmantel auf etwa 20 pCt. des Gesammtdampfverbrauches festgestellt. Rechnet man zu dem durch die Dampfverluste entstehenden Mehrverbrauch an Kohlen den durch die weniger leistungsfähigen Kessel und den Fortfall der Ueberhitzung bedingten, so ist es nicht weiter verwunderlich, dass die für die Verwendung des Hochdruckdampfes theoretisch auf 40 pCt. ermittelte Kohlenersparnis in Wirklichkeit auf etwa 12 pCt. zusammenschrumpfte.

Fünfter Abschnitt.

Die Zweifach-Expansionsmaschine.

a. Ausführung der Zweifach-Expansionsmaschine.

Die erste Zweifach-Expansionsmaschine ist im Jahre 1781 als einfach wirkende Wasserhebungsmaschine von Hornblower konstruirt. Der Dampf trat in einen kleineren Hochcylinder und, nachdem er darin bis zu einem gewissen Grade expandirt war, unmittelbar in einen gröfseren Niederdruckcylinder. Diese Maschine verwandelte Woolf 1804 in eine doppeltwirkende und fügte einen Watt'schen Einspritzkonden-

----

[1] Engineering vom 28. Febr. 1876.

sator hinzu. Die beiden Kolben der Woolf'schen Maschine mussten, um das unmittelbare Ueberströmen des Dampfes vom Hoch- zum Niederdruckcylinder zu ermöglichen, stets gleichzeitig auf dem toten Punkte stehen, sie mochten gleichlaufend, wie meistens üblich, oder entgegenlaufend sein. Als Schiffsmaschine war daher die einfache Woolf'sche Maschine — nicht die gekuppelte — ihrer hierdurch beschränkten Manövrirfähigkeit wegen nicht verwendbar. Das Streben der Konstrukteure ging deshalb dahin, die wirtschaftlichen Vorteile der Woolf'schen mit der besseren Manövrirfähigkeit der alten Zwillingsmaschine möglichst zu vereinen. Wer zuerst eine solche Maschine erfunden hat und in welchem Jahre, ist nicht genau feststellbar; nur so viel ist sicher, dass sich vom Jahre 1860 ab besonders John Elder in Glasgow bemühte, die solche Ansprüche erfüllende »Kompound«-Maschine [1]) zunächst in die englische Handelsmarine einzuführen.

Die Kompoundmaschinen sind zum gröfsten Teile zweicylindrig hergestellt worden; um aber Niederdruckcylinder von gröfseren Durchmessern als etwa 2,5 m zu vermeiden, hat man sie in den letzten Jahren auch häufig dreicylindrig, d. h. mit einem Hoch- und 2 Niederdruckcylindern, ausgeführt. Zwischen dem Hochdruck- und dem Niederdruckcylinder muss ein Raum vorhanden sein, welcher denjenigen Teil des aus dem Hochdruckcylinder kommenden Dampfes aufnimmt, der nach dem Abschluss des Niederdruckcylinders nicht unmittelbar in letzteren überströmen kann. Diese Zwischenkammer (Receiver) umgiebt meistens den Hochdruckcylinder konzentrisch oder wird durch ein gröfseres vom Ausströmungskanal des Hochdruckcylinders zum Niederdruckschieberkasten führendes Ueberströmungsrohr ersetzt. Die Cylinder stehen oder liegen nebeneinander und sind mit einer Kurbelwelle verbunden,

Kompound-maschinen.

---

[1]) In England und Nordamerika nennt man alle Zweifach-Expansionsmaschinen »Kompound«maschinen. In Deutschland, Frankreich und anderen europäischen Ländern, in welchen schon seit langer Zeit der Ausdruck »Woolf'sche Maschine« geläufig war, versteht man gewöhnlich nur die Zweifach-Expansionsmaschinen, deren Kolben nicht gleichzeitig auf dem toten Punkte stehen, unter »Kompound-Maschinen«, und umgeht dadurch das langatmige Wort »Kompound-Receiver-Maschine«. Hier ist kein anderes deutsches Wort für Kompoundmaschine gewählt worden, weil letztere Bezeichnung nicht nur in der englischen und nordamerikanischen, sondern auch in der deutschen, österreichischen, französischen, italienischen, russischen und spanischen Marine als amtlicher Ausdruck gilt, mithin international geworden ist. — Aufserdem giebt der von Reuleaux vorgeschlagene, sonst sehr zweckmäfsige und kurze Ausdruck »Verbund«maschine, so lange er nicht die Vielstufigkeit der Expansion erkennen lässt, leider zu grofsen Unklarheiten Veranlassung. So lese ich z. B. in der in technischer Beziehung stets gut redigirten Kölnischen Zeitung vom 29. März 1887 einen Bericht über die vom »Vulcan« gebauten deutschen Reichspostdampfer (s. Zeitschr. d. Ver. deutscher Ingenieure 1887 S. 877 m. 6 Tafeln), in welchem deren Maschinen als »dreicylindrige Verbundmaschinen« aufgeführt werden. Man muss diese Maschinen daher für dreicylindrige Kompoundmaschinen halten, während es in der That Dreifach-Expansionsmaschinen sind. Noch schlimmer wird diese Unklarheit, wenn man, wie in der Zeitschr. d. Ver. deutscher Ingenieure, Jahrg. 1887 S. 276, den Ausdruck »Verbundmaschine« auf die Vierfach-Expansionsmaschine überträgt. Was soll man sich vorstellen, wenn man ohne die erläuternde Beigabe einer Zeichnung von einer »4cylindrigen Verbundmaschine« liest? Soll dies eine »4cylindrige Kompoundmaschine« sein mit 1 Hochdruck- und 3 Niederdruckcylindern, wie man sie in England ausgeführt hat; oder eine »4cylindrige Dreifach-Expansionsmaschine« mit 1 Hochdruck-, 1 Mitteldruck- und 2 Niederdruckcylindern; oder soll es endlich eine »Vierfach-Expansionsmaschine« mit 1 Hoch-, 1 kleineren und 1 gröfseren Mittel- und 1 Niederdruckcylinder bedeuten? Sollte man in Zukunft bei entsprechend gesteigerter Dampfspannung gar noch Fünffach- und Sechsfach-Expansionsmaschinen einführen, so würde der Ausdruck »Verbundmaschine« schliefslich keine zutreffendere Bezeichnung mehr sein, als der allgemeine Sammelname »Dampfmaschine«. — Vielleicht lässt sich das Wort »Verbund-Maschine« durch »Zweibund-«, »Dreibund-«, »Vierbund-Maschine« ersetzen; man wüsste dann sofort, eine wievielstufige Expansionsmaschine gemeint ist. B.

deren einzelne Kurbeln bei 2 Cylindern gewöhnlich einen Winkel von 90°, bei 3 Cylindern einen solchen von 120° einschliefsen. Aufser diesen allgemeiner gebräuchlichen Kurbelwinkeln kommen unter bestimmten Verhältnissen auch noch andere vor, welche aber nicht weiter aufgeführt werden sollen. Bei 2cylindrigen Kompoundmaschinen ist es zur Erzielung einer kleinen Zwischenkammer zweckmäfsig, die Kurbel des Niederdruckcylinders vorangehen und die des Hochdruckcylinders nachfolgen zu lassen. Im übrigen ist die Anordnung der Kompoundmaschine derjenigen einer Zwillings- bezw. Drillingsmaschine ähnlich.

Nachteile
grofser Nieder-
druck-Cylinder.

Ein weiteres Eingehen auf die Konstruktion der Kompoundmaschine erscheint nicht gerechtfertigt, weil sie jetzt durch die Dreifach-Expansionsmaschine bereits überholt ist und daher nicht mehr in demselben Umfange zur Ausführung gelangt, wie vor 10 Jahren. Nur so viel sei noch erwähnt, dass man heute durch jahrelange Erfahrungen zu der Ansicht gekommen ist, die anfänglich gebauten Kompoundmaschinen mit grofsen Niederdruckcylindern, welche den Dampf sehr stark expandirten, werden von den in letzter Zeit hergestellten mit kleineren Niederdruckcylindern und geringerem Expansionsgrade arbeitenden Maschinen in wirtschaftlicher Hinsicht übertroffen. Der Grund hierfür ist in den Arbeits- und Dampfverlusten zu suchen, welche erstere durch die Reibung der leergehenden Maschine infolge des schweren Gestänges vom Niederdruckcylinder, welche letztere durch die starke innere Kondensation des Dampfes infolge zu weit getriebener Expansion sowie durch die grofsen schädlichen Räume in so gewaltigen Cylindern auftreten. Man geht daher nicht gern über einen Durchmesser des Niederdruckcylinders von 2,3 bis 2,5 m und nimmt lieber, wie oben schon gesagt, 2 kleinere Niederdruckcylinder, um diese Grenze nicht zu überschreiten, indem man gleichzeitig den mittleren Druck durch Verminderung des Expansionsgrades erhöht. Aufser der weniger schwierigen Bearbeitung und Montage der kleineren Niederdruckcylinder erzielt man hierbei die durch nachstehende Beispiele an bekannten Postdampfern erläuterten, recht beachtenswerten wirtschaftlichen Erfolge.

Vorteile kleiner
Niederdruck-
Cylinder.

Im Juli 1885 verliefsen der Inman-Dampfer »City of Chester« und der Cunard-Dampfer »Bothnia« an demselben Tage New York und kamen zur selben Zeit in Queenstown an. Beide Dampfer besitzen ungefähr dieselbe Gröfse und ihre Maschinen die nachstehenden Abmessungen und Leistungen, aus denen hervorgeht, dass die »Bothnia«-Maschine mit beträchtlich kleinerem Niederdruckcylinder bei gleicher Nutzleistung um etwa 50 pCt. wirtschaftlicher arbeitete, als die grofse mit übermäfsiger Expansion getriebene Maschine der »City of Chester«.

Name	Dampf-druck	Durchmesser		Hub beider Cylinder	Expansion des Dampfes	Durch-schnittliche ind. Leistung	Durch-schnittliche Geschwindigkeit	Durchschnitt-licher Kohlen-verbrauch in 24 Stunden
		des Hoch-druck-cylinders	des Nieder-druck-cylinders					
	kg/qcm	m	m	m		Pfkr.	Knot.	t
1	2	3	4	5	6	7	8	9
City of Chester	5,50	1,73	3,04	1,67	10 fach	4600	13,5	108
Bothnia . . .	4,00	1,52	2,64	1,37	5 »	3000	13,5	72
Ems	6,66	1,57	2 zu 2,23	1,52	8 »	6000	16,4	130

Vergleicht man den neueren Norddeutschen Lloyddampfer »Em's« mit der »City of Chester«, so findet man, dass dieser mit 2 kleineren Niederdruck-cylindern versehene Dampfer bei etwas höherem Dampfdruck und etwa noch um 10 pCt. gröfserem Deplacement mit einem um 20 pCt. gröfseren durchschnittlichen Kohlenverbrauche eine um mehr als 20 pCt. gröfsere Geschwindigkeit erreicht, also für die ganze Reise von England nach Amerika weniger Kohlen nötig hat, als der ältere Dampfer »City of Chester« mit dem einen riesigen Niederdruckcylinder und der starken Expansion des Dampfes. Zur Zeit wird deswegen die ungünstige Kompoundmaschine dieses Dampfers durch eine Dreifach-Expansionsmaschine ersetzt.

b. Wirtschaftliche Erfolge der Kompoundmaschine.

Der Vorteil der Kompoundmaschine vor der Einfach-Expansions-Hochdruck-maschine besteht in der sehr beträchtlichen Verminderung der Dampfverluste in den Cylindern als Folge der stufenweisen Expansion, wie folgendes Beispiel leicht erklärt. Hat der Dampf im Kessel die wohl so ziemlich am häufigsten vorkommende Spannung von 5 kg/qcm Ueberdruck, so tritt er meistens mit 4,5 kg/qcm Ueberdruck in den Hochdruckcylinder, wobei seine Temperatur rund 155° C. beträgt, während er aus dem Niederdruckcylinder in den Kondensator mit 65° C. entweichen soll. Bemisst man nun die Füllung des Hochdruckcylinders und das Volumenverhältnis der beiden Cylinder derartig, dass der Dampf im Hochdruckcylinder bis auf 0,5 (155 + 65) = 110° C. oder 1,5 kg abs. Spannung expandiren und sich dann im Niederdruck-cylinder bis zum Kondensatorgegendruck ausdehnen kann, so beträgt das Temperatur-gefälle zwischen Eintritt und Austritt des Dampfes in jedem Cylinder nur 45° C., während es in einer Einfach-Expansionsmaschine doppelt so grofs gewesen wäre. Die Cylinderwand nimmt im Hochdruckcylinder eine mittlere Temperatur von 132,5° C. und im Niederdruckcylinder eine solche von 87,5° C. an, ist also nur noch 22,5° C. kälter, als der Dampf bei seinem Eintritte, während dieser Unterschied bei der Einfach-Expansionsmaschine 45° C. betrug. Die bei jedem Füllungshube kon-densirende Dampfmenge muss demnach geringer werden, und der im Hochdruck-cylinder beim Nachdampfen gebildete Dampf kommt mit dem etwa in folge von Kolbenundichtheiten unmittelbar durch den Hochdruckcylinder tretenden Dampf im Niederdruckcylinder noch einmal als Arbeitsdampf zur Verwendung.

Emery [1] fand 1874 bei der Maschine des Dampfers »Bache«, wenn sie als Einfach-Expansionsmaschine mit 5,6 bis 5,7 kg/qcm Ueberdruck im Kessel, mit angestellten Dampfmänteln und einer der günstigsten Füllung entsprechenden 5- bis 6fachen Expansion arbeitete, den Dampfverbrauch für 1 ind. Pfkr. und Std. zu 10,50 kg; wenn sie hingegen unter denselben Verhältnissen als Woolf'sche Maschine arbeitete, betrug dieser Dampfverbrauch nur 9,23 kg, was eine Dampf-ersparnis von etwa 13 pCt. ergiebt. Bei gröfserer Expansion unter sonst gleichen Umständen war die Dampfersparnis der Woolf'schen Maschine gegenüber der Einfach-Expansionsmaschine noch gröfser und stieg auf mehr als 20 pCt. Fast genau die letztere Dampfersparnis zeigte sich bei den im Jahre 1873 abgehaltenen Probefahrten der englischen Kanonenboote »Goshawk« und »Swinger« [2] zu gunsten der

Margin notes: Verminderung der Dampfverluste.

Margin note: Versuch von Emery.

---

[1] W. H. Maw. Recent practice in marine engineering S. 31.
[2] Engineering vom 26. März 1875.

Kompoundmaschine. Beide Schwesterschiffe hatten gleich starke Maschinen; die Kompoundmaschine des »Goshawk« gebrauchte bei der forcirten Probefahrt 7,71 kg Dampf für 1 ind. Pfkr. und Std., die Einfach-Expansionsmaschine des »Swinger« hingegen 9,52 kg, welche Dampfverbräuche nach den Indikatordiagrammen berechnet sind.

Versuche von Widmann. Hierbei möge gleich hervorgehoben werden, dass die sehr verbreitete Ansicht, die Kompoundmaschine sei der Woolf'schen Maschine in wirtschaftlicher Beziehung überlegen, eine irrige ist. Es steht vielmehr fest, dass viele ältere stationäre Woolf'sche Maschinen, wie auch Otto H. Mueller jr. [1] angiebt, bedeutend wirtschaftlicher arbeiten als manche neuere Kompoundschiffsmaschine. Bestätigt wird diese Ansicht durch die Ergebnisse von kalorimetrischen Untersuchungen, welche der französische Marine-Ingenieur Widmann [2] mit verschiedenen Schiffsmaschinen gelegentlich ihrer amtlichen Abnahme-Probefahrten im Jahre 1879 ausführte. Die mit dem verbrauchten Dampf in den Kondensator abgeleitete Wärmemenge schwankt bei den Versuchen von 0,5 bis 12,1 pCt. der gesammten der Maschine zugeführten Wärme bei einer Woolf'schen Maschine, während sie von 6,7 bis 21,9 pCt. derselben Wärme bei vier Kompoundmaschinen wechselt. Eine Erklärung hierfür findet sich in den weniger günstig angeordneten Uebergangskanälen zwischen den Cylindern der letzteren, in denen der durchströmende Dampf eine grofse Reibung erfährt, und in den nicht mit Dampf geheizten oft recht umfangreichen Wänden ihrer Zwischenkammern, welche eine Abkühlung des Dampfes herbeiführen. Diese beiden zuweilen sehr beträchtliche Dampfverluste hervorrufenden Ursachen sind bei Woolf'schen Maschinen leichter zu vermeiden als bei Kompoundmaschinen bezw. kommen bei ersteren überhaupt nicht vor.

Kohlen-verbrauch der Kompound-maschine. Die Ergebnisse der vorerwähnten, zur Zeit der Einführung der Kompoundmaschine angestellten Versuche sind durch die allgemeine Erfahrung der letzten 12 Jahre lediglich bestetigt worden, so dass man den wirtschaftlichen Vorsprung der Kompoundmaschine gegenüber der Einfach-Expansionsmaschine von gleicher Kesselspannung auf etwa 20 pCt., gegenüber den besten Niederdruckmaschinen mit Oberflächenkondensatoren, Dampfmänteln und Ueberhitzern aber auf rund $33^1/_3$ pCt. schätzt. Im Durchschnitt erforderte die Kompoundmaschine bei den Probefahrten etwa 1,0 bis 1,1 kg Kohlen für 1 ind. Pfkr. und Std. Ein Dampfer, dessen Maschine im Durchschnitt 1000 Pfkr. indizirte, brauchte daher für eine Reise von 20 tägiger Dauer einschl. der Reserve von 20 pCt. nur noch 550 bis 600 t Kohlen mitzunehmen, statt 1300 bis 1400 t vor 20 Jahren.

Verwandlung älterer Maschinen in Kompound-maschinen. Infolge dieser erheblichen Abnahme der Betriebskosten konnten Dampfer auf solchen Reisen beschäftigt und mit solchen Gütern befrachtet werden, welche vorher nur für Segelschiffe einen sicheren Verdienst in Aussicht stellten. Die grofsen Dampferlinien waren in der Lage, ihre langsameren und kleineren Dampfer durch gröfsere und schnellere Schiffe zu ersetzen, deren stärkere Maschinen keine höheren Unterhaltungskosten verursachten als die früheren schwächeren. Die allgemeine Einführung der Kompoundmaschine im Anfange der 70er Jahre hat für den Aufschwung der Dampfschifffahrt daher dieselbe Bedeutung, wie die etwa 10 Jahre früher erfolgte Benutzung des Oberflächenkondensators. In den Jahren 1872 bis

---

[1] Zeitschr. d. Ver. deutscher Ingenieure 1886 S. 820.
[2] Bulletin de la société industrielle de Mulhouse. 1880. S. 212 u. f.

1877 mussten die in Handelsdampfern vorhandenen älteren Niederdruckmaschinen, sobald ihre Kessel schadhaft waren und der Zustand des Schiffskörpers ein solches Vorgehen noch rätlich erscheinen liefs, zum überwiegenden Teile durch Kompoundmaschinen ersetzt werden, wenn diese Dampfer wettbewerbfähig bleiben sollten.

Die grofse Mehrzahl der im Schiffsmaschinenbau bewanderten Ingenieure war damals derselben Ansicht, wie auch jetzt dem augenblicklichen Stande gegenüber wieder vielfach der Fall, dass weitere wirtschaftliche Erfolge nur durch eine verbesserte Erzeugung des Dampfes zu erreichen seien, während sich von einer noch gröfseren Ausbeutung seiner Expansivkraft nicht mehr viel erhoffen liefse. Diese selbst von dem verstorbenen grofsen Ingenieur Wilhelm Siemens auf einer im Jahre 1872 in Liverpool abgehaltenen Versammlung des Vereins der englischen Maschineningenieure geäufserte Meinung ist inzwischen durch die neueste Entwicklung des Schiffsmaschinenbaues widerlegt worden; denn die seitdem erzielten Vorteile sind lediglich in letzterer, nicht in ersterer Richtung erfolgt.

(Randnotiz: Frühere Ansichten über die Zweifach-Expansionsmaschine.)

Sechster Abschnitt.

Die Dreifach-Expansionsmaschine.

a. Entstehung und Ausbreitung.

Als Erbauer der ersten Dreifach-Expansionsmaschine machen die Engländer verschiedene ihrer bedeutenderen Konstrukteure namhaft, zwischen denen die Entscheidung kaum feststellbar ist; aber auch die Franzosen[1]) fangen an, den Ruhm dieser Erfindung für sich in Anspruch zu nehmen. Sicher ist, dass die Bestrebungen, solche Maschinen herzustellen, bis auf den Anfang der 70er Jahre zurückdatiren. Es sind auch einzelne solcher Maschinen ausgeführt worden, welche, wie jetzt nachträglich von ihren Erbauern oder sonstigen Interessenten hin und wieder mitgeteilt wird, bei den Probefahrten gute Resultate ergeben haben; indessen alle diese Versuchsmaschinen kamen im Laufe der Jahre wieder aufser Betrieb, hauptsächlich wohl, weil ihre Kessel dem hohen Dampfdruck auf die Dauer nicht widerstehen konnten. Erst nachdem sich das Kesselbaumaterial im Laufe der Jahre sehr wesentlich gebessert hatte, gelang es A. C. Kirk, Chefingenieur bei R. Napier & Sons in Glasgow, im Frühjahre 1882 die erste auf langen Seereisen erprobte und noch im Betrieb befindliche Dreifach-Expansionsmaschine von 2600 ind. Pfkr. für den Dampfer Aberdeen[2]) herzustellen. Diese Maschine fand ungeteilte Würdigung und wurde mehr oder minder als Vorbild für die bald darauf in gröfserer Zahl entworfenen Maschinen benutzt. Die Dreifach-Expansionsmaschine breitete sich in den folgenden Jahren derartig aus, dass nach den Angaben der englischen Lloydingenieure bis Ende 1885 in England allein 150 Dreifach-Expansionsmaschinen für

(Randnotiz: Entstehung und jetzige Verbreitung.)

---

[1]) Mém. d. ing. civ. 1886 S. 377.
[2]) Zeitschr. d. Ver. deutscher Ingenieure S. 966.

Handelsdampfer neu erbaut wurden, während 20 ältere Kompoundmaschinen gelegentlich des Ersatzes ihrer ausgefahrenen Kessel in Dreifach-Expansionsmaschinen umgewandelt wurden. Im ersten halben Jahre 1886 sind in England 41 Dreifach-Expansionsmaschinen neben 60 Kompoundmaschinen erbaut worden, und in der zweiten Hälfte desselben Jahres waren 128 Dreifach-Expansionsmaschinen neben 71 Kompoundmaschinen für Handelsdampfer im Bau begriffen, wozu noch 20 Dreifach-Expansionsmaschinen für die englische Marine mit zusammen 130 000 ind. Pfkr. traten. Nebenbei schreitet die Umwandlung der älteren Kompoundmaschinen in Dreifach-bezw. Vierfach-Expansionsmaschinen rüstig weiter vor. Auch in Deutschland und Frankreich ist man mit dem Bau solcher Maschinen nicht zurückgeblieben. In Deutschland dürften, soweit sich dies übersehen lässt, die bis jetzt für Kriegs- und Handelsdampfer hergestellten Dreifach-Expansionsmaschinen die Zahl 350 schon längst überschritten haben, von welchen der größte Teil, etwa 180 Stück, auf die vorzüglichen Torpedobootsmaschinen der Firma F. Schichau in Elbing entfällt. In Frankreich sind unter vielen anderen für die neuen Postdampfer der Compagnie générale transatlantique Dreifach-Expansionsmaschinen erbaut worden; auch für ihre Marine haben die Franzosen bereits eine Reihe dieser Maschinen fertig gestellt oder in Angriff genommen, unter letzteren eine von 8000 und eine von 13 000 ind. Pfkr. Einige der größten Maschinen dieser Art werden augenblicklich für bezw. in Italien gebaut; es sind dies je 4 Maschinen für die gewaltigen Panzerschiffe »Sicilia« und »Sardegna«, welche auf jedem Schiffe zusammen etwa 20 000 Pfkr. indizieren sollen, eine Leistung, welche man durch Anwendung künstlichen Zuges bis auf 25 000 Pfkr. zu bringen hofft. Sehr lange wird es daher nicht mehr dauern, bis auf europäischen Dampfern 1000 Dreifach-Expansionsmaschinen in Betrieb sind.

Ausführung der Dreifach-Expansionsmaschine. Nach den bisherigen Erfahrungen scheint es am zweckmäßigsten zu sein, wenn die Temperaturgefälle in den verschiedenen Cylindern der Dreifach-Expansionsmaschine möglichst übereinstimmen, wobei die Maschine um so leistungsfähiger wird, je mehr die auf die einzelnen Kolben entfallenden Anfangsdrucke und die von ihnen zu übertragenden Arbeiten einander gleich werden. Die beiden letzteren Punkte stehen indessen erst in zweiter Linie, weil sie nur die Festigkeit des Gestänges und die Gleichmäßigkeit des Ganges, nicht aber die Wirtschaftlichkeit der Maschine beeinflussen. Alle drei Größen lassen sich nicht vollkommen gleich herstellen. Konstruirt man so, dass die Anfangsdrucke auf die Kolben gleich werden, d. i. Anfangsdruck im Cylinder mal Kolbenfläche, so erhält man andere Verhältnisse, als wenn man auf gleiche Teilung der Arbeit in den drei Cylindern rechnet, so dass man stets gezwungen ist, zwischen diesen Verhältnissen zu vermitteln. Wird diese Vermittlung sorgfältig vorgenommen, so lassen sich übrigens Dreifach-Expansionsmaschinen herstellen, welche jeder der drei Forderungen nahezu gerecht werden, wie die ausgezeichneten Maschinen von Wyllie [1]), dem verstorbenen Leiter der Hartlepool Iron Works, Thomas Richardson & Sons, beweisen.

Die Gleichheit der genannten Größen wird besonders beeinflusst, durch:

> das Cylinderverhältnis,
> die Dampfverteilung,
> die Kurbelanordnung.

---

[1]) Proceedings of the institution of mechanical engineers 1886 S. 473.

b. Cylinderverhältnisse.

Das Verhältnis der einzelnen Cylinder zu einander richtet sich, wenn man nur die Gleichheit des Temperaturgefälles im Auge hat, nach der Anfangsspannung des Dampfes und dem Gegendrucke des Kondensators. Als die augenblicklich gebräuchlichste Kesselspannung sind 10 kg/qcm Ueberdruck zu bezeichnen; der Dampf gelangt etwa mit 10,5 kg abs. Spannung in den Hochdruckcylinder, wobei sich seine Anfangstemperatur auf 181° C. stellt. Am Ende der Expansion im Niederdruckcylinder besitzt der Dampf gewöhnlich noch eine Temperatur von 65 bis 80° C., entsprechend einer abs. Spannung von 0,25 bis 0,5 kg/qcm. Angenommen, die Temperatur dieses Dampfes betrage 67° C., so entsteht in der Maschine ein Temperaturgefälle von $181 - 67 = 114°$ C., d. i. für jeden Cylinder $\frac{114}{3} = 38°$ C.

Gleichheit des Temperatur-gefälles.

Jedes kg Dampf, welches in die Maschine gelangt, muss daher nach der Fliegner'schen Dampftabelle besitzen beim Eintritt in den:

	Tempe-ratur	Temperatur-gefälle	Absolute Spannung	Volumen
Hochdruckcylinder . . .	181° C.		10,5 kg/qcm	0,19 cbm
Mitteldruckcylinder . . .	143° C.	38°	4,0 »	0,48 »
Niederdruckcylinder . . .	105° C.	38°	1,25 »	1,42 »
Kondensator	67° C.	38°	0,3 »	5,43 »

Die Volumina der Cylinder müssen sich demnach verhalten wie $19:48:142$ oder rund wie $1:2,5:7,5$.

Für 10 Atm. Ueberdruck im Kessel und einem Füllungsgrad von 0,5 bis 0,6 im Hochdruckcylinder sind diese Verhältnisse unter Berücksichtigung der schädlichen Räume, Uebergangskanäle und Zwischenkammern als die bewährtesten zu bezeichnen. Sie werden unabhängig von einander von Parker[1]) in England und von Stapfer[2]) in Frankreich empfohlen, während Ziese[3]) in St. Petersburg ein ganz ähnliches Verhältnis, nämlich $1:(2,5 \text{ bis } 3):(6 \text{ bis } 7)$ angiebt. Ein ungefähr gleiches Verhältnis der Cylinderinhalte entsteht, wenn nach Mudd[4]) bei gleichen Hüben die Durchmesser der Cylinder gleich $3:5:8$ genommen werden. Mit 50 pCt. Füllung im Hochdruckcylinder entspricht dieses Cylinderverhältnis einer 15fachen Gesammtexpansion des Dampfes.

Uebliche Cylinderver-hältnisse.

Berechnet man unter Zugrundelegung des Mariotte'schen Gesetzes den mittleren Druck, welcher in einem Cylinder herrschen würde, wenn dessen Inhalt sich zu $^1/_{15}$ mit Dampf von 11 kg/qcm = dem abs. Kesseldruck anfüllte und bis zum abs. Vakuum expandirte, so hätte man diesen Druck mit einem nach den Indikatorversuchen einer Reihe von Maschinen im mittel etwa gleich 0,70 zu setzenden Reduktionskoëffizienten zu multipliziren, um den mittleren auf den Niederdruckkolben reduzirten Druck zu erhalten, wie er für die Indikatordiagramme der fertigen Dreifach-Expansionsmaschine bei vorstehenden Verhältnissen zu erwarten steht. Aus diesem reduzirten Druck und der vorher festgestellten indizirten Leistung der Maschine berechnet man den

Durchmesser des Niederdruck-Cylinders.

---

[1]) Proceedings of the institution of mechanical engineers 1886 S. 501.
[2]) Le génie civil 1886 S. 348.
[3]) Protokolle des St. Petersburger Polytechnischen Vereines 1886 No. 69 S. 3.
[4]) Proceedings of the institution of mechanical engineers 1886 S. 518.

Bezeichnung		Frachtdampfer				Postdampfer				
		Anglian	Stella	Jacatra	Para	Aller (Bremen-Newyork)	Kaiser Wilhelm II (Bremen-Sydney)	Preußen (Bremen-Shanghai)	München (Bremen-Montevideo)	Lusitania (London-Sydney)
		1	2	3	4	5	6	7	8	9
Maschinenleistung bei der Probefahrt	ind. Pfkr.	1575,0	932,0	890,0	620,0	7974,0	6736,0	4055,0	2592,0	3315
Durchm. des Hochdruckcylinders	cm	66,0	55,8	53,3	48,2	111,7	105,0	91,4	76,2	91,4
Durchm. des Mitteldruckcylinders	»	106,6	94,1	97,7	88,9	177,8	170,0	145,0	127,0	152,4
Durchm. des Niederdruckcylinders	»	175,2	152,4	147,3	134,6	254,0	270,0	230,0	203,2	243,8
Kolbenhub	»	106,6	99,0	91,4	83,8	182,8	160,0	150,0	137,2	121,9
Dampfüberdruck i. Kessel	kg/qcm	10,5	9,8	9,8	10,5	10,5	11,0	10,0	10,5	9,8
Täglicher Durchschnitts-Kohlenverbrauch auf der Fahrt	t	16,0	13,6	13,5	10,25	145,0	130,0	67,0	47,0	37,0
Durchschnitts - Schiffsgeschwindigkeit auf der Fahrt	Knoten	10,0	9,0	10,0	9,0	17,0	16,0	14,0	12,4	12,0
Gesammtmaschinen - Gewicht	t	—	—	—	—	—	—	—	—	—
Maschinen - Gewicht auf 1 ind. Pfkr.	kg	—	—	—	—	—	—	—	—	—

[1]) Sans - Pareil indizirte bei natürlichem Zuge   8 930 Pfkr. und
     »   »   » künstlichem »   14 483 »   »
     Victoria   »   » natürlichem »   8 038 »   »
     »   »   » künstlichem »   14 244 »   »
[2]) Trafalgar   »   » natürlichem »   8 481 »   »
     »   »   » künstlichem »   12 818 »   »
[3]) Immortalité   »   » künstlichem »   8 737 »   »
[4]) Serpent   »   » künstlichem » nur 4 059 »   »

Durchmesser des Niederdruckcylinders, als wenn dieser die ganze Arbeit allein zu leisten hätte. Ist der Durchmesser des Niederdruckcylinders bekannt, so ergeben sich die Durchmesser der beiden anderen Cylinder nach dem obigen Cylinderverhältnis. Konstruirt man hiernach, so erhält man eine Maschine, welche mit dem geringsten Kohlenbedarf arbeitet, also eine Maschine, wie man sie in der Handelsmarine durchweg zu haben wünscht.

Hochdruck-Cylinder für Kriegsschiffe.   Für Kriegsschiffe wählt man den Hochdruckcylinder gewöhnlich etwas gröfser, als obige Verhältnisse ergeben, um nötigenfalls einen gröfseren mittleren Druck erzielen und damit die Leistung der Maschine beträchtlich steigern zu können. Die Maschinen der neueren Kriegsschiffe, welche unter regelrechten Verhältnissen mit

Kriegsdampfer				Neueste Schnelldampfer				
Victoria und Sans-Pareil	Nile und Trafalgar	Aurora und Immortalité	Serpent und Racoon	Lahn (Bremen-Newyork)	Augusta-Victoria (Hamburg-Newyork)	Columbia (Hamburg-Newyork)	City of Paris (Liverpool-Newyork)	Teutonic (Liverpool-Newyork)
10	11	12	13	14	15	16	17	18
8039,0 [1] 14483,0	8481,0 [2] 12818,0	8737,3 [3]	4500,0 [4]	9895,0	12280,0	13680,0	18000,0	17000,0
96,6	109,0	91,5	66,1	2 von 86,2	2 von 105,0	2 von 104,1	2 von 114,3	2 von 109,2
147,4	157,4	129,6	94,0	1 » 172,8	2 » 170,0	2 » 167,6	2 » 241,3	2 » 172,7
224,0	244,0	198,2	145,0	2 » 216,0	2 » 270,0	2 » 256,5	2 » 307,3	2 » 279,4
122,0	129,6	106,6	83,8	183,0	160,0	167,6	152,4	152,4
9,50	9,50	9,25	10,0	10,5	10,5	10,5	10,5	12,5
180,0	180,0	150,0	80,0	180,0	230,0	240,0	330,0	325,0
15,0	15,0	17,0	14,0	18,3	18,5	18,8	19,0	18,0
1250,0	1270,0	920,0	437,0	—	2150,0	—	—	—
104,0	100,0	108,0	97,0	—	175,0	—	—	—

lief während 4 stündiger Probefahrt nach Logg 16,00 Knoten.
»   »   4   »   »   an der Meile 17,75   »
»   »   4   »   »   nach Logg 16,00   »
»   »   4   »   »   an der Meile 17,25   »
»   »   6   »   »   »   »   »   16,219   »
»   »   4   »   »   »   »   »   17,272   »
»   »   4   »   »   »   »   »   19,00   »
»   »   4   »   »   nach Logg 16,00   »

etwa 10 bis 12 Knoten Geschwindigkeit fahren und hierbei, je nachdem sie für natürlichen oder künstlichen Zug eingerichtet sind, nur zwischen $1/5$ bis $1/10$ ihrer gröfsten Maschinenkraft leisten, mit welcher letzteren sie Geschwindigkeiten von 18 bis 20 Knoten erreichen müssen, lassen sich wegen der hierfür erforderlichen ungeheuren Kraftreserve, derentwegen auf die Erzielung eines möglichst geringen Kohlenverbrauches unter gewöhnlichen Umständen verzichet wenden muss, garnicht mit den Maschinen neuerer Kauffahrteidampfer vergleichen; denn diese brauchen im Durchschnitt unter Aufbietung ihrer ganzen Leistungsfähigkeit nur eine Schiffs-geschwindigkeit von 8 bis 11 Knoten herzustellen, wobei möglichst sparsamer Betrieb verlangt wird. Noch anders liegen die Verhältnisse bei den schnellen transatlantischen

Postdampfern, welche stets mit voller Maschinenleistung dampfen, um in erster Reihe eine möglichst grofse Geschwindigkeit zu erreichen; bei ihnen kann die Kohlenersparnis des leidigen Wettbewerbes wegen, und zwar nicht zum Vorteil der Dampfergesellschaften, erst in zweiter Reihe ins Auge gefasst werden.

Tabelle. Die vorstehende Tabelle giebt einige Hauptdaten von Dreifach-Expansionsmaschinen neuerer Fracht-, Post-, Kriegs- und Schnelldampfer. Zu bemerken ist hierbei, dass die in Spalte 7, 8 und 9 angeführten Schiffe englische Panzerschiffe, die in Spalte 10 englische Torpedokreuzer sind, welche sämmtlich zu den neuesten Ausführungen zählen. Die bei diesen Schiffen angegebenen Maschinengewichte sind berechnete, die Leistungen und Geschwindigkeiten wurden, wie angegeben, unter Anwendung von natürlichem bezw. künstlichem Zuge erreicht.

c. Dampfverteilung.

Dampf-
geschwindig-
keit.   Die Dampfverteilung ist derart einzurichten, dass der Hochdruckcylinder mit etwa 0,5 bis 0,6, der Mitteldruckcylinder mit etwa 0,55 bis 0,65 und der Niederdruckcylinder mit etwa 0,6 Füllung arbeitet, wodurch die Anfangsbeanspruchungen des Gestänges der drei Cylinder sich einander nähern. Zur Vermeidung von Spannungsverlusten in den Cylindern und ihren Zwischenkammern muss man die Dampfgeschwindigkeiten berücksichtigen; in je weiterem Umfange dieses geschieht, desto mehr werden die späteren Indikatordiagramme mit dem der Konstruktion der Maschine als Grundlage dienenden übereinstimmen, wie Eickenrodt[1]) dieses für eine zweicylindrige Kompoundmaschine nachgewiesen hat. Je weniger Ventile, Kniee oder andere die geradlinige Bewegung des Dampfes hemmende Konstruktionsteile in die Dampfleitung eingeschaltet werden, je ausgiebiger für genügend grofse Kanäle und Schieberwege sowie für bequeme Ueberleitungsrohre zu den einzelnen Cylindern und zum Kondensator gesorgt wird, um so weniger werden die gröfseren Dampfgeschwindigkeiten, welche bei höheren, bedeutend über den normalen liegenden Umdrehungszahlen der Maschine auftreten, eine Drosselung des Dampfes in den verschiedenen Querschnitten verursachen und um so geringer werden die hierdurch hervorgerufenen Spannungs- und Dampfverluste ausfallen.

Untersuchungen
von Wyllie.   Sehr interessante, auf Indikatorversuchen an ausgeführten Dreifach-Expansionsmaschinen beruhende Untersuchungen über den Einfluss der Dampfgeschwindigkeit, die Verengung und Krümmung des Hauptdampfrohres sowie der Ein- und Ausströmungskanäle sind von Wyllie[2]) angestellt und die daraus sich ergebenden Spannungsverluste und deren Vermeidung durch Abänderung der Fehlerquellen klargelegt worden. Wyllie kommt auf grund seiner Erfahrungen auch zu dem Schlusse, dass der Gesammtspannungsverlust, welchen der Dampf in den gewöhnlich sehr gewundenen Zuleitungskanälen zu den für den Mittel- und Niederdruckcylinder bei mittelstarken Maschinen oft verwendeten Kolbenschiebern erfährt, in der Regel einen viel gröfseren Arbeitsverlust herbeiführt, als durch die Verringerung der Reibungsarbeit infolge der Kolbenschieber gewonnen wird. Diese Ansicht wird durch die Ende Mai 1887 stattgefundenen Probefahrten der Dampfyacht »Myrtle«[3]) (Taf. II, Fig. 1 u. 2) mit einer Vierfach-Expansionsmaschine von etwa 400 bis 500

---

[1]) Zeitschr. d. Ver. deutscher Ingenieure 1886 S. 215.
[2]) Proceedings of the institution of mechanical engineers 1886 S. 476 u. f.
[3]) Engineering 1887 I. S. 546.

ind. Pfkr. bestetigt. Die genannte 4cylindrige Maschine besitzt 4 Kolbenschieber, für jeden Cylinder einen, und zeigte eine Leergangsarbeit gleich 8,75 pCt. der indizirten. Für die mit 6 Flachschiebern an ebensovielen Cylindern versehene und von denselben Erbauern ein Jahr früher hergestellte Vierfach-Expansionsmaschine der Yacht »Rionnag-na-Mara« (Taf. I, Fig. 7 u. 8), betrug die Leergangsarbeit 12 pCt. der indizirten Leistung, sank indessen auf 10 pCt., wenn die drei oberen Hochdruckcylinder abgekuppelt wurden und die drei unteren Cylinder, zu einer Dreifach-Expansionsmaschine vereinigt, arbeiteten. Die Ersparnis durch verminderte Reibungsarbeit infolge des Ersatzes der Flach- durch Kolbenschieber ist daher bei der »Myrtle«-Maschine auf höchstens 20 ind. Pfkr. gegenüber der »Rionnag-na-Mara«-Maschine zu berechnen. Dagegen gebrauchte die letztere Maschine bei den Probefahrten nur 0,51 kg Kohlen für 1 ind. Pfkr. und Std., während die »Myrtle«-Maschine für dieselbe Leistung 0,55 kg Kohlen erforderte, welcher Unterschied nur durch die vorerwähnten Spannungsverluste des Dampfes in den Zuleitungskanälen der Kolbenschieber zu erklären ist. Wyllie empfiehlt daher mit Recht Kolbenschieber nur für große Maschinen, für kleinere und mittlere Maschinen dagegen am Mittel- und Niederdruckcylinder Flachschieber, bei welchen die durch Drosselung und Reibung des Dampfes in den Kanälen entstehenden Spannungsverluste geringer ausfallen.

Unter 38 in England in den letzten Jahren in verschiedenen Fabriken bezw. nach verschiedenen Zeichnungen erbauten Dreifach-Expansions-Schiffsmaschinen fand ich 10 meistens kleinere und mittlere nur mit Flachschiebern; 14 mit Flachschiebern am Nieder- und Mitteldruck-Cylinder, wie die auf Seite 51 gezeichnete des Postdampfers »Lahn«; 5 mit Flachschiebern am Niederdruckcylinder, darunter Maschinen der größten Abmessungen, und nur 9 mit Kolbenschiebern an allen Cylindern, von denen die meisten Kriegsschiffsmaschinen waren. Diese Zahlen deuten darauf hin, dass es für Fracht- und Handelsdampfer am zweckmäßigsten ist, nur den Hochdruckcylinder durch Kolbenschieber zu steuern. Für sehr große Dreifach-Expansionsmaschinen ist es ausserdem sehr schwierig am Niederdruck-Kolbenschieber die erforderlichen großen Querschnitte für den durchtretenden Dampf zu schaffen, wenn die schädlichen Räume des Niederdruckcylinders nicht ungewöhnlich groß werden sollen. Die nachstehenden, in Textfig. 29—31 wiedergegebenen Probefahrts-Indikatordiagramme einer neueren, mehrtausendpferdigen Dreifach-Expansionsmaschine mit vorangehender Hochdruckkurbel lassen dies deutlich erkennen. Bei der sehr durchdachten Konstruction der Maschine ging man davon aus, die schädlichen Räume des Niederdruckcylinders soweit zu beschränken, wie dies mit den Kolbenschiebern irgend verträglich schien. Trotzdem nun das Volumen derselben sehr reichlich zu je 16,5 pCt. des vom Kolben beschriebenen Volumens bemessen wurde, erwiesen sich die Querschnitte nach den Diagrammen des Niederdruckcylinders doch noch als zu klein, denn der Dampf wird während des Eintrittes nicht unwesentlich gedrosselt. Mit einem Flachschieber hätte man jedenfalls kleinere schädliche Räume und bessere Eintrittsverhältnisse des Niederdruckcylinders erzielt.

Die Schieberkasten werden vielfach abweichend von der bei Kompoundmaschinen üblichen Praxis, nicht zwischen die Cylinder, sondern seitlich daran gesetzt, um hierdurch die Längenausdehnung der Maschine zu vermindern. Man stellt die Cylinder so nahe aneinander, dass sich ihre Deckelflanschen berühren, und schraubt die Schieberkasten oberhalb des Kondensators an die Cylinder. Die eine

Anwendung von Kolbenschiebern.

Anordnung der Steuerung.

Seitenfront der Maschine, an welcher sich der Maschinistenstand befindet, ist dann für die Aufnahme der Umsteuerungsmaschine, der verschiedenen Hahnzüge, Schmiergefäſse, Sprachrohre, Telegraphen usw. ganz frei. Die Stephenson'sche Kulissensteuerung ist bei einem solchen Aufbau der Maschine nicht mehr verwendbar, weil

Fig. 29 — 31.

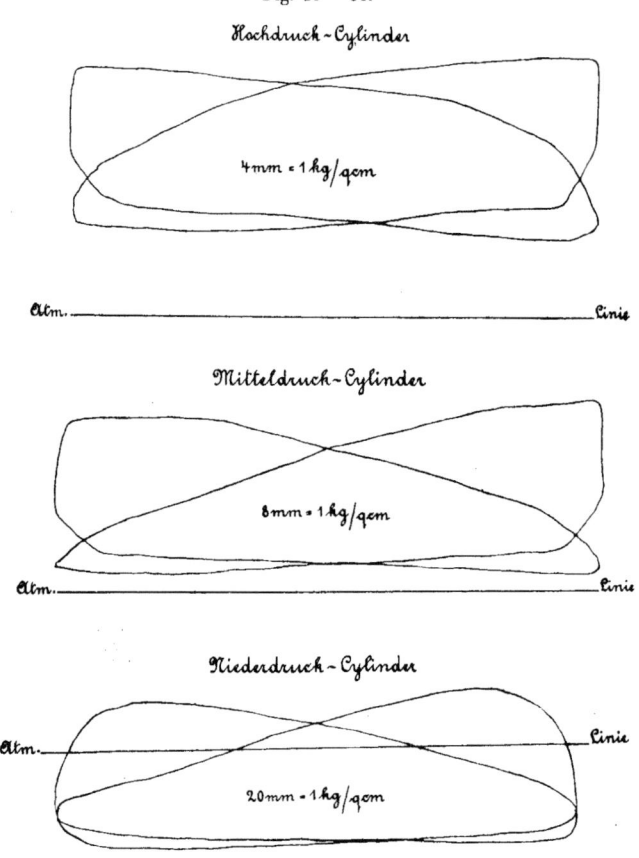

die zwei für jeden Cylinder nötigen Exzenter auf der zusammengedrängten Kurbelwelle nicht mehr Platz finden. An Stelle dieser Steuerung traten daher zuerst die Steuerungen von Klug, Marshall, Bramme usw., welche, sämmtlich Abarten der alten Hackworth-Steuerung, für jeden Cylinder nur 1 Exzenter beanspruchen [1]. Später führte man namentlich für bessere und gröſsere Maschinen die Gelenksteuerungen von Joy [2], Bryce Douglas [3] usw. ein, welche gar keine Exzenter nötig haben, den Schieber vielmehr von der Pleuelstange aus bewegen. Für die gewöhnlichen Handelsdampfermaschinen scheint man diese an sich sehr teuren, durch die groſse Anzahl der Gelenke schwierig und kostspielig zu unterhaltenden Steuerungen, bei denen sich auſserdem mit dem Auslaufen der Gelenke die Dampfverteilung all-

---

[1] Zeitschr. d. Ver. deutscher Ingenieure 1886 S. 625.
[2] Zeitschr. d. Ver. deutscher Ingenieure 1886 S. 1052.
[3] Zeitschr. d. Ver. deutscher Ingenieure 1886 S. 684.

mählich verschlechtert, nicht gern auszuführen. Die meisten in allerneuester Zeit in England erbauten Dreifach-Expansionsmaschinen besitzen nämlich Steuerungen, welche sich wieder mehr an die alte einfache Hackworth-Steuerung mit Prismenführung der Exzenterstange anschliefsen.

d. Kurbelanordnung.

Die Kurbelanordnung der Dreifach-Expansionsmaschine, besonders die Frage, ob man sie mit 2 oder 3 Kurbeln ausführen und ob man die Hoch- oder Niederdruckkurbel vorangehen lassen soll, ist jetzt wohl ziemlich allgemein zu gunsten der letzten Anordnung endgiltig entschieden. Manche Konstrukteure bleiben bei dem

Tangentialdruck.

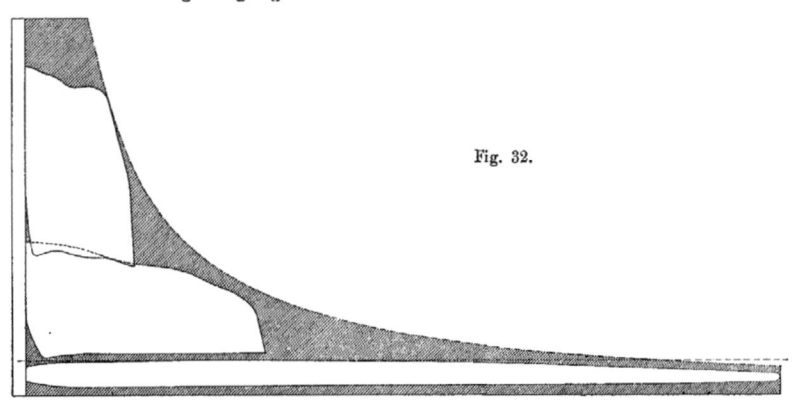

Fig. 32.

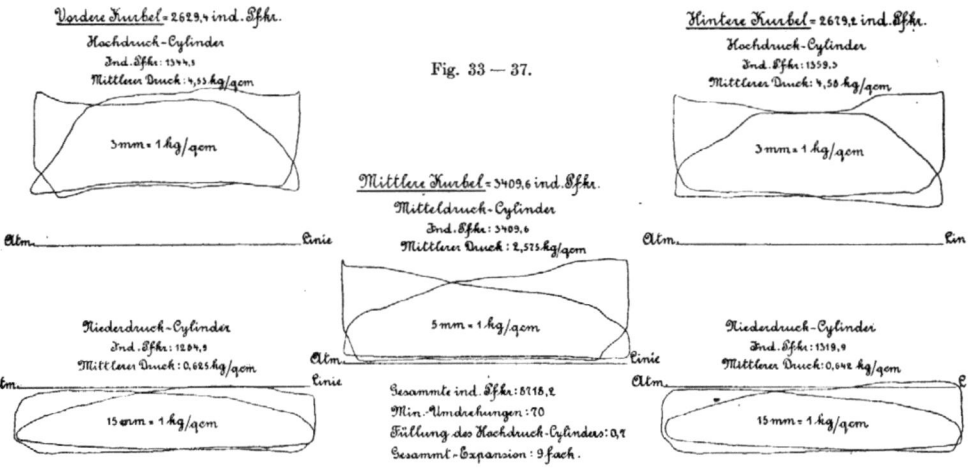

Fig. 33 — 37.

Vordere Kurbel = 2629,4 ind. Pfkr.
Hochdruck-Cylinder
Ind. Pfkr: 1344,1
Mittlerer Druck: 4,53 kg/qcm
5mm = 1 kg/qcm

Hintere Kurbel = 2629,2 ind. Pfkr.
Hochdruck-Cylinder
Ind. Pfkr: 1359,3
Mittlerer Druck: 4,56 kg/qcm
5mm = 1 kg/qcm

Mittlere Kurbel = 3409,6 ind. Pfkr.
Mitteldruck-Cylinder
Ind. Pfkr: 3409,6
Mittlerer Druck: 2,575 kg/qcm
5mm = 1 kg/qcm

Niederdruck-Cylinder
Ind. Pfkr: 1284,9
Mittlerer Druck: 0,685 kg/qcm
15mm = 1 kg/qcm

Niederdruck-Cylinder
Ind. Pfkr: 1319,9
Mittlerer Druck: 0,642 kg/qcm
15mm = 1 kg/qcm

Gesammte ind. Pfkr: 8718,2
Min. Umdrehungen: 70
Füllung des Hochdruck-Cylinders: 0,7
Gesammt-Expansion: 9 fach.

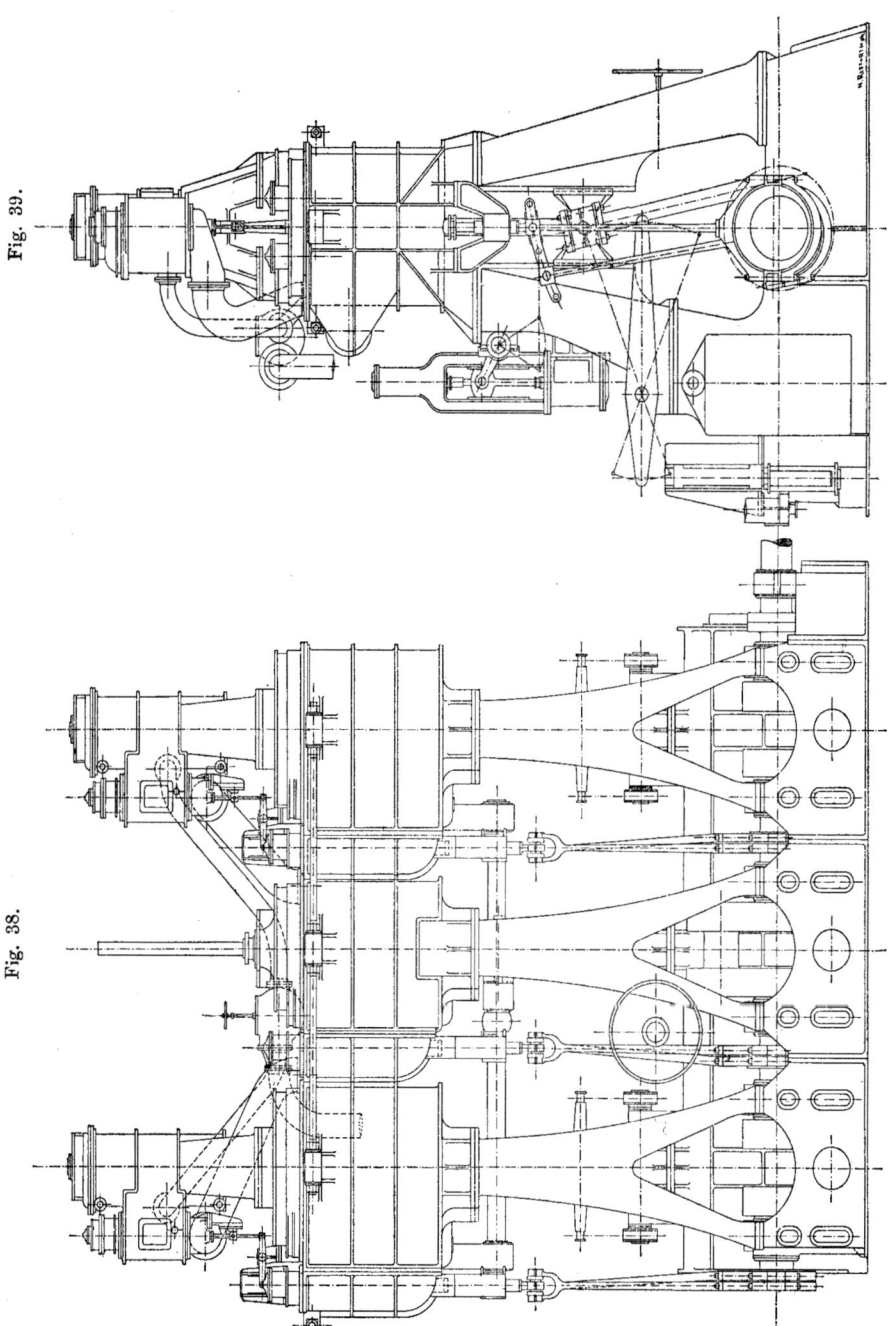

Fig. 39.

Fig. 38.

Fig. 40.

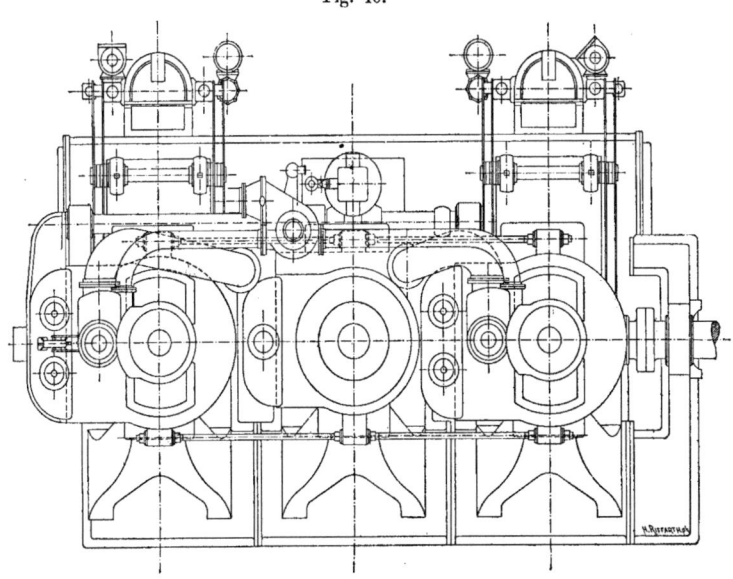

ursprünglichen Aufbau der älteren Dreifach-Expansionsmaschinen mit zwei um 90^0 versetzten Kurbeln; sie stellen den Hochdruckcylinder entweder über den Mitteldruckcylinder, wie es die Wallsend-Gesellschaft in Wallsend-on-Tyne für den Dampfer »Isle of Dursey«[1] Taf. I, Fig. 1 u. 2 ausführte, oder auf den Niederdruckcylinder und empfehlen diese Anordnung als die bequemste für die Umwandlung von zweicylindrigen Kompoundmaschinen in Dreifach-Expansionsmaschinen. Eine solche Maschinenaufstellung ist allerdings sehr einfach, indessen nicht vorteilhaft, insofern man bei diesen Maschinen auch nicht angenähert gleiche Anfangsbeanspruchungen des Gestänges für beide Kurbeln sowie die gleiche von ihnen zu übertragende Arbeit erzielen kann. Selbst sehr sorgfältig konstruirte Maschinen dieser Art weisen Tangentialdruckdiagramme auf, bei welchen der größte Tangentialdruck etwa 60 pCt. größer, der kleinste etwa 40 pCt. kleiner als der mittlere ist. Aehnlich liegen die Verhältnisse, wenn man die Dreifach-Expansionsmaschine mit 2 Kurbeln und 4 Cylindern ausführt, von denen je zwei übereinander stehen. Eine Stufe der Expansion findet dann gleichzeitig in 2 Cylindern statt, und zwar gewöhnlich in zwei gleichen Niederdruckcylindern, seltener in zwei gleichen Hochdruckcylindern, wie z. B. bei der in Barrow-in-Furness gebauten Maschine des Dampfers »Sobralense«[2] (Taf. I, Fig. 3 u. 4). Man kann in solchen Maschinen zwar gleiche Höchstbeanspruchungen der Gestänge für beide Kurbeln erhalten, die Ungleichmäßigkeit der Tangentialdrucke bleibt aber dieselbe wie bei einer gewöhnlichen Kompoundmaschine.

Die beliebteste und zweckmäßigste Anordnung der Dreifach-Expansionsmaschine ist daher diejenige mit 3 Kurbeln, welche um 120^0 auseinanderstehen, wobei für jeden der drei nebeneinander befindlichen Cylinder je 1 Kurbel vorhanden

Vorteile
von
3 Kurbeln.

---

[1] Engineering 1885 I. S. 184.
[2] Engineering 1885 I. S. 674.

4*

ist. Diese Konstruktion, welche auch bei dem neuen vom Vulcan in Stettin für die
Hamburg-Amerikanische Packetfahrt-Actien-Gesellschaft erbauten Schnelldampfer
»Augusta-Victoria« Taf. V, Fig. 1 u. 2 angewendet wurde, hat gegenüber der vorstehenden den Vorzug einer gleichmäfsigeren Beanspruchung der Kurbelwelle und einer
hiermit verknüpften geringeren Abnützung der bewegten Maschinenteile. Auch durch
gröfsere Zugänglichkeit der Maschine und hierdurch bedingte Erleichterung in der Ausführung nötiger Reparaturen zeichnet sie sich aus. Der erstgenannte Vorteil ist oft kein
sehr in die Augen springender, insofern, als die Tangentialdruckdiagramme der dreikurbeligen Dreifach-Expansionsmaschinen oftmals nur wenig günstigere Verhältnisse
aufweisen, als die von zweikurbeligen. Bedenkt man aber, dass die unregelmäfsigen
Torsionsspannungen auf alle bewegten Maschinenteile mehr oder .minder zurück-
wirken, so ist der günstige Einfluss, welchen drei Kurbeln in dieser Beziehung vor
zweien voraus haben, ein unbestreitbarer. Gute dreikurbelige Dreifach-Expansionsmaschinen zeigen einen gröfsten bezw. kleinsten Tangentialdruck, welcher den
mittleren nur um 18 pCt. über- bezw. 30 pCt. unterschreitet, woraus folgt, dass sie
wesentlich ruhiger als zweikurbelige gehen müssen. Inbetreff des zweiten Vorzuges
— der besseren Zugänglichkeit — braucht nur daran erinnert zu werden, wie
schwierig es selbst bei so vollendeten Maschinen mit übereinanderstehenden Cylindern als der in Taf. II, Fig. 1 u. 2 dargestellten der Dampfyacht »Myrtle« [1]) ist,
den unteren Kolben herauszunehmen, um den vorteilhafteren Aufbau der dreikurbeligen Maschine gegenüber dem der zweikurbeligen sofort schlagend zu beweisen.

Nachteil
von
3 Kurbeln.

Als Nachteil führt man gegen die dreikurbelige Maschine ihre gröfsere Länge
ins Feld, welche nicht zu vermeiden ist, so lange die Schieber zwischen den Cylindern liegen. Diese gröfsere Maschinenlänge und die davon abhängige gröfsere
Längenausdehnung des Maschinenraumes, gleichbedeutend mit eben so viel Verlust
an Laderaum, lässt sich aber umgehen, wenn man, wie schon erwähnt, die Schieberkasten seitlich von den Cylindern anordnet. Eine solche Dreifach-Expansionsmaschine mit 3 Kurbeln, deren Cylinderdeckelflanschen sich berühren, wird dann
nicht länger als eine gleich starke zweicylindrige Kompoundmaschine mit zwischen
den Cylindern liegenden Schiebern, wie sie meist in der Praxis vorkommen.

Fünfcylinder-
Anordnung.

Die von der Fairfield Shipbuilding Co. in Glasgow für den Schnelldampfer
»Lahn« [2]) des Norddeutschen Lloyd erbaute Dreifach-Expansionsmaschine hätte bei
der sehr bedeutenden Leistung von 9000 ind. Pfkr. einen Niederdruckcylinder von
306 cm Durchmesser erhalten müssen. Nach den bereits auf Seite 38 angeführten
Gründen zog man es aber vor, sie mit 2 gleich grofsen Niederdruckcylindern
von je 216 cm Durchmesser auszuführen. Ueber diesen Cylindern stehen in derselben Mittellinie 2 gleich grofse Hochdruckcylinder, während der Mitteldruckcylinder seinen Platz mitten zwischen den beiden Niederdruckcylindern und in
gleicher Höhe damit gefunden hat. Hierdurch entstand die in den vorstehenden
Textfiguren 38—40 veranschaulichte Fünf-Cylinder-Aufstellung, welcher die Vorzüge der Drei-Kurbel-Anordnung nach Möglichkeit gewahrt sind, und die sich
daher für Dreifach-Expansionsmaschinen mit 2 Niederdruckcylindern sehr empfiehlt.
Textfigur 32 giebt das zusammengelegte Diagramm dieser Maschine und Textfigur 33—37 die zugehörigen Indikatordiagramme wieder, welche dem normalen

---

[1]) Engineering 1887 I. S. 516.
[2]) Zeitschr. d. Ver. deutscher Ingenieure 1888 S. 754.

Betriebe auf See entstammen. Die grofse Arbeitsleistung des Mitteldruckcylinders erklärt sich, wie das zusammengelegte Diagramm deutlich zeigt, dadurch, dafs der in denselben strömende Dampf gefrischt wurde.

e. Kurbelfolge.

Was nun die zweite Frage, die der Kurbelfolge, betrifft, so unterscheidet man 2 verschiedene Reihenfolgen, nach welchen die Kurbeln umlaufen können:

Arten der Kurbelfolge.

1. Hoch-, Mittel- und Niederdruckkurbel,
2. Hoch-, Nieder- und Mitteldruckkurbel.

Bei der ersteren Reihenfolge sagt man, die Hochdruckkurbel sei die vorangehende, bei der letzteren, welche man auch schreiben kann, Nieder-, Mittel-, Hochdruckkurbel, bezeichnet man die Niederdruckkurbel als die führende.

Uebernimmt die Hochdruckkurbel die Leitung, gefolgt von der Mittel- und Niederdruckkurbel, so muss der Kolben des entleerenden Cylinders nahezu $3/4$ seines Hubes durchlaufen, ehe der folgende Cylinder geöffnet wird. In kleinen Zwischenkammern muss daher der Dampfdruck mit zunehmender Entleerung des vorhergehenden Cylinders steigen. Oeffnet der folgende Cylinder endlich, so kann der Dampfdruck in dem fast entleerten Cylinder nicht mehr beträchtlich sinken, weil darin bald die Kompression anfängt. Ungefähr gleichzeitig mit dem Eintritt der Kompression an der einen Kolbenseite beginnt aber auch der Austritt des Dampfes an der anderen Kolbenseite des vorhergehenden Cylinders, so dass beide Momente fast mit dem Oeffnen des folgenden Cylinders zusammenfallen. Hieraus erwachsen für die Ausnutzung des Dampfes folgende Vorteile:

Dampf-verteilung bei vorangehender Hochdruck-kurbel.

1. Der in der Zwischenkammer nach jeder Füllung des folgenden Cylinders zurückbleibende Dampf wird durch die Kompression allmählich auf die Spannung des später in diese Kammer aus dem vorhergehenden Cylinder strömenden Dampfes gebracht, wodurch Kondensationsverluste des letzteren bei seinem Uebertritte vermieden werden. Wie nämlich die Kompression des Dampfes in einem Cylinder bis zur Schieberkastenspannung nicht nur eine gewisse Dampfersparnis herbeiführt, sondern auch die mit der sonst unvermeidlichen plötzlichen Temperaturerniedrigung des eintretenden Dampfes verbundenen Kondensationsverluste verhindert, in ebenso günstiger Weise muss sich auch die Kompression des Dampfes in den Zwischenkammern äufsern.

Vorteil der Kompression in den Zwischen-kammern.

2. Da der folgende Cylinder etwas früher öffnet, als der vorhergehende sich zu entleeren beginnt, so strömt der austretende Dampf des letzteren später unmittelbar in den ersteren über. Dieses Zuströmen frischen Dampfes in den folgenden Cylinder fällt mit dem Augenblick zusammen, in welchem die während der Füllung gewöhnlich eintretende Kondensation innerhalb dieses Cylinders beginnt, die nun infolge der Wärmezufuhr durch den von neuem zuströmenden Dampf zum gröfsten Teile verhindert wird.

Vorteil der geringeren inneren Kondensation.

3. Bei dieser Art der Dampfverteilung soll ein gleichmäfsiger Tangentialdruck erzielt werden. Diese Behauptung folgert Mudd[1]), der Leiter der Central marine

Vorteil des gleichmäfsigen Tangential-druckes.

---

[1]) Proceedings of the institution of mechanical engineers 1886 S. 515.

engineering works, William Gray & Co. in West-Hartlepool, aus den Ergebnissen der ersten 4 von ihm ausgeführten und eingehend erprobten Dreifach-Expansionsmaschinen. Zwei dieser Maschinen, die beiden ersten, ließen die Niederdruckkurbel voran gehen; die folgenden beiden besaßen die hier besprochene Kurbelfolge: Hoch-, Mittel-, Niederdruck, und erwiesen sich als die sparsameren und besseren, so dass Mudd jetzt allen seinen Maschinen nur noch diese Kurbelfolge giebt. Er muss aber, wie er auch ausdrücklich sagt, die Zwischenkammern seiner Cylinder größer halten als sonst erforderlich. Dies ist hauptsächlich der Grund, weswegen man von der hier besprochenen Kurbelfolge häufiger abweicht, so einleuchtend ihre Vorzüge auch sein mögen.

Nachteil der größeren Zwischenkammern.   Bei vorangehender Hochdruckkurbel dauert die Kompression in den Zwischenkammern unter Voraussetzung der gewöhnlichen Steuerungsverhältnisse, wie Morrison[1]), der Nachfolger Wyllie's, nachweist, ungefähr während 56,5 pCt. des Hubes, wogegen sie bei vorangehender Niederdruckkurbel nur während 19,5 pCt. des Hubes zur Geltung kommt. In den Zwischenkammern von üblicher Größe wird die Kompression des Dampfes deswegen zu stark; sie ruft eine beträchtliche Steigerung des Anfangsdruckes im Mittel- und Niederdruckcylinder, also auch sehr große Pressungen in den Pleuelstangenlagern, hervor, welche umfangreicher und schwerer hergestellt werden müssen, wenn der Flächendruck in ihnen nicht zu groß werden soll.

Schlussbemerkung.   Hieraus folgt, dass die vorangehende Hochdruckkurbel zur Erzielung einer hohen wirtschaftlichen Leistung vielleicht ganz günstig ist, aber im allgemeinen eine schwerere Maschine erfordert.

Vorteil der vorangehenden Niederdruckkurbel.   Bei vorangehender Niederdruckkurbel hat der Kolben des in der Ausströmung begriffenen kleineren Hoch- bezw. Mitteldruckcylinders erst ungefähr $1/3$ seines Hubes zurückgelegt, wenn der größere Mittel- bezw. Niederdruckcylinder geöffnet wird. Der räumliche Inhalt ihrer Zwischenkammer wird daher durch die Füllung des folgenden größeren Cylinders in höherem Maße vermehrt, als er durch die Entleerung des vorhergehenden kleineren Cylinders verringert wird. Die Maschine mit vorangehender Niederdruckkurbel kann daher ziemlich kleine Zwischenkammern erhalten. Jedoch darf man hierin nicht zu weit gehen, denn in zu kleinen Zwischenkammern kann eine beträchtliche Steigerung der Dampfspannung in der Zeit eintreten, in welcher sich der vorhergehende Cylinder entleert, ehe der folgende geöffnet ist. Je größer man die Zwischenkammern macht, um so weniger fühlbar wird diese Kompression, und um so geringer sind die mit ihr verknüpften vorerwähnten Uebelstände.

Versuche von Kennedy.   Besonders deutlich wird dies durch die Gegenüberstellung der Diagramme, welche Professor Kennedy[2]) im Jahre 1888 bei der bekannten Untersuchung der Dreifach-Expansionsmaschine des Dampfers »Meteor« erhielt. Textfig. 41 bis 43 zeigen Durchschnitts-Diagramme vom Vorwärtsgange, Textfig. 44 bis 46 unter etwa gleichen Verhältnissen abgenommene vom Rückwärtsgange. Beim Vorwärtsgange führte die Hochdruckkurbel, beim Rückwärtsgange die Niederdruckkurbel. Im letzteren Falle sind die Gegendrucke in den einzelnen Cylinder viel gleichmäßiger als im ersteren, ein Beweis für die vorteilhaftere Kurbelfolge. Textfigur 47 giebt das zusammengelegte Diagramm vom Vorwärtsgange wieder.

---

[1]) The marine engineer 1887 Aprilheft S. 5.
[2]) Transactions of the institution of mechanical engineers 1889.

Fig. 41 — 46.

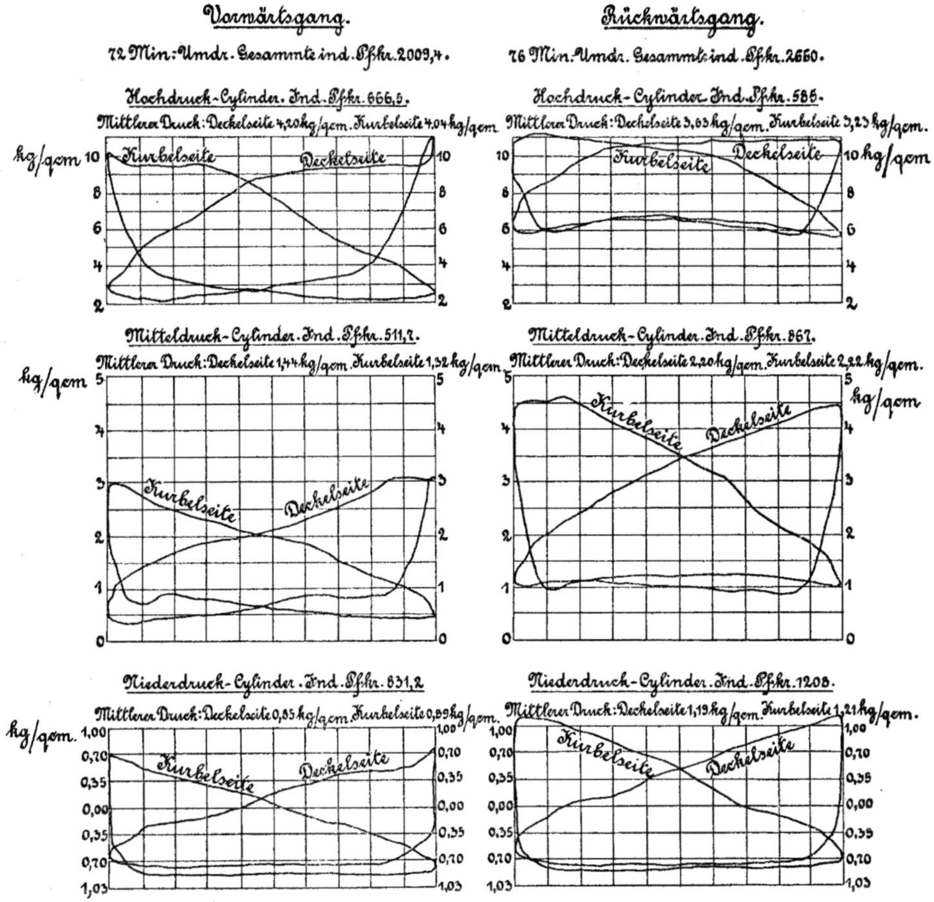

Vorwärtsgang.
72 Min.-Umdr. Gesammte ind. Pfkr. 2009,4.
Rückwärtsgang.
76 Min.-Umdr. Gesammte ind. Pfkr. 2660.
Hochdruck-Cylinder. Ind. Pfkr. 666,5.
Mittlerer Druck: Deckelseite 4,20 kg/qcm. Kurbelseite 4,04 kg/qcm.
Hochdruck-Cylinder. Ind. Pfkr. 585.
Mittlerer Druck: Deckelseite 3,63 kg/qcm. Kurbelseite 3,23 kg/qcm.
Mitteldruck-Cylinder. Ind. Pfkr. 511,7.
Mittlerer Druck: Deckelseite 1,44 kg/qcm. Kurbelseite 1,32 kg/qcm.
Mitteldruck-Cylinder. Ind. Pfkr. 867.
Mittlerer Druck: Deckelseite 2,20 kg/qcm. Kurbelseite 2,22 kg/qcm.
Niederdruck-Cylinder. Ind. Pfkr. 831,2
Mittlerer Druck: Deckelseite 0,85 kg/qcm. Kurbelseite 0,89 kg/qcm.
Niederdruck-Cylinder. Ind. Pfkr. 1208.
Mittlerer Druck: Deckelseite 1,19 kg/qcm. Kurbelseite 1,21 kg/qcm.
Kurbelseite
Deckelseite
kg/qcm

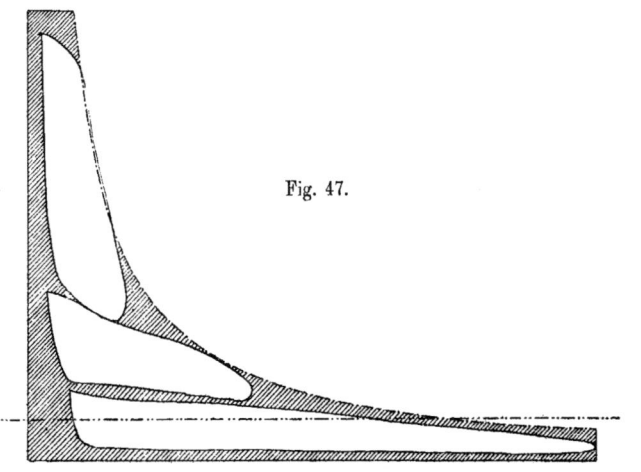

Fig. 47.

Schluss-
bemerkung.
Das Vorangehenlassen der Niederdruckkurbel muss aus den vorstehend entwickelten Gründen, wie es auch von Eickenrodt[1]) geschieht, als die zweckmäfsigste Kurbelfolge bezeichnet werden, und ein grofser Teil der bisher erbauten, sorgfältiger ausgeführten Dreifach-Expansionsmaschinen besitzt sie.

f. Wirtschaftliche Erfolge.

Ueberlegenheit
der Dreifach-
Expansions-
maschine.
Der Vorteil der Dreifach-Expansionsmaschine gegenüber der zweifachen liegt lediglich, wie auch Otto H. Mueller jun.[2]) betont, in der Verwendung und in der durch die Mehrstufigkeit der Expansion herbeigeführten besseren Ausnutzung höher gespannten Dampfes.

Verringerung
des
Temperatur-
gefälles.
Die ersten Kompoundmaschinen arbeiteten fast ausnahmslos mit einem Kesselüberdruck von 4 kg/qcm, den man später allgemein auf 5 kg/qcm erhöhte. Um aber die früher erwähnten Vorteile des Dampfes von höherer Spannung auch in der Kompoundmaschine so viel als möglich ausbeuten zu können, steigerte man in den letzten 70er Jahren die Kesselspannung immer mehr und mehr, bis man schliefslich dazu kam, in einzelnen Fällen 8 kg/qcm anzuwenden. Durch die Steigerung von 4 auf 6 kg/qcm erreichte man, nach einem im Jahre 1881 in Newcastle vor dem Verein der englischen Maschineningenieure von Marshall[3]), dem Leiter der bekannten Schiffsmaschinenfabrik von Hawthorn, Leslie & Co. in Newcastle-on-Tyne, gehaltenen sehr interessanten Vortrage im Durchschnitt eine Kohlenersparnis von 13 pCt. Bei der Erhöhung von 6 auf 8 kg/qcm blieben aber die erhofften Vorteile aus, weil das Temperaturgefälle von etwa 172° C. Anfangstemperatur im Hochdruckcylinder bis auf 65° C. Austrittstemperatur im Niederdruckcylinder, also von 107° C., für eine zweistufige Expansion zu grofs wurde. Es traten innerhalb der beiden Cylinder wieder ähnliche Verhältnisse ein, wie bei der Einfach-Expansions-Hochdruckmaschine, d. h., die innere Kondensation und die damit zusammenhängenden Dampfverluste wurden zu grofs. Erst als man das Temperaturgefälle in den Cylindern durch die Einführung der dreistufigen Expansion verringerte, machte sich der Vorteil der höheren Dampfspannung geltend. Nun wählte man bald Dampfspannungen von 9 und 10 kg/qcm Ueberdruck, und zur Zeit werden wohl wenige Dreifach-Expansionsmaschinen gebaut, welche die letztere Spannung nicht erreichen, wogegen schon viele einen Kesselüberdruck von 12 und einzelne sogar von 14 kg/qcm aufweisen. Bei dieser letzteren Spannung wird die wirtschaftlich nützliche Verwendbarkeit der Dreifach-Expansionsmaschine auch im allgemeinen ihre Grenze erreicht haben, weil hierbei in jedem Cylinder schon wieder ein Temperaturgefälle von mehr als 40° C. eintritt.

Kohlen-
verbrauch
der Dreifach-
Expansions-
maschinen.
Nach allen bisherigen, in grofser Zahl vorliegenden Erfahrungen gebrauchen gut ausgeführte gröfsere Dreifach-Expansionsmaschinen mit 10 bis 12 kg/qcm Kesselüberdruck bei den Probefahrten etwa 0,65 bis 0,75 kg Kohlen für 1 Std. und ind. Pfkr. Kohlenverbräuche unter 0,65 kg mögen bei besonders sorgfältiger Bedienung der Feuer und bei sehr guten Kohlen und Kesseln, in welchen letzteren eine nahezu 9fache Verdampfung erreicht wird, in seltenen Fällen erzielt werden, sind aber im allgemeinen mit Vorsicht aufzunehmen. Die Dreifach-Expansionsmaschinen arbeiten also durchschnittlich um 25 bis 30 pCt. vorteilhafter als zwei-

---

[1]) Zeitschr. d. Ver. deutsch. Ingenieure 1886 S. 219.
[2]) Zeitschr. d. Ver. deutsch. Ingenieure 1887 S. 449.
[3]) Engineering 1881 Bd. II S. 179.

oder dreicylindrige Kompoundmaschinen, welche Kesselspannungen von 4 bis 6 kg/qcm Ueberdruck besitzen. Ein Dampfer, dessen Maschine im Durchschnitt 1000 Pfkr. indizirt, braucht jetzt für eine Reise von 20 tägiger Dauer einschl. seines eisernen Bestandes von 20 pCt. seines Bunkerinhaltes nur 430 bis 450 t Kohlen an Bord zu nehmen, d. i. den dritten Teil desjenigen, was er noch vor 30 Jahren mitführen musste·

Beispiele.

Die seither errungenen grofsen wirtschaftlichen Erfolge der Dreifach-Expansionsmaschine, hauptsächlich in der überseeischen Dampfschiffahrt, lassen sich am besten an folgenden Beispielen ermessen:

Versuche
von Seaton.

Auf der Jahresversammlung der englischen Schiffbauer und Marine-Ingenieure im Jahre 1885 teilte Seaton[1]), Lehrer für Schiffsmaschinenwesen am Naval College in Greenwich, unter anderen Versuchen mit, dass er von zwei gewöhnlichen, einer englischen Reederei gehörenden Frachtdampfern »Kovno« und »Draco«, Schwesterschiffen von 82,3 m Länge, 10,36 m Breite und 5,56 m Raumtiefe mit gleichen Schrauben und folgenden Abmessungen der Maschine und des gewöhnlichen Doppelkessels, die nachstehenden Fahrten ausführen liefs:

Schiff	Maschinen-System	Cylinderdurchmesser			Hub	Kessel-über-druck	Heiz-fläche	Durch-messer des Kessels	Länge des Kessels
		Hoch-druck	Mittel-druck	Nieder-druck					
		cm	cm	cm	cm	kg/qcm	qm	m	m
Kovno	2 cylind. Kompoundmaschine	63,5	—	127,0	114,3	6,3	214,6	4,19	4,57
Draco	Dreif.- Expansionsmaschine	53,5	81,3	142,2	91,4	7,7	210,9	3,88	4,57

Maschine und Kessel dieser Schiffe waren in der Konstruktion einander in allen Teilen gleich, soweit dies bei ihren verschiedenen Systemen erreichbar war. Um einen möglichst unanfechtbaren Vergleich zu erzielen, waren die Maschinisten beider Schiffe angewiesen worden, im Durchschnitt auf »Kovno« gegen 12 t und auf »Draco« etwa 10 t Kohlen täglich zu verbrennen, welcher Kohlenverbrauch sich auf früheren Reisen für beide Schiffe als der günstigste erwiesen hatte. Im Januar 1883 ging »Kovno« mit 2400 t von London nach Buenos-Ayres, im März 1883 »Draco« mit 2425 t von London nach Bombay. Beide Schiffe hatten demnach ungefähr eine gleich lange Strecke von etwa 6400 S.-M. mit gleicher Ladung zu durchdampfen; beide hatten auf der Reise gleich gutes Wetter und erzielten folgende Leistungen:

Schiff	Maschinen-System	Durch-schnittliche Umdr. in der Min.	Fahrge-schwindig-keit	Durch-schnittliches Etmal[2])	Gesammt-kohlen-verbrauch während der Reise	Täglicher Kohlen-verbrauch	Mittlere ind. Maschinen-leistung
			S.-M.	S.-M.	t	t	Pfkr.
Kovno	Kompoundmaschine ...	55,5	8,100	194	405	12,3	600
Draco	Dreifach-Expansionsmaschine.	57,5	8,625	207	326	10,7	600

---

[1]) Transactions of the institution of naval architects 1885.

[2]) Etmal ist der seemännische Ausdruck für den in 24 Stunden (von Mittag bis Mittag) zurückgelegten Schiffsweg.

Hieraus folgt, dass die Dreifach-Expansionsmaschine unter ganz gleichen Verhältnissen, denn auch die Kohlen aus Yorkshire, vom Waggon unmittelbar in die Bunker geladen, waren in beiden Schiffen dieselben, bei 6,5 pCt. gröfserer Schiffsgeschwindigkeit noch um 19,5 pCt. vorteilhafter arbeitete als die gewöhnliche Kompoundmaschine. Dieses Ergebnis wurde erzielt, trotzdem der Dampfdruck in der Dreifach-Expansionsmaschine mit nur 7,7 kg/qcm Ueberdruck so niedrig war, dass der Vorteil der dreistufigen Expansion nicht so zur Geltung kommen konnte wie bei den höheren jetzt üblichen Spannungen, während der Dampfdruck für die Kompoundmaschine mit 6,3 kg/qcm noch ganz günstig gewählt war[1].

Versuche von Parker. Ein anderes Beispiel dieser Art führte Parker[2], Oberingenieur beim englischen Lloyd, auf der Jahresversammlung desselben Vereines im Jahre 1886 an. Zwei grofse Postdampfer, Schwesterschiffe, mit ähnlichen Propellern und Maschinen von 6000 ind. Pfkr., von welchen die eine eine Dreifach-Expansionsmaschine mit 10,2 kg/qcm, die andere eine Kompoundmaschine von 6,3 kg/qcm Kesselüberdruck ist, laufen auf derselben Strecke mit einer durchschnittlichen Geschwindigkeit von 12,0 Knoten. Das mit der Kompoundmaschine ausgerüstete Schiff verbraucht auf einer Rundreise von 84 Tagen 1200 t Kohlen mehr als das mit der Dreifach-Expansionsmaschine versehene. — Noch ein anderer im Jahre 1871 gebauter Postdampfer, dessen Kessel ausgefahren waren, erhielt statt der alten mit 4 kg/qcm arbeitenden Kessel neue mit 10,5 kg/qcm Ueberdruck, und seine alte Kompoundmaschine wurde in eine Dreifach-Expansionsmaschine umgewandelt; hierdurch fiel der durchschnittliche Kohlenverbrauch auf der Reise unter Beibehaltung der früheren Schiffsgeschwindigkeit um 25 pCt.

Versuche von Hall. Endlich sei noch der Angabe gedacht, welche Hall[3], Oberingenieur der Schiffswerft von Palmer in Jarrow, in der 1887er Jahresversammlung der Ingenieure und Schiffbauer von der Nordostküste Englands über die auf einen längeren Zeitraum sich erstreckenden durchschnittlichen Betriebsergebnisse einer englischen Frachtdampfer-Reederei machte, von deren Schiffen 11 mit Kompound- und 9 mit Dreifach-Expansionsmaschinen versehen sind. Darnach waren erforderlich, um 1000 t Deplacement mit 10 Knoten Geschwindigkeit 1000 Seemeilen weit zu fahren:

bei den Dampfern mit Dreifach-Expansionsmaschinen 14,859 t Kohlen,

bei den Dampfern mit Kompoundmaschinen . . . 19,748 t » ;

dies ergiebt eine Kohlenersparnis von 24,75 oder rund 25 pCt. zu gunsten der Dreifach-Expansionsmaschine.

Notwendigkeit des Umbaues der Kompoundmaschinen. Die Dampfschiffsreedereien stehen unter solchen Umständen vor einer ähnlichen Entscheidung, wie vor etwa einem Jahrzehnt, als es sich darum handelte, die alten Niederdruckmaschinen in Kompoundmaschinen umzuwandeln. Heute sind sie gezwungen, wenn sie mit Aussicht auf Gewinn arbeiten wollen, ihre Kompoundmaschinen durch Dreifach-Expansionsmaschinen zu ersetzen. Bei dem vorteilhafteren Betriebe der letzteren, welcher nach allen Erfahrungen eine sichere Kohlenersparnis von 25 pCt. in Aussicht stellt, kann man für solche Dampfer, welche

---

[1]) Dieses Beispiel nebst noch zwei anderen führt auch Otto H. Mueller jun. in der Zeitschr. d. Ver. deutscher Ingenieure 1887 S. 448 an.

[2]) Transactions of the institution of naval architects 1887 S. 129.

[3]) Engineering 1887 I. S. 405.

stets auf bestimmten Strecken fahren, auch die Bunker um 25 pCt. verkleinern, und der hierdurch sowie durch die Verkleinerung der Kessel entstehende Gewinn an Laderaum ist bei Dampfern, welche in langen Reisen beschäftigt sind, ein sehr bemerkenswerter. Die Frage, wie man die gewöhnliche 2 cylindrige Kompoundmaschine am zweckmäfsigsten in eine Dreifach-Expansionsmaschine umändert, ist daher augenblicklich eine viel besprochene. Die 3 cylindrige Kompoundmaschine kommt hierbei nicht in betracht, weil sie in der Handelsmarine nur in geringer Zahl vorhanden ist und sich auch ohne besondere Schwierigkeiten, falls sie nicht eine ungewöhnliche Kurbelanordnung besitzt, umbauen lässt.

g. Umwandlung von Kompoundmaschinen in Dreifach-Expansionsmaschinen.

Für die Umwandlung der Kompoundmaschinen in Dreifach-Expansionsmaschinen liegt es am nächsten, den beiden vorhandenen Cylindern einen dritten als neuen Hochdruckcylinder hinzuzufügen und diesen entweder auf den früheren Hochdruck-, der jetzt Mitteldruckcylinder wird, oder, in den meisten Fällen noch besser, auf den Niederdruckcylinder zu stellen. Wird der neue Hochdruckcylinder über dem Mitteldruckcylinder angebracht, so muss der Niederdruckcylinder die halbe Arbeit der neuen Maschine allein leisten; dieses führt unter Beibehaltung eines günstigen Expansionsverhältnisses in diesem Cylinder zu einem recht erheblichen Anwachsen des Anfangsdruckes auf seinen Kolben und zu einem sehr bedeutenden Flächendruck in den zugehörigen Pleuelstangenlagern, welcher unter regelrechten Verhältnissen 30 bis 32 kg/qcm der tragenden Fläche erreicht, zuweilen aber auch bis auf 35 kg/qcm und darüber steigen kann. Bei so hohen Drucken quetscht sich das Schmiermaterial zwischen Zapfen und Lagerschale heraus, und warme Lager sowie ein sehr starker Verschleifs der Schalen sind die Folge der übermäfsigen Belastung. Es ist daher besser, wenn man den neuen Hochdruckcylinder auf den alten Niederdruckcylinder stellt und den letzteren etwa nur $1/4$ der gesammten Arbeit leisten lässt. Man vermeidet dann die hohen Beanspruchungen und erhält auch ein kleineres Temperaturgefälle im Niederdruckcylinder, welches gewöhnlich viel gröfser als in den anderen Cylindern ist. Zuweilen kann es hierbei erforderlich werden, um die angegebene geringe Leistung des Niederdruckcylinders zu erzielen, dass dessen Durchmesser durch Einschieben einer Hülse oder eines engeren Arbeitscylinders verkleinert werden muss.

Wie man zu verfahren hat, um bei einer derartigen Umänderung der zweicylindrigen Kompoundmaschine in eine ungefähr gleich starke Dreifach-Expansionsmaschine mit 2 Kurbeln entweder für die Gleichheit der Anfangsbeanspruchungen beider Gestänge oder für die Gleichheit der von beiden Kurbeln zu übertragenden Arbeit günstige Cylinderverhältnisse zu erzielen, oder wie man, um beiden Ansprüchen gerecht zu werden, zwischen ihnen vermitteln muss, hat Cole[1] sehr klar und einfach auseinandergesetzt. Leider muss, wie seine lehrreiche Arbeit zeigt, die Gleichheit des Temperaturgefälles in den einzelnen Cylindern ganz in den Hintergrund treten, wenn man die indizirte Leistung gleichmäfsig auf beide Kurbeln verteilen will, von denen die vordere vom Mitteldruck-, die hintere vom Niederdruck- und dem darüber

Aufstellung eines neuen Cylinders über dem Niederdruckcylinder.

Temperaturgefälle bei gleicher Verteilung der Arbeit auf beide Kurbeln.

---

[1] Transactions of the institution of naval architects 1886 S. 318.

stehenden Hochdruckcylinder angetrieben wird. Bei einer Eintrittstemperatur des Dampfes in den Hochdruckcylinder von 193⁰ C., entsprechend 13,5 kg/qcm Ueberdruck, würde das Temperaturgefälle betragen:

im Hochdruckcylinder . . . . 28,6⁰ C.

» Mitteldruckcylinder . . . 58,3⁰ C.

» Niederdruckcylinder . . . 35,0⁰ C.

Günstigstes erzielbares Temperaturgefälle. Vermittelt man aber zwischen gleicher indizirter Leistung für jede Kurbel und gleicher Anfangsbeanspruchung ihres Gestänges, so erhält man ein Temperaturgefälle

im Hochdruckcylinder von 31,3⁰ C.

» Mitteldruckcylinder » 52,0⁰ C.

» Niederdruckcylinder » 38,3⁰ C.,

also etwas günstiger als das vorstehende. In der Praxis werden sich die Unterschiede zwischen den einzelnen Temperaturgefällen zwar etwas verringern, weil der von Cole angenommene Fall des Umbaues einer Kompoundmaschine in eine Dreifach-Expansionsmaschine von 14 kg/qcm Kesselüberdruck als Grenzfall anzusehen ist; indessen werden sie doch immer grofs genug bleiben, um die Betriebskosten der Maschine merkbar zu beeinflussen.

Zufügung einer dritten Kurbel. Zur Vermeidung der durch das ungleiche Temperaturgefälle in Aussicht stehenden kleineren Kohlenersparnis bei der Beibehaltung von 2 Kurbeln hat man vorgeschlagen, die zweicylindrige Kompoundmaschine dadurch in eine Dreifach-Expansionsmaschine umzubauen, dass man den vorhandenen beiden eine dritte Kurbel zufügt. Dieses bringt aber eine Verlängerung des Maschinenfundamentes und des Maschinenraumes sowie wahrscheinlich in fast allen Fällen einen Ersatz der vorhandenen Cylinder durch drei neue von anderen Durchmessern mit sich und wird daher wohl nur selten zur Ausführung gelangen.

Vergleichs-Versuche von Seaton mit zwei und dreikurbeligen Maschinen. Berücksichtigt man, dass die Umwandlung der Kompoundmaschine in eine Dreifach-Expansionsmaschine nur bei der Auswechslung ausgefahrener Kessel vorgenommen wird, dass man meistens die Decke aufzureifsen hat, weswegen es keinen grofsen Kostenunterschied macht, ob das Deck oberhalb der Maschine ebenfalls aufgebrochen wird, so ist es doch wohl am zweckmäfsigsten, sich gleich zum Einbau einer neuen Maschine zu entschliefsen, statt einen Cylinder durch Aufbau auf einen der vorhandenen oder durch Anbau hinzuzufügen. Bei einer neuen, nach den Angaben auf S. 43 gebauten Dreifach-Expansionsmaschine erzielt man die gröfste Kohlenersparnis und kann den alten Maschinenraum ohne Verrückung der Schotten beibehalten; man bekommt also eine dreikurbelige Maschine, welche sich nicht nur wirtschaftlicher, sondern, wie die Erfahrungen Seaton's[1] lehren, auch leistungsfähiger herstellen lässt, als eine zweikurbelige. Seaton hat nämlich an zwei Schwesterschiffen, »Electra« und »Dynamo«, welche in allen Teilen übereinstimmen, und von denen das eine eine zweikurbelige, das andere eine gleich starke dreikurbelige Dreifach-Expansionsmaschine besitzt, die Beobachtung gemacht, dass »Dynamo« mit der dreikurbeligen Maschine seit 3 Jahren auf See mit demselben Kohlenverbrauch unter ganz gleichen Umständen immer 1/2 Knoten mehr Fahrt macht

---

[1] Engineering 1886 II. S.140

als »Electra« mit der zweikurbeligen Maschine, welche Erscheinung er hauptsächlich der gleichmäfsigeren Bewegung des Propellers durch die dreikurbelige Maschine zuschreibt.

Siebenter Abschnitt.

Die Vierfach-Expansionsmaschine.

a. Abmessungen der Cylinder.

Die erste Vierfach-Expansionsmaschine, welche dauernd auf einem Schiffe im Betriebe geblieben ist, wurde im Jahre 1884 für den Dampfer »County of York« von der Barrow-Schiffbaugesellschaft in Barrow-in-Furness erbaut. Bereits im Sommer 1886 waren beim englischen Lloyd 4 Dampfer mit Vierfach-Expansionsmaschinen klassifizirt, denen inzwischen eine ganze Reihe folgte, so dass gegenwärtig etwa 60 dieser Maschinen teils im Betriebe teils im Neu- bezw. Umbau begriffen sein werden. *Erste Vierfach-Expansionsmaschine.*

Für die Konstruktion der Vierfach-Expansionsmaschine gelten dieselben Regeln, wie sie für die Dreifach-Expansionsmaschine auf S. 43 angegeben wurden. Als augenblicklich zweckmäfsigste Kesselspannung dürfen für die Vierfach-Expansionsmaschine nach den folgenden Ausführungen 14 bis 15 Atm. Ueberdruck anzusehen sein. Will man hierbei ein möglichst gleichmäfsiges Temperaturgefälle in den einzelnen Cylindern herstellen, so sind die Inhalte der Cylinder bei 14 kg/qcm Anfangsüberdruck im Hochdruckcylinder und etwa 0,3 kg/qcm Gegendruck im Niederdruckcylinder folgendermafsen zu wählen: *Cylinder-Verhältnisse bei gleichem Temperaturgefälle.*

	Temperatur des Dampfes	Temperatur-gefälle	Absolute Spannung des Dampfes	Inhalt der Cylinder auf 1 kg Dampf
I. Cylinder	197		15 kg/qcm	0,137 cbm
II. »	165	32	7,2 »	0,274 »
III. »	133	32	3,0 »	0,624 »
IV. »	101	32	1,1 »	1,600 »
Kondensator	69	32	0,3 »	5,430 »

Bei gleichen Hüben aller Cylinder folgt also ihr Inhaltsverhältnis 137 : 274 : 624 : 1600 oder rund 1 : 2 : 4,5 : 12. $^2/_3$ Füllung dürfte für den Hochdruckcylinder am passendsten sein, so dass eine 18fache Expansion des Dampfes erzielt würde. Bei der Berechnung des Niederdruckcylinderdurchmessers, welche ebenso erfolgt, wie für die Dreifach-Expansionsmaschine angegeben war, kann man den Reduktionskoëffizienten für den mittleren Druck entsprechend der Völligkeit der zu erwartenden zusammengelegten Indikatordiagramme im mittel etwa gleich 0,66 annehmen. Diese Zahl ist nach den bisher bekannt gewordenen Ausführungen auf folgende Weise abgeleitet: *Völligkeit der zusammengelegten Diagramme.*

Laufende No.	Dampfer		Jahr der Er- bau- ung	Erbauer	Ind. Pfkr.	Kessel- über- druck	Durchmesser der Cylinder			
	Art	Name					Hoch- druck	I. Mittel- druck	II. Mittel- druck	Nieder- druck
						kg/qcm	cm	cm	cm	cm
1.	2.	3.	4.	5.	6.	7.	8.	9.	10.	11.
1.	Passagier- dampfer	Jumna und Jelunga	1886	Denny & Co., Dumbarton	etwa 2000	11,25	88,9	132,2	170,0	238,7
2.	do.	Lahore	1886	desgl.	etwa 1500	11,25	60,9	86,3	121,9	172,7
3.	Frachtdampfer	Tenasserim	1887	desgl.	1800	11,95	62,2	93,9	124,4	182,9
4.	Passagier- dampfer	Kronprinz Friedrich Wilhelm	1887	desgl.	1513	12,00	54,6	77,5	109,2	154,0
5.	Frachtdampfer	Buenos-Ayres und Montevideo	1888 1889	desgl.	4300	12,65	81,3	117,0	163,8	233,7
6.	Dampfyacht	Rionnag-na-Mara	1886	Rankin & Black- more, Greenock	544 415	12,65 12,65	3 von 17,8 3 von 17,8	40,6 40,6	55,9 55,9	86,3 86,3
7.	do	Myrtle	1887	desgl.	etwa 400	12,65	30,5	43,2	61,0	86,3
8.	Frachtdampfer	Falls of Inversnaid und Holyrood	1888 1889	desgl.	etwa 1000	12,65	45,7	66,0	91,4	132,0
9.	Dampfyacht	Grace Darling	1887	Fleming & Ferguson, Paisley	360	14,00	26,0	35,5	50,8	71,1
10.	do.	Skeandhu	1888	desgl.	120	12,65	17,8	22,8	31,7	45,7
11.	Frachtdampfer	Singapore	1889	desgl.	1600	11,60	60,9	76,2	101,6	152,4
12.	do.	County of York	1881	BarrowShipbuilding Co., Barrow-in- Furness	983,6	11,53	50,8	72,4	101,6	144,8
13.	do.	Suez	1887	Central marine engineering Co., West-Hartlepool	985,5	11,75	55,9	76,2	109,2	157,5
14.	do.	Meath und Parahyba	1889	Allan & Co., Sunderland	1350	14,00	40,0	50,8	78,7	137,1
15.	Passagier- dampfer	City of Venice	1887	James Howden&Co., Glasgow	1800	10,20	76,2	101,6	132,0	177,8
16.	do.	Bromo und Merapi	1889	Schiffbau - Gesell- schaft Schelde, Vlissingen	1600	14,00	58,4	83,8	109,2	160,0

1. Die Maschine des Dampfers »Rionnag-na-Mara« besaſs nach einer Untersuchung von Otto H. Mueller jun.[1]) eine Völligkeit der Diagramme von (siehe Textfig. 48) 0,61

2. Die Maschine des Dampfers »Suez«[2]), deren Diagramme die Text- figuren 49—53 wiedergeben, eine solche von 0,60

3. Die Maschine des Dampfers »County of York«[3]) (s. Textfig. 54—58) 0,59

4. Die Maschine des Dampfers »Kronprinz Friedrich Wilhelm« (s. Textfig. 59—63) 0,56

Mittel   0,59

[1]) Zeitschr. d. Ver. deutscher Ingenieure 1887, Textblatt 10.

[2]) The Engineer 1888 I. S. 162 bringt die Indikatordiagramme und deren Zusammenlegung nach der Adiabate: $pv^{10/9} = $ const. Für diese Adiabate wird eine Völligkeit der Indikatordiagramme

Hub in allen Cylindern cm	Verhältnis der Cylinderinhalte	Ge- sammt- expansion	Bemerkungen	Quelle
12.	13.	14.	15.	16.
152,4	1 : 1,92 : 3,65 : 7,21	—	Alle Cylinder ohne Dampf- mäntel	The marine engineer 1886 S. 223
121,9	1 : 2 : 4 : 8	—	desgl.	The marine engineer 1886 S. 223
106,6	1 : 2,28 : 4 : 8,64	16 fach (?)	desgl.	Engineering 1887 II, S. 481
121,9	1 : 2 : 4 : 8	16 fach (?)	desgl.	The marine engineer 1887 S. 322
152,4	1 : 2,11 : 4,06 : 8,26	—	Cylinder wahrscheinlich ohne Dampfmäntel	Engineering 1888 II, S. 415
61,0 61,0	1 : 1,75 : 3,3 : 7,9 1 : 1,75 : 3,3 : 7,9	12 fach 13 fach	desgl. desgl.	Engineering 1886 I. S. 361
61,0	1 : 2 : 4 : 8	—	desgl.	Engineering 1887 I. S. 546
99,0	1 : 2,08 : 3,96 : 8,34	—	Cylinder wahrscheinlich ohne Dampfmäntel	Engineering 1888 II. S. 502
50,8	1 : 2 : 3,8 : 7,45	—	Dampfmantel nur am Nieder- druckcylinder	The Engineer 1888 I. S. 237
30,5	1 : 1,64 : 3,17 : 6,59	—	Alle Cylinder ohne Dampf- mäntel	Engineering 1888 I. S. 538
106,6	1 : 1,80 : 2,80 : 6,40	—	Cylinder wahrscheinlich ohne Dampfmäntel	Engineering 1889 I. S. 328
106,6	1 : 2 : 4 : 8,12	11 fach	Alle Cylinder ohne Dampf- mäntel	Engineering 1887 I. S. 297
109,2	1 : 1,86 : 3,81 : 7,95	16 fach	Cylinder wahrscheinlich ohne Dampfmäntel	The Engineer 1888 I. S. 162
106,6	1 : 1,61 : 3,87 : 11,73	18 fach (?)	Alle Cylinder ohne Dampf- mäntel	Engineering 1889 I. S. 697
121,9	1 : 1,77 : 3,00 : 5,44	—	desgl.	The marine Engineer 1887 S. 405
106,6	1 : 2,06 : 3,50 : 7,50	—	desgl.	Engineering 1889 II. S. 305

Die genannten Maschinen arbeiteten sämmtlich mit einem für die vierstufige Expansion zu niedrigen Kesseldrucke. Wird der letztere auf 14—15 kg/qcm Ueber-

Erreichung gröfserer Völligkeit.

= 0,769 angegeben. Um aber Vergleiche zwischen den auf Textblatt 10 des Jahrganges 1887 der Zeitschr. d. Ver. deutscher Ingenieure von Otto H. Mueller jun. zusammengelegten Diagrammen von Drei- fach - Expansionsmaschinen und deren Völligkeit mit denen der Vierfach - Expansionsmaschinen zu ermöglichen, habe ich die Indikatordiagramme dieser Maschine in die Isotherme eingezeichnet, und zwar in derselben Weise, wie es auf dem genannten Textblatt geschehen ist. Es ergiebt sich dann die Völligkeit nur zu: 0,60.

³) Engineering 1887 I. S. 297 enthält nur die Indikatordiagramme. Das zusammengelegte Diagramm habe ich in Ermangelung sonstiger Anhalte unter Annahme desselben schädlichen Raumes im Hoch- druckcylinder, wie ihn die »Suez«-Maschine besitzt, d. h. zu 15 pCt. des vom Kolben beschriebenen Volumens, entworfen.

druck erhöht, wie hier angenommen wurde und wie er bei den Maschinen unter 9, 14 und 16 der vorstehenden Tabelle angewendet wurde, so muss auch die Völligkeit der Diagramme eine bessere werden. Es tritt hinzu, dass die vier Maschinen keine besonders gut gelungenen Konstruktionen sind, wie weiter hinten auseinandergesetzt ist. Bei sorgfältig gewählten Cylinder- und Zwischenkammerverhältnissen, passenden Uebergangskanälen mit nicht zu grofsen schädlichen Räumen und

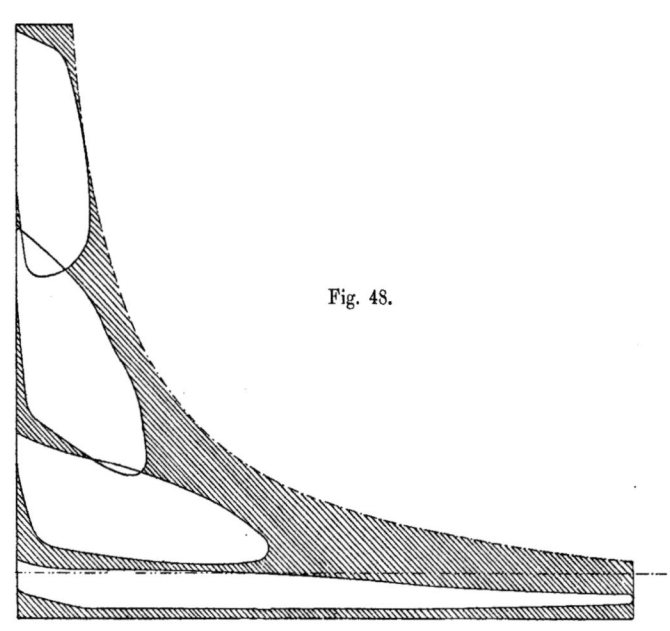

Fig. 48.

dem genannten Dampfdrucke muss sich dieselbe Völligkeit der Diagramme wie bei guten Dreifach-Expansionsmaschinen erreichen lassen, also etwa 0,70, so dass die Annahme eines Reduktions-Koëffizienten von 0,66 noch eine hinreichende Sicherheit gewährt.

Tabelle.   Die vorstehende Tabelle giebt die Abmessungen und Leistungen derjenigen Vierfach-Expansionsmaschinen wieder, welche bis jetzt veröffentlicht worden sind.

Schlüsse aus den Angaben.   Wenngleich die Angaben über die einzelnen Maschinen immer nur sehr dürftige sind, so lassen sie doch schon über:

> die allgemeine Ausführung,
> die erzielten Erfolge,
> die weiteren Aussichten

der Vierfach-Expansionsmaschine bestimmte Schlüsse zu.

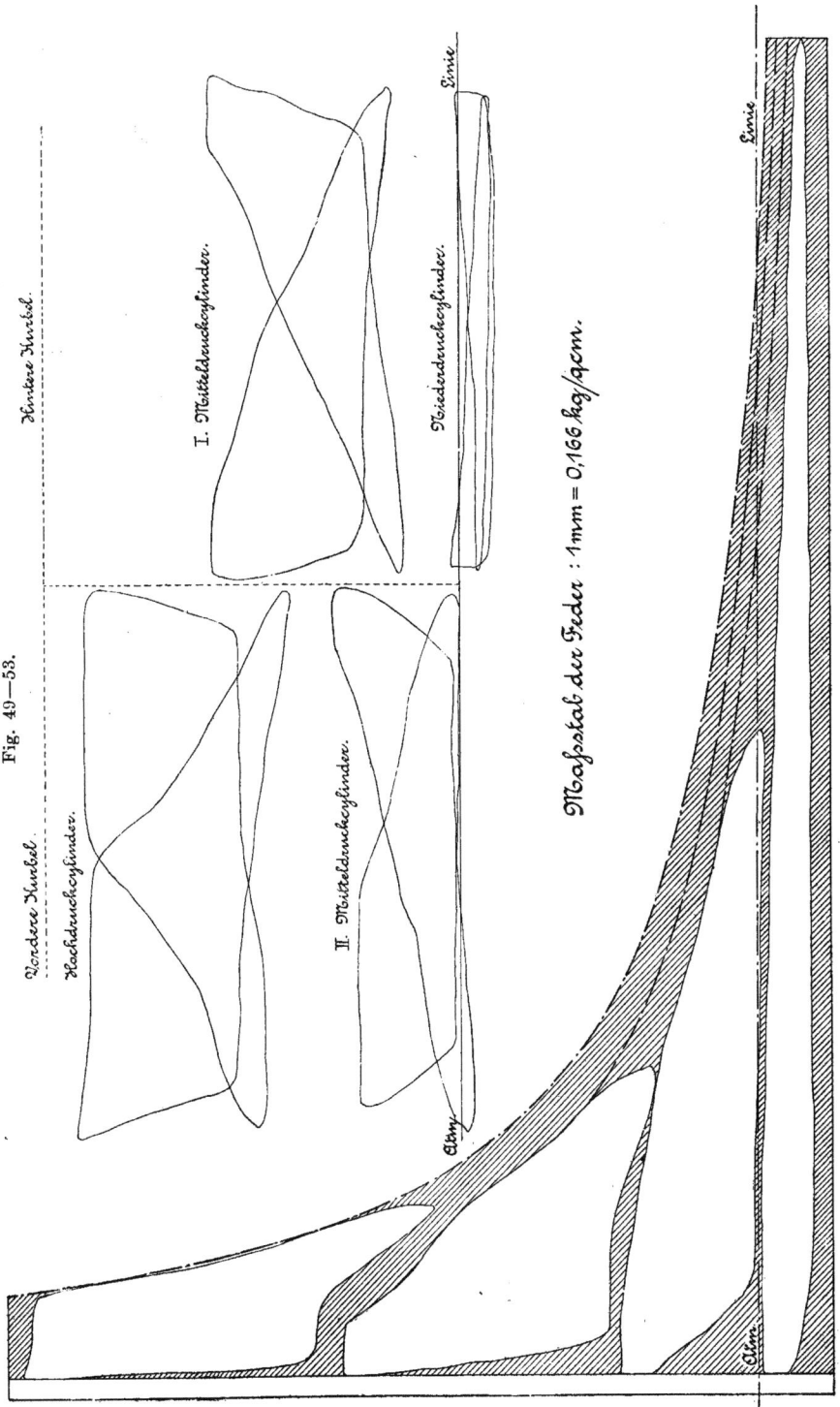

Fig. 49—53.

Für das zusammengelegte Diagramm gilt der doppelte Federmaßstab.

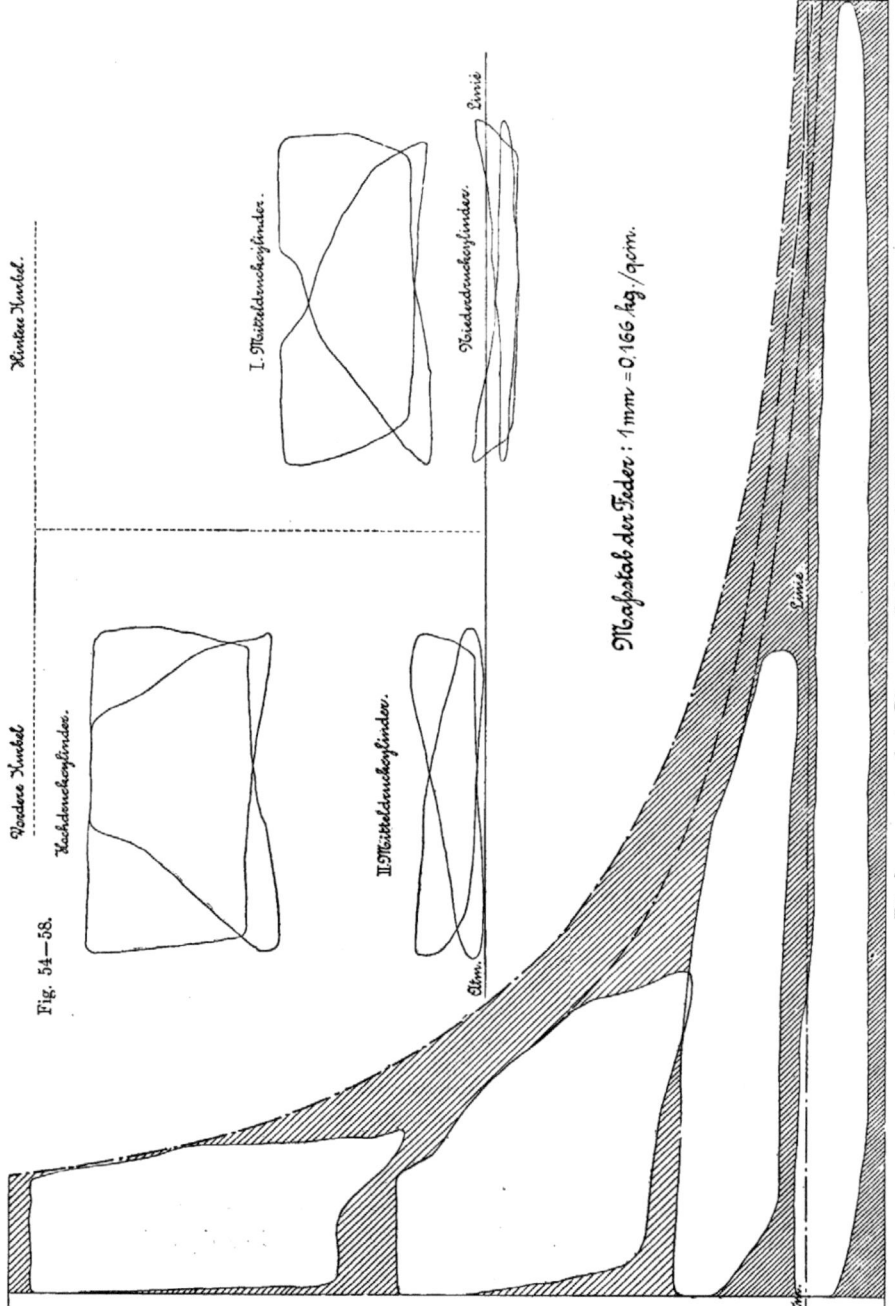

Fig. 54—58.

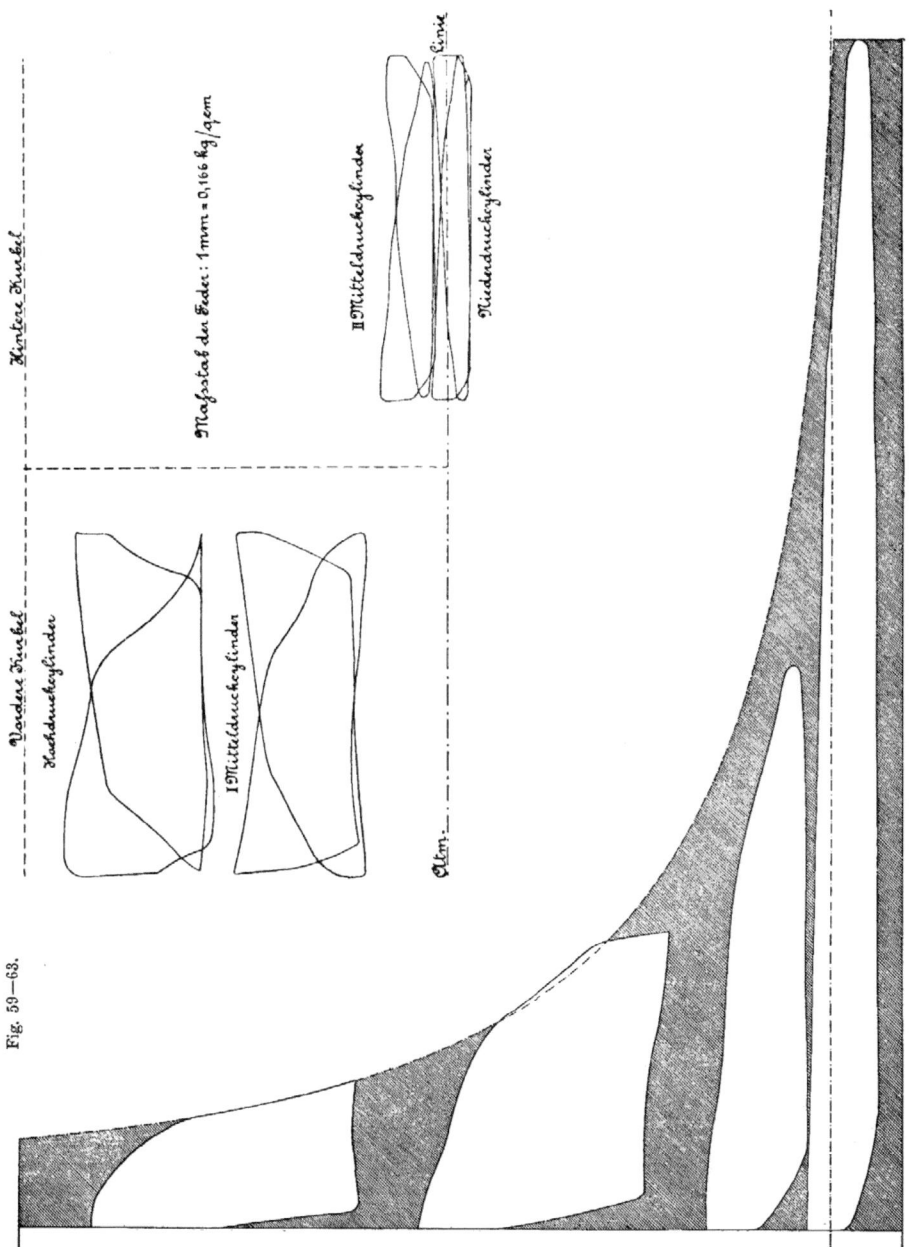

Fig. 59—63.

Für das zusammengelegte Diagramm gilt der doppelte Federmaßstab.

b. Bisherige Ausführungen der Vierfach-Expansionsmaschine.

Aufstellungs-
arten.

Die bisherigen Ausführungen der Vierfach-Expansionsmaschine lehren, dass man sie wohl meistens als Tandemmaschinen [1]) mit 2 um 90⁰ gegeneinander versetzten Kurbeln herstellen wird, trotzdem eine solche Aufstellung, wie schon bei den Dreifach-Expansionsmaschinen angeführt wurde, für den Betrieb manche Unbequemlichkeiten im Gefolge hat. Bezeichnet man den ersten und zweiten Cylinder, wie dies vielfach geschieht, als Hochdruck-, den dritten und vierten als Niederdruckcylinder, so lassen sich besonders 2 Tandemanordnungen derselben unterscheiden. Am häufigsten bilden die beiden Hochdruckcylinder und die beiden Niederdruckcylinder je eine Maschine, d. h. auf die vordere Kurbel wirken Cylinder I und II, von denen der erstere über dem zweiten steht, und auf die hintere Kurbel in derselben Weise Cylinder III und IV. Weniger vertreten sind die Maschinen, deren Hochdruckcylinder über den Niederdruckcylindern stehen, bei denen also Cylinder I mit III die vordere und Cylinder II mit IV die hintere Kurbel bewegen. In neuester Zeit ist von Fleming & Ferguson noch eine dritte, weiter hinten besprochene, eigenartige Aufstellung der vier Cylinder (nebeneinander auf 2 um 180⁰ versetzte Kurbeln wirkend) eingeführt worden.

Häufigste
Aufstellung.

Die erstere Aufstellung besitzen die Maschinen 1 bis 5 sowie 7 bis 9 der vorstehenden Tabelle, von welchen 7 und 8 durch Rankin & Blackmore, 9 durch Fleming & Ferguson konstruirt wurden, 1, 2 und 5 von Denny nach Brock's Patent neu erbaut und 3 und 4 nach demselben Patent aus älteren zweicylindrigen Kompoundmaschinen umgebaut sind. Von den Maschinen dieser Aufstellungsart habe ich nur für »Kronprinz Friedrich Wilhelm« in Erfahrung bringen können, wie sich die Arbeitsverteilung innerhalb der einzelnen Cylinder und auf die beiden Kurbeln gestaltet hat. Diese Angaben sind weiter hinten mit denen der Maschinen der zweiten Aufstellungsart in Vergleich gebracht. Ausserdem wird von der »Myrtle«-Maschine (Taf. II Fig. 1 und 2), deren Indikatordiagramme indessen nicht veröffentlicht wurden, behauptet, dass jeder ihrer Cylinder $1/4$ der ind. Pfkr. geleistet haben soll; ob er es in der That gethan hat, ist nicht nachweisbar. Ferner wird von dieser Maschine gesagt, dass sie infolge guter Abbalanzirung der Kurbeln und günstig wirkender Kompression des Dampfes in den oberen Cylindern so ruhig wie eine dreikurbelige Dreifach-Expansionsmaschine gelaufen sei.

Weniger
gebräuchliche
Aufstellung.

Die zweite Aufstellungsart weisen die Maschinen der Dampfer »County of York« (Taf. I, Fig. 5 und 6) und »Suez« auf, von welchen die erstere ein Neubau, die letztere der Umbau einer alten zweicylindrigen Kompoundmaschine ist. Beide Maschinen arbeiteten mit fast ganz gleichem Dampfdruck, wenig verschiedener Kolbengeschwindigkeit und ergaben nahezu dieselbe ind. Pfkr. Wie die folgende Zusammenstellung zeigt, wurde diese Leistung in den kleineren Cylindern der »County of York«-Maschine durch etwa 11fache Expansion, in den grösseren der »Suez«-Maschine dagegen durch eine fast 16fache Expansion erreicht. Diesen Angaben sind die von »Kronprinz Friedrich Wilhelm« zugefügt.

---

[1]) Da der Ausdruck »Tandem« sich auch in Frankreich eingebürgert hat und es in Deutschland kein ebenso kurzes Wort dafür giebt, so ist es hier ebenfalls zur Verwendung gekommen. Mit »Tandem« bezeichnet man in England ursprünglich ein Fuhrwerk, bei welchem 2 Pferde voreinander gespannt sind.

	Dampf-überdruck im Hochdruck-cylinder kg/qcm	Luftleere im Kondensator kg/qcm	Gesammt-expansions-verhältnis	Ind. Pfkr.	Kolben-geschwindig-keit m. i. d. Sek.	Min.-Umdr.
County of York . .	10,89	0,895	1 : 10,82	983,6	2,06	58
Suez	10,68	0,947	1 : 15,90	985,5	2,04	56
Kronprinz Friedrich Wilhelm	10,90	0,855	1 : 12,00	1513,1	2,72	67

Um einen Vergleich dieser Maschinen mit den Dreifach-Expansionsmaschinen von Wyllie[1]) zu ermöglichen, sind nachstehend die Temperaturgefälle, Anfangs-kolbendrücke und indizirten Pferdekräfte ihrer einzelnen Cylinder zusammengestellt, und zwar für die beiden ersten Maschinen so genau als sie sich aus den in sehr kleinen Federmafsstäben veröffentlichten Indikatordiagrammen ermitteln liefsen, während sie für die letztere Maschine zutreffend sind. Vergleich beider Aufstellungs-arten.

		I. Cylinder	II. Cylinder	III. Cylinder	IV. Cylinder	Vordere Kurbel	Hintere Kurbel	Unterschied zwischen beiden Kurbeln
County of York	Temperaturgefälle in °C.	27	33	29	35	—	—	—
	Anfangskolbendruck in kg . . .	11392	16221	13800	14491	25192	30713	5421
	Mittlerer ind. Druck in kg/qcm .	3,804	2,56	1,146	0,53	—	—	—
	Indizirte Pferdekraft	212	283,6	251	237	463	520,6	57,6
Suez	Temperaturgefälle in °C.	28	37	48	36	—	—	—
	Anfangskolbendruck in kg . . .	14159	22435	31445	17728	45604	40163	5441
	Mittlerer ind. Druck in kg/qcm .	2,84	1,97	1,126	0,474	—	—	—
	Indizirte Pferdekraft	195	252	296	242,5	491	494,5	3,5
Kronprinz Friedrich Wilhelm	Temperaturgefälle in °C.	19	27	24	20	—	—	—
	Anfangskolbendruck in kg . . .	28097	33019	26236	25162	61116	51398	9718
	Mittlerer ind. Druck in kg/qcm .	2,708	2,42	0,985	0,758	—	—	—
	Indizirte Pferdekraft	219,2	448,8	326,4	518,7	668,1	845,1	177,0

Wie aus dieser Zusammenstellung hervorgeht, lässt die Gleichheit des Tempe-raturgefälles und des Anfangskolbendruckes in den Cylindern der drei Maschinen viel zu wünschen übrig, auch die gleichmäfsige Verteilung der Arbeit auf beide Kurbeln ist bei »Kronprinz Friedrich Wilhelm« nicht vorhanden, während sie bei »County of York« schon besser und besonders gut bei der »Suez«-Maschine gelungen ist. — Gegen die Arbeitsverteilung auf die beiden Kurbeln der »County of York«- und »Kronprinz Friedrich Wilhelm«-Maschine lässt sich indessen nichts einwenden, da viele Konstrukteure die Arbeit nach hinten zu steigern pflegen. Wie die zusammengelegten Indikatordiagramme in den Textfiguren 49 und 63 zeigen, ist die Ausnutzung des Dampfes in den drei Maschinen nur eine

---

¹) Zeitschr. d. Ver. deutscher Ingenieure 1887 S. 450.

mäfsige. Die »County of York«-Maschine weist sehr beträchtliche Dampfverluste beim Uebertritt vom Hochdruck- in den ersten Mitteldruckcylinder auf, welche wahr-

Fig. 64.

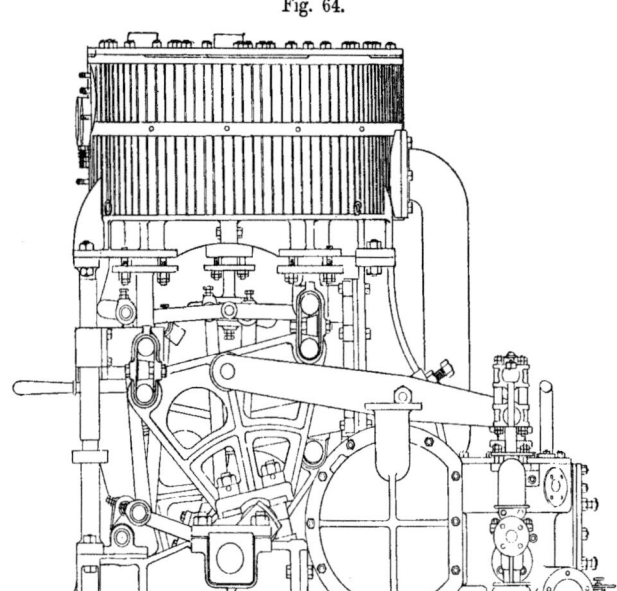

Seitenansicht.

Fig. 65.

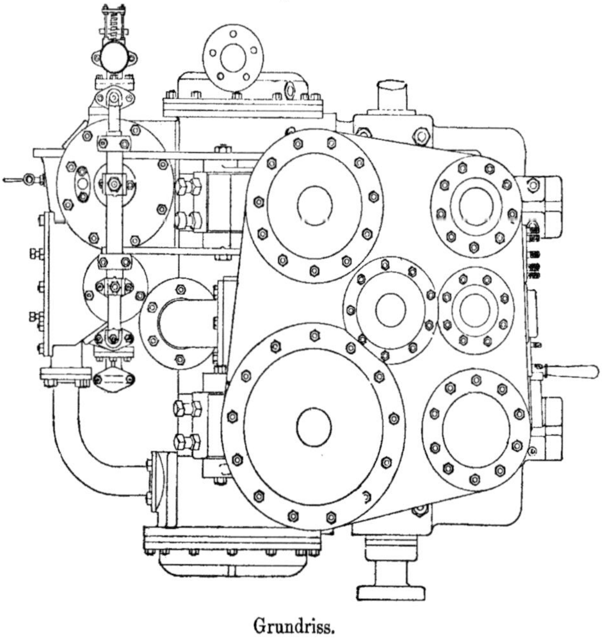

Grundriss.

scheinlich durch die grofsen schädlichen Räume der kleinen, nicht besonders vortheilhaft angeordneten Kolbenschieber und deren Uebergangskanäle entstanden sind.

Fig. 66.

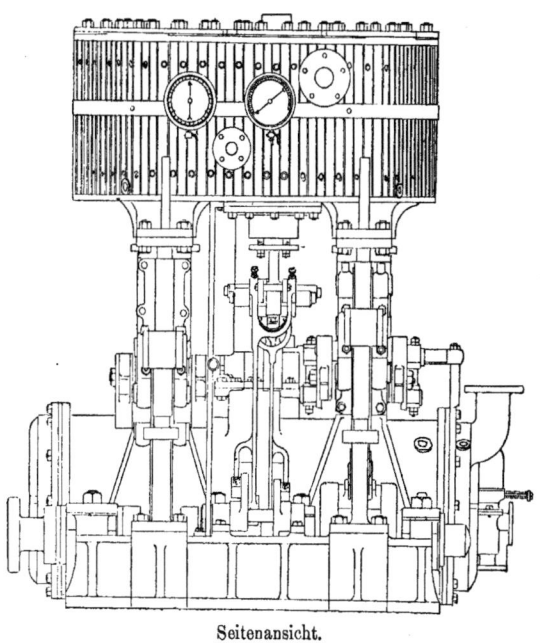

Seitenansicht.

Fig. 67.

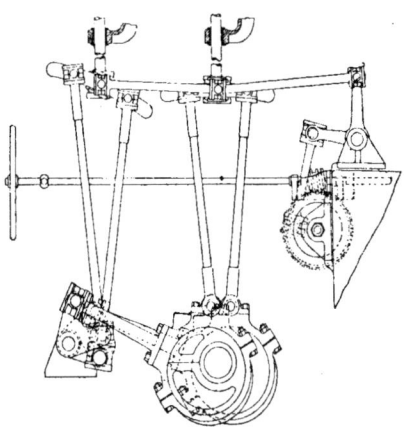

Bei der »Suez«-Maschine, welche an den beiden Hochdruckcylindern ebenfalls Kolbenschieber besitzt, treten ähnliche, wenngleich weniger bedeutende Dampfverluste auf. Hier sind sie aber zu entschuldigen, weil diese Maschine kein Neubau ist, sondern aus einer alten Kompoundmaschine mit zwischen den Cylindern liegenden Schiebern entstand, deren Steuerungsgestänge beibehalten werden sollte. Es mussten daher die 2 alten gegen 4 neue Cylinder mit fest vorgeschriebener Lage der Schieber-stangen ausgewechselt werden. Ganz dasselbe gilt von der »Kronprinz Friedrich Wilhelm«-Maschine, welche ebenfalls aus dem Umbau einer Kompoundmaschine unter Beibehaltung des alten Steuerungsgestänges entstanden ist. Auf ihre sonstigen Fehler wird weiter hinten noch zurückgekommen.

Aufstellung von Fleming & Ferguson. Die dritte, schon kurz angedeutete Aufstellung haben Fleming & Ferguson zuerst für die Maschine der Dampfyacht »Skeandhu« von 120 Pfkr. angewendet; auch die Maschine des Frachtdampfers »Singapore« von 1600 Pfkr. besitzt dieselbe. Letztere ist schon die sechste derartige in Betrieb gesetzte Maschine, von welchen im Frühjahr 1889 noch 10 weitere in Bau waren. Textfigur 64 bis 67 veranschau-lichen die Anordnung der »Skeandhu«-Maschine. Alle Cylinder stehen in gleicher Höhe über der Kurbelwelle, welche mitten zwischen den Cylindern liegt. Die Kolbenstangen des ersten und dritten Cylinders sind mittels Schnallen durch ein Kunstkreuz aus Stahlguss mit der vorderen Kurbel, die des zweiten und vierten Cylinders in derselben Weise mit der hinteren Kurbel in Verbindung gebracht. Das untere Ende dieser die Stelle der Pleuelstange vertretenden Kunstkreuze birgt die Kurbelzapfenlager. Von dem vorderen Kunstkreuz werden sämmtliche Pumpen mittels Balanziers in Betrieb gesetzt. Die beiden Kolben jedes Cylinderpaares sind nicht vollkommen gleichlaufend, sondern der eine hat etwas Voreilung vor dem anderen, so dass die Kurbel keinen toten Punkt besitzt. Die Bewegung des Dampfes in den Cylindern ist aus Textfigur 65 ersichtlich. Der Dampf tritt in die innere Aus-sparung eines Kolbenschiebers und gelangt von hier in den Cylinder I. Kommt er aus diesem zurück, so strömt er in den Schieberkasten aus und wird durch einen zweiten, mit dem ersten auf einer Stange sitzenden Kolbenschieber in der gewöhn-lichen Weise dem Cylinder II zugeführt, dessen verbrauchter Dampf durch die innere Aussparung dieses Kolbenschiebers zum Cylinder III geht. Die Cylinder III und IV sind in derselben Art durch zwei Kolbenschieber gesteuert. Alle Schieber werden durch Exzenter und Kulissen bewegt, und zwar sind die Schieber für Cylinder III und IV unmittelbar über der Kurbelwelle angeordnet, so dass sie wie gebräuchlich angetrieben werden können. Die Schieber für Cylinder I und II liegen dagegen ein beträchtliches Stück aus der Mitte, weswegen die zu den Cylindern III und IV gehörenden Exzenterbügel mittels Triebstangen mit einer, im Maschinenfundament gelagerten, kleineren Kurbelwelle verbunden wurden, um von letzterer aus die Kulissenbewegung dieser Schieber einzuleiten, wie in Textfigur 67 dargestellt ist. Die beiden Kulissen liegen in einer Linie vor einander, ihre Hängestangen greifen in die Umsteuerungswelle. Die vier Cylinder werden also nur durch 2 Exzenter gesteuert. Als Vorzüge ihrer Maschine rühmen die Erbauer die Zugänglichkeit der Cylinder, den kleineren in der Längsrichtung des Schiffes von ihr beanspruchten Raum und ihre gegenüber der Tandemmaschine geringe Höhe, welche im Kriegs-schiffbau von Wichtigkeit ist. Die Raumfrage betreffend, sei hier erwähnt, dass die Maschine des Frachtdampfers »Singapore« von 1600 ind. Pfkr. nur 4,3 m lang ist und etwa nur 18 qm Grundfläche beansprucht. Die Maschine hat ferner weniger bewegte Teile, als sonst eine viercylinderige besitzt, bedarf daher einer geringeren Aufmerksamkeit und stellt sich billiger im Betrieb. Durch die einander gegenüber-stehenden Kurbeln wird eine Abbalanzirung der bewegten Teile herbeigeführt, und die Uebertragung der Kolbendrucke durch die Kunstkreuze auf die Kurbelwelle soll eine ähnliche Beanspruchung derselben hervorbringen, als wenn 4 unter rechten Winkeln stehende Kurbeln auf dieselben einwirken würden. Die »Skeandhu«-

Maschine hat bei 400 Umdr. i. d. M. sehr ruhig und gleichmäfsig gearbeitet und soll stündlich nur etwa 0,51 kg Kohlen für die ind. Pfkr. verbraucht haben.

Bis jetzt ist die auf Taf. I, Fig. 7 und 8 gezeichnete Maschine der Dampfyacht »Rionnag-na-Mara« die einzige mit 3 Kurbeln ausgeführte Vierfach-Expansionsmaschine. Sie ist aber nicht als Muster aufzustellen, weil sie drei Hochdruckcylinder hat, von denen je einer über dem Niederdruck- und den beiden Zwischencylindern steht. Diese eigentümliche Konstruktion musste man wählen, um den verschiedenen Bedingungen gerecht zu werden, welche der Besteller für die Verfolgung seiner Sportzwecke an diese Yacht stellte.

Dreikurbelige Vierfach-Expansions-maschine.

Von Interesse ist bei der »Rionnag-na-Mara«-Maschine nur noch die Verteilung der Arbeit usw. auf die einzelnen Cylinder, welche sich, soweit die Indikator-Diagramme erkennen lassen, in der nachstehenden Tabelle wie folgt stellt:

Tabelle.

		I. Cylinder	II. Cylinder	III. Cylinder	IV. Cylinder	I. Kurbel	II. Kurbel	III. Kurbel
12 fache Expansion	Temperaturgefälle in °C.	17	36	31	37	—	—	—
	Anfangskolbendruck in kg . . .	1016	6638	5521	4732	7654	6537	5748
	Mittlerer ind. Druck in kg/qcm. .	4,42	3,67	2,2	0,766	—	—	—
	Ind. Pferdekraft	33,3	144	164	136	177,3	197,3	169,3
13 fache Expansion	Temperaturgefälle in °C.	17	32	37	37	—	—	—
	Anfangskolbendruck	1016	6276	6724	4732	7292	7740	5748
	Mittlerer ind. Druck in kg/qcm .	4,21	3,07	1,76	0,654	—	—	—
	Ind. Pferdekraft	28,3	108	118	104	136,3	146,3	132,3

Hiernach hat die Maschine mit 13facher Expansion etwas günstiger gearbeitet als mit 12facher, denn die auf die einzelnen Kurbeln übertragenen Arbeiten näherten sich einander mehr. Indessen blieben die Temperaturgefälle und die Anfangskolbendrucke noch weit von ihrer Gleichheit entfernt; sie erreichten auch nicht annähernd die bei guten dreikurbeligen Dreifach-Expansionsmaschinen erzielte Uebereinstimmung.

Beurteilung der Dreikurbel-Anordnung.

Harman [1]) in Partick will nach seinem ihm im Januar 1888 erteilten englischen Patente der Vierfach-Expansionsmaschine die Vorzüge erhalten, welche eine dreikurbelige Welle verleiht, und schlägt daher folgende Aufstellung vor:

Harman's Auf-stellungsarten.

a) Die drei ersten Cylinder, und zwar Hochdruckcylinder A^1, erster Mitteldruckcylinder B^1 und zweiter Mitteldruckcylinder C^1 stehen, wie Textfigur 68 zeigt, in Tandemstellung über drei gleich grofsen Niederdruckcylindern D^1, D^2, D^3. Diese Anordnung ist wohl nur für sehr grofse Maschinen zu empfehlen, bei denen eine mehrfache Teilung des Niederdruckcylinders erforderlich wird.

---

[1]) Engineering 1888, I. S. 351.

b) Die beiden ersten Cylinder A^1 und B^1 bilden mit zwei gleich grofsen Niederdruckcylindern D^1 und D^2, Textfig. 69, die äufseren Maschinen-

Fig. 68.   Fig. 69.   Fig. 70.

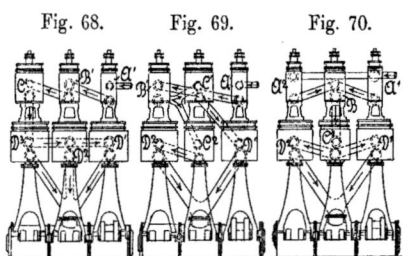

paare, zwischen denen C^1 und C^2, welche die ebenfalls auf 2 Cylinder verteilte dritte Stufe der Expansion darstellen, eingefügt sind. Diese Anordnung hat schon mehr Aussicht auf Erfolg, wenngleich man gezwungen sein wird, um nicht zu ungleiche Arbeiten auf die einzelnen Kurbeln zu übertragen, die gröfsere Leistung auf die beiden letzten Stufen der Expansion zu verlegen.

c) Als vorderes und hinteres Maschinenpaar stehen, Textfig. 70, 2 gleiche Hochdruckcylinder A^1 und A^2 über 2 gleichen Niederdruckcylindern D^1 und D^2, während die kleinere B^1 über den gröfseren Mitteldruckcylinder C^1 gesetzt als mittleres Maschinenpaar dazwischen gebaut sind. Hierbei muss man aber in den Mitteldruckcylindern ein viel geringeres Temperaturgefälle annehmen als in den anderen Cylindern, wenn die Arbeit ziemlich gleichmäfsig auf die drei Kurbeln verteilt werden soll.

Empfehlenswerte Aufstellung.   Da alle diese Anordnungen wegen der Schwierigkeit, die in vierstufiger Expansion erzeugte Arbeit gleichmäfsig auf drei Kurbeln zu verteilen, ihre mehr oder minder grofsen Mängel besitzen, so ist es doch wohl immer am einfachsten, von der Tandemstellung der Cylinder wegen der ihr anhaftenden, früher besprochenen Uebelstände so viel wie möglich abzusehen und die dreikurbelige Vierfach-Expansionsmaschine nur mit einem über dem Niederdruckcylinder stehenden Hochdruckcylinder und 2 freistehenden Mitteldruckcylindern herzustellen, also eine der Dreifach-Expansionsmaschine mit 2 Kurbeln ähnliche Anordnung zu wählen.

c. Erfolge der Vierfach-Expansionsmaschine.

Frühere Brock'sche Maschine.   Wirkliche Erfolge sind mit der Vierfach-Expansionsmaschine zur Zeit nur gegen die Kompound-, nicht aber gegen die Dreifach-Expansionsmaschine erzielt worden. Die ersteren fallen aber um so mehr ins Gewicht, als man in neuerer Zeit angefangen hat, die gewöhnliche 2cylindrige Kompoundmaschine durch Einfügung von 4 neuen Tandemcyliudern an Stelle der beiden alten sofort in eine Vierfach-Expansionsmaschine umzuwandeln. Besonders hervorzuheben ist hierbei die Vierfach-Expansionsmaschine von Brock, dem ersten Konstrukteur von Denny in Dumbarton. Taf. II, Fig. 3 und 4 zeigt eine nach Brock's Patent in eine Vierfach-Expansionsmaschine umgewandelte, früher von Caird & Co. in Greenock erbaute zweicylindrige Kompoundmaschine. Der aus den Kesseln kommende Dampf tritt um den oberen Kolbenschieber herum, dessen unterer Kanal zum Deckel des Hochdruckcylinders führt, während der obere im Boden dieses Cylinders mündet. Aus dem Hochdruckcylinder gelangt der Dampf in den Raum zwischen dem oberen und unteren Kolbenschieber, welcher ihn auf die beiden Kanäle des ersten Mitteldruckcylinders verteilt. Der verbrauchte Dampf dieses Cylinders geht um den unteren Kolbenschieber herum und kommt in die zwischen beiden Cylinderpaaren angeordnete Zwischenkammer, die gleichzeitig als Schieberkasten für den zweiten Mitteldruck- und den Niederdruckcylinder dient. Ein Flachschieber ist als gemeinsamer Verteilungsschieber für letztere beiden vorgesehen; der Dampf strömt durch den gezeichneten Kanal zum Deckel des zweiten Mitteldruckcylinders, während er durch die oben in den Schieber eingegossene Nische und den punktirten Kanal zu dem Boden dieses Cylinders geleitet wird. Der austretende Dampf geht durch das Innere des Verteilungsschiebers zu den sichtbar gezeichneten Kanälen des Niederdruckcylinders und entweicht aus letzterem in den Kondensator. Der Hauptvorteil der Brock'schen Maschine wird in der Anordnung von nur je einem Schieber für jedes Cylinderpaar gesucht, weswegen Denny auch neue Dampfer, wie z. B. »Jumna«, »Jelunga« und »Lahore«, damit ausrüstete.

Wahrscheinlich hat der für den dritten und vierten Cylinder gemeinschaftliche, grofse, unentlastete Flachschieber bei Maschinen von sehr beträchtlichen Abmessungen nicht mehr so gut gearbeitet als bei den zuerst damit ausgerüsteten kleineren und mittleren Schiffsmaschinen, weswegen sich der Konstrukteur veranlasst sah, statt der ursprünglichen 2 Schieber deren vier, für jeden Cylinder einen, einzuführen. Es entstand hierdurch die auf Taf. V, Fig. 3 und 4 dargestellte Anordnung, wie sie der Postdampfer »Kronprinz Friedrich Wilhelm« besitzt, und wie sie bei allen neueren Vierfach-Expansionsmaschinen, so auch auf Dampfer »Buenos-Aires« von Denny angewendet wird. In der ersteren Maschine liegen alle Schieber zwischen den Cylindern, weil es eine umgebaute Kompoundmaschine ist, deren altes Steuerungsgestänge benutzt werden sollte; in der »Buenos-Aires«-Maschine, einem Neubau, sind nur die Niederdruckschieber zwischen den Cylindern angebracht, während die Hochdruckschieber der besseren Zugänglichkeit wegen vor denselben sitzen. Die oberen Cylinder I und III haben Kolbenschieber, die unteren II und IV Flachschieber. Der Dampf tritt, wie gezeichnet, in die innere Aussparung des Kolbenschiebers von Cylinder I und dann in diesen, der verbrauchte Dampf aus Cylinder I geht in den für Schieber I und II gemeinschaftlichen Schieberkasten, sodann durch Schieber II in den Cylinder II und gelangt daraus durch die Schieberhöhlung in einen gürtelförmigen Kanal, welcher ihn in die innere Aussparung der Kolbenschieber III leitet. Der Weg des Dampfes in den Cylindern III und IV ist dem in I und II durchaus gleich. Die Kolbenschieber oberhalb der Flachschieber dienen gleichzeitig als Träger für die Gewichte der letzteren, so dass es besonderer Kolben zur Entlastung des Steuerungsgestänges von den Schiebergewichten nicht bedarf. Die Cylinder III und IV sind mit je 2 nebeneinander liegenden Schiebern versehen, wofür ein doppelter Grund besteht. Erstens würde ein einzelner Kolbenschieber mehr Raum in der Längsschiffsrichtung beansprucht haben, zweitens würde ein einzelner Flachschieber bei notwendig werdender Entfernung aus dem Schieberkasten, welchen er nur durch die Seitenwand verlassen kann, mehr Raum in der Querschiffsrichtung nötig haben, als die nach beiden Seiten herausnehmbaren, getrennten Flachschieber. Um das Fortschaffen dieser Schieber aus dem Schieberkasten noch mehr zu erleichtern, sind sie mit der vom Kulissenstein kommenden Schieberstange durch ein Querjoch verbunden, aus welcher die einzelnen Stangen unschwer gelöst werden können.

Zwischen je 2 Tandemcylindern liegt nur eine Stopfbüchse, deren Untersuchung ohne Entfernung der oberen Cylinder dadurch ermöglicht wurde, dass die

(Randnotiz rechts:) Jetzige Brock'sche Maschine.

(Randnotiz rechts unten:) Vermeidung der mit der Tandemstellung verbundenen Nachteile.

Böden der oberen Cylinder nach oben, die Deckel der unteren nach unten konisch auseinanderlaufen. Der hierdurch entstehende, ringförmige Raum von nahezu dreieckigem Querschnitt zwischen beiden Cylindern ist mit Mann- bezw. Handlöchern versehen, durch welche die Stopfbüchse leicht in Ordnung zu halten ist. Uebrigens sind die oberen Cylinder, weil sie keinerlei Verbindungsrohre besitzen, abgesehen von ihrem gröfseren Gewicht, so bequem zu lüften wie Cylinderdeckel.

Von den bis jetzt nach Brock's Patent in Vierfach-Expansionsmaschinen umgewandelten alten Kompoundmaschinen sind nur über die beiden in der Tabelle angeführtem kaum nennenswerte Probefahrtsergebnisse veröffentlicht worden. Die ersten Daten finden sich über den Frachtdampfer »Tenasserim« der British and Burmese Steam-Navigation Co. im Engineering [1]), die anderen über dem Postdampfer »Kronprinz Friedrich Wilhelm« des Norddeutschen Lloyd im Marine Engineer [2]).

»Tenasserim« hat bei seinem Cylinderverhältnis und halber Füllung im Hochdruckcylinder, welche sich ziemlich sicher voraussetzen lässt, den Dampf reichlich 17fach expandirt. Mit 68 Umdr. wurden bei leicht geladenem Schiffe 1800 Pfkr., mit 60 Umdr. bei tief geladenem Schiffe 1700 Pfkr. indizirt, wobei im letzteren Fall eine Geschwindigkeit von $11^3/_4$ Knoten erzielt wurde. Die Zunahme an Maschinenkraft gegenüber der alten zweicylindrigen Kompoundmaschine von gleichem Hub und 129,4 cm bezw. 208,3 cm Cylinder-Dmr. soll 40 pCt. betragen haben. Diese Fahrten fanden am 26. Oktober 1887 in Schottland statt.

»Kronprinz Friedrich Wilhelm« wurde am 17. Oktober 1887 auf der Weser erprobt. Bei dieser Fahrt indizirte die Maschine mit 0,75 Füllung im Hochdruckcylinder also mit 12facher Gesammtexpansion 1748,9 Pfkr. Die Schiffsgeschwindigkeit wurde während 6stündiger Fahrt auf 13,19 Knoten gemessen. Die Kohlenverbräuche beider Maschinen sind nicht mitgeteilt; als Entschuldigung wird in dem Bericht über »Tenasserim« gesagt, die Zeit wäre für Kohlenmessungen zu kurz gewesen; sie sollten indessen seitens der Reeder auf der Reise nach Rangoon vorgenommen werden. Endlich wird angeführt, dass nach Ansicht der Erbauer diese Vierfach-Expansionsmaschinen eine Kohlenersparnis von 6 bis 8 pCt. gegenüber gleich starken Dreifach-Expansionsmaschinen besäfsen. Die Firma Denny, welche inbezug auf sorgfältige Probefahrten allen anderen englischen Schiffswerften seit Jahren ein leuchtendes Beispiel ist, wird gewiss schon Gelegenheit gehabt haben, die Kohlenverbräuche dieser Maschinen genau zu ermitteln, da sie inzwischen schon mehr als 20 Maschinen derselben Art entweder neu fertig stellte, oder aus alten Kompoundmaschinen nach Brock's Patent umbaute und noch eine Reihe anderer Neu- bezw. Umbauten in nächster Zeit vornehmen wird. Wenn nun bisher von keiner dieser Maschinen der Kohlenverbrauch bekannt gegeben ist, so liegt die Vermutung nahe, dass er nicht geringer gewesen ist, als bei Dreifach-Expansionsmaschinen mit 3 Kurbeln von derselben Gröfse, Anfangsspannung und Gesammtexpansion, ja, dass er vielleicht noch etwas gröfser war, weil die dreistufige Expansion für einen Dampfdruck von 12 kg/qcm jedenfalls vorteilhafter als die vierstufige ist; wobei noch der weniger gleichförmige Gang der zweikurbeligen Maschine gegenüber der dreikurbeligen in betracht zu ziehen wäre, wenngleich Brock be-

---

[1]) Engineering 1887 II S. 481.
[2]) The marine engineer 1887 S. 132.

hauptet, dass derselbe infolge zweckmäfsiger Kompression in den oberen Cylinder ebenso ruhig wird, wie bei letzterer. Die oben ausgesprochene Vermutung betreffend den Kohlenverbrauch war eine vollkommen begründete insofern als »Kronprinz Friedrich Wilhelm«, wie ich inzwischen erfahren habe, täglich mit Einschluss des Dampfes für die Hülfsmaschinen usw. 28 bis 30 t verfeuert, was bei einer Durchschnittsleistung auf See von 1300 bis 1400 Pfkr. im Mittel 0,85 kg Kohlen stündlich für 1 ind. Pfkr. ergiebt, also ein Verbrauch, den keine bessere Dreifach-Expansionsmaschine überschreitet.

»Rionnag-na-Mara« verarbeitete nach den Indikatordiagrammen während der Probefahrten Dampf von 12,5 kg/qcm absoluter Eintrittsspannung oder 189° C. Temperatur, welcher mit etwa 0,3 kg/qcm oder 70° C. in den Kondensator ging. Das ganze Temperaturgefälle in der Maschine betrug also nur 119° C., während es bei allen übrigen Maschinen der Tabelle, ihrer kleineren Kesselspannung wegen, noch geringer ausgefallen sein muss, so dass es jedenfalls zweckmäfsiger gewesen wäre, es in dreistufiger Expansion zu überwinden. Während der bekanntlich ohne Cylinderschmierung ausgeführten Probefahrten der »Rionnag-na-Mara« soll (?) der sehr geringe Kohlenverbrauch von 0,51 kg für 1 ind. Pfkr. und Std. erzielt worden sein, welcher während der Probefahrten besonders guter Dreifach-Expansions-maschinen von gleicher Anfangsspannung in einzelnen Fällen übrigens auch nicht überschritten worden sein soll. *Probefahrt der Dampfyacht »Rionnag-na-Mara«.*

Ebenso wird für die neueren mit Kunstkreuzen versehenen Maschinen der Dampfer »Skeandhu« und »Singapore«, ein stündlicher Kohlenverbrauch von 0,51 kg für die Pfkr. angegeben, welcher schon deshalb nicht recht glaubhaft erscheint, weil die »Singapore«-Maschine nur mit 11,65 kg/qcm Kesselüberdruck fährt und bei einer höchstens 13fachen Expansion wahrscheinlich nicht sparsamer arbeiten wird als eine mit 12 kg/qcm Dampfüberdruck und 15facher Expansion laufende Dreifach-Expansionsmaschine, mit welcher durchschnittlich ein so geringer Kohlenverbrauch nicht inne zu halten ist. *Probefahrt der mit neuen Fleming & Ferguson-Maschinen versehenen Dampfer.*

Von der »Myrtle«, welche am 25. Mai 1887 erprobt wurde, sind keine Diagramme veröffentlicht; es ist nur angeführt, dass die Maschine bei der Probe-fahrt 0,55 kg Kohlen für 1 ind. Pfkr. und Std. verbrauchte. Das gegen die »Rionnag-na-Mara«-Maschine schlechtere Resultat wird auf die Kolbenschieber zurückgeführt, mit welchen sämmtliche Cylinder dieser Maschine versehen waren, wogegen die Maschine nur Flachschieber besafs (s. S. 47). *Probefahrt der Dampfyacht »Myrtle«.*

Für die »Suez«-Maschine ist der Kohlenverbrauch auf der ersten Reise von England nach Lissabon ermittelt worden, wobei eine Ersparnis von 34 pCt. gegen die frühere Kompoundmaschine festgestellt wurde. Wie viel Kohlen für die ind. Pfkr. und Std. verbraucht wurden, lässt sich hieraus leider nicht genau entnehmen, nach dem erfahrungsmäfsigen Kohlenverbrauche alter Kompoundmaschinen aber auf etwa 0,7 bis 0,8 kg schätzen. *Probefahrt des Dampfers »Suez«.*

Weder von »County of York« noch von »Grace Darling« sind die Kohlenverbräuche veröffentlicht; es heifst bei beiden nur, dass die Maschinen sehr sparsam gearbeitet hätten. Wären die Kohlenverbräuche bemerkenswert gering gewesen, so würde man sie gewiss angegeben haben. Aehnlich liegen die Verhält-nisse bei sämmtlichen anderen inzwischen fertiggestellten, in der Tabelle aber nicht aufgeführten Vierfach-Expansionsmaschinen, deren Erbauer aus geschäftlichen Rück-sichten sicher keinen Augenblick gezögert haben würden, die erzielten Erfolge, wenn sie überhaupt Beachtung verdient hätten, derartig bekannt zu geben, dass sie auch *Schluss-bemerkung.*

eine Prüfung ihrer Richtigkeit zulassen. Aus diesen Betrachtungen folgt daher der sehr berechtigte Schluss: **Die bisher erbauten Vierfach-Expansionsmaschinen haben sich den Dreifach-Expansionsmaschinen noch nicht überlegen gezeigt.**

Umwandlung von Kompound-maschinen in Vierfach-Expansions-maschinen. Dagegen muss man anerkennen, dass namentlich die neuere Brock'sche Konstruktion die Aufgabe, alte Kompoundmaschinen durch sparsamer arbeitende Maschinen zu ersetzen, in einfacher und den augenblicklichen praktischen Bedürfnissen Rechnung tragender Weise gelöst hat. Ein solcher Ersatz ist an sich nicht allzu teuer, gestattet bei gleichbleibender Maschinenleistung den Einbau kleinerer Kessel, ermöglicht durch die Kohlenersparnis, welche auf 15 bis 20 pCt. zu schätzen ist, eine Verringerung der Kohlenbunker und vermehrt hierdurch den Laderaum der Dampfer recht merklich. Es ist daher mit ziemlicher Gewissheit vorauszusehen, dass in der Handelsmarine manche zweicylindrige Kompoundmaschinen in Brock'sche oder ähnliche Vierfach-Expansionsmaschinen umgewandelt werden, wenn die betreffenden Dampfer neue Kessel erhalten müssen.

d. Aussichten der Vierfach-Expansionsmaschine.

Hauptgrund für den geringen bis-herigen Erfolg der Vierfach-Expansions-maschine. Die heutigen Vierfach-Expansionsmaschinen konnten sich gegenüber den Dreifach-Expansionsmaschinen aus dem sehr einfachen und naheliegenden Grunde nicht bezahlt machen, weil ihr Temperaturgefälle für die vierstufige Expansion zu klein war. Erst bei Anfangsspannungen von etwa 15 Atm. und darüber, d. h. bei Eintrittstemperaturen des Dampfes von 200° C. und darüber, steht für die Vierfach-Expansionsmaschine bei einem Temperaturgefälle von mindestens 130° C. ein wirklicher Vorteil über die Dreifach-Expansionsmaschine in Aussicht. Dass er aber so bedeutend ausfallen wird, wie der Vorteil der Dreifach-Expansionsmaschine gegenüber der Kompoundmaschine, ist mit Rücksicht auf die nachstehenden Erwägungen kaum anzunehmen.

Geringer Gewinn durch Spannungs-erhöhung. Erstens werden die auf S. 34 auseinandergesetzten Vorteile, welche die Verwendung hochgespannten Dampfes mit sich bringt, um so geringer, je höher die Spannung steigt. Zeichnet man die Spannungskurve des Dampfes nach der Tabelle von Fliegner und berechnet die Arbeit, welche 1 kg Dampf leistet, wenn es, wie in den meisten Maschinen, bis auf 0,5 kg/qcm abs. Spannung expandirt, so findet man, dass sich diese Arbeit bei 20 Atm. Anfangsspannung zu der bei 12 Atm. ungefähr verhält wie 26,1 : 23, oder mit anderen Worten: dass durch die Steigerung der Dampfspannung um 8 Atm. theoretisch nur ein Arbeitsgewinn von etwa 11 pCt. zu erwarten steht, welcher sich in der Praxis selbstverständlich noch verringert.

Größere Kondensations-verluste. Zweitens erleidet der Dampf durch Verkleinerung des Temperaturgefälles in den einzelnen Cylindern der Vierfach-Expansionsmaschine zwar geringere, durch Reibung und Abkühlung an den Wandungen der längeren Uebergangskanäle und der drei Zwischenkammern indessen größere Kondensationsverluste als in einer gleich großen Dreifach-Expansionsmaschine, so dass die durch die mehrstufige Expansion erzielte Dampfersparnis zum teil wieder eingebüßt wird.

Größeres Kesselgewicht. Drittens lässt eine Steigerung der Dampfspannung bis auf 15 Atm. und mehr bei den jetzt gebräuchlichen Konstruktionen der Kessel, abgesehen von Wasserrohrkesseln, deren Gewicht und Kosten derart anwachsen, dass es fraglich ist, ob der durch den höheren Dampfdruck zu erwartende größere Nutzen hiergegen nicht viel zu gering ausfällt.

Viertens erhöhen sich nicht blos die Kosten der Kessel, sondern auch die der Maschine durch die vermehrten Ausgaben an Modellen für 4 Cylinder, 4 Kolben, 4 Schieber, 4 Schieberkasten mit Deckeln usw.

Fünftens bleibt noch ein Punkt, welcher eine zu hohe Steigerung der Dampfspannung bedenklich macht, das ist die Zunahme der Temperatur des Dampfes. Sie beträgt bei 5 Atm. Ueberdruck 158° C., bei 10 Atm. 183° C. bei 20 Atm. aber schon 215° C. Da nun die Kesselbleche, welche die Wärme des Feuers an das Wasser abgeben, eine etwas höhere Temperatur als der Dampf besitzen, der Stahl, aus welchem sie bestehen, aber schon als unzuverlässig angesehen werden muss, wenn er blau anläuft, was bei etwa 245° C. geschieht, so ist klar, dass bei einer Dampfspannung von 20 Atm. der Unterschied zwischen der Dampftemperatur und derjenigen, bei welcher die Kesselbleche anfangen, unzuverlässig zu werden, nur noch halb so grofs ist als bei 10 Atm., und nur noch etwa $1/3$ von dem bei 5 Atm. beträgt.

Sechstens und schliefslich ist es fraglich, ob sich das Gusseisen der Dampfcylinder bei Temperaturen von mehr als 200° C. nicht weniger widerstandsfähig und dauerhaft erweisen wird, als bei den jetzt gebräuchlichen Temperaturen, so dass sich auch hierdurch für den Maschinenbetrieb eine Grenze der Dampfspannung fühlbar machen dürfte.

Vielleicht lassen sich aber die erwähnten Schwierigkeiten mit der Zeit ebenso überwinden, wie diejenigen, welche sich dem Uebergange von der Niederdruckmaschine zur Hochdruckmaschine entgegenstellten. Um hier nur ein Beispiel dieser Art anzuführen, sei die oft als Uebelstand empfundene Undichtigkeit der Kolbenstangenstopfbüchsen in den grofsen Hammermaschinen erwähnt, welche infolge Ersatzes der alten Packungsstoffe durch die neuen Metallpackungen vollständig beseitigt worden ist. Jedenfalls würde es ein voreiliger Schluss sein, wenn man sagen wollte, dass man in Zukunft nicht zu höheren Dampfspannungen mit entsprechend mehrstufiger Expansion übergehen könnte. Bei dem jetzigen Stande der Technik stehen jedoch solchen Konstruktionen, wie vorstehende Ausführungen zeigen, auf der einen Seite noch mancherlei Hindernisse entgegen, während auf der anderen der zu erwartende Gewinn vorläufig nicht verlockend genug erscheint.

II.

Fortschritte in der Erzeugung des Dampfes.

Achter Abschnitt.

Künstlicher Zug und Unterwind.

Während zur Erzeugung eines genügenden natürlichen oder Schornsteinzuges die Heizgase bei den geringen Höhen der aufserdem noch eisernen Dampferschornsteine mit einer die Lufttemperatur um etwa 300° C. übersteigenden Temperatur austreten müssen und hierdurch nahezu $1/4$ der ganzen von den Steinkohlen entwickelten Wärme entführen, lässt sich ein gröfserer Teil dieser Wärme für die Dampferzeugung nutzbar machen, wenn die ununterbrochene Zuführung der Verbrennungsluft durch künstliche Mittel sicher gestellt wird. Die Heizgase können den Schornstein mit einer viel geringeren Temperatur verlassen, falls sie durch die Feuerzüge entweder gesaugt oder gepresst werden. Die hierdurch gewonnene Wärme lässt sich bis zu einer gewissen Grenze durch entsprechende Vergröfserung der Heizfläche im Kessel selbst ausnutzen oder kann im Rauchfange zur Vorwärmung der Verbrennungsluft bezw. des Speisewassers dienen. Dabei erfordert die künstliche Zufuhr der Verbrennungsluft einen so geringen Arbeitsaufwand, dass er gegenüber der Einschränkung des Wärmeverlustes kaum in betracht kommt, wie schon daraus hervorgeht, dass man für die Herstellung eines Luftüberdruckes von 30 mm Wassersäule bei Unterwindgebläsen in geschlossenen Heizräumen ungefähr nur 3 ind. Pfkr. auf 1 qm Rostfläche als Betriebskraft für die Flügelradgebläse rechnet.

Ersatzmittel für den natürlichen Zug.

Die künstliche Zuführung der Verbrennungsluft wird erreicht:

Arten der künstlichen Luftzuführung.

    I. Durch künstlichen Zug,
    II. durch Unterwind.

I. Künstlicher Zug.

Künstlicher Zug wird dadurch hergestellt, dass man die Luft vom Schornstein aus durch die Roste und Feuerrohre ansaugt, wie es mittels des Auspuffdampfes bei Lokomotiven und mittels der Schornsteindurchblasevorrichtung bei Schiffskesseln geschieht. Da der von der letzteren verbrauchte Dampf verloren geht und bei der Kesselspeisung durch Seewasser ersetzt werden muss, so sind solche Einrichtungen für die dauernde Herstellung eines künstlichen Zuges nicht brauchbar. Martin will sie daher, nach einem von Mac Farlane Gray [1] in der Versammlung der Institution of naval architects gehaltenen Vortrage, durch ein im Schornstein auf-

Martin's Schornsteingebläse.

---

[1] The marine engineer 1887 S. 200.

gestelltes, mittels einer besonderen kleinen Dampfmaschine betriebenes, aus den Rauchfängen der Kessel saugendes Flügelradgebläse ersetzen.

Vorteile des künstlichen Zuges. Für eine solche Konstruktion sprechen aufser ihrem sparsameren Betriebe gegenüber den vorerwähnten noch folgende Umstände:

1. die Möglichkeit, auf Kriegsschiffen den Schornstein fortzulassen, weil man die angesaugten Heizgase durch das Gebläse nach beliebigen anderen Stellen hindrücken und austreten lassen kann,

2. die Einfachheit gegenüber den später zu besprechenden Anlagen für Unterwind,

3. der geringere Verschleifs der Feuerrohre.

Geringerer Verschleifs der Feuerrohre. Dieser letzte Punkt ist jedenfalls am wesentlichsten und findet seine Begründung in der bekannten Thatsache, dass die Feuerrohre der Lokomotiven, welche mit künstlichem Zuge fahren, viel längere Zeit vorhalten, als diejenigen von Kesseln, welche mit Unterwindgebläsen arbeiten. Während die Flammen, wenn sie durch die Rohre gepresst werden, gegen die Rohrwände stofsen, ehe sie sich in einzelne in die Feuerrohre eintretende Zungen auflösen, zerteilen sie sich schon in einiger Entfernung vor den Rohrmündungen, wenn sie vom Schornstein aus angesaugt werden, wie sich durch einen sehr einfachen Versuch nachweisen lässt. Die Rohrmündungen sind daher in letzterem Falle dem Verbrennen weniger stark ausgesetzt, als wenn sie, wie im ersteren, unmittelbar von den Flammenspitzen getroffen werden.

Nachteile des künstlichen Zuges. Diesen Vorzügen stellt Mac Farlane Gray indessen als Nachteile gegenüber:

1. dass die aus dem Schornstein saugenden Flügelräder wegen des durch die Temperaturerhöhung bedeutend vergröfserten Volumens der Heizgase gröfser sein müssen als diejenigen von Unterwindgebläsen;

2. dass die Rauchfänge, um solche Flügelräder aufzunehmen, viel umfangreicher und schwerer ausfallen;

3. dass die Flügelräder sehr leicht unwirksam werden, wenn sie bei der Herstellung eines starken Zuges in Gasen von etwa 500° C. Temperatur arbeiten müssen.

Verwendbarkeit des künstlichen Zuges bei schwachen Pressungen. Der Erfinder [1]) macht hiergegen geltend, dass die angeführten Nachteile in Wirklichkeit entweder gar nicht oder nur in bescheidenem Umfange vorkommen. Als Beweis hierfür nennt er den Dampfer »Olive Branch«, welcher mit einer derartigen Zugeinrichtung versehen bereits 18 Monate lang im Betriebe ist, ohne die geringsten Störungen erlitten zu haben. Das Flügelrad im Schornstein hat 1,83 m Dmr.; es erforderte zu seiner Unterbringung keine aufserordentliche Vergröfserung des Rauchfanges und hat sich, beständig in 230° C. arbeitend, bisher gut gehalten. Martin ist der Ansicht, dass das mit 400 Min.-Umdr. laufende Flügelrad sich vor der Einwirkung der heifsen Gase selbst schützt. Zu gunsten der Martin'schen Einrichtung spricht auch die weiter hinten erwähnte, sehr ähnliche frühere Zuganlage (siehe Textfig. 92) von Kemp, bei welcher ein Flügelrad Heizgase von 150 bis 180° C. ansaugte und einen genügenden Zug erzeugte. Bei seinen neuesten Kesselanlagen verwendet Kemp indessen Unterwind in geschlossenen Aschfällen, wie Textfig. 95 zeigt. Der künstliche Zug nach Martin'schem Verfahren scheint demnach nur bei nicht zu sehr gesteigerten Temperaturen, also bei schwächerem

---

[1]) The marine engineer 1887 S. 324.

Zuge und nicht zu grofsen Kesselanlagen, ausführbar zu sein; während sich bei starkem Zuge und sehr umfangreichen Kesselgruppen die von Mac Farlane Gray gerügten Uebelstände mehr oder minder geltend machen.

II. Unterwind.

Der Unterwind hat dem künstlichen Zuge, weil er sich in allen Fällen auch bei schon vorhandenen Kesselanlagen ohne besondere Schwierigkeiten herstellen lässt, den Rang vollständig abgelaufen; er beherrscht zur Zeit das ganze einschlägige Gebiet fast unumschränkt. Unterwind entsteht, wenn die Verbrennungsluft mit einem gewissen in Gebläsen erzeugten Ueberdruck über die äufsere Luft durch die Rosten gepresst wird. *(Entstehung des Unterwindes.)*

Die Engländer schliefsen den Unterwind in den Begriff »forced draught« ein, und daher mag es kommen, dass man in Deutschland vielfach den durch Unterwindgebläse erzeugten künstlichen Druck fälschlicherweise auch als künstlichen Zug bezeichnet. *(Englische Bezeichnungsweise.)*

Die Ueberdruckspannung oder die Pressung des Unterwindes ist so gering, dass man sie nicht in Atm. oder kg/qcm, sondern in mm Wassersäule angiebt: 10 334 mm = 1 Atm. *(Mafs für die Pressung.)*

Je nach der Spannung der Pressluft hat man zu unterscheiden zwischen: *(Arten des Unterwindes.)*

starkem Unterwind, bei welchem die Luft mit mehr als 30 bis 40 mm Wassersäule, und

schwachem Unterwind, bei welchem sie nur mit wenigen, d. h. höchstens 25 bis 30 mm Wassersäule in das Feuer tritt.

Mit starkem Unterwind arbeiten die Kessel der neuesten Kriegsschiffe und der Torpedoboote, wogegen der schwache Unterwind auf Handelsdampfern Eingang gefunden hat. *(Verwendung des Unterwindes.)*

Starker Unterwind soll in erster Reihe einen möglichst kleinen, d. h. leichten, Kessel befähigen, eine möglichst grofse Maschinenleistung hervorzubringen; bei schwachem Unterwind steht die Erzielung eines möglichst kleinen Kohlenverbrauches oder die Möglichkeit der dauernden Verwendung minderwertigen Brennstoffes obenan. *(Zweck des Unterwindes.)*

Der Unterwind wird bei kleineren Schiffen gewöhnlich durch ein Flügelrad, bei gröfseren Schiffen durch mehrere, je von einer kleinen Dampfmaschine angetriebene Flügelradgebläse erzeugt. [1] Die im Heizraum oder in dessen Nähe angeordneten Flügelräder saugen die Luft entweder vom Deck des Schiffes oder neuerdings meistens von den wärmsten Stellen des Maschinen- bezw. Heizraumes an, damit gleichzeitig deren Lüftung [2] bewirkend.

---

[1] Zeitschr. d. Ver. deutscher Ingenieure 1886 S. 917.

[2] Von der ausgiebigen Wirkung dieser Lüftung kann man sich eine Vorstellung machen, wenn man eine Dreifach-Expansionsmaschine annimmt, welche 1000 Pfkr. indizirt, für je te Pfkr. stündlich 0,75 kg Kohlen und zu deren Verbrennung 11 cbm Luft erfordert. Der minutliche Luftverbrauch beziffert sich dann auf rund 200 cbm. Ist nun das Flügelradgebläse so angeordnet, dass es nur aus dem Maschinenraume saugt, so muss die ganze Luftmenge durch das geöffnete Maschinenraumluk strömen und gelangt dann bei geschlossenem Heizraume unmittelbar in diesen, oder geht bei geschlossenen Aschfällen in Kanälen an den Vorderwänden der Kessel entlang, nimmt die von ihnen ausgestrahlte Wärme auf und hält daher in beiden Fällen sowohl Maschinen- wie Heizraum kühl. Wie wohlthätig für das Maschinenpersonal eine solche Einrichtung auf Dampfern sein muss, welche tropische Meere, besonders das rote, durchfahren, wird jeder nachempfinden können, welcher sich nur einmal in einem heifsen Kesselraume aufgehalten hat. — Die holländischen von Vlissingen nach Java fahrenden Postdampfer »Bromo« und »Merapi« (siehe die Tabelle auf Seite 62, unter 16) besitzen geschlossene Aschfälle und im Anschlusse hieran eine so ausgiebige Lüftung der Heizräume, dass die Temperatur in denselben nur um etwa 8⁰ C. höher ist, als die der äufseren Luft.

Ausführung
der
Unterwind-
anlagen.
Die angesaugte Luft wird entweder in die Heizräume oder unmittelbar nur in die Aschfälle oder teils in die Aschfälle und teils in die Feuerungen gepresst. Hiernach unterscheidet man:

    a. geschlossene Heizräume,
    b. geschlossene Aschfälle,
    c. geschlossene Aschfälle und Feuerungen,
    d. offene Aschfälle und geschlossene Feuerungen.

Die beiden ersteren Einrichtungen wählt man gewöhnlich für starken, die letzteren nur für schwachen Unterwind.

a. Geschlossene Heizräume.

Einrichtung
geschlossener
Heizräume.
Die geschlossenen Heizräume sind möglichst luftdicht absperrbar. Die für Anwendung natürlichen Zuges in sie mündenden von Deck kommenden Windrohre werden unten mit feststellbaren Klappen versehen, desgleichen etwa vorhandene Aschheifsrohre. Alle Zugänge zu den Heizräumen erhalten Schleusenkammern, deren innere bezw. äufsere Thüren von den durchgehenden Personen erst geöffnet werden dürfen, wenn die äufseren bezw. inneren Thüren geschlossen sind, damit immer nur eine möglichst kleine Menge der Pressluft — der Kammerinhalt — entweichen kann. Die Heizer arbeiten in der den Heizraum erfüllenden Pressluft. Wenn es ihnen anfänglich zuerst etwas beklommen wurde, in einem vollkommen dicht verschlossenen Raume zu arbeiten, so gewöhnten sie sich sehr bald daran, namentlich, seitdem man noch leicht zu öffnende Notthüren darin angebracht hat. Sie lernten die Vorzüge der geschlossenen Heizräume, welche immer schön kühl und gut gelüftet sind[1], so schnell schätzen, dass sie heute nach den in England gemachten Erfahrungen viel lieber auf einem Dampfer mit geschlossenem Heizraum mustern als auf einem andern, ja sich unter Umständen förmlich darnach drängen. Irgend welche Belästigung durch die Pressluft fühlen sie nicht, da diese selbst bei starkem Unterwind nur einen Ueberdruck von 50 bis 100 mm Wassersäule besitzt und, wie die Versuche der englischen Admiralität mit dem Torpedoboote »Lightning«[2] beweisen, höchstens bis auf 150 mm gesteigert werden kann, bei welcher Spannung schon glühende Kohlenstücke von Haselnussgröfse aus dem Schornstein fliegen und sich die Oeffnungen der Feuerrohre durch die mitgerissenen glühend flüssigen Schlacken verstopfen.

Verwendung
geschlossener
Heizräume.
Die Pressluft des Heizraumes tritt in die offenen Aschfälle der Kessel ein und dringt durch die Rosten zum Feuer. Infolge der Reibungswiderstände, welche die Luft beim Durchgang durch die Rostspalten und das Feuer erfährt, nimmt ihre Spannung ab, so dass sie in der Feuerung etwas niedriger als im Heizraum ist. Beim Oeffnen der Feuerthüren strömt daher die Luft aus dem Heizraum in die

---

[1] In seinem auf S. 83 angezogenen Vortrage äufserte Mac Farlane Gray in humoristischer Weise, dass die geschlossenen Heizräume zur Hebung der Sittlichkeit und Frömmigkeit der Maschinisten und Heizer insofern beitrügen, als das schwere Arbeiten und böse Schimpfen der letzteren aufhört, welches bisher stattfand, wenn beim Dampfaufmachen die Feuer aus Mangel an Zug nicht brennen wollten. Auf die Gesundheit dieser Leute üben die geschlossenen Heizräume indessen wirklich eine wohlthätige Wirkung aus, indem Rheumatismus und ähnliche Leiden seltener werden, weil sich die in Schweifs gebadeten Heizer nicht mehr, wie beim Fahren mit natürlichem Zuge, unmittelbar unter die Windrohre stellen und dem kalten Luftstrom aussetzen können.
[2] The Engineer 1882 I. S. 465.

Feuerungen. Sämmtliche neueren Kreuzer und die Mehrzahl der Torpedoboote aller Marinen besitzen geschlossene Heizräume, deren Einrichtung aus Fig. 1 und 2 auf S. 917 und 918 des Jahrganges 1886 der Zeitschrift des Vereines deutscher Ingenieure, welche die Heizräume der englischen Schiffe »Rodney« und »Mersey« zeigen, zu ersehen ist.

b. Geschlossene Aschfälle.

Verwendet man geschlossene Aschfälle, so weicht die Einrichtung des Heiz- *Einrichtung geschlossener Aschfälle.* raumes von der sonst bei natürlichem Zuge üblichen in keiner Weise ab. Das Flügelrad bläst die Pressluft in einen Kanal, welcher zu dem Aschfalle oder den Aschfällen führt und luftdicht mit ihnen verbunden ist. Hat die Luft das Feuer durchdrungen, so besitzt sie in der Feuerung noch einen gewissen Ueberdruck, so dass beim Oeffnen der Feuerthüren die Flamme in den Heizraum schlagen würde; deshalb muss erst die Pressluft vom Aschfall abgeschlossen werden, ehe sich die Feuerthüren öffnen und die Feuer beschicken lassen. Die hierzu erforderlichen Vorrichtungen machten den Konstrukteuren zuerst viel zu schaffen, werden jetzt aber, namentlich von F. Schichau in Elbing, für seine rühmlichst bekannten Torpedoboote, von Willans in England für seine schnellen Dampfpinnassen und von Fothergill für seine mit minderwertigen Kohlen zu heizenden Frachtdampfer in zweckentsprechender und dauerhafter Weise ausgeführt.

Den geschlossenen Aschfall von Schichau[1]) zeigt Taf. I, Fig. 9 bis 12. *Schichau's geschlossener Aschfall.* Auf der Achse a, welche durch den Handhebel b gedreht wird, sind die Scharniere $d\,d^1$ der durch die Feder f niedergedrückten Feuerthür aufgehängt. Das Scharnier d^1 ist mit einem Ansatz c^1 versehen, gegen welchen bei entsprechend weiterem Herumdrehen des Handhebels b ein auf der Achse a befestigter Daumen c stöfst und dadurch das Oeffnen der Thür g veranlasst. Ehe der Hebel b aber soweit herumgedreht werden kann, dass der Daumen c den Ansatz c^1 mitnimmt, muss die den Luftkanal h versperrende Klappe k geschlossen werden, weshalb an dem einen Ende ihrer Drehachse ein Hebel e angebracht ist, welcher durch die Stange i und die Federbüchse l mit dem Handhebel b verbunden ist. Das auf der Achse a sitzende Sperrrad m hält den Handhebel b mittelst des Sperrhakens n in jeder gewünschten Lage fest. Soll die Pressluft von der Feuerung abgeschlossen werden, so stellt man den Hebel b so, dass er mittels der Stange i und der Federbüchse l den Hebel e hebt, bis die Klappe k sich gegen die beiden Ansätze h^1 des Luftkanals h lehnt. Beim weiteren Herumdrehen des Hebels b wird die Feder l^1 in der Federbüchse l zusammengepresst, der Daumen c legt sich gegen den Ansatz c^1 des Scharnieres d^1, und die Feuerthür öffnet sich, wobei die Feder f gespannt wird. Sobald man den Sperrhaken n hochhebt und den Handhebel b loslässt, werfen die gespannten Federn f und l^1 die Feuerthür g zu, worauf sich erst die Klappe k öffnet und die Pressluft wieder in den Aschfall gelangen lässt. Sowohl die Feuerthür als auch die Klappe k sind zur Herstellung eines dichten Abschlusses mit einem Asbestfalz versehen. Die Klappe p, welche durch den Bügel o gehoben oder gesenkt werden kann, sperrt, so lange sie gesenkt ist, den Luftkanal h ab und erlaubt dabei durch ihre geneigte Lage das Herausziehen der Asche aus dem Aschfall. Beim Dampfaufmachen ge-

---

[1]) Deutsche Patentschrift No. 23581. 1883.

stattet diese Einrichtung den Zutritt der Luft zur Feuerung so lange, bis die zum Betriebe des Unterwindgebläses erforderliche Dampfspannung erreicht ist.

Beim geschlossenen Aschfall von Willans [1]**, Taf. II, Fig. 5**, ist eine doppelte Feuerthür vorhanden, eine innere F und eine äußere A. Letztere dreht sich um die Achse B und liegt, wenn vollständig geöffnet, auf den Flurplatten. Mit A ist die Klappe C derartig verbunden, dass sie sich an die Decke des Luftkanales lehnt, wenn A geschlossen ist, hingegen in die punktirte, den Kanal absperrende Lage kommt, sobald A geöffnet wird. Die innere eigentliche Feuerthür F dreht sich um die Achse D, welche einen Hebel trägt, in den die an beiden Enden schleifenartig geformte Stange G eingreift, deren unteres Auge in einen auf der Achse B befestigten Hebel fässt. Infolge dieser Einrichtung kann F immer erst geöffnet werden, wenn C die Pressluft abgeschlossen hat. Die punktirte Lage I zeigt die Feuerung offen und die Pressluft abgestellt, die punktirte Lage II stellt die Stange G bei geschlossener Feuerthür vor. Die Entfernung der Asche wird sehr einfach durch Vorziehen des unteren Teiles H der Feuerbrücke bewirkt. Willans hält einen vollkommen luftdichten Verschluss der Klappen und Thüren für unnötig, weil er mit der sehr geringen Luftpressung von 10 bis 15 mm Wassersäule arbeitet.

Den geschlossenen Aschfall von Fothergill [2]**) zeigen Textfig. 37 bis 39.** Ein aus Blechen zusammengenieteter Vorbau der Feuerungen steht mit dem Flügelradgebläse in Verbindung. Er ist so eingerichtet, dass jeder eine Feuerung umschließende Teil desselben unabhängig von dem anderen entfernt werden kann. Aus dem Vorbau tritt die Luft durch je einen Gitterschieber in die einzelnen Aschfälle. Oeffnet man den Verschluss der Feuerthür, so schließt man gleichzeitig den zugehörigen Gitterschieber, weil ein auf der Spindel des Schließhakens der Thür sitzender Hebel mit seiner unteren Schleife in einen Stift des Schiebers greift und ihn vorschiebt, wenn der Schließhaken gegen seine äußere Begrenzung gelegt wird. Solange die Feuerthür geschlossen bleibt, ist der Schieber offen. Im übrigen unterscheidet sich die Feuerthür in keiner Weise von der sonst gebräuchlichen. Fothergill verbindet mit seinem geschlossenem Aschfall zwecks Herstellung vollkommener Verbrennung eine unmittelbare Luftzuführung zu den Feuern, weswegen er aus dem Kesselvorbau, welcher die Pressluft enthält, ein Rohr zur Kesselhinterwand führt und aus diesem für jede Feuerung ein in ihrer hinteren Rauchkammer mündendes Rohr abzweigt. Sowohl das gemeinschaftliche Rohr als die Zweigrohre besitzen an ihren Ausgangsstellen regelbare Absperrvorrichtungen. Vor den einzelnen Zweigrohren sind durchlöcherte gusseiserne Mundstücke angebracht, um die Luft in einzelnen Strahlen zwischen die auf dem Rost entwickelten brennbaren Gase zu leiten. Diese Luftzuführung kann noch verstärkt werden, wenn die den unteren Abschluss der Feuerbrücke bildenden durchlöcherten Schieber geöffnet werden und einen Teil der Pressluft aus den Aschfällen hinter die Brücke leiten. Vor letzteren Schiebern liegen Schutzplatten, welche mit eingeschraubten Augbolzen versehen sind, so dass man sie mittels Haken behufs Herausschaffens der Asche nach vorn ziehen kann, dieselbe Einrichtung wie bei Willans. Von den dünnen Roststäben sind je 3 oder 4 zusammengenietet, um deren Verziehen oder Werfen zu verhüten. Hinter der

Marginal notes:

Willans'scher geschlossener Aschfall.

Fothergill's geschlossener Aschfall.

---

[1]) The Engineer 1885 I S. 256.
[2]) The Engineer 1888 I S. 274.

Feuerbrücke ist eine aus alten Abfallblechen hergestellte Zwischenwand eingesetzt, gegen welche sich die Heizgase stofsen sollen, damit sie nicht geradeswegs in die Feuerrohre treten. Zu den schmiedeisernen Trennungsplatten ist man erst gekommen, nachdem solche aus Mauerwerk und aus Asbest sich als unpraktisch herausgestellt hatten. Die Platten halten ungefähr 6 Wochen ununterbrochenen Feuerns aus und werden dann gegen andere, aus abgenutzten Schiffs- oder Kesselblechen geschnittene ausgewechselt. Fothergill bringt die Luftpressung in dem Flügelradgebläse auf 75 bis 90 mm Wassersäule und lässt sie mit dieser Spannung in die hintere Rauchkammer treten; die in die Aschfälle gelangende Pressluft dehnt sich aber in dem Vorbau so stark aus, dass sie nur noch eine Spannung von 13 bis 18 mm Wassersäule besitzt. Die Verbrennung soll in den geräumigen hinteren Feuerbüchsen und Rauchkammern durch die Verhinderung des geraden Abzuges der Heizgase und deren ausreichende Vermischung mit Luft eine sehr gute sein.

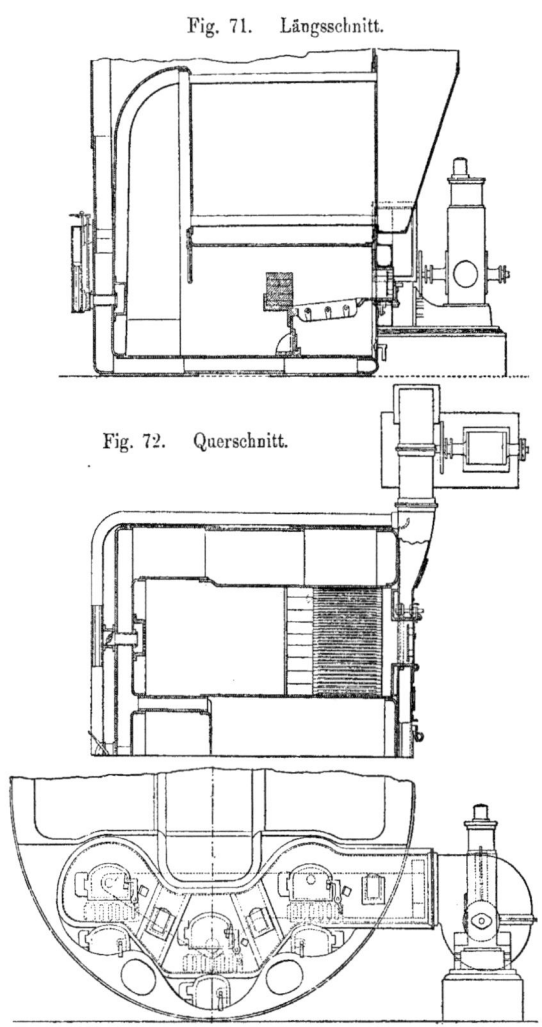

Fig. 71.   Längsschnitt.

Fig. 72.   Querschnitt.

Fig. 73.   Vorderansicht.

c. Geschlossene Aschfälle und Feuerungen.

Geschlossene Aschfälle und Feuerungen werden in neuester Zeit gewöhnlich in Verbindung mit Vorrichtungen zur Vorwärmung der Verbrennungsluft auf Handelsdampfern ausgeführt und sollen daher mit diesen zusammen später besprochen werden.

Geschlossene Aschfälle und Feuerungen.

d. Offene Aschfälle und geschlossene Feuerungen.

Offene Aschfälle und geschlossene Feuerungen nach dem Patent von Anderson und Mc. Kinnell[1]) waren zuerst 1888 auf der Glasgower Ausstellung zur Dar-

Feuerung von Anderson und Mc. Kinnell.

[1]) The marine engineer 1888. Augustheft S. 177.

stellung gebracht, inzwischen sollen sie auf einer Anzahl von Dampfern der Cunard-Linie, der Laird-Linie und anderer wohlbekannter Linien Verwendung gefunden haben. Wie Textfigur 74 u. 75 erkennen lassen, ist die ganze Einrichtung höchst

Fig. 74.

Fig. 75.

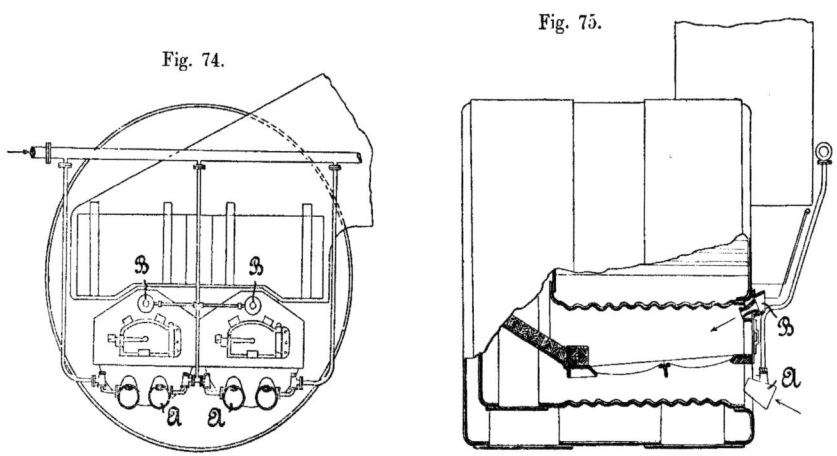

einfach. Eine durch Dampf in Bewegung versetzte Luftpresspumpe saugt Luft aus den Schiffs-, Heiz- oder Maschinenräumen an, wodurch dieselben gleichzeitig gut gelüftet werden. Die Pressluft strömt durch Düsen aus, von denen immer 2 vor jedem Aschfall angeordnet werden, wenn die Abmessungen desselben, die allgemein üblichen nicht überschreiten. Irgend welche etwa vorhandene besondere Einrichtungen der Aschfälle brauchen weder entfernt noch verändert zu werden. Die Düsen sind aus Bronze und verstellbar, um eine vollkommene Regelung des Zuges zu ermöglichen. Sie sind in Stahlkegeln AA eingeschlossen, von denen jeder mit seinem Verbindungsrohrstutzen in dem zugehörigen bronzenen Absperrrohre drehbar ist, so dass sie an den Aschfallmündungen frei schwingen, wenn diese behufs Durchstofsens der Rosten oder Herausziehens der Asche zugänglich sein müssen. Die Absperrhähne schliefsen sich durch die Drehung der Düsen aus den Aschfällen, so dass Verluste von Pressluft ausgeschlossen sind. — Jede Feuerungsthür ist ferner mit einer Düse B ausgerüstet, durch welche Luft in das Feuer strömen kann, behufs besserer Vermischung der Kohlenwasserstoffgase mit Sauerstoff, um Rauchbildung zu vermeiden. Die Düsen sind von äufserst einfacher Konstruktion und da sie keinerlei bewegte Teile besitzen, so können sie nicht leicht in Unordnung geraten. Der durch die Düsen tretende, sehr starke Strom von Pressluft saugt die umgebende Luft teils durch die Stahlkegel, teils durch die offenen Aschfallmündungen an und erzeugt hierdurch einen sehr lebhaften Zug. Die ganze höchst einfache Einrichtung, welche mit der auf S. 112 beschriebenen von Green sehr viel Aehnlichkeit besitzt, empfiehlt sich besonders für vorhandene Kesselanlagen, welche man mit schwächerem Unterwind zu betreiben wünscht.

c. Vorzüge und Nachteile geschlossener Heizräume und Aschfälle.

Beurteilung nach praktischer Erfahrung.

Die gegenseitigen Vorzüge und Nachteile geschlossener Heizräume und Asch-fälle sind seit ihrer Einführung wiederholt Gegenstand umfangreicher Versuche und eingehender Erörterungen gewesen. Wägt man die hierdurch zu Tage geförderten

Thatsachen und Meinungen sorgfältig gegeneinander ab und legt das Hauptgewicht auf die nun schon mehrere Jahre umspannende praktische Erfahrung, so kommt man zu folgenden Schlüssen:

Die geschlossenen Heizräume haben den grofsen Vorzug, dass man keine besonderen Vorsichtsmafsregeln für das Oeffnen der Feuerthüren zu ergreifen braucht. Man hat stets einen unabhängig von Richtung und Stärke des Windes gut gelüfteten Heizraum, was für die Tropen besonders wichtig ist. Alle hohen Windrohrköpfe, welche so manchen Dampfer verunstalten und einen grofsen Luftwiderstand verursachen, können fortfallen, da die Luft von den Flügelradgebläsen, wie auf einigen neueren grofsen englischen Panzern, ohne weiteres durch Luken angesaugt werden kann, die bis zum Sturmdeck aufgeführt und dort durch Kappen und Deckfenster verschliefsbar sind. Bei niedrigbordigen Dampfern, wie z. B. den Raddampfern, welche den Postdienst zwischen Kingston und Holyhead versehen, liefsen die dicht verschlossenen Heizräume kein Spritzwasser mehr nach unten kommen, welches vorher bei Anwendung des natürlichen Zuges, im schlechten Wetter durch die offenen Grätings des Schornsteinumbaues tretend, die Heizer in unangenehmer Weise belästigte.

Der gröfste Nachteil geschlossener Heizräume ist das Einströmen beträchtlicher Mengen kalter Luft in die Feuerung, sobald die Feuerthür zum Beschicken oder besonders zum Reinigen des Feuers geöffnet werden muss. Dieser in den Wintermonaten in unseren Breiten besonders kalte Luftstrom, dessen Querschnitt gleich dem der Feuerthür ist, trifft bei Kesseln von Lokomotivart unmittelbar gegen die kupferne, sehr heifse Rohrwand und kann sie, wenn die Einwirkung mehrere Minuten dauert, derart abkühlen und zusammenziehen, dass die Dichtungen der Feuerrohre leckspringen und das heifse Kesselwasser austreten lassen. Durch hohen Aufbau der Feuerbrücke oder durch Einfügung einer zweiten Brücke in die Verbrennungskammer, wo eine solche vorhanden ist, durch Anordnung möglichst langer Feuerungen, in denen sich die Luft immer etwas anwärmt, ehe sie in die Rohre tritt, sowie endlich durch Einführung stählerner Rohrwände, welche sich nicht so stark ausdehnen und zusammenziehen als die kupfernen, hat man diesem Uebel aber schon kräftig gesteuert, so dass man bei neueren Ausführungen mit gut geschultem Heizerpersonal bedeutend weniger mit lecken Feuerrohren zu kämpfen hat. Für Kessel mit rückwirkender Flamme trennt man in neuester Zeit nicht blofs die hinteren, sondern auch die vorderen Rauchkammern und führt sie erst im Schornsteinhals zusammen. Unmittelbar vor ihrer Mündung in die letzteren sind sie, wie zuerst auf dem neuen Schnelldampfer der Inman-Linie »City of Paris« ausgeführt wurde (siehe die Tabelle auf Seite 45, Kolumne 17) mit Schornsteinklappen versehen, welche vom Heizraume bequem geöffnet und geschlossen werden können. Sobald nun ein Feuer zu reinigen ist, wird die zugehörige Schornsteinklappe geschlossen und dadurch ein fortwährendes Durchströmen der kalten Pressluft durch den Kessel verhindert. Der wachehabende Heizraummaschinist muss bei dieser Einrichtung Obacht geben, dass sie von den Heizern auch wirklich benutzt wird, denn diese werden die Schornsteinklappen lieber nicht schliefsen, weil ihnen der kalte in die Feuerung tretende Luftstrom bei den anstrengenden Reinigungsarbeiten höchst angenehm ist. Auch das anfänglich häufig vorgekommene Erglühen der Roststäbe, welches nach einigen Stunden Dampfens mit starkem Unterwinde deren teilweise Erneuerung erforderlich machte, hat man dadurch vollständig beseitigt, dass man die Sohlen der Aschfälle wasserdicht herstellt und darin beim Fahren mit Unterwind eine mehrere

Centimeter hohe Wasserschicht hält. Ein anderer Nachteil wird darin gesucht, dass die Lüftung geschlossener Heizräume, wenn mit natürlichem Zuge gefahren wird, wegen der wenigen in deren Decken vorhandenen Oeffnungen meistens eine sehr mangelhafte ist. In Wirklichkeit ist dies nicht so schlimm: denn sollte die Luft in ihnen unerträglich heifs werden, so braucht man nur die Flügelräder in Betrieb zu setzen, um frische Luft in den Heizraum zu fördern und gleichzeitig die heifse Luft oben durch die wenigen Oeffnungen hinauszupressen. Die hierdurch in dem Heizraum entstehende, wenn auch kaum. nennenswerte, Pressluft erschwert zwar nach den in der englischen Marine gesammelten Erfahrungen eine anhaltend geringe Dampferzeugung, wie sie zuweilen auf Kriegsschiffen notwendig wird, welche im Geschwaderverbande sehr langsam fahren müssen; jedoch kann man in solchen, übrigens selteneren Fällen, um ein fortwährendes Abblasen der Sicherheitsventile zu verhüten, den zuviel erzeugten Dampf bequem in die Kondensatoren ableiten. Dagegen muss zugegeben werden, dass sich das Ueberbordschaffen der bei gesteigertem Betriebe nicht unbeträchtlichen Aschenmengen aus geschlossenen Heizräumen wegen der notwendigen Verschlussvorrichtungen an beiden Enden des Aschheifsrohres, welche abwechseld geöffnet und geschlossen werden müssen, etwas weniger schnell vollzieht als in offenen Heizräumen.

Vorteile geschlossener Aschfälle. Bei geschlossenen Aschfällen fällt der Nachteil des Einströmens kalter Luft in die Feuerungen fort, und da die Luft in letzteren vor dem Oeffnen der Feuerthür eine höhere Spannung als im Heizraum besafs, so kann nach dem zuerst stattfindenden Druckausgleich nicht einmal so viel Luft durch die Feuerthür treten, als bei natürlichem Zuge der Fall sein würde. Ein besonderer Vorzug der geschlossenen Aschfälle ist es, dass man beim Reinigen eines Feuers durch schnelleren Umlauf des Flügelradgebläses die Pressung der Luft und damit die Schnelligkeit der Verbrennung in den anderen Feuern steigern kann, um das sonst mit dieser Verrichtung verknüpfte Sinken des Dampfdruckes zu vermeiden. Der bei fallendem Dampfdruck unausbleibliche Geschwindigkeitsverlust des Schiffes kann sich daher umsoweniger geltend machen, als das Feuerreinigen bei den kurzen Rosten, die man für Unterwindbetrieb verwendet, sehr viel leichter und schneller auszuführen ist, als bei den langen Rosten in den mit natürlichem Zuge brennenden Feuern. Bei geschlossenen Aschfällen kann man ferner die Verbrennungsluft vorwärmen, was bei geschlossenen Heizräumen nicht möglich ist. Endlich lassen sich die geschlossenen Aschfälle nebst den zugehörigen Feuerthüren, wie auf den neueren Yarrow-Doppelschrauben-Torpedobooten [1] für Italien, welche mit 100 t Deplacement an der gemessenen Meile 25,1 Knoten Geschwindigkeit erreicht haben, vollständig wasserdicht herstellen. Ergiefsen sich dann in den Heizraum infolge eines bedeutenden Leckes plötzlich gröfsere Wassermengen, so können die Feuer nicht so schnell ausgelöscht werden, wie in geschlossenen Heizräumen, in denen das Wasser nicht schleunigst bewältigt wird.

Nachteile geschlossener Aschfälle. Gegen die geschlossenen Aschfälle lässt sich anführen, dass beim Bruch der Abschlussvorrichtungen das Oeffnen der Feuerthür möglich ist, ohne dass die Pressluft vom Aschfall abgestellt ist, in welchem Falle die Heizer durch die weit herausschlagende Lohe verbrannt werden können. Ferner werden die geschlossenen Aschfälle wegen der einzelnen Zuführungskanäle und Absperrvorrichtungen sowie wegen der Lüftungseinrichtungen des Kesselraumes, welche wie beim natürlichen Zuge vorhanden sein müssen, teurer als geschlossene Heizräume.

---

[1] Engineering 1887 I. S. 392.

f. Verdampfungsfähigkeit der Kessel beim Betriebe mit Unterwind.

Die Einwirkung der geschlossenen Heizräume und geschlossenen Aschfälle auf die Verdampfungsfähigkeit des Kessels ist fast gleich, wie die nachstehenden Versuche von Marshall beweisen. Einen wirtschaftlichen Vorteil bietet daher die eine Anordnung vor der anderen nicht, und da sich auch ihre Nachteile gegenseitig aufwiegen — bei der einen kann das Oeffnen der Feuerthür unter Umständen eine Gefahr für den Kessel, bei der anderen für den Heizer im Gefolge haben —, so ist es praktisch ziemlich gleichgiltig, welche man anwenden will. Gewöhnlich entscheidet man sich daher aus auf der Hand liegenden Zweckmäfsigkeitsgründen bei gröfseren Anlagen, bei denen mehrere Kessel in einem Raume liegen, oder bei denen mehr als ein Kesselraum vorhanden ist, wie bei Kriegsschiffen (z. B. allen neueren englischen Panzern und Kreuzern) und grofsen Postdampfern (unter anderen auch bei den Schnelldampfern »City of New-York« und »City of Paris«), für geschlossene Heizräume; giebt aber auf Schiffen, welche überhaupt nur einen oder zwei Kessel besitzen, wie bei Torpedobooten und Frachtdampfern, in letzterer Zeit meistens den geschlossenen Aschfällen den Vorzug, wobei für Frachtdampfer noch die Möglichkeit der Luftvorwärmung ausschlaggebend ist.

Praktische Wahl zwischen geschlossenen Heizräumen oder Aschfällen.

Um die gröfste Verdampfungskraft der Kessel bei starkem Unterwinde sowohl für geschlossene Heizräume, als auch für geschlossene Aschfälle festzustellen, hat Marshall[1]), Chef-Ingenieur der Maschinenbaufirma R. & W. Hawthorn, Leslie & Co. in Newcastle-on-Tyne, mit Kesseln von Lokomotivart sehr interessante Versuche angestellt. Zwei solcher Kessel wurden in einem zu diesem Zwecke abgedichteten Raume am Lande derartig eingebaut, dass alle Verhältnisse möglichst jenen ähnlich wurden, unter denen die Kessel später an Bord zu arbeiten hatten. Sie erhielten beim ersten Versuche gewöhnliche Roste von den üblichen Abmessungen mit Längsspalten, bei allen anderen dünnere Roststäbe, deren Spalten quer zur Zugrichtung standen, sog. Ferrando-Roste. Diese haben vor den gewöhnlichen Rosten den Vorzug, dass die Luft in vielen dünnen, nur 1,5 bis 2 mm breiten Streifen durch die Rostspalten in das Feuer dringt und infolge der ebenfalls nur geringen Dicke der Stäbe sich aufserordentlich gut über das ganze Feuer verteilt.

Versuche von Marshall.

Während der drei ersten Versuche bliesen 2 Flügelräder in den geschlossenen Heizraum. Beim dritten Versuch behielt man den geschlossenen Heizraum ebenfalls bei, arbeitete aber zur Erreichung einer möglichst grofsen Verdampfung nur mit einem Kessel. Die damit erzielten Erfolge sind von Marshall, wie er sagt, wegen des besseren Vergleiches mit denjenigen der beiden Kessel in der umstehenden Tabelle verdoppelt angegeben. Beim vierten und fünften Versuch blies ein Flügelrad in den geschlossenen Heizraum, das andere durch einen Kanal in den geschlossenen Aschfall des einen Kessels; der zweite Kessel war aufser Betrieb. Auch für diese Versuche sind die betreffenden Zahlen verdoppelt worden.

Ausführung der Versuche.

Im ersten Versuche wurden bei einer Spannung der Luft von 89,9 mm Wassersäule stündlich im ganzen 16301 kg Wasser von 100° C. mit 480 kg Kohlen für 1 qm Rostfläche verdampft; im zweiten mit dem Ferrando-Rost bei eben derselben Spannung der Pressluft stündlich im ganzen 17689 kg Wasser mit 526,7 kg Kohlen für 1 qm Rostfläche. Beim dritten Versuche verdampften in der Stunde im ganzen

Ergebnisse der Versuche.

---

[1]) Transactions of the institution of naval architects 1886 S. 212.

Marshall's Versuche

No. des Ver-suches	Dauer des Ver-suches	Art des Versuches	Heiz-fläche qm	Rost-fläche qm	Mitt-lerer Dampf-druck kg/qcm	Verdampftes Wasser von 100° C.			
						in der Stunde kg	auf 1 kg Kohle kg	auf 1 qm Rost-fläche kg	auf 1 qm Heiz-fläche kg
1	2	3	4	5	6	7	8	9	10
1	1ʰ 32	Gewöhnliche Roststäbe, 16 mm stark, 13 mm Spalte. Luftzutritt durch die Feuerthür nicht gestattet. Beide Flügelräder blasen in den Heizraum.	207,35	4,88	8,82	16301,0	6,97	3340,3	78,6
2	2ʰ 23′	Dünne Roststäbe, 9,5 mm stark, 3 mm Spalte. Sonst wie beim ersten Versuch, nur dünnere Feuer.	207,35	4,88	8,79	17689,5	6,89	3624,9	85,3
3	1ʰ 15′	Wie beim zweiten Versuch, aber nur 1 Kessel im Betriebe. Die angegebenen Resultate sind für 2 Kessel berechnet.	207,35	4,88	8,65	19050,7	6,62	3903,6	91,9
4	1ʰ 5′	Wie beim dritten Versuch, in-dessen bläst ein Flügelrad in den Heizraum, das andere in den Aschfall, und der Luftzutritt durch die Feuerthür ist gestattet.	207,35	4,88	8,44	18554,5	6,57	3802,2	89,5
5	1ʰ 41′	Wie beim dritten Versuch. Der Luftzutritt durch die Feuer-thür ist nicht gestattet.	207,35	4,88	8,17	18062,8	8,57	3701,4	87,1

19050 kg Wasser mit 589,7 kg Kohlen für 1 qm Rostfläche bei einer Luftpressung von 125,9 mm Wassersäule. Im vierten und fünften Versuche erhielt das eine in den Heizraum blasende Flügelrad die Luft nur auf solcher Pressung, dass die Flamme beim Oeffnen der Feuerthür nicht in den Heizraum schlagen konnte, während das andere die Luft in den geschlossenen Aschfall drückte. Es wurden in der Stunde im ganzen 18554 kg Wasser von 100° C. mit 576,6 kg gewöhnlicher Kohlen für 1 qm Rostfläche, dagegen 18063 kg Wasser mit 432 kg ausgesuchter Nixon Navigation Kohlen für 1 qm Rostfläche verdampft. Dieser letzte Versuch kann zwar wegen der besseren Kohlensorte nicht mit den anderen verglichen werden, lässt aber doch in dem Unterschiede zwischen der Spannung der Luft im Aschfall und im Heizraum ungefähr den Widerstand erkennen, welchen die Pressluft zwischen den Rosten, im Feuer und in den Feuerrohren erleidet.

Stündlich auf 1 qm Rostfläche verbrannte Kohlenmenge. Bemerkenswert ist das bei diesen Versuchen auf 1 qm Rostfläche verbrannte grofse Gewicht an minderwertigen Kohlen, beinahe 600 kg in der Stunde, was nur durch den Ferrando-Rost ermöglicht wurde, auf welchen weiter hinten zurück-gekommen wird.

Sinken der spez. Verdampfung bei Steigerung der Luftpressung. Aufser dem schon erwähnten Ergebnis, dass beide Arten des Unterwindes, in geschlossenen Heizräumen oder geschlossenen Aschfällen, nichts gegeneinander voraus haben, folgt aus Marshall's Versuchen noch, dass das Gewicht des stündlich verdampften Wassers mit der Spannung der Zugluft wächst, und dass mit der zunehmenden Steigerung der spez. Verdampfung des mit Unterwind.

Kohlenverbrauch		Luftdruck in mm Wassersäule			Min.-Umdr. der Flügelradgebläse		Temperaturen				Art der Kohle
in der Stunde kg	auf 1 qm Rostfläche kg	im Heizraum	im Aschfall	im Rauchfang	Backbord	Steuerbord	im Heizraum °C.	im Rauchfang °C.	der Luft °C.	des Speisewassers °C.	
11	12	13	14	15	16	17	18	19	20	21	22
2342,8	480,1	89,9	79,5	16,5	1283,0	1150,0	23,9	621,1	6,7	2,8	Gewöhnliche Cowpen's Coal Company, nicht ausgesuchte, vielmehr etwas feuchte und kleine Dampfkohle
2570,6	526,7	91,6	87,5	6,4	877,0	909,0	18,9	628,1	2,8	2,2	desgl.
2877,6	589,7	125,9	125,9	23,1	1244,0	1208,0	18,9	626,1	3,3	4,4	desgl.
2813,7	576,6	78,0	85,3	16,1	925,0	1171,0	25,3	654,4	4,4	3,9	desgl.
2108,7	432,1	50,8	94,1	20,6	769,2	1212,0	30,9	648,9	10,0	4,4	Nixon Navigation. Frisch, trocken und gut.

Kessels die Güte desselben sinkt. Man hat hieraus vielfach mit Unrecht den Schluss ziehen wollen, dass die Verwendung des starken Unterwindes vom wirtschaftlichen Standpunkte aus nicht zu rechtfertigen, vielmehr, wie weiter unten ausgeführt wird, die Einführung schwachen Unterwindes geboten sei. Das Sinken der Güte der Kessel bei zunehmender Menge der spez. Verdampfung hat nur in der im Verhältnis zu der verbrannten Kohlenmenge zu kleinen Heizfläche seinen Grund, welche die erzeugte Wärmemenge nicht auszunutzen vermag.

Die hierzu bei starkem Unterwind erforderliche grofse Heizfläche giebt man Gründe für die Verwendung kleiner Heizflächen. den Kesseln der neueren Kriegsschiffe deswegen nicht, weil man, unter gewöhnlichen Verhältnissen mit einer sehr verminderten Geschwindigkeit dampfend, das durch solche Heizfläche bedingte beträchtlich gröfsere Kesselgewicht nicht mitschleppen will. Um an Deplacement zu sparen, verbrennt man daher lieber in den seltenen Fällen, in denen die Maschine zu vollster Kraftentwicklung kommt, einige Tonnen Kohlen mehr. Sehr grofs kann diese Kohlenverschwendung niemals werden, da es nach den bisherigen Erfahrungen überhaupt nicht möglich ist, länger als 10 bis 12 Stunden ununterbrochen mit starkem Unterwind zu dampfen, weil dann, selbst bei den besten Kohlen, die Roste so verschlackt sind, dass eine Reinigung der Feuer unbedingt erforderlich wird.

Andererseits steigert man aber auch den Luftdruck in den Unterwindgebläsen Verhältniswerte zwischen Kohlenverbrauch und Maschinenleistung. nicht bis zu der Höhe, wie Marshall dieses gethan hat, sondern führt die Vollkraftprobefahrten der Kriegsschiffe gewöhnlich mit höchstens 50 mm Wassersäule in den geschlossenen Heizräumen aus. Die Verdampfung, welche bei Marshall nur eine 6,5 bis 7 fache war, wird dann je nach den mehr oder weniger günstigen Umständen eine beinahe 8 fache oder doch wenigstens 7,5 fache, ist also nicht mehr als ungenügend zu bezeichnen. Die Kraft der Maschine wird bei diesen Fahrten schon um 45 bis 50 pCt. größer als bei voller Leistung mit natürlichem Zuge. Der Kohlenverbrauch für die ind. Pfkr. und Std. steigt bei solcher nicht übertriebenen Steigerung der Kesselkraft nach den Erfahrungen des Chefkonstrukteurs der englischen Marine White[1]) etwa nur um 10 pCt. gegen den bei voller Leistung mit natürlichem Zuge eintretenden. Dies bedingt aber, dass der Gesammtkohlenverbrauch aller Kessel bei einer Zunahme der Maschinenkraft um 45 pCt. gegenüber der grölsten mit natür-lichem Zuge erreichbaren schon um 60 pCt. wächst, woraus dann weiter folgt, **dass der Kohlenverbrauch bei starkem Unterwind in höherem Mafse zunimmt als die Maschinenleistung.**

g. Abnahme des Kesselgewichtes bei Verwendung von Unterwind.

Der Hauptvorteil des starken Unterwindes, die Abnahme des Gewichtes der Kessel bei gesteigerter Leistung, lässt sich am besten aus den Angaben von Sennett[2]) über die neueren Schiffe der englischen Marine ersehen, von welchen hier nur angeführt werden soll, dass man bei den Probefahrten an der gemessenen Meile im Jahre 1878 mit natürlichem Zuge auf dem Panzerschiff »Inflexible« auf 1 qm Rostfläche nur 111,7 und für 1 t Kesselgewicht nur 11,2 ind. Pfkr. erzeugte, während sich 1885 auf dem Kreuzer »Mersey« diese Zahlen durch Anwendung von Unterwind in geschlossenen Heizräumen mit 51,3 mm Wassersäule auf 181,3 bezw. 21,66 stellten, und man sie für die in Bau befindlichen Panzerschiffe »Nile« und »Trafalgar« unter Verwendung der neuesten auf dem Gebiete der Unterwindgebläse gemachten Erfahrungen auf 215 bezw. 23 zu bringen hofft. (»Trafalgar« hat inzwischen schon während der auf Seite 44 erwähnten, forcirten Probefahrt fast 230 ind. Pfkr. auf 1 qm Rostfläche erreicht.) Dass diese Hoffnung nicht übertrieben war, zeigen die an der gemessenen Meile ausgeführten Probefahrten des von Thomson[3]) in Glasgow erbauten spanischen Kreuzers »Reina Regente«[4]), bei welchen mit einer Pressung von nur 25 mm Wassersäule in den geschlossenen Heizräumen bereits 237 ind. Pfkr. auf 1 qm Rostfläche erzeugt wurden. Infolge derartig gesteigerter Kesselleistung ist es möglich geworden, das Gewicht der mit 4 Atm. Ueberdruck arbeitenden Kessel von 768 t für die 8600 pferdige Maschine des »Inflexible« auf 522 t für die mit 9 1/3 Atm. Anfangsdruck arbeitende 12000 pferdige Maschine des »Trafalgar« (siehe die Tabelle auf Seite 45 Kolumne 11) zu bringen, mit anderen Worten: **trotz der Verdopplung des Dampfdruckes das Kesselgewicht auf die Hälfte des früheren herabzudrücken.** Gewiss ein sehr bedeutender Erfolg!

Wie glänzend die Leistungen werden, welche sich mit Dreifach-Expansionsmaschinen und Unterwind erreichen lassen, zeigen am besten die jetzt fertiggestellten englischen Gürtelpanzerkreuzer von 5000 t Deplacement, deren Geschwindigkeit an der gemessenen Meile zwischen 18 bis 19 Knoten betrug. Der englische Marineingenieur Soper (Engineering 1888, I, S. 350) macht hierüber folgende Mitteilung:

---

[1]) Transactions of the institution of naval architects 1886 S. 7.
[2]) Zeitschr. d. Ver. deutscher Ingenieure 1886 S. 917.
[3]) The marine engineer 1887 S. 291.
[4]) Zeitschr. d. Ver. deutscher Ingenieure 1888 S. 300.

Schiff	Orlando	Undaunted	Australia	Galatea	Narcissus	Immortalité
Erbauer	Palmer in Jarrow		Napier in Glasgow		Earle in Hull	
Aeufserer Durchmesser der Kessel in m	4,534	4,534	4,476	4,476	4,476	4,476
Länge der Kessel in m	5,029	5,029	5,105	5,105	5,334	5,029
Rostfläche in qm	50,16	50,16	46,45	46,45	49,60	45,33
Heizfläche der Feuerrohre in qm . .	1286	1286	1252	1252	1239	1222
Mittlere ind. Pfkr. während der vierstündigen Probefahrt	8739	8670	8876	9219	8589	8737
Gröfste ind. Pfkr. innerhalb ½ Stunde	9120	9092	9130	9653	8827	9362
Dampfüberdruck in den Kesseln kg/qcm	9,07	8,86	9,28	9,70	9,21	8,86
Mittlerer Luftdruck in den Heizräumen in mm Wassersäule	26	47,5	45	29	26	51
Mittlere ind. Pfkr. auf 1 qm Rostfläche	174	173	191	199	173	193
Gröfste ind. Pfkr. auf 1 qm Rostfläche	182	181	197	208	178	207

Bei derartigen Erfolgen lässt es sich begreifen, dass seit der Einführung des Unterwindes mehr als 60 englische Kriegsschiffe mit zusammen fast 300 000 ind. Pfkr. geschlossene Heizräume erhalten haben.

Wenn nun die im Laufe des letzten Jahres fertiggestellten englischen Torpedokreuzer »Serpent« und »Racoon« (siehe die Tabelle auf Seite 43 Kolumne 13) ebensowenig wie die Panzerdeckskreuzer der »M«-Klasse den gehegten Erwartungen entsprochen haben, so liegt dies durchaus nicht an den Einrichtungen für den auf 40 bis 50 mm Wassersäule gehaltenen Unterwind, denn dieser hat seine Schuldigkeit vollständig gethan, sondern nur an den geänderten Anforderungen. Man wollte die an der gemessenen Meile, also bei Augenblicksprobefahrten, erzielten Geschwindigkeiten auch während Dauerprobefahrten erreichen, wofür sich aber, wie leicht vorauszusehen war, die Rostflächen als zu klein erwiesen. Bei der »M«-Klasse sollten während der vierstündigen Probefahrt mit geschlossenen Heizräumen in beiden Maschinen zusammen im Mittel 9000 Pfkr. indizirt werden, das ergiebt bei den ursprünglich vorhandenen etwa 42 qm Rostfläche der Kessel eine Leistung von rund 215 Pfkr. auf 1 qm Rostfläche, welche von den viel gröfseren Panzerdeckskreuzern der »Orlando«-Klasse, wie die vorstehende Tabelle zeigt, selbst an der gemessenen Meile, also während einer Dauer von 3 bis 4 Minuten nicht erzielt wurde. Für die während zwölfstündiger Fahrten mit natürlichem Zuge vorgeschriebenen 6000 Pfkr. hätten 143 Pfkr. auf 1 qm Rostfläche geleistet werden müssen. Schon bei der ersten Probefahrt der »Medea« stellte sich heraus, dass diese Anforderungen nicht erfüllbar seien. Erst nachdem man die Rostfläche, soviel dies bei den fertigen Kesseln möglich war, vergröfsert hatte, erreichte man die in der nachstehenden Tabelle zusammengefassten Probefahrtsergebnisse. Die Maschinen haben hiernach zwar ihre vorgeschriebenen Leistungen erfüllt, indessen ist die auf 20 Knoten vorgesehene und auf 21 Knoten erhoffte Schiffsgeschwindigkeit von keinem einzigen Kreuzer erreicht worden, welches man den wegen zu geringer Länge ungünstigen Schiffsformen zuschreibt. Die neueren Kreuzer der verbesserten »M«-Klasse »Apollo« und »Andromache« werden deshalb auch länger; sie behalten dieselbe Maschinenkraft für 3400 t Wasserverdrängung.

Misserfolge der neuen englischen »M«-Kreuzer.

7

Ort der Erbauung des Schiffes	Königliche Werft in Chatham, Schiff gekupfert		Fairfield Shipbuilding Co. in Glasgow, Schiff nicht gekupfert		Königl. Werft inPortsmouth, Schiff nicht gekupfert
Art der Maschinen	Je 2 Hammermaschinen		Je 2 horizontale Maschinen		
Erbauer der Maschinen	Humphrys, Tennant & Co.		Hawthorn, Leslie & Co.		Palmer & Co.
Schiffsname	Medea	Medusa	Marathon	Magicienne	Melpomene
Wasserverdrängung des Schiffes in Tonnen .	2800	2800	3000	3000	3000
Durchmesser der Hochdruckcylinder　in cm	85,0	85,0	87,5	87,5	87,5
»　　» Mitteldruckcylinder　» »	119,4	119,4	129,5	129,5	129,5
»　　» Niederdruckcylinder　» »	188,0	188,0	194,3	194,3	194,3
Hub in allen Cylindern . . . . . » »	99,0	99,0	91,4	91,4	91,4
Dampfüberdruck in den Kesseln . kg/qcm	10,9	10,9	10,9	10,9	10,9
Rostfläche . . . . in qm	42,0	42,0	42,0	42,0	42,0
Heizfläche . . . . » »	1300,0	1300,0	1300,0	1300,0	1300,0
Indizirte Pferdestärke, welche im Mittel bei 12 stündiger Probefahrt unter natürl. Zuge erreicht wurde	6099	6334	—	—	6216
Indizirte Pferdestärke, welche im Mittel bei 4 stündiger Probefahrt mit geschlossen Heiz- räumen erreicht wurde	9183	10011	8781	9262	9641
Mittlere Schiffsgeschwindigkeit während der 12 stündigen Probefahrt nach Logg . . .	17,0	18,05	—	—	17,38
Mittlere Schiffsgeschwindigkeit während der 4 stündigen Probefahrt an der gemessenen Meile	19,00	19,92	18,59	19,12	19,59
Durchmesser der beiden Schrauben . . in m	3,73	4,11	3,73	3,73	3,73
Steigung der beiden Schrauben . . . » »	5,26	5,18	5,26	5,26	5,26

h. Haltbarkeit der Kessel beim Betriebe mit Unterwind.

Schnelle Abnutzung der ersten Torpedo- bootskessel.　　» Wo viel Licht, ist auch viel Schatten« gilt aber auch den mit Unterwind erreichbaren Erfolgen gegenüber insofern, als sich im Laufe der Jahre herausgestellt hat, dass durch häufigere Anwendung starken Unterwindes die Lebensdauer der Kessel verkürzt wird. Diese Erfahrung ist namentlich mit den zuerst für Unterwind eingerichteten Torpedobootskesseln gemacht, deren schneller Verschleifs ihrer er- klärlicher Weise weniger vollkommenen, den gesteigerten Anstrengungen nicht gewachsenen Bauart sowie ihrer anfänglich immer übermäfsig gesteigerten Leistung und zum guten Teile auch ihrer ungeschickten Bedienung durch ein mit den Wirkungen des Unterwindes nicht genugsam vertrautes Personal zugeschrieben werden muss.

Verbesserte Bauweise der Kessel.　　Heute baut man die für Unterwindbetrieb und sehr hohe Dampfspannungen bestimmten Schiffskessel ungleich sorgfältiger als dies anfänglich geschah, weswegen die englische Admiralität [1]), behufs Verminderung des Kesselgewichtes, den bisher

---

[1]) R. Sennett: Working and test pressures for marine boilers. Paper read before the insti- tution of naval architects. March 22, 1888.

allgemein auf 5 festgestellten Sicherheitsfaktor für die Kesselmäntel bei Dampfspannungen unter 10 Atm. Ueberdruck auf $4^1/_2$, für solche über 10 Atm. sogar auf
4 herabgesetzt hat. Bei der Wasserdruckprobe, welche mit dem um 6 Atm. vermehrten Arbeitsdruck vorgenommen wird, erreicht die Kesselaufsenhaut im letzteren
Falle eine bis $^4/_9$ ihrer absoluten Festigkeit hinaufreichende Spannung, oder mit
anderen Worten: bei der Probelastung besitzt sie nur noch eine $2^1/_4$ fache Sicherheit.
Man vermindert in diesen Kesseln die Zahl der Stöfse und Nähte, indem man
gröfsere Bleche verwendet, setzt die Niete dichter aneinander, wärmt beim Einziehen
nicht mehr blofs die Spitzen, sondern die ganzen Nieten in besonderen Oefen an,
und benutzt soviel wie irgend angängig Wasserdrucknietmaschinen, damit die Nietlöcher vollkommen ausgefüllt werden. Aufserdem begnügt man sich nicht mehr
damit, die Nietlöcher nach dem Zusammenpassen der Bleche gemeinschaftlich durch-
zubohren, die Bleche dann wieder auseinanderzunehmen und die einzelnen Bohrlöcher
zur Entfernung des Grates von beiden Seiten auszusenken, sondern man reinigt
noch vor dem Zusammennieten sämmtliche einander überlappende Flächen sorgfältig
von Rost, Zinder usw. Einige gute englische Firmen überdrehen sogar die runden
Feuerungen der Cylinderkessel an ihren Enden, soweit sie in die Vorder- oder Rohrwände hineinragen, und bohren auch die für deren Aufnahme bestimmten Flanschen
dieser Wände auf der Drehbank aus, sodass beide dicht schliefsend ineinanderfassen.
Die Feuerbüchsen selbst sind entweder gewellt oder einfach geschweifst oder endlich
neuerdings nur oben gewellt und unten glatt. Auch die Feuerrohre erhalten stärkere
Enden, welche auf der Drehbank überdreht werden, sodass sie ganz genau in die
Löcher der Rohrwände passen. Dazu vermehrt man die Ankerrohre, ja manche
Konstrukteure gehen so weit, dass sie jedes zweite Rohr in die Wände einschrauben.
Ferner vergröfsert man die Speisepumpen und stellt sie, mit besonderer Dampfmaschine versehen, von der Maschine getrennt im Heizraume auf, um die ganze
Speisevorrichtung beisammen und zum jederzeitigen angestrengtesten Gebrauch bereit
zu haben. Endlich erhalten die Sicherheitsventile, der schnelleren Verdampfung bei
starkem Unterwinde entsprechend, gröfsere Querschnitte. Verfügt man bei so
gebauten Kesseln über gut geschulte Heizer, und wendet man nur ausnahmsweise starken, gewöhnlich aber schwachen Unterwind an, so
halten sich solche Kessel, auch wenn sie ausschliefslich nur mit Unterwind betrieben werden, ebenso lange wie beim natürlichen Zuge, ohne
zu anderen Reparaturen als letztere Veranlassung zu geben.

Als Beweis für diese Behauptung sei angeführt, dass nach Soper[1] die   Kessel des
8 Kessel des englischen Doppelschraubentorpedorammschiffes »Polyphemus«,   »Polyphemus«.
dessen Maschinen bei der Probefahrt zusammen 5520 Pfkr. indizirten, und welches
nur mit Unterwind dampfen kann, d. h. überhaupt keine Einrichtungen für natürlichen Zug besitzt, nach der im vorigen Herbst auf eine ununterbrochene dreijährige
Indienststellung erfolgten gründlichen Untersuchung einen durchaus befriedigenden
Zustand aufwiesen und ihre ursprüngliche Dampfspannung von 7,73 kg/qm Ueberdruck anstandslos halten konnten.

Ein weiteres Beispiel bieten nach Watson[2] die Niederdruckkessel der seit   Raddampfer-
Jahren zwischen Kingston und Holyhead fahrenden älteren Raddampfer, deren   kessel mit
  Niederdruck.

---

[1] Th. Soper. Forced draught in the navy. Paper read before the institution of naval architects. March 22, 1888.
[2] Transactions of the institution of naval architects 1886 S. 36.

oszillirende Maschinen noch Einspritzkondensatoren besitzen. Diese Dampfer mussten, dem Verlangen der Post entsprechend, eine erhöhte Geschwindigkeit erhalten, weswegen man die Heizräume schloss, um durch Unterwind die Maschinenkraft zu steigern. Schon bei einer Pressluft von 12,5 mm Wassersäule konnte man die sonst 3200 ind. Pfkr. betragende Leistung der Maschinen auf 3800 bis 4000 Pfkr. bringen, was für die Erreichung der geforderten Geschwindigkeit genügte. Nun fahren diese Schiffe schon mehrere Jahre ununterbrochen mit geschlossenen Heizräumen, ohne dass sich irgend welche besonderen Reparaturen oder eine aufsergewöhnliche Abnutzung der Kessel gegen früher herausgestellt hätte. Zu jenen Dampfern zählt auch der im Sommer 1885 von Laird Brothers in Birkenhead fertiggestellte und wegen seiner Niederdruckmaschine mit Einspritzkondensation vielfach besprochene Raddampfer »Ireland«, dessen vorderer Heizraum nach einer in »The Engineer« [1]) veröffentlichten Zeichnung auf Tafel III, Fig. 4 dargestellt ist. Dieser Dampfer hat mit einem allerdings recht beträchtlichen Kohlenverbrauch während der 3 Probefahrten auf der 56 Seemeilen langen Strecke zwischen Holyhead und Kingston folgende bemerkenswerte Geschwindigkeiten [2]) erzielt:

	I. Fahrt	II. Fahrt	III. Fahrt
Art der Fahrt	mit natürlichem Zuge	mit natürlichem Zuge gegen frische Brise	mit Unterwind in geschlossenen Heizräumen
Fahrzeit	2ʰ 57' 45"	3ʰ 6' 30"	2ʰ 46' 15"
Mittlerer Ueberdruck in den Kesseln kg/qcm	1,792	1,933	1,837
Maschinenumdrehungen in der Minute	24,72	24,94	27,17
Indizirte Pferdekraft	5111	6101	6337
Mittlere Geschwindigkeit in S.-M.	18,9	18,0	20,24

Schnellste Raddampfer mit Unterwindgebläsen. Aehnliche bezw. beträchtlich gröfsere Geschwindigkeiten wurden durch Anwendung von Unterwind von dem Raddampfer »Mona's Queen« [3]), welcher, von der Barrow Shipbuilding Company für die Isle of Man Steam Packet Company erbaut, im Juli 1885 in der Stunde 19,4 Knoten lief, und von den durch dieselbe Gesellschaft bei der Fairfield Shipbuilding and Engineering Company in Glasgow bestellten, im Mai 1887 erprobten Raddampfern »Queen Victoria« [4]) und »Prince of Wales« [5]) erreicht. Die beiden letzteren sind wohl die zur Zeit schnellsten Raddampfer, denn sie erzielten beim sechsmaligen Ablaufen der Meile Durchschnittsgeschwindigkeiten von 21 bezw. 22,6 Knoten; ja der letztgenannte Raddampfer kam bei einer Meilenfahrt auf eine Geschwindigkeit von 24,25 Knoten. Der Dampfer »Mona's Queen« besitzt zwei oszillirende zweicylindrige Kompoundmaschinen, von denen je eine auf eine der beiden um 90⁰ versetzten Kurbeln der Radwelle wirkt. Der Niederdruckcylinder jeder Maschine ist senkrecht unterhalb

---

[1]) The Engineer 1885 II S. 162.
[2]) Annales industrielles 1885 S. 536.
[3]) Engineering 1886 I S. 544.
[4]) Engineering 1887 I S. 497.
[5]) Engineering 1887 I S. 521.

der Kurbelwelle gelagert, während der zugehörige Hochdruckcylinder fast wagerecht (er hat eine ganz leichte Neigung nach der Welle hin) eingebaut ist. Die Hochdruckcylinder haben einen Durchmesser von 1270 mm, die Niederdruckcylinder einen solchen von 2235 mm, der Hub beider beträgt 1828 mm. — Die beiden letzteren Dampfer sind mit je einer schrägliegenden zweicylindrigen Kompoundmaschine gewöhnlicher Konstruktion ausgestattet, welche bei den Probefahrten mit durchschnittlich 45 Min.-Umdr. 7000 Pfkr. indizirten, Cylinderdmr. von 1549 bezw. 2845 mm bei 1981 mm Hub und 7,73 kg/qcm Ueberdruck im Kessel besitzen, indessen weiter kein Interesse erwecken.

i. Unterwind für minderwertige Heizstoffe.

Ueber die Erfolge, welche durch die Einführung schwachen Unterwindes bei der Verwendung minderwertigen Brennstoffes in Schiffskesseln erzielt worden sind, ist folgendes bekannt geworden. Die Kessel sämmtlicher 62 Dampfer der bedeutenden italienischen Schiffahrtsgesellschaft Florio-Rubattino sind mit Ferrando-Rosten ausgerüstet, deren Stäbe etwa 11 mm stark sind und Spalten von 1,5 mm Weite besitzen. Auf ihnen werden mit schwachem Unterwinde in geschlossenen Aschfällen geringere Sorten von Newcastlekohlen mit beträchtlicher Ermäfsigung der Betriebskosten neben gleichzeitiger Steigerung der Maschinenleistung verbrannt. Beispielsweise hat ein mit diesen Rosten versehener Dampfer 9 3/4 bis 10 Knoten Geschwindigkeit erreicht, während er früher mit den gewöhnlichen Rosten nur etwa 9 Knoten zurücklegte, wobei er 2 t Kohlen täglich mehr verbrannte, als jetzt mit dem Ferrando-Rost. Ferner laufen die neuesten der obigen Gesellschaft gehörigen, mit diesen Rosten versehenen Dampfer »Candia« [1] und »Malta« durchschnittlich auf der Reise 14,6 Knoten. Sie besitzen Dreifach-Expansionsmaschinen von 61 × 96,5 × 157 cm Cylinderdmr. bei 91,5 cm Hub und indiziren mit 10,5 kg/qcm Kesseldruck 1450 Pfkr. Beide Dampfer verbrauchen bei dieser Leistung täglich nur 21 t Kohlen, also etwa nur 0,6 kg für die ind. Pfkr. und Stunde, was als sehr günstig bezeichnet werden muss.

Ferner berichtet Fothergill [2] über die nachstehenden Dampfer, welche zwischen 1884 und 1887 mit seinen geschlossenen Aschfällen versehen wurden und seitdem ununterbrochen mit schwachem Unterwinde in Betrieb waren. Um in diesen Kesseln die für die Erzielung einer Kohlenersparnis bei künstlicher Luftzuführung im Verhältnis zur Rostfläche erforderliche gröfsere Heizfläche zu beschaffen, musste die erstere verkürzt werden. Es zeigten sich hierauf die in der folgenden Tabelle aufgeführten, den Erfahrungen während der gewöhnlichen Seereisen im Mittelmeere und indischen Ozean entsprechenden Ergebnisse.

Trotz dieser recht zufriedenstellenden Erfolge spricht sich Fothergill gegen die Verwendung minderwertiger Kohlen an Bord aus, da nach seiner Meinung bei Verwendung schwachen Unterwindes mit guten Kohlen sehr viel bessere Ergebnisse folgen würden. In der Sitzung der Institution of naval architects am 22. März 1888 hat Fothergill die obigen Angaben über diese Schiffe noch erweitert, ohne indessen wesentlich neues hinzuzufügen. Nur die Berechnung der durch die Einführung des schwachen Unterwindes erzielbaren Beschränkung der jährlichen Betriebs-

Versuche auf den Dampfern der italienischen Gesellschaft Florio-Rubattino.

Versuche von Fothergill.

Ersparnis an Betriebskosten beim Dampfen mit Unterwind.

---

[1] Engineering 1887 II S. 483.
[2] Engineering 1887 II S. 167.

Schiff	Rostfläche		Auf 1 qm Rostfläche stündl. verbrannte Kohlen		Bemerkungen.
	verkürzt um cm	verkleinert um pCt.	vor der Aenderung kg	nach der Aenderung kg	
Marmora	38,1	29,4	76,56	103,94	Schiffsgeschwindigkeit und Kohlenverbrauch wie vor der Aenderung. Verringerung der Betriebskosten um 43 pCt. durch Verbrauch minderwertiger Kohlen.
Dania ..	71,1	46,6	87,88	129,33	Schiffsgeschwindigkeit unverändert; 18 bis 20 pCt. Kohlenersparnis.
Etna ..	76,2	50,0	70,77	108,82	Schiffsgeschwindigkeit um 5 pCt. vergröfsert; 7³/₄ pCt. Kohlenersparnis.
Hypatia.	68,6	42,3	87,88	131,78	Schiffsgeschwindigkeit etwas vergröfsert; 13 pCt. Kohlenersparnis.

kosten erweckt noch Interesse. Er veranschlagt sie auf grund seiner Erfahrungen für den Dampfer »Diana« von 1300 t Tragfähigkeit folgendermafsen:

Kohlenersparnis	1980 ℳ
Fortfall eines Heizers (Lohn und Beköstigung) . .	1440 »
Vermehrung der Einnahme für Frachten infolge Vergröfserung des Laderaumes durch entsprechende Verkleinerung der Bunker	1700 »
Zusammen	5120 ℳ.

Diese Zahlen zeigen, wie bald sich die Einrichtung der Kessel eines Handelsdampfers für den Betrieb mit schwachem Unterwind bezahlt macht.

k. Wirtschaftlichkeit des Unterwindes.

Verbesserung des Verbrennungsvorganges.

Die wirtschaftlichen Vorteile, welche sich durch Unterwind erreichen lassen, erklären sich aus der innigeren Vermischung der alle Lücken und Poren der Brennstoffschicht durchdringenden, reichlich zugeführten Pressluft mit den in dieser Schicht entstehenden brennbaren Gasen, wodurch ein der idealen Verbrennung näherstehender Verbrennungsvorgang als beim natürlichen Zuge herbeigefürt wird. Durch Versuche, welche anfangs 1885 von der Compagnie des forges et chantiers in Marseille [1]) mit einem an Land vorübergehend aufgestellten Kessel des neuen französischen Panzerschiffes »Marceau« von 10581 t Wasserverdrängung angestellt wurden, hat man gefunden, dass mit zunehmender Lebhaftigkeit der Verbrennung nicht nur die für 1 kg verbrennender Kohlen erforderliche Menge an Pressluft verringert werden kann, sondern dass sich auch gleichzeitig die Vollkommenheit der Verbrennung zu bessern scheint, wie sich aus der durch Analyse nachgewiesenen Zunahme der Kohlensäure und der Abnahme des freien Sauerstoffes in den Rauchgasen schliefsen lässt. Die Ergebnisse dieser Versuche zeigt die nachstehende Tabelle, deren Zahlen zwar keinen Anspruch auf Genauigkeit erheben können, da in den

---

[1]) Bienaymé, Les machines marines. Paris 1887. S. 470.

einzelnen Versuchsreihen Widersprüche enthalten sind, die aber doch im allgemeinen die bei Probefahrten von neueren Kriegs- und Handelsdampfern wiederholt gemachte Erfahrung ebenfalls bestetigen, dass der Unterwind die Vollkommenheit der Verbrennung begünstigt.

Stündlich auf 1 qm Rostfläche verbrannte Kohle kg	Auf 1 kg Kohle verbrauchte Luftmenge cbm	Analyse der Rauchgase:		
		Kohlensäure pCt.	Kohlenoxyd pCt.	Freier Sauerstoff pCt.
101,30	12,410	—	—	—
150,70	12,315	—	—	—
201,45	11,060	14,25	0,45	5,15
250,00	11,220	13,85	0,70	5,40
300,00	8,500	15,60	0,40	3,90
300,00	8,500	16,60	0,70	2,60

Aehnliche Zahlen, wie die vorstehende Tabelle enthält, also auch ähnliche Verhältnisse, fand Hoadley[1]) beim gewöhnlichen Heizen mit natürlichem Zuge in einem ummauerten stationären Röhrenkessel mit Aufsenfeuerung, bei welchem eine vollkommenere Verbrennung als in einem Schiffskessel eintreten konnte. Einige dieser die obigen allgemeinen Erfahrungssätze bestetigenden Zahlen sind hier mitgeteilt. *Versuche von Hoadley.*

Stündlich auf 1 qm Rostfläche verbrannte Kohle kg	Auf 1 kg Kohle verbrauchte Luftmenge cbm	Analyse der Rauchgase:	
		Kohlensäure pCt.	Kohlenoxyd pCt.
48,8	17,64	13,01	0,41
53,3	16,24	14,18	0,41
56,0	15,44	14,96	0,38

1. Vergröfserung der Heizfläche.

Die gröfsere Vollkommenheit der Verbrennung durch den Unterwind bewirkt eine Erhöhung der Temperatur im Feuerraum, und die stärker erwärmten Heizgase können an das Kesselwasser auf die Einheit der Heizfläche eine gröfsere Wärmemenge in der Zeiteinheit abgeben, weil ihre Wirksamkeit sich bei gleichbleibender Temperatur des Kesselwassers um so mehr erhöht, je heifser sie sind. Man muss demnach bei gleichbleibender Rostfläche die Heizfläche vergröfsern, wenn man die Heizgase nur in demselben Mafse, wie beim natürlichen Zuge, ausbeuten will; d. h., wenn dieselbe Wärmemenge mit den abziehenden Heizgasen aus dem Schornstein entweichen soll, muss man, wie dies fast immer geschieht, bei gleichbleibender Heiz- *Zweck.*

---

[1]) J. C. Hoadley, Warm-blast steam-boiler furnace. New-York 1886. S. 120.

fläche die Rostfläche verkleinern. Während die Heizfläche in den gewöhnlichen Schiffskesseln der Handelsmarine 27 bis 30mal gröfser als die Rostfläche ist, lässt man sie bei starkem Unterwind durch Beschränkung der Rostfläche 40 bis 45mal und bei schwachem Unterwind bis zu 60mal so grofs werden.

Versuche von Willans und Bellis.

Willans[1]) hat eine gewisse Vergröfserung der Heizfläche bei seinen kleinen, mit Unterwind in geschlossenen Aschfällen arbeitenden Bootskesseln, welche auf Tafel II, Fig. 5, dargestellt sind, dadurch erzielt, dass er den Durchmesser der Feuerrohre bis auf 38 mm bei 1220 mm Länge verminderte, um deren eine gröfsere Anzahl einbauen zu können; und Belliss[2]) geht bei seinen für White'sche Boote ausgeführten Kesseln, welche mit Unterwind in geschlossenen Heizräumen arbeiten, und deren Feuerung Tafel II, Fig. 6 und 7, gezeichnet ist, sogar auf einen Rohrdmr. von 35 mm bei 1250 mm Länge herunter. Die anfänglich befürchtete schnelle Verstopfung dieser engen und verhältnismäfsig langen Feuerrohre durch Rufs und Flugasche ist nicht eingetreten, und erfahrungsmäfsig bewährten sich Rohre von viel gröfserer Länge und 45 mm l. W. noch ganz gut, wenn bei natürlichem Zuge mit stark rufsenden Kohlen geheizt wurde.

Versuch von Audenet.

Der französische Marineingenieur Audenet[3]) schlug vor, nicht blofs die Rostfläche, sondern auch die Heizfläche zu verkleinern und dafür mit schwachem Unterwind in geschlossenen Aschfällen die Heizgase, wie Tafel III, Fig. 1 und 2, zeigt, dreimal in den Feuerrohren hin und her zu leiten. Während eines in den Werkstätten von Penhouet bei St. Nazaire an einem kleinen, mit einer Feuerung versehenen Kessel dieser Konstruktion, angestellten Versuches verbrannte man mit natürlichem Zuge 60 kg Kohlen auf 1 qm Rostfläche in der Stunde und erhielt eine 8,5fache Verdampfung, hingegen mit Unterwind 160 kg Kohlen auf 1 qm Rostfläche in der Stunde und erhielt eine 9,9fache Verdampfung, erzielte also durch letzteren eine Kohlenersparnis von 16 pCt. Hiervon rechnet Audenet 5 pCt. zu gunsten des Unterwindes und 11 pCt. auf die bessere Ausnutzung der Heizgase infolge des dreimaligen Durchzuges. Die Compagnie générale transatlantique hat hierauf den Dampfer »Mustapha« Ende 1885 mit Kesseln dieser Art eingerichtet, über deren Betriebsergebnisse indessen nichts bekannt geworden ist. Wahrscheinlich hat sich dabei herausgestellt, dass hauptsächlich der Unterwind die Kohlenersparnisse herbeigeführt und der mehrmalige Durchgang der Heizgase durch die Feuerrohre weniger gewinnbringend als die nicht zu vermeidende Einbufse an Heizfläche verlustbringend ist; wenigstens sind neuere in denselben Werkstätten für die gleiche Gesellschaft gebaute Schiffskessel wieder in alter Weise mit einfach rückkehrender Flamme ausgeführt worden.

Schlussbemerkung.

Schliefslich hat man die Wärme der den Kessel verlassenden Heizgase noch zum Vorwärmen der Verbrennungsluft oder des Speisewassers so viel als möglich auszubeuten gesucht, ehe man sie mit einer nicht viel über 100° C. liegenden Temperatur lediglich durch die ihnen noch innewohnende, wenige mm Wassersäule Ueberdruck betragende Spannung entweichen liess. Man erzielt also durch die mit schwachem Unterwind erreichbare vollkommenere Verbrennung eine bessere Ausnutzung des Brennstoffes und durch die Vergröfserung der

---

[1]) Engineering 1885 I. S. 410.
[2]) Engineering 1885 I. S. 50.
[3]) Le génie civil 1885 S. 297.

Heizfläche eine ausgiebigere Wärmeabgabe der Heizgase an das Kesselwasser, wozu sich noch die Vorwärmung der Verbrennungsluft oder des Speisewassers gesellen kann, um eine recht beachtenswerte Kohlenersparnis zu ermöglichen.

Neunter Abschnitt.

Vorwärmung der Verbrennungsluft.

Wenn die eine gute Verbrennung begünstigende Vorwärmung der Luft, ohne besondere Kosten zu verursachen, nur durch Ausbeutung der den Kessel verlassenden Heizgase vorgenommen wird, so liegt der Vorzug eines solchen Verfahrens auf der Hand. Ueber die hierdurch erreichbaren wirtschaftlichen Vorteile liegen bis jetzt hauptsächlich die Betriebsergebnisse des Dampfers »New-York City« von Howden, der Schlepper »Johann Faber V« und »Pritzerbe« von Gebr. Sachsenberg, sowie des Dampfers »Stella« von Wyllie vor, denen sich die weitgehenden Versuche von Hoadley in Amerika und Spence in England anreihen, während über die Untersuchungen, welche Green in dieser Richtung anstellte, nichts näheres verlautet.

Aufzählung der angestellten Versuche.

a. Versuche von Howden.

Howden[1]) setzt an die Stelle der vorderen Rauchkammer (siehe Tafel III, Fig. 3 bis 7) einen Vorbau, welchen er nach oben, je nach der Höhe des Kessels, bis etwa 1 m über die oberste Rohrreihe, nach unten bis an die Aschfälle ausdehnt. In diesen Vorbau sind die eigentlichen vorderen Rauchkammern vollkommen eingedichtet, und zwar so eng, dass ihre Begrenzungswände von allen Seiten bis dicht an die äußersten Rohre treten. Die Heizgase ziehen aus den vorderen Rauchkammern durch mehrere Reihen senkrechter Rohre, deren Dmr. (89 mm) etwas größer als der der Feuerrohre des Kessels (76 mm) ist, und durch den über diesen Kammern liegenden Raum des Vorbaues in den Schornstein ab. An der Vorderseite des Vorbaues, mitten zwischen den Abzugsrohren der Heizgase, mündet ein Rohr, welches die durch ein Flügelradgebläse erzeugte Pressluft einführt. Diese Luft geht um die senkrechten Rohre herum, erwärmt sich hier und gelangt dann durch die zwischen den einzelnen vorderen Rauchkammern und an ihren Seiten frei bleibenden Kanäle des Vorbaues, an deren mit den Heizgasen in Berührung stehenden Wänden sie sich noch mehr erwärmt, nach unten zu den Feuerungen und Aschfällen. Ueber jeder Feuerung liegt ein Gitterschieber, durch welchen die Luft in einen von der doppelwandigen Feuerthürzarge gebildeten Raum gelangen und von da durch eine innere, mit Löchern versehene Schutzplatte in die Feuerung strömen kann. Die

Einrichtung der Feuerung von Howden

---

[1]) Transactions of the institution of naval architects 1886 S. 182.

Löcher dieser Platte sind unten wagerecht, oben schräg nach unten gerichtet, sodass die hindurchtretenden Luftstrahlen sämmtlich unmittelbar auf die Oberfläche des Feuers geblasen werden. Auf beiden Seiten jedes Aschfalles liegt ein zweiter Schieber, durch welchen die Luft in den Aschfall und weiter durch die Rosten gepresst wird. Mittels der drei Schieber lässt sich sowohl die Menge der zugeführten Luft als auch ihr Druck oberhalb wie unterhalb jedes Feuers unabhängig von einander regeln. Oberhalb des Feuers tritt die Luft nach Howden's Angaben mit einer Pressung von etwa 25 mm, unterhalb mit etwa 10 mm Wassersäule ein. Hierbei soll, gut bemessene Gesammtquerschnitte [1]) der Einblaseöffnungen in die Feuerthür, und der freien Rostfläche vorausgesetzt, eine so vollkommene Verbrennung hergestellt werden, dass schon in Kompoundmaschinen etwa 200 ind. Pfkr. auf 1 qm Rostfläche geleistet werden können.

Vorteil der Howden'schen Feuerung. In der Verschiedenheit des Druckes und der beliebigen Geschwindigkeit, mit welcher man die Luft besonders oberhalb des Feuers einströmen lassen kann, sucht Howden neben der Vorwärmung derselben den Hauptvorteil seiner Konstruktion. Bei seinen Versuchen betrug die kleinste Eintrittsgeschwindigkeit etwa 6 m, die gröfste etwa 15 m i. d. Sek. Ist der Druck, mit welchem die Luft auf das Feuer trifft, dem Quadrat ihrer Geschwindigkeit proportional, so konnte er demnach im Verhältnis von $6^2 : 15^2$ oder etwa wie $1 : 6$ gesteigert werden. Mit Hilfe der verschiedenen Schieber liess sich eine zu grofse Erhöhung des Druckes in der Feuerung sehr leicht vermeiden, /sodass den gröfseren Mengen niedrig gespannter Luft der Durchtritt durch die Rosten in keiner Weise erschwert wurde. In einer solchen sorgfältig ausgeführten und aufmerksam behandelten Anlage dient die unterhalb des Feuers eintretende Luft hauptsächlich zur Hervortreibung der durch Destillation der Kohlen entstehenden Gase, während die oberhalb des Feuers in kräftigen Strahlen zuströmende Luft die aufsteigenden Gase derartig durchsetzt, dass die zu ihrer vollkommenen Verbrennung erforderliche Luft über das ganze Feuer hin gleichmäfsig vorhanden ist. Der Umstand, dass die in das Feuer gepresste Luft bereits angewärmt ist, erhöht die eintretende Vollkommenheit der Verbrennung aufserdem bis zu einem gewissen Grade.

Vorwärmung der Luft nach Howden und ihr wirklicher Wert. Howden behauptet, die Luft schon zwischen den senkrechten Rohren, welche von den in den Schornstein abziehenden Heizgasen umstrichen werden, um etwa 100 bis 110° C. über die Heizraumtemperatur erwärmt zu haben, worauf sie sich in den Kanälen des Vorbaues sowie in dem Raume zwischen der inneren und äufseren Feuerthür noch weiter erwärmte, sodass sie schliefslich mit 200 bis 220° C. in das Feuer gelangte. Da nun eine so hohe Vorwärmung der Luft nach Mafsgabe der weiter hinten folgenden Sachsenberg'schen Versuche beim gewöhnlichen Betriebe auf See kaum zu erreichen sein dürfte, so erscheint es mit Rücksicht auf die Versuche von Spence ziemlich zweifelhaft, ob sie neben dem schwachen Unterwinde und der sehr gelungenen Regelung der Zuführung der Luft zur Erzielung der höchst beachtenswerten wirtschaftlichen Erfolge der Feuerung von Howden so wesentlich beigetragen hat, wie der letztere annimmt. Jedenfalls hat die für die Ausnutzung der Heizgase sehr günstige, verhältnismäfsig grofse Heizfläche, oder vielmehr die wesentlich verkleinerte Rostfläche, welche bei einer etwa 1 m breiten Feuerung durch Einlage fester Seitenstücke bis auf 0,89 m verschmälert wurde, so-

---

[1]) Ueber diese Verhältnisse siehe weiter hinten bei den Versuchen von Spence.

dass sie bei 1,25 m Länge bei jedem Feuer nur 1,11 qm betrug und sich insgesammt zur ganzen Heizfläche fast wie 1 : 60 verhielt, einen viel größeren Anteil daran. Endlich dürfte auch die aus feuerfesten Steinen bestehende, bis an die Hinterwand der hinteren Rauchkammer weitergeführte Feuerbrücke mit einer Oberfläche von etwa 1,80 qm für jedes Feuer, d. h., einer um etwa 64 pCt. größeren Fläche wie die Rostfläche, als guter Wärmespeicher eine gewisse Rolle bei der in Howden's Feuerung erreichten sehr ausgiebigen Verbrennung gespielt haben.

Die nachstehend angeführten auf See erhaltenen Durchschnitts-Betriebsergebnisse bei Anwendung dieser Feuerung und ihre Ueberlegenheit über die mit gewöhnlichen Feuerungen bei natürlichem Zuge erlangten konnten ziemlich genau festgestellt werden, weil die Maschine des Dampfers »New-York-City«, eine zweicylindrige Kompoundmaschine ohne Expansionsschieber am Hochdruckcylinder, beim Auswechseln des alten Kessels mit gewöhnlichen Feuerungen gegen den neuen mit Howden'schen Feuerungen in keiner Weise geändert und auch der Dampfüberdruck in letzterem wie bei ersterem auf 6 Atm. festgehalten wurde. Betriebsergebnisse der Howden'schen Feuerung auf älteren Dampfern.

Versuch	Abmessungen der Kessel					Mittlere Betriebsergebnisse auf See						
	Länge	Durchmesser	Zahl der Feuer	Gesammt-rostfläche	Heizfläche in den Rohren	Umdrehung i. d. Min.	Indizirte Pferdekraft	Kohlenverbrauch			Reiselinie und Zeit ihrer Ausführung
								für 1 ind. Pfkr. und Std. kg	auf 1 qm Rostfläche und Std. kg	täglich t	
Alter Kessel	5,18	3,81	4	6,97	201,87	56	564	1,00	82,6	13,5	von Barbadoes nach London 1881.
Neuer Kessel	3,35	4,26	3	3,34	122,60	60	623	0,63	113,5	9,5	desgl. desgl. 1885.

Diese Zusammenstellung zeigt, dass die Howden'sche Feuerung in Verbindung mit einer guten Dreifach-Expansionsmaschine eine sehr erhebliche Abnahme des Kohlenverbrauches in Aussicht stellt, da schon bei der alten etwa 5 bis 6 Jahre im Betrieb befindlichen, nichts weniger als vorteilhaft gebauten Kompoundmaschine eine Ersparnis von über 30 pCt. eintrat. In den beteiligten Kreisen war man daher mit Recht auf die Betriebsergebnisse gespannt, welche Howden auf den von ihm im Jahre 1887 mit neuen Kesseln nach seinem System versehenen Postdampfern »Ohio« und »City of Venice«, deren Kompoundmaschinen er gleichzeitig in Dreifach- bezw. Vierfach-Expansionsmaschinen (siehe die Tabelle auf Seite 62 unter 15) umwandelte, sowie mit zwei anderen in seiner Fabrik in Glasgow in Bau befindlichen Dreifach-Expansionsmaschinen von 1200 bis 1400 ind. Pfkr. und 11,25 kg/qcm Ueberdruck Kesselspannung erreichen würde [1]. Inzwischen sind die Probefahrten [2] mit »Ohio« bekannt geworden, dessen frühere und jetzige Kessel- und Maschinenabmessungen folgende sind: Howden's Versuche mit neueren Maschinen.

[1] Engineering 1887 I. S. 66.
[2] Engineering 1887 II. S. 90.

	An-zahl	Kessel Bau-art	Durch-messer	Länge	Feuerungen Anzahl in jedem Kessel	Durch-messer	Rost-fläche	Maschinen Art	Durchmesser des Hoch-druckcyl.	Mittel-druckcyl.	Nieder-druckcyl.	Hub
			m	m		m	qm		m	m	m	m
Früher	3	Doppel-kessel	3,80	5,33	6	0,94	27,87	2 Cylinder-Kompound	1,75	—	2,28	1,22
Jetzt	3	Einfache kessel	3,96	3,40	3	0,99	10,40	Dreifach-Expansions	0,78	1,17	1,83	1,29

Probefahrts-ergebnisse des Dampfers »Ohio«.

Bei der 4 Stunden 10 Min. ununterbrochen dauernden Probefahrt indizirte die Maschine 2124 Pfkr., also 205 Pfkr. für 1 qm Rostfläche, mit einem Kohlenverbrauche von 0,558 kg für 1 ind. Pfkr. und Std., wobei die Schiffsgeschwindigkeit 14,2 Knoten betrug. Der tägliche Kohlenverbrauch soll von früher 46 auf jetzt 27 t gesunken sein, was einer Ersparnis von über 40 pCt. gleichkommen würde. Bei den späteren Seereisen sind die Ergebnisse nach Aeußerungen Mac Farlane Gray's in seinem auf Seite 83 angeführten Vortrage indessen nicht so günstig gewesen. Zunächst stieg der Kohlenverbrauch[1]) von 0,558 auf durchschnittlich 0,68 kg für 1 ind. Pfkr. und St., trotzdem nur beste ausgesuchte Welsh-Kohlen benutzt wurden. Je länger die Reise dauerte, um so mehr wurde der Ausgang der Heizgase durch Ruß und Flugasche verengt, und um so stärker musste die Pressung des Unterwindes werden. Endlich sollen die Flügelradgebläse, welche für eine derartig gesteigerte, anhaltend übertriebene Leistung zu schwach waren, unterwegs zusammengebrochen sein. Diese Angriffe weist Howden[2]) zurück, indem er sich darauf beruft, dass der Dampfer »New-York-City« jetzt bereits 5 Jahre mit seinen Einrichtungen die See befährt, ohne jemals Schäden daran gehabt zu haben. Er führt ferner an, dass »Ohio« am 26. Oktober 1887 während 8stündiger Probefahrt in See nur 0,63 kg Kohlen für 1 Pfkr. und Std. verbrauchte, wobei sämmtliche Hilfsmaschinen sowie die Heiz- und Kocheinrichtungen des Schiffes ihren Dampf aus den Hauptkesseln bezogen, dessen Erzeugung in den angegebenen Kohlenverbrauch eingerechnet ist, sodass für die eigentliche Schiffsmaschine die garantirte Leistung des Kohlenverbrauches von 0,57 kg für 1 Pfkr. und Std. nicht überschritten sein dürfte. Endlich behauptet er, dass bereits eine stattliche Reihe von Schiffsmaschinen von zusammen 80 000 ind. Pfkr. mit seiner Einrichtung versehen seien.

Neuere Ausführungen von Howden.

Nach den Ausführungen Parkers[3]) auf der im März 1888 stattgehabten Jahresversammlung der englischen Schiffbauer und Marineingenieure liegt die Wahrheit in der Mitte, insofern als die Howden'sche Einrichtung auf »Ohio« während seiner ersten drei Reisen nach dem Umbau in der That wenig befriedigte. Nachdem sie darauf wesentlich verbessert war, wurde die von Howden angezogene, günstige Probefahrt im Oktober vorgenommen, und darauf ist Howden's Feuerung von der Inman-Linie, welcher »Ohio« gehört, in ihren neuen Schnelldampfern »City of New-York« und »City of Paris« eingebaut. Auch die White Star-Linie hat sie jetzt nach der zufriedenstellenden Erprobung in ihrem Dampfer

---

[1]) The marine engineer 1887 S. 291.
[2]) The marine engineer 1887 S. 364.
[3]) Engineering 1888 I. S. 328.

»Celtic« für ihre grofsen in Irland gebauten Schnelldampfer »Teutonic« und
»Majestic« (siehe die Tabelle auf Seite 44, Columne 18) ausführen lassen. Die Inman-
Dampfer »City of New-York« und »City of Paris« fahren mit geschlossenen
Heizräumen, in ihnen wird also die Verbrennungsluft nicht vorgewärmt, sie können
daher nur die Howden'schen Feuerungseinrichtungen, welche ja auch am wichtigsten
sind, besitzen.

Es steht also jedenfalls fest, dass sich Howden's Feuerung bei weniger an- Weitere
Erfahrungen mit
Howden's
Feuerung.
gestrengtem Betriebe gut bewährt hat. Dies geht aufser dem vorstehenden z. B.
auch aus den nachstehenden, mit 2 Schwester-Frachtdampfern einer Hamburger
Reederei unter sonst gleichen Verhältnissen erreichten Ergebnissen hervor. Beide
Dampfer besitzen Dreifach-Expansionsmaschinen mit 11,25 kg/qcm Kesselüberdruck,
deren durchschnittliche Leistung auf See etwa 600 ind. Pfkr. beträgt. Einer von
ihnen mit gewöhnlichen Feuerungen, »Gravina«, verbraucht auf der Reise von
Hamburg nach Barcelona und zurück 264 t, wogegen der andere, »Churruca«,
mit Howden's Feuerung auf derselben Strecke nur 207 t Kohlen nötig hat, was
eine Ersparnis von reichlich 20 pCt. ergiebt. Mir scheint es indessen, als wenn man
etwa dieselbe Kohlenersparnis auch dann noch erreichen würde, wenn man die
umständlichen Vorrichtungen Howden's für die Erwärmung der Verbrennungsluft fortliefse und nur den von ihm angewandten schwachen
Unterwind sowie die zweckmäfsige Verteilung der Pressluft ober- und
unterhalb des Rostes beibehielte.

b. Versuche von Gebrüder Sachsenberg.

Die anerkannt gut geleitete Schiffswerft und Maschinenfabrik von Gebr. Probefahrt
des Schleppers
»Johann
Faber V«.
Sachsenberg in Rosslau a/E. hat Howden's Patent mit bestem Erfolg in
Deutschland eingeführt. Sie erbaute zuerst einen Radschlepper »Johann Faber V«
für den Rhein, mit zweicylindriger Kompoundmaschine von 70,0 bezw. 120,0 cm
Cylinderdmr. und 140,0 cm Hub. Diese Maschine arbeitete mit 7 Atm. Kesseldruck
und brachte als Probefahrt am 27. September 1886 mit 28 bis 31 Min.-Umdr. einen
aus 4 Fahrzeugen bestehenden Schleppzug von 29 500 Ctnr. Ladung von Köln nach
Ruhrort mit 518 bis 537 ind. Pfkr. und einem stündl. Kohlenverbrauche von etwa
300 kg, also etwa 0,57 kg für die ind. Pfkr. und Std., welcher im Gebirge bei 578
bis 597 ind. Pfkr. auf 400 kg i. d. Std. oder etwa 0,70 kg für die ind. Pfkr. und
Std. stieg, im mittel also ungefähr dem von Howden in der »New-York-City«
erzielten gleichkam. Während des gewöhnlichen Betriebes hat »Johann Faber V«
seither bei 0,575 Füllung im Hochdruckcylinder im Durchschnitt 0,705 bis 0,73 kg
guter westfälischer Steinkohlen für die ind. Pfkr. und Std. verbraucht.

Mit einem zweiten im Winter 1886/87 mit Howden's Feuerung erbauten Heck- Erprobung
des Dampfers
»Pritzerbe«.
radschlepper »Pritzerbe« (siehe Tafel III, Fig. 3 bis 7) für die Saale stellten
Gebr. Sachsenberg im Jahre 1887 auf meine Veranlassung mit liebenswürdigster
Bereitwilligkeit noch eine Probefahrt an, nachdem der Dampfer bereits abgeliefert
und in Betrieb gesetzt worden war. Während dieser Fahrt sollten hauptsächlich
die Spannung und die Temperatur der Pressluft sowie der Heizgase neben dem
Kohlenverbrauch und der Maschinenleistung ermittelt werden, zwecks Schaffung von
Vergleichswerten zu den Howden'schen Angaben. Wenn nun diese Probefahrt,
namentlich infolge der später lebhaft bedauerten Verwendung einer an Bord vorge-
fundenen höchst minderwertigen und stark schlackenden, die Roste schnell verklebenden

Kohle auch wirtschaftlich keine besonders günstigen Ergebnisse lieferte, so sind die durch die vorgenommenen Messungen erzielten Aufschlüsse doch äußerst interessant, indem sie die von Howden angegebenen Zahlen nach Abzug des Erfinderaufschlages im allgemeinen bestetigen.

Ergebnisse der Thalfahrt. Bei einer Thalfahrt, welche zur Ermittlung der Zuverlässigkeit der angebrachten Messinstrumente und Apparate diente, wurden folgende Beobachtungen gemacht:

Dauer der Fahrt	75 Minuten
Füllung des Hochdruckcylinders	0,60
Dampfüberdruck im Kessel	6,5 bis 7 Atm.
Umdrehungen der Maschine i. d. Min.	36,5
Luftdruck vor dem Rost	4 bis 7 mm Wassersäule
» hinter » »	Null
Lufttemperatur vor dem Rost	96 bis 118⁰ C.
Temperatur der aus den Luftvorwärmungsrohren abziehenden Heizgase	255 bis 782⁰ C.

Ergebnisse der Bergfahrt. Bei der gleich darauf folgenden, mit verstärktem Heizen unternommenen Bergfahrt ohne Schleppzug ergab sich:

Dauer der Fahrt	130 Minuten
Füllung des Hochdruckcylinders	0,60
Dampfüberdruck im Kessel (meist 6,8 bis 7 Atm.) . . .	6,7 bis 7,2 Atm.
Umdrehungen der Maschine i. d. Min.	41,5
Durchschnittliche ind. Pfkr.	194,13
Kohlenverbrauch während der Fahrt	390 kg
» in der Stunde	180 »
» auf 1 qm Rostfläche und Stunde . . .	128,6 kg
» für 1 ind. Pfkr. u. Std.	0,927 kg
Luftdruck vor dem Rost (meist 9 bis 12 mm)	8 bis 14 mm Wassersäule
» hinter » » in der Rauchkammer . . .	Null
Lufttemperatur vor dem Rost (meist 99 bis 100⁰ C.) . .	92 bis 106⁰ C.
Temperatur der aus den Luftvorwärmungsrohren abziehenden Heizgase	295 bis 305⁰ C.

Maschinelle Einrichtung des Schleppers »Pritzerbe«. Die Maschine des Dampfers »Pritzerbe« ist eine liegende Kompoundmaschine von 40 und 70 cm Cylinderdmr. und 100 cm Hub mit auf den Cylindern liegenden Schiebern sowie einer von den Pleuelstangen aus bewegten Steuerung. Die Maschine macht beim Schleppen zu Berg mit 0,60 Füllung im Hochdruckcylinder und 6,7 bis 7 kg/qcm Ueberdruck im Kessel, welcher durch eine 25 m lange Rohrleitung mit der Maschine verbunden ist, durchschnittlich 36 und höchstens 38 Umdr. i. d. Min., wobei für 169 bis 178 ind. Pfkr. etwa 155 kg minderwertiger Steinkohlen stündlich verbrannt werden; der durchschnittliche Kohlenverbrauch für die ind. Pfkr. und Stunde stellt sich demnach im Betriebe auf 0,89 kg minderwertiger Kohlen. Das in einer verschließbaren Abteilung des Kesselraumes aufgestellte Flügelradgebläse von 830 mm Dmr. macht 1200 Min.-Umdr. Es wird mittels Riemens von einer eincylindrigen Dampfmaschine von 120 mm Dmr. und 160 mm Hub, welche mit 0,52 Füllung 240 Min.-Umdr. macht, angetrieben. — Der mit einer Feuerung versehene Kessel besaß vor der Fahrt eine Rostfläche von 1,1 qm, welche durch Verlängerung von 0,3 m bei 1 m Breite auf 1,4 qm gebracht wurde. Da die Heizfläche des Kessels 64,52 qm beträgt, so stellte sich das Verhältnis $\frac{\text{Heizfläche}}{\text{Rostfläche}} = 46$, während es vorher beinahe gleich 59 war. Auf der kleinen Rostfläche wurden im gewöhnlichen Betriebe stündlich $\frac{155}{1,1} = 141$ kg Kohlen auf 1 qm verbrannt, während jetzt voraussichtlich $\frac{155}{1,4} = 110,7$ kg nötig sein werden. Bei der kleineren Rostfläche schien es vorteilhaft, das Feuer recht hoch zu halten, während die Probefahrt mit der vergröfserten Rostfläche eine Verringerung des Luftdruckes gegen früher und damit auch eine Erniedrigung des Feuers nötig machte, sodass das Feuer fast so niedrig als bei natürlichem Zuge war.

Inbezug auf die mit »Pritzerbe« gegen »Johann Faber V« erzielten Leistungen sei schliefslich noch bemerkt, dass, wenn aufser den schlechteren Kohlen auch die kleineren und unvorteilhafteren Maschinen- und Kesselabmessungen auf ersterem in betracht gezogen werden, sie unter diesen Umständen noch als recht gute zu bezeichnen sind. *Vergleich der Leistungen »Pritzerbe« und »Johann Faber V«.*

c. Versuch von Wyllie.

Auch Wyllie[1]) hat im Jahre 1885 für den Dampfer »Stella«, (siehe Tafel III, Fig. 8 bis 13), und zwar als erster bei einer Dreifach-Expansionsmaschine, vorgewärmte Verbrennungsluft in Verbindung mit schwachem Unterwinde ange- wendet. Die heifse Luft des Heizraumes wurde durch den oben dicht abgeschlosse- nen Schornsteinmantel und Schornsteinumbau mittels eines Flügelradgebläses ange- saugt und dann durch zwei in die vordere Rauchkammer eingebaute Kanäle sowohl in die Feuerung als auch in den Aschfall der mit je 3 Feuerungen versehenen beiden Schiffskessel gepresst. *Allgemeine Ausführung der Wyllie'schen Luftvorwärmer.*

Die Feuerungen und Aschfälle dieser Kessel besitzen als vordere Abschluss- vorrichtungen je 2 Klappen, eine obere und eine untere, deren Achsen durch Zahnsegmente mit einander in Verbindung stehen. Um die Feuerung oder den Aschfall zu öffnen, muss der Hebel, welcher auf die Achse jeder unteren Klappe gesteckt ist, nach dem Kessel hingedreht werden; dann legt sich die nach innen öffnende Klappe vor die Durchgangsöffnung der vom Gebläse zugeführten Luft und schliefst sie von unten aus ab, während sich die im entgegengesetzten Sinne drehende obere Klappe von oben über jene Oeffnung legt, sodass sie doppelt verschlossen ist. Wird mit Unterwind gefahren, so stehen beide Klappen senkrecht und lassen die heifse Luft zum Feuer und Aschfall strömen; soll mit natürlichem Zuge gefahren werden, oder will man die Pressluft behufs Beschickung des Feuers usw. fernhalten, so müssen die Klappen wagerecht gestellt werden. Die Pressluft, welche das Ge- bläse fördert, kann dann durch eine zwischen Feuerthür und Dämpferklappe ange- brachte Oeffnung, welche die obere Aschfallklappe frei giebt, in den Heizraum aus- treten. Die beim Unterwindbetriebe in die Feuerung gepresste vorgewärmte Luft muss durch eine siebartig durchlöcherte, oberhalb der Feuerthür liegende Platte gehen, trifft daher in ähnlicher Weise auf das Feuer, wie bei Howden. In den Aschfall gelangt die Luft durch eine einzige seitlich gelegene gröfsere Oeffnung. Vor- richtungen, um Menge und Spannung der in die Feuerungen und die Aschfälle gepressten Luft unabhängig regeln zu können, sind nicht vorhanden. Hieraus *Beschreibung der Feuerungs- Einrichtung.*

---

[1]) Transactions of the institution of mechanical engineers 1886 S. 489.

scheint zu folgen, dass Wyllie die Luft mit gleicher Spannung in die Feuerung und in den Aschfall drückt, also nicht, wie Howden, der ersteren eine höhere Pressung giebt. Wyllie lässt aber die Pressluft aus dem Aschfall zum teil durch eine unterhalb der Feuerbrücke angebrachte siebartig durchlöcherte Platte unmittelbar in die hintere Rauchkammer treten, um dort noch eine Mischung der brennbaren abziehenden Gase mit Luft zu ermöglichen.

Ergebnisse
der Wyllie'schen
Feuerung. Wie hoch die Spannung der Luft und wie hoch ihre Temperatur war, ehe sie zum Feuer gelangte, giebt Wyllie leider nicht an. Die Erwärmung kann nicht so bedeutend wie bei Howden gewesen sein; das zeigt schon ein flüchtiger Blick auf die von beiden für diesen Zweck getroffenen Einrichtungen. Die auf dem Dampfer »Stella« von 92 m Länge und 11,6 m Breite mit einer Dreifach-Expansionsmaschine, welche mit 10 Atm. Ueberdruck arbeitete und auf der Probefahrt 932 Pfkr. indizirte, erzielten Betriebsergebnisse, welche Otto H. Mueller jr. mitteilt[1]), sind von Wyllie selbst etwas zu sanguinisch angegeben und später von seinem Nachfolger Morrison[2]) dahin berichtigt, dass der Dampfer während zweier Reisen von England nach Ostindien bei 8,5 Knoten Durchschnittsfahrt für den Tag 14 t geringwertiger englischer Kohlen verbrauchte, was auf einen mittleren Verbrauch von etwa 0,7 kg für die ind. Pfkr. und Std. schliefsen lässt, mithin gegen die von Howden und Gebr. Sachsenberg mit ihren Feuerungen bei Kompoundmaschinen und 6 bezw. 7 Atm. Kesselspannung erhaltenen Resultate durchaus nicht als eine sehr befriedigende Leistung bezeichnet werden kann. Hiernach verdient Howden's Anordnung jedenfalls den Vorzug vor der Wyllie'schen.

d. Versuch von Green.

Beschreibung
der Einrichtung. Green[3]), der Erfinder einer sehr wirkungsvollen und zweckmäfsigen Lüftungsvorrichtung für Seeschiffe, welche aus einem in den einzelnen zu lüftenden Räumen angebrachten, durch eine Luftpresspumpe angetriebenen Injektor besteht, benutzt den letzteren ebenfalls zur Erzeugung des künstlichen Zuges in den Kesselfeuerungen. Der Injektor sitzt, wie Textfig. 76 zeigt, in einem nach oben hin offenen Luftschacht von 300 mm im Quadrat, welcher, die vordere Rauchkammer des Kessels durchdringend, um die Feuerung des Kessels herumgeführt ist und im Aschfall mündet. Der Injektor wird durch ein von der Luftpresspumpe kommendes Rohr von 38 mm Lichtweite, welches in der Minute 2,25 cbm Luft von 0,33 kg/qcm Ueberdrucksspannung zuführt, in Betrieb gesetzt und soll in der Minute etwa 57 cbm Luft ausaugen.

Erfolge Green's. Der Vorzug des Injektors liegt darin, dass er sich je nach der Spannung der Pressluft selbst regelt. Er besitzt in der Ausströmungsdüse einen hohlen, abgestumpften Kegel b (Textfig. 78 u. 79), welcher durch eine Spiralfeder zurückgedrängt wird und die Ausblaseöffnung a der Pressluft verschliefst. Letztere strömt gegen den Hohlkegel; ist ihr Druck stärker als der Federdruck, so öffnet der Kegel und lässt die Pressluft in einem ringförmigen Strahl entweichen, welcher die umgebende Luft mit fortreifst, und zwar um so wirksamer, je höher die Spannung der Pressluft ist. Die mitgerissene Luft wird beim Durchströmen des Rauchfanges etwas vorgewärmt und gelangt dann in den geschlossenen Aschfall; in die Feuerung wird keine

---

[1]) Zeitschr. d. Ver. deutscher Ingenieure 1887 S. 449.
[2]) Transactions of the institution of mechanical engineers 1886 S. 498.
[3]) Engineering 1887 I. S. 322.

Luft geblasen. Ueber die Ergebnisse der Versuche, welche, wie die Texfig. 76 u. 77 zeigen, an einem Kessel mit einer Feuerung angestellt wurden, ist nichts in die Oeffentlichkeit gedrungen, und zwar hauptsächlich wohl deswegen nicht, weil die erzielten Erfolge gegen die von Howden erreichten gar nicht in betracht kommen.

Fig. 76.   Fig. 77.

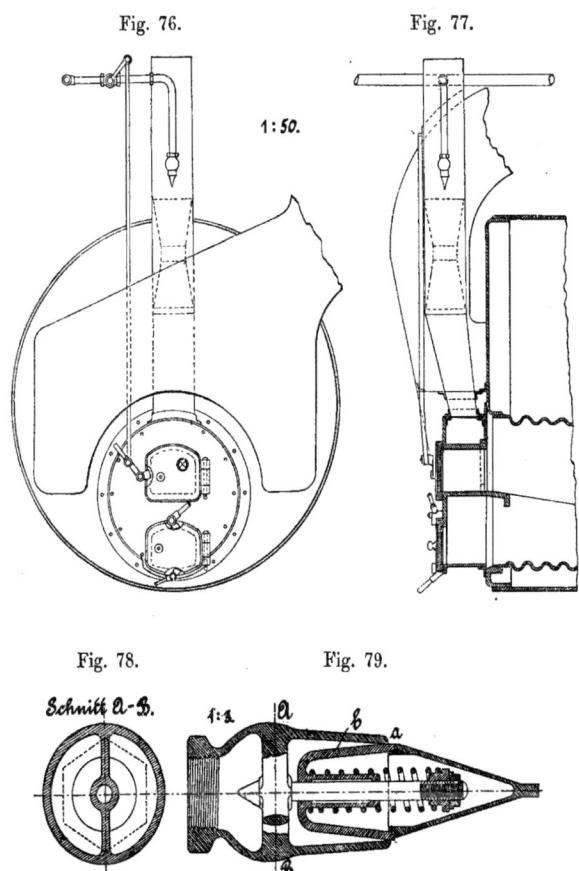

Fig. 78.   Fig. 79.

Der einzige Vorzug der Green'schen Einrichtung wird es bei der kaum nennenswerten Vorwärmung der nicht in das Feuer geleiteten Pressluft bleiben, dass man sie gleichzeitig zum Lüften der Schiffsräume und zur Erzeugung eines schwachen Unterwindes verwenden kann.

e. Versuche von Hoadley [1]).

Die in den Jahren 1880 und 1882 von Hoadley angestellten Versuche, welche zwar nicht mit Schiffskesseln, sondern mit stationären Röhrenkesseln einer chemischen Fabrik in Lawrence, Mass., vorgenommen wurden, können hier nicht unbeachtet bleiben, weil sie mit grofser Umsicht und wissenschaftlicher Strenge durch-

Ausführung
der Versuche.

---

[1]) J. C. Hoadley. Warm-blast steam-boiler furnace. New-York 1886.

geführt worden sind, sodass ihre Ergebnisse besonders zuverlässigen Stoff darbieten. Zuerst wurden diese Versuche mit einem Kessel angestellt, welcher natürlichen Zug besafs und fünf Wochen lang Tag und Nacht hintereinander fortgesetzt, um eine Grundlage zu schaffen, nach der sich beurteilen liefs, ob und wieviel die Erwärmung der Verbrennungsluft nützte. Hiernach wurden die Versuche mit einem zweiten ganz gleichen, jedoch für die Vorwärmung der Luft eingerichteten und in Texfig. 80 bis 82 dargestellten Kessel vorgenommen.

Fig. 80.

Fig. 81.

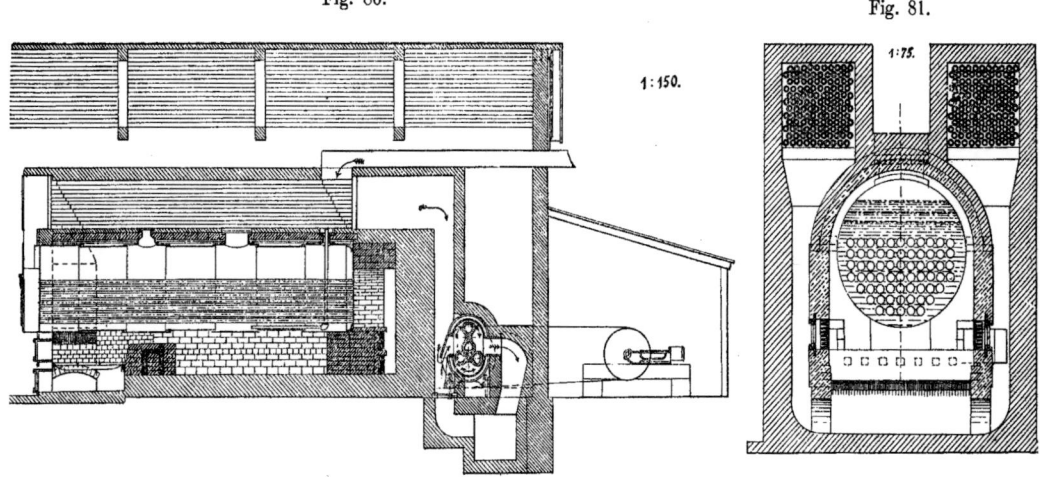

1:150.

1:75.

Fig. 82.

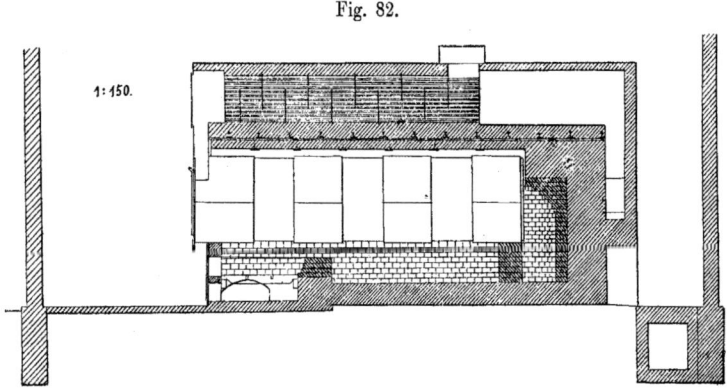

1:150.

Es waren zwei oberhalb des Kessels beiderseitig gelegene Vorwärmer vorhanden. Sie bestanden, wie Textfig. 81 zeigt, beim ersten Versuch aus in einandergeschobenen Rohren, deren innere Rohre von 51 mm Lichtweite die abziehenden Heizgase durchströmten, während die anzuwärmende Luft den ringförmigen Zwischenraum zwischen den inneren und den äufseren 76 mm weiten Rohren ausfüllte. Aus dem Vorwärmer trat die Luft durch einen Kanal unter den Rost in den Aschfall. Die Heizgase wurden

Einrichtung beim ersten Versuch.

unter dem mit Aufsenfeuerung versehenen Cylinderkessel entlanggeführt, gingen hinten herauf, durchströmten die Feuerrohre des Kessels und wurden an seiner Vorderwand nach oben in die Vorwärmer geleitet. Sie gelangten nachher in einen Kanal, aus welchem sie ein Kapselräderpaar ansaugte und in den Schornstein trieb. Während dieses ersten eine Woche dauernden Versuches konnte die Luft in gerader Richtung durch die ringförmigen Zwischenräume des Vorwärmers strömen.

Während des zweiten ebenso lange ausgedehnten Versuches waren, wie Textfig. 82 erkennen lässt, die Doppelrohre durch einfache Rohre von 51 mm innerem Dmr. ersetzt, durch welche die Heizgase abzogen, während die Luft den zwischen diesen Rohren verbleibenden Raum des Vorwärmers anfüllte. Zwischen den Rohren waren in der Längsrichtung 10 Trennungsbleche angebracht, welche die Luft zwangen, abwechselnd nach oben und nach unten zu steigen, sodass ihr Weg zwischen den Vorwärmerrohren einer Wellenlinie glich. Infolge des hierdurch herbeigeführten längeren Aufenthaltes der Luft im Vorwärmer war sie im stande, mehr Wärme in sich aufzunehmen. Von den Ergebnissen dieser teils mit Anthrazit-, teils mit bituminöser Kohle angestellten Versuche zeigt die folgende Tabelle nur die mit Anthrazitfeuerung erhaltenen Mittelwerte, weil die Versuche mit dem zweiten, besseren Vorwärmer ausschliefslich mit diesem Brennstoff angestellt wurden. *(margin: Einrichtung beim zweiten Versuch.)*

Art des Versuches	Verdampfung		Durchschnittliche Temperatur in °C.							Dampfdruck	Durchschnittl. Gewicht in kg		Wirkungsgrad des Kessels	Vorteil der Luftvorwärmung in pCt. des erzielten Wirkungsgrades
	1 kg Kohle verdampfte im Durchschnitt Wasser von 100° C.	Theoretische Verdampfungskraft der Kohle	Luft außen	Luft vor dem Eintritt in den Aschfall	Heizgase in der vorderen Rauchkammer	Heizgase beim Eintritt in den Schornstein	Abkühlung der Heizgase im Vorwärmer	Erwärmung der Luft im Vorwärmer	Speisewasser		der Heizgase für 1 kg verbrannte Kohle	des Wassers, dessen Wärmekapazität derjenigen der auf 1 kg verbrannter Kohle abziehenden Heizgase gleich ist		
	kg	kg								kg/qcm abs.			pCt.	
Natürlicher Zug . . .	10,51	13,56	25	26	184,6	184,6	0	0	22	4,36	22,39	5,33	68,87	—
Luft erwärmt im I. Vorwärmer	10,81	13,45	1	170	202,7	87,0	115,7	169	3	4,85	23,49	5,59	78,18	11,9
Luft erwärmt im II. Vorwärmer	11,12	13,61	10	168	191,7	73,0	118,7	158	10	4,00	24,17	5,75	81,43	15,4

Durch die Vorwärmung der Verbrennungsluft um 160 bis 170° C. über die gewöhnliche Lufttemperatur würde also in Verbindung mit einem schwachen künstlichen Zuge eine Kohlenersparnis von 10 bis 15 pCt. zu erwarten sein. Auffällig ist bei diesen Versuchen, dass sich die Luft im Vorwärmer stärker erwärmte, als sich die Heizgase abkühlten, was sich dadurch erklärt, dass die Heizgase um etwa $1/20$ schwerer waren, als die zugeführte Luft und die vom Kessel und dessen Ummauerung beständig durch Leitung erwärmten Wände des Vorwärmers Wärme an die vorbeistreichende Luft ausstrahlten. Leider ist nirgends etwas über die Spannung der Luft und der Heizgase gesagt, so dass nicht zu ermitteln ist, wie viel von dem vorerwähnten Gewinn auf Rechnung der Luftvorwärmung allein, und wie viel vielleicht auf Rechnung des etwa durch das Kapselräderpaar erzeugten schwachen künstlichen Zuges zu setzen ist. Ebenso fehlen über die schwächere oder stärkere *(margin: Ergebnisse der Hoadley'schen Versuche.)*

Brennstoffzufuhr, d. h. das auf 1 qm Rostfläche und Stunde durchschnittlich verbrannte Kohlengewicht, alle Angaben, so dass sich auch nicht ersehen lässt, ob die
Kessel bei den Versuchen geschont oder
besonders stark beansprucht wurden. Wahrscheinlich ist ersteres der Fall gewesen,
da Hoadley auf Seite 26 von einem
stündlichen Kohlenverbrauch von 12 Pfd.
engl. für 1 Quadratfuſs engl. Rostfläche,
entsprechend 58,64 kg für 1 qm Rostfläche,
schon schreibt: with combustion as rapid
as 12 pounds of coal per square foot of fire-
grate per hour etc.

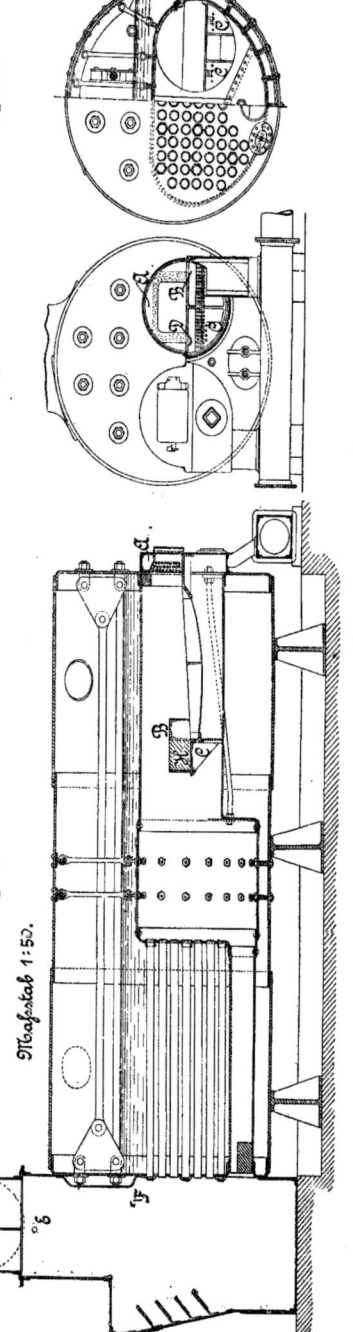

Fig. 85.

Fig. 84.

Fig. 83.

Maſsstab 1:50.

f. Versuche von Spence.

Fortsetzung
der Versuche
von Marshall. Diese im Herbst vorigen Jahres ausgeführten Versuche[1]) sind gewissermaſsen als
eine mehrfach verbesserte und bedeutend erweiterte Auflage der bereits auf Seite 92
erwähnten Versuche von Marshall anzusehen, auf dessen Betreiben sie angestellt
wurden.

Versuchskessel. Der dazu benutzte Kessel ist in
Textfig. 83 bis 85 dargestellt. Er war vorher 18 Monate lang im Betriebe gewesen,
befand sich in gutem Zustande, wurde gründlich gereinigt und gegen Wärmeausstrahlung
durch eine hinreichende Bekleidung geschützt. Er lieferte den beständig auf 3,86
kg/qcm Ueberdruck gehaltenen Dampf an
einige kleinere Maschinen; der überschüssige
Dampf konnte durch ein besonders ange-
setztes Auslassventil oder durch das Sicherheitsventil entweichen. Der entweichende
Dampf zeigte sich stets trocken, Ueberkochen kam nicht vor. Die Heizfläche betrug bei allen Versuchen 41,43 qm. Die
Rostfläche wurde verschiedentlich geändert,
wie die Tabellen auf Seite 118 und 119
zeigen.

Beschaffenheit
der Kohlen. Die verwendeten guten und trockenen
Newcastle-Kohlen bestanden nach der Analyse aus:

---

[1]) Transactions of the north-east coast institution
of engineers and shipbuilders. 1888.

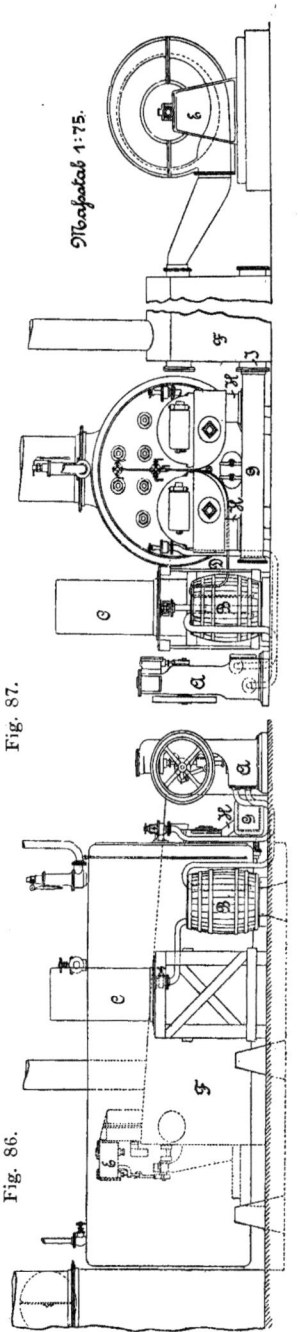

Fig. 87.

Fig. 86.

Maßstab 1:75.

Kohlenstoff	80,51	pCt.
Wasserstoff	4,24	»
Sauerstoff	8,16	»
Stickstoff	1,11	»
Schwefel	0,81	»
Asche	3,74	»
Wasser	1,43	»
	100,00	pCt.
Koks	70,1	»
Flüchtige Bestandteile . . .	29,9	»
	100,0	pCt.

1 kg Kohle verdampfte nach kalorimetrischer
    Bestimmung kg Wasser von 100⁰ C. . 14,10
1 kg Kohle sollte nach der Analyse rechnungs-
    mäßig kg Wasser von 100⁰ C. verdampfen 14,21.

Die verschiedenen Thermometer, Anemometer *Behandlung des Versuchs-kessels.*
und Pyrometer waren vorher auf ihre Richtigkeit
geprüft. Bei allen Versuchen wurde derselbe erfahrene
Heizer verwendet, welcher die Feuer möglichst wenig
umrührte, beide stets gleichzeitig beschickte und
schürte und beim jedesmaligen Beschicken zwischen
25 bis 37 kg Kohlen gleichmäßig über sie verstreute.
Das verbrauchte Speisewasser wurde im Messbe-
hälter C (Textfig. 86 u. 87) festgestellt, aus welchem
es in die Tonne B gelassen wurde, damit es die
Dampfpumpe A ansaugen und in den Kessel drücken
konnte. In B mündete auch das Abblaserohr D des
Kesselwasserstandsglases, sodass das durchgeblasene
Wasser ungemessen wieder in den Kessel gespeist
wurde.

Die leitenden Gedanken der in vier ver- *Versuchsreihen.*
schiedene Reihen zerfallenden Versuche waren folgende:

1. Die erste Versuchsreihe mit natürlichem
Zuge (siehe die nachstehende Tabelle unter I) sollte
bei möglichst gleichmäßigem Auffeuern erkennen
lassen, in wieweit die an verschiedenen Stellen und
in verschieden großer Menge unmittelbar über das
Feuer beziehentlich in die entstandenen brennbaren
Gase geleitete Luft die Verbrennung verbessert.

2. Durch die zweite Versuchsreihe mit
schwachem Unterwinde sollte unter möglichster
Beibehaltung der mit natürlichem Zuge erzielten Verdampfung festgestellt werden, inwieweit die mit verschiedener Spannung und in verschieden großer Menge zugeleitete,
indessen nicht vorgewärmte Pressluft eine Verbesserung der Verbrennung herbeiführt.

Tabelle I. Versuche mit

Nummer der Versuche	Atm. Luft Druck mm	Temperatur °C.	Temperatur des Speisewassers °C.	Dauer des Versuches Std.	Kesselüberdruck kg/qcm	Rost Länge m	Länge der Luftspalten zwischen den Rosten m	Freie Rostfläche qm	Freie Rostfläche: Oberfläche aller Roststäbe / Gesammte Rostfläche qm		Kohlenverbrauch Insgesammt kg	Stündlich kg	Stündlich auf 1 qm Rostfläche kg	Während des Versuches aus den Aschfällen gezogene Rückstände kg	Auf 1 kg stündlich verbrannter Kohlen kommt Heizfläche kg	Verdampftes Wasser. Von Speisewassertemp. bis Temp. im Kessel Insgesammt kg	Stündlich kg	Auf 1 kg Kohlen kg	Von 100°C. Stündlich kg	Auf 1 kg Kohlen kg	Stündlich auf 1 qm Rostfläche kg	Stündlich auf 1 qm Heizfläche kg
0	1	2	3	4	5	6	7	8	9	10	11	12	13	14	15	16	17	18	19	20	21	22
1, 2, 3	761,5	20,5	16,2	—	3,86	0,99	0,89	1,358	0,632 / 0,794	1/2,4	717,2	116,4	85,64	8,81	0,161	5550	901,7	7,735	1067,6	9,17	785,6	25,73
4, 5, 6	767,2	21,5	16,1	—	3,86	0,99	0,89	1,358	0,632 / 0,794	1/2,4	719,3	120,0	88,37	7,89	0,156	5633	938,5	7,816	1113,6	9,26	819,8	26,85
7, 8, 9	767,2	17,1	16,0	—	3,86	0,99	0,89	1,358	0,632 / 0,794	1/2,4	711,2	118,4	86,13	8,57	0,158	5619	936,2	7,897	1110,0	9,36	816,7	26,75
10,11,12	767,0	22,4	16,4	—	3,86	0,99	0,89	1,358	0,632 / 0,794	1/2,4	742,0	123,7	91,01	10,11	0,152	5887	981,1	7,837	1162,0	9,28	855,4	28,02
13,14,15	760,9	21,4	17,6	—	3,86	0,99	0,89	1,358	0,632 / 0,794	1/2,4	746,0	123,7	91,01	10,56	0,152	5967	989,6	8,030	1170,4	9,46	861,3	28,22
16,17,18	767,1	17,4	18,2	—	3,86	0,99	0,89	1,358	0,632 / 0,794	1/2,4	751,5	125,2	92,28	15,28	0,150	6121	1120,0	8,152	1205,0	9,62	886,7	29,05
19,20,21	765,3	21,5	19,1	—	3,86	0,99	0,89	1,358	0,632 / 0,794	1/2,4	734,3	122,4	90,08	16,74	0,153	6018	1003,0	8,191	1184,8	9,68	871,5	28,56
22,23,24	761,8	22,4	19,4	—	3,86	0,99	0,89	1,358	0,632 / 0,794	1/2,4	738,4	123,0	90,57	15,53	0,152	6245	1041,0	8,470	1229,0	10,01	904,7	29,64
25,26,27	759,5	22,4	19,5	—	3,86	0,99	0,89	1,358	0,632 / 0,794	1/2,4	676,3	112,6	82,90	15,28	0,166	5834	972,5	8,630	1148,5	10,19	845,2	27,68
28	743,8	19,1	15,5	—	3,86	0,90	0,89	1,358	0,609 / 0,749	1/2,23	696,7	116,1	85,44	12,47	0,161	6073	1012,0	8,710	1200,0	10,33	879,3	28,95
29,30,31	757,0	17,5	15,0	—	3,86	0,99	0,89	1,358	0,655 / 0,704	1/2,08	699,4	116,6	84,90	15,78	0,161	6046	1007,7	8,640	1196,0	10,25	879,0	28,85

Tabelle II. Versuche mit

Querstäbe mit 3 Zwischenrippen von 3 mm Stärke (Spalte 7)

Nummer der Versuche	Druck mm	Temp. °C	Temp. Speisew. °C	Std.	kg/qcm	Länge m	Freie Rostfläche qm	Fläche		Insges. kg	Stündl. kg	St. auf 1 qm Rostfl. kg	Rückstände kg	kg	Insges. kg	Stündl. kg	auf 1 kg Kohlen	Stündl. kg	auf 1 kg Kohlen	St. auf 1 qm Rostfl.	St. auf 1 qm Heizfl.
1, 2	772,0	16,1	12,2	—	3,86	0,53	0,670	0,096 / 0,567	1/7	777,0	129,5	292,86	Keine	0,145	6133	1122,9	7,90	1219,0	9,410	1817,7	30,27
3, 4	767,0	16,6	12,2	—	3,86	0,53	0,670	0,096 / 0,567	1/7	727,0	120,7	180,66	»	0,154	6514	1085,5	8,96	1294,0	10,675	1930,0	31,22
5, 6, 7	748,6	15,7	10,5	—	3,86	0,53	0,670	0,096 / 0,567	1/7	742,0	123,7	184,07	»	0,152	6455	1075,5	8,69	1285,0	10,390	1916,3	31,00
8, 9	755,2	10,5	10,0	—	3,86	0.50	0,632	0,090 / 0,583	1/7	857,3	142,8	226,06	»	0,131	7158	1193,0	8,34	1426,5	9,950	2258,1	34,42
10, 11	760,0	16,0	12,0	—	3,86	0,68	0,855	0,123 / 0,739	1/7	917,1	152,8	177,23	»	0,123	7158,0	1193,0	7,80	1422,2	9,297	1649,3	34,27
12, 13	756,7	11,8	11,5	—	3,86	0,84	1,053	0,150 / 0,903	1/7	1067,2	177,9	168,84	»	0.105	8318	1386,2	7,79	1653,8	9,285	1569,7	39,89
14	757,7	9,0	9,1	6	3,86	0,43	0,542	0,077 / 0,464	1/7	754,3	125,7	231,91	»	0,148	6529	1088,0	8,65	1302,7	10,350	2405,6	31,44
15, 16	745,0	14,7	12,1	—	3,86	0,46	0,567	0,082 / 0,492	1/7	619,4	103,2	180,64	»	0,181	5082	922,5	8,94	1099,5	10,650	1914,9	26,51
17, 18	770,9	7,5	5,8	—	3,86	0,61	0,775	0,103 / 0,657	1/7	708,0	118,0	153,20	»	0,159	6016	1002,4	8,50	1206,5	10,270	1574,1	29,10

Tabelle III. Versuche mit

wie in Tabelle II (Spalte 7)

Nummer der Versuche	Druck mm	Temp. °C	Temp. Speisew. °C	Std.	kg/qcm	Länge m	Freie Rostfläche qm	Fläche		Insges. kg	Stündl. kg	St. auf 1 qm Rostfl. kg	Rückstände kg	kg	Insges. kg	Stündl. kg	auf 1 kg Kohlen	Stündl. kg	auf 1 kg Kohlen	St. auf 1 qm Rostfl.	St. auf 1 qm Heizfl.
1, 2, 3	770,0	12,4	7,0	—	3,86	0,53	0,670	0,096 / 0,567	1/7	683,5	114,0	164,78	Keine	0,164	6120	1021,0	8,95	1225,0	10,74	1826,6	29,54
4, 5	773,9	9,7	7,2	—	3,86	0,61	0,775	0,103 / 0,657	1/7	683,0	113,7	148,33	»	0,165	6064	1010,5	8,88	1213,4	10,66	1583,4	29,29
6, 7	774,7	13,5	7,8	—	3,86	0,43	0,542	0,077 / 0,464	1/7	619,0	102,7	190,37	»	0,182	5710	951,7	9,22	1141,7	11,06	2108,4	27,53

natürlichem Zuge.

Rauchfangtemperatur in °C.			Mittlere Temperatur der Luft beim Eintritt in den Aschfall	Zu den Feuern geleitete Luft											Dauer des Rauches in Minuten				Wirkungsgrad des Kessels, die Verdampfungskraft der Kohlen nach den calorimetrischen Versuchen = 14,1 gesetzt
				Oeffnungen über dem Rost				Querschnitt d. offenen Löcher / Freie Rostfläche	Verhältnis des Querschnittes der offenen Löcher zur freien Rostfläche	Druck in mm Wassersäule			Auf 1 kg Kohlen	Auf 1 kg Kohlen					
Höchste Ablesung	Niedrigste Ablesung	Mittel aus allen Ablesungen		Anzahl der offenen Löcher A (Textfig. 84)	Anzahl der offenen Löcher C (Textfig. 85)	Anzahl der offenen Löcher B (Textfig. 83)	Gesammtquerschnitt der offenen Löcher			Im Vorbau A (Textfig. 83)	Im Hauptrohr G (Textfig. 87)	Im Aschfall			Stärke No. 1	Stärke No. 2	Stärke No. 3	Gesammtdauer	
°C.	°C.	°C.	°C.				qcm	qcm					cbm	kg					
23	24	25	26	27	28	29	30	31	32	33	34	35	36	37	38	39	40	41	42
458	385	415	20,5	0	0	0	0	$\frac{0}{5645}$	$\frac{0}{5645}$	—	—	—	10,15	12,25	3,450	1,780	3,245	7,940	0,650
467	388	435	21,4	0	4	0	11,35	$\frac{11,35}{5645}$	$\frac{1}{497}$	—	—	—	11,11	13,14	3,250	1,687	3,400	8,330	0,657
423	354	387	17,2	0	10	0	28,38	$\frac{28,38}{5645}$	$\frac{1}{199}$	—	—	—	11,35	13,80	2,690	1,570	2,675	6,940	0,664
443	396	409	22,3	0	13	0	37,03	$\frac{37,03}{5645}$	$\frac{1}{152,4}$	—	—	—	11,73	14,04	2,190	1,800	2,650	6,650	0,658
432	375	407	21,2	16	13	0	62,58	$\frac{62,58}{5645}$	$\frac{1}{90,2}$	—	—	—	14,01	16,83	2,770	1,680	2,120	6,580	0,671
433	393	403	17,4	26	13	0	78,60	$\frac{78,60}{5645}$	$\frac{1}{71,8}$	—	—	—	13,64	16,59	0,687	1,875	3,092	5,612	0,682
445	395	402	21,5	52	13	0	120,20	$\frac{120,2}{5645}$	$\frac{1}{47}$	—	—	—	14,36	17,27	0,740	1,125	3,200	5,390	0,686
437	383	398	22,4	88	13	0	177,80	$\frac{177,8}{5645}$	$\frac{1}{31,7}$	—	—	—	15,16	18,17	0,290	1,250	3,625	5,160	0,710
450	399	420	22,4	88	13	48	272,60	$\frac{272,8}{5645}$	$\frac{1}{20,7}$	—	—	—	17,00	20,39	0	0,082	3,437	3,770	0,722
432	371	408	19,1	88	13	48	272,60	$\frac{272,6}{6096,5}$	$\frac{1}{22,36}$	—	—	—	14,28	17,35	0	1,500	3,080	4,580	0,732
392	347	428	16,5	88	13	48	272,60	$\frac{272,6}{6548}$	$\frac{1}{24}$	—	—	—	15,18	18,46	0	0,250	3,540	3,792	0,727

nicht vorgewärmtem Unterwind.

420	385	404	16,1	0	0	0	0	$\frac{0}{956,7}$	0	22	16	10	14,01	17,10	3,187	1,125	3,375	7,687	0,667
433	396	417	16,6	58	0	0	92,90	$\frac{92,9}{956,7}$	$\frac{1}{10,3}$	20	17,5	10	16,63	20,30	0	0	4,000	4,000	0,757
432	389	407	14,6	88	0	0	140,60	$\frac{140,6}{956,7}$	$\frac{1}{6,8}$	25	19	10	16,60	20,35	0,080	1,330	2,750	4,160	0,736
493	401	446	9,4	68	0	0	108,90	$\frac{109,9}{901,2}$	$\frac{1}{8,2}$	51	25	19	17,66	22,00	0	0	3,550	3,550	0,705
478	414	446	16,0	88	0	0	140,60	$\frac{140,6}{1225}$	$\frac{1}{8,7}$	25	19	9	16,29	19,97	1,000	1,000	2,250	2,250	0,659
517	435	477	10,7	88	0	0	140,60	$\frac{140,6}{1504}$	$\frac{1}{10,7}$	63	25	9	15,85	19,76	—	—	—	—	0,658
412	382	393	9,0	48	0	0	76,70	$\frac{76,7}{770}$	$\frac{1}{10}$	42	20,5	17	17,52	21,86	0	0	3,530	3,530	0,734
422	382	394	14,5	88	0	0	140,60	$\frac{140,6}{817}$	$\frac{1}{5,81}$	25	19	11	18,69	22,88	0	0	3,810	3,810	0,755
379	351	367	7,5	88	0	0	140,60	$\frac{140,6}{1096}$	$\frac{1}{7,8}$	22	19,5	7,5	14,28	18,00	—	—	—	—	0,728

vorgewärmtem Unterwind.

404	350	427	127	88	0	0	140,60	$\frac{140,6}{956,7}$	$\frac{1}{6,8}$	23,5	18	8,5	20,35	18,00	0	1,000	4,000	5,000	0,761
407	341	382	124	88	0	0	140,60	$\frac{140,6}{1096}$	$\frac{1}{7,8}$	22	17	6	18,90	16,85	—	—	—	—	0,756
370	323	352	116	88	0	0	140,60	$\frac{140,6}{1096}$	$\frac{1}{5,48}$	25,5	19,5	11	21,93	19,90	0	0	3,437	3,437	0,784

3. Die dritte Versuchsreihe (siehe die Tabelle unter II) ist lediglich eine Wiederholung der zweiten, indessen mit einer anderen Rostanordnung. Der bei den Versuchen mit natürlichem Zuge benutzte Rost hatte sich für die Verwendung von Unterwind als ungeeignet erwiesen und war, wie weiter unten ausgeführt, umgeändert worden.

4. In der vierten Versuchsreihe (siehe die Tabelle unter III) sollte, ähnlich wie bei der zweiten und dritten Versuchsreihe, der Einfluss vorgewärmter Pressluft auf die Verbrennung ermittelt werden.

Die besondere Herrichtung des Kessels für die verschiedenen Versuche geschah auf nachstehende Weise:

Versuch mit
natürlichem
Zug.
1. Um die Luft bei der ersten Versuchsreihe über das Feuer zu leiten, wurde eine doppelwandige Feuerthürzarge angewendet, wie sie Howden ebenfalls benutzt. Die innere Wand jeder Zarge enthielt 48 mit $5/8$zölligem Gewinde versehene Löcher A (Textfig. 83), sodass man den Querschnitt der zugeleiteten Luftstrahlen durch Zuschrauben einzelner oder mehrerer dieser Löcher beliebig regeln konnte. Ferner waren in die untere Abschlussplatte jeder Feuerbrücke 7 Löcher C (Textfig. 83 bis 85) von 19 mm Dmr. gebohrt, welche sich mittels einer langen Zange von aussen durch Bolzen schliessen liessen. Je nach der Anzahl der offenen Löcher konnte daher eine grössere oder geringere Luftmenge vom Aschfall in die Verbrennungskammer hinter der Feuerbrücke geleitet werden. Endlich war das letzte Ende jedes Rostes durch einen am Boden offenen, in der Decke 24 Löcher von 16 mm Dmr. enthaltenden Kasten B (Textfig. 83) bedeckt, um einzelne Luftstrahlen vom Aschfall rechtwinklig zwischen die über die Feuerbrücke streichenden Heizgase zu leiten. Diese Kasten wurden nur in den Versuchen 25 bis 31 (siehe die Tabelle unter I) angewendet; bei allen übrigen Versuchen mit natürlichem Zuge war dieser Teil der Rostfläche mit feuerfesten Steinen vermauert. Jeder Aschfall war, wie Textfig. 83 und 84 erkennen lassen, durch einen Vorbau aus Eisenblech luftdicht abgeschlossen. Durch den Vorbau musste sämmtliche zu den Feuern geführte Luft strömen, sowohl die durch die Rosten tretende, als auch die unmittelbar dazu gelangende. Innerhalb dieses Vorbaues waren 2 Anemometer angebracht, welche die Geschwindigkeit der durchziehenden Luft maßen. Aus dieser Geschwindigkeit und der gleichzeitig am Thermometer abgelesenen Temperatur der Luft wurde das Gewicht der letzteren für jedes kg verbrannter Kohle berechnet, wie es die senkrechte Reihe 37 der Tabelle I angiebt. Die Temperatur der abziehenden Heizgase wurden durch ein Siemens'sches Pyrometer festgestellt, welches bei E (Textfig. 83) angebracht war. Für die Bestimmungen der Temperatur in der vorderen Rauchkammer, welche in den senkrechten Reihen 23 bis 25 der Tabelle I eingetragen ist, war das Pyrometer bei F (Textfig. 83) befestigt. Die Tabelle I enthält die Mittelwerte aus den einzelnen Versuchen dieser Reihe.

Misslungener
Versuch mit
Unterwind.
2. Die Herstellung des Unterwindes bei der zweiten Versuchsreihe übernahm ein Flügelradgebläse E (Textfig. 87) mit besonderer kleiner Dampfmaschine. Die darin erzeugte Pressluft durchströmte zuerst den Luftvorwärmer F, welcher indes nicht geheizt wurde, ging dann durch das Hauptrohr G und die beiden Zweigrohre H zu den Vorbauten der Aschfälle. Bei diesen Versuchen wurde die Geschwindigkeit der Luft nach ihrem Austritt aus dem Vorwärmer durch das bei J eingesetzte Anemometer (Textfig. 87) gemessen. Während der einzelnen Versuche erkannte man, dass es mit dem gewöhnlichen in der ersten Versuchsreihe benutzten Rost unmöglich war, befriedigende Erfolge zu erzielen. Wegen des geringen Durchmessers der Feuer-

büchsen liefsen sich nämlich die Feuer nicht so dick halten, wie dies für den Unterwind erforderlich wurde, weswegen sich im Feuer beständig Löcher bildeten, durch
welche die Pressluft nutzlos entwich. Stellte man dicke Feuer her, so war der
Raum zwischen Feueroberfläche und Feuerbüchsendecke so niedrig, dass eine genügende Vermischung des Sauerstoffes der durch die Löcher der Feuerthürzarge
zugeleiteten Luft mit den brennbaren Gasen nicht ermöglicht werden konnte. Die
weniger befriedigenden Ergebnisse dieser zweiten Versuchsreihe sind in den vorstehenden Tabellen fortgelassen.

 3. Während der dritten Versuchsreihe war die Rostanordnung entsprechend Gelungener Versuch mit gewöhnlichem Unterwind.
abgeändert. Zunächst lag die Rostfläche bedeutend tiefer; sie war 12,5 cm unter
die Mittellinie der Feuerbüchse gerückt, wodurch man im stande war, 28 cm dicke
Feuer zu halten. Ferner wurde die freie Rostfläche, welche vorher $\frac{1}{2,4}$ der gesammten betrug, auf $^1/_7$ verkleinert, indem den Ferrando-Rosten ähnliche Querstäbe
von 9·mm Dicke mit 2 mm Zwischenspalten zur Verwendung gelangten. Die
übrige Anordnung blieb dieselbe, wie bei der zweiten Versuchsreihe. Die Mittelwerte der Ergebnisse dieser dritten Reihe enthält die Tabelle II.

 4. Bei den Versuchen der vierten Reihe wurde die für die dritte Reihe her- Versuch mit vorgewärmtem Unterwind.
gestellte Rosteinrichtung beibehalten und nur die Pressluft im Vorwärmer F erhitzt.
Letzterer bestand aus 12 Stück 12,5 cm l. W. haltenden Rohren eines alten Root-
schen Kessels, welche durch 2 Sammelkästen miteinander verbunden waren. Die
Pressluft strömte durch ein gusseisernes Rohr von 23 cm Dmr. aus dem Flügelradgebläse in den Vorwärmer und trat durch ein eben solches Rohr von 25,4 cm Dmr.
zu dem Vorbau der Aschfälle. Unterhalb der Vorwärmerrohre war ein Rost angebracht, auf welchem ein lebhaftes Koksfeuer unterhalten wurde. Die hieraus entstehenden Heizgase stiegen in dem die Vorwärmerrohre umgebenden Eisenblech-
mantel empor und wurden oben durch einen besonderen Schornstein abgeleitet. Im
Vorwärmer wurde die Luft bis zu der in der senkrechten Reihe 26 der Tabelle III
angegebenen Temperatur erhitzt. Die Mittelwerte der einzelnen Versuche der vierten
Reihe giebt Tabelle III wieder.

 Aus den Zahlen der vorstehenden Tabelle zieht Spence folgende Schlüsse:

 1. Bei natürlichem Zuge ist es mit einer durch die Roste allein erfolgenden Ergebnisse des ersten Versuchs.
Luftzuführung unmöglich, eine befriedigende Verbrennung zu erzielen. Es muss
vielmehr bei einer dem Versuchsroste ähnlichen Anordnung eine gewisse Luftmenge
durch die Feuerthürzarge und Feuerthüren geradeswegs in das Feuer und durch
die Aschfallabschlussplatte hinter die Feuerbrücke geleitet werden, um eine gute
Verbrennung herzustellen. Diese Luft soll in Strahlen von 16 oder höchstens 19 mm
Dmr. und in einem Gesammtquerschnitte gleich $^1/_{24}$ bis $^1/_{20}$ der freien Rostfläche
zugeführt werden. Es wird hierbei mit genügend dicken Feuern noch immer
äufserst schwierig bleiben, die Luftzufuhr über 20 kg für 1 kg Kohle zu steigern;
in der Regel wird die Gefahr näher liegen, dass zu wenig, als dass überschüssig
Luft zum Feuer gelangt. Bei genügend grofser und, wie vorstehend ausgeführt,
gut verteilter Luftzuleitung lässt sich dieselbe Verdampfung wie bei gewöhnlichen
Feuerungen, in denen alle Luft nur durch die Roste tritt, mit einer Ersparnis von
etwa 10 pCt. Kohlen und einer Verminderung von vollen 50 pCt. sowohl in der
Stärke als in der Dauer des Rauches inne halten.

 2. Die besten, in der dritten Versuchsreihe festgestellten Ergebnisse mit Ergebnisse des dritten Versuchs.
Unterwind (Tabelle II) waren um 4,1 pCt. günstiger als die besten mit natürlichem

Zuge. Die durch Verwendung von Unterwind erreichten Erfolge konnten aber nur dadurch erzielt werden, dass das Verhältnis $\frac{\text{freie Rostfläche}}{\text{gesammte Rostfläche}}$ viel kleiner als für natürlichen Zug gewählt wurde. In Rücksicht auf die Spannung der Pressluft erschien es für den Versuchskessel wirtschaftlicher, sie auf etwa 9 mm Wassersäule im Aschfall zu halten und höchstens 170 kg Kohlen auf 1 qm Rostfläche in der Stunde zu verbrennen, als durch stärkere Pressung eine noch gröfsere Verbrennung anzustreben.

Ergebnisse des vierten Versuchs. 3. Eine gleiche Ueberlegenheit von 4,1 pCt. zeigte die vorgewärmte Pressluft gegenüber der kalten bei den gelungensten Versuchen der vierten Reihe (Tab. III).

Schlüsse aus allen vorstehend erörterten Versuchen. Durch die vorstehend erörterten Versuche von Howden, Hoadley und Spence ist der Beweiss erbracht, dass sich durch die Vorwärmung der zur Verbrennung benutzten Pressluft ein gewisser, wenn auch geringer, Vorteil erreichen lässt. Spence ist der einzige, welcher die durch Vorwärmung der Luft um etwa 100⁰ C. erreichte Kohlenersparnis bestimmt und auf etwa 4 pCt. für einen Kessel von gleicher Bauart und Aufstellung, wie sie ein Schiffskessel besitzt, festgestellt hat. Hoadley beziffert sie dagegen bei einer Temperaturerhöhung der Luft bis etwa 160⁰ C. für einen eingemauerten Kessel auf 10 bis 15 pCt., wovon noch die auf Rechnung des künstlichen Zuges zu setzende Ersparnis abzuziehen ist. Aus den hiernach sich ergebenden geringfügigen Zahlen geht hervor: dass die Vorwärmung der Verbrennungspressluft nur dann von wirtschaftlicher Bedeutung werden kann, wenn hierzu die Wärme der abziehenden Heizgase ausgenutzt wird, ein besonderer Brennstoffverbrauch also nicht eintritt, wenn ferner der Vorwärmer bei geringen Anschaffungs- und Unterhaltungskosten so wirksam ist, dass er eine mindestens 100⁰ C. betragende Temperaturerhöhung der Pressluft hervorbringt.

Zehnter Abschnitt.

Ausgiebige Vorwärmung des Speisewassers.

Zweck. So alt die Vorwärmung des Speisewassers durch den Abdampf von Auspuffmaschinen ist, so verhältnismäfsig neu ist die besondere Erwärmung des den Kondensator verlassenden Speisewassers der Schiffsmaschinen. Die ersten nach dieser Richtung ausgeführten Schritte von Weir und Maclaine bezweckten lediglich die Herbeiführung einer längeren Dauer der Schiffskessel, während Hudson, Howden und Kemp damit in jüngster Zeit auch eine Brennstoffersparnis zu erreichen trachten.

a. Vorwärmer von Weir.

Vorteile der Vorwärmung. Das unmittelbar aus dem Kondensator kommende, sich durchschnittlich nicht viel über 35⁰ C. in seiner Temperatur erhebende Speisewasser kühlt die in der Nähe der Mündung des im Kesselinnern liegenden Speiserohres befindlichen Teile der Wände, Anker und Rohre, namentlich bei hohen Dampftemperaturen, empfindlich ab. Die erkaltenden Kesselteile ziehen sich zusammen und rufen stärkere Beanspruchungen der Nietverbände hervor, welche schliefslich das Leckwerden des Kessels verursachen. Je näher die Temperatur des in den Kessel tretenden Speisewassers der Dampftemperatur kommt, um so mehr fällt diese Erscheinung fort. Bei kräftiger Erwärmung lässt das Speisewasser aber auch den gröfsten Teil der Luft sowie der fettigen und unlöslichen Bestandteile, welche von der Cylinderschmierung bezw. dem Zusatzwasser herrühren, im Vorwärmer zurück, wodurch der weitere Vorteil einer fast luft-, fett- und salzfreien Speisung erzielt wird; denn die Abwesenheit von Luft und Fett schränkt, wie früher auseinandergesetzt wurde, die innere Abrostung im Kessel ebenso sehr ein, wie das Fehlen des Salzgehaltes die Niederschläge verringert.

Bei seinem ersten Vorwärmer, Tafel I, Fig. 14, beabsichtigte W e i r [1] aufser der Temperaturerhöhung des Speisewassers besonders die Entfernung der von den Maschinenspeisepumpen der Oberflächen-Kondensationsmaschinen vielfach mitgesaugten Luft. Diese Pumpen drückten das Wasser durch das Rohr *a* in einen behufs Abscheidung der Luft oben offenen Behälter *b*. Das Wasser trat dann in das mittels Schwimmerventiles abgeschlossene Rohr *c*, welches im Dampfabgangsrohr über dem Kondensator mündete. Die Luftleere saugte, so lange das Schwimmerventil geöffnet war, Wasser aus *b* an und riss es in das siebartig durchlöcherte Rohr *d*, in welchem es herabfliefsend gegen die verschiedenen, eine möglichst grofse Zerteilung des Wassers bewirkenden Scheiben *e* stofsen musste. In dem Rohre *d* erfogte die Erwärmung des Wassers durch den Abdampf der Maschine. Das heifse Wasser floss darauf in den geschlossenen Behälter *f*, aus dem es eine besondere Dampfpumpe *i* in die Kessel beförderte. Ein in *f* angebrachter Schwimmer *g* stand durch ein Gestänge mit dem Dampfabsperrhahn *h* der Pumpe in Verbindung und brachte sie zum Stillstande, wenn zu wenig Wasser in *f* vorhanden war.

Dieser Vorwärmer war indes wenig wirksam, weil der Temperaturunterschied zwischen dem Abdampf und dem Speisewasser bei den meisten Schiffsmaschinen höchstens 40° C. beträgt. Die geringe Erwärmung des Speisewassers reichte daher nicht hin, um aus ihm vor dem Eintritt in den Kessel nennenswerte Mengen von kohlensauren Salzen sowie Kali- und Magnesiaverbindungen niederzuschlagen, so dass eigentlich nur eine Entluftung des Speisewassers erzielt wurde.

W e i r sah sich denn auch bald zu einer Umgestaltung seines Vorwärmers gezwungen Er liefs das von den Maschinenspeisepumpen geförderte Wasser unter Fortfall des offenen Behälters *b* gleich in den verschlossenen, im oberen Teile des Maschinenraumes aufgestellten Behälter *f* gehen, welcher das vorbeschriebene Rohr *d* mit den Scheiben *e* und ein Luftabführungsrohr enthielt. In diesen Behälter leitete er den Dampf aus der Zwischenkammer vor dem Niederdruckcylinder der Schiffsmaschine. Die Dampfpumpe *i* befestigte er an der Wand des Behälters *f* und regelte ihren Dampfabsperrhahn wie früher durch den in *f* liegenden Schwimmer *g*. Die in England patentirte Pumpe *i* [2] ist eine von den bekannten ohne drehende Bewegung. Der so verbesserte Vorwärmer lieferte ein ziemlich luft-, fett- und salzfreies Speisewasser von 80 bis 90° C. Temperatur. Mit einem Vorwärmer dieser Art war auch die K i r k'sche Dreifach-Expansionsmaschine des Dampfers »A b e r d e e n« versehen, und zwar, wie K i r k selbst sagt, hauptsächlich zur Schonung der Kessel.

Beschreibung des Weir'schen Vorwärmers.

Ergebnis des Weir'schen Vorwärmers.

Verbesserung des Weir'schen Vorwärmers.

---

[1] Englische Patentschrift vom 27. Oktober 1880.
[2] Engineering 1881 II. S. 401.

b. Aelterer Vorwärmer von Maclaine [1]).

Beschreibung
des
Maclaine'schen
Vorwärmers. 2 Cylinder I und II, Tafel III, Fig. 14 und 15, sind gewöhnlich derartig neben-einander am Kondensator zwischen Zisterne und Maschinenspeisepumpen befestigt, dass II etwas höher als I liegt. In I tritt bei *A* das Speisewasser und bei *K* das Zusatzwasser ein, umfliefst den kegelförmigen Körper *B* und gelangt durch dessen Oeffnungen in feinen Strahlen zu dem siebartig durchlöcherten Rohre *C*, aus welchem der dem Kessel oder einer Zwischenkammer der Maschine entnommene zum Vorwärmen bestimmte Dampf entweicht. Die Vermischung der gegeneinander strömenden Dampf- uud Wasserstrahlen hat eine schnelle Kondensation des Dampfes und Erwärmung des Wassers zur folge. Hierbei wird zunächst die dem Wasser beigemengte Luft frei, steigt im Raume *D* in die Höhe und geht durch seine oberen Oeffnungen und das Verbindungsrohr *E* in den Cylinder II, aus welchem sie durch das Rohr *F* entweder in den oberen Teil der Zisterne oder nach irgend einer anderen Ablasstelle entfernt sind.

Wirkung des
Maclaine'schen
Vorwärmers. Da ferner der Querschnitt des Cylinder I etwa 8 mal so grofs als der der Speise-rohre ist, so hat auch das Oel Zeit, sich abzuscheiden und ebenfalls durch *E* in den Cylinder II zu treten, wobei es sich auf der Wasseroberfläche sammelt und je nach der im Wasserstandsglase angezeigten Höhe durch die Hähne *G G* abgelassen wird. Fängt man das Oel auf, so kann man es entweder unmittelbar oder, nach-dem es eine Reinigungsvorrichtung durchlaufen hat, wieder zur Schmierung benutzen. Das erwähnte Speisewasser wird aus dem unteren Raume des Cylinders I entweder durch das Rohr *M* mittels der Maschinenspeisepumpen oder durch das Rohr *N* mittels der Dampfpumpe in die Kessel geschafft. Benutzt man zur Speisung nicht die Maschinen- sondern eine besondere Dampfpumpe, so kann die Dampfabsperr-vorrichtung *K* dieser Pumpe wie beim Weir'schen Vorwärmer durch den Schwimmer *H* des Cylinders II geregelt werden, nachdem man dessen Stand demjenigen des nor-malen Wasserstandes im Kessel angepasst hat.

c. Neuer Vorwärmer von Maclaine.

Beschreibung
des eigentlichen
Vorwärmers. Wie Textfig. 88 und 89 zeigen, hat Maclaine seinen Vorwärmer nachträglich derart umgestaltet, dass er auch als Verdampfer zur Erzeugung des Speisewassers herangezogen werden kann. Der obere Cylinder ist deshalb zu einem Verdampfer ausgebildet worden, während der untere Cylinder wie früher nur als Vorwärmer wirkt. Der Heizdampf wird dem Schieberkasten des Mitteldruckcylinders oder dem Hilfskessel entnommen und geht durch das Dampfventil *A* in die beiden Kupferrohr-schlangen *B* des oberen Cylinders, aus welchem er durch das Verbindungsrohr *C* in das innere Rohr *D* des unteren Cylinders entweicht und hier durch das siebartige Ende dieses Rohres in das vorbeiströmende Speisewasser austritt. Das aus der Zisterne kommende vorzuwärmende Speisewasser fliefst durch das Ventil *E* in den unteren Cylinder und kann nur dadurch in das Saugerohr der Maschinenspeise-pumpen *F* gelangen, dass es in dem ringförmigen Raume zwischen dem Kupferrohr *D* und der bronzenen durchlöcherten Glocke *G* emporsteigt, in welchem es durch den aus dem Rohr *D* kommenden Dampf vorgewärmt wird. Aus dem Stutzen bei *H*

---

[1]) The Engineer 1887 II. S. 265.

kann mittels der Dampfpumpe gesaugt werden. Das Rohr J steht mit den Grund-hähnen der Schiffskessel und das Rohr K mit einem Seeventile in Verbindung, wodurch man in der Lage ist, sowohl beim Aufpumpen der Kessel aus See als auch durch bloſses Durchpumpen des Kesselwassers durch den Vorwärmer dieses letztere mit Hilfe des vom Hilfskessel kommenden Dampfes bis auf etwa 80⁰ vorzuwärmen, ehe man die Feuer in den Kesseln anzündet. Der Querschnitt des Vorwärmers ist jetzt 12 mal so groſs gewählt als der des Verbindungsrohres mit der Zisterne (bei dem älteren war er nur 8 mal so groſs); die in folge der Erwärmung aus dem Wasser scheidende Luft hat daher genügend Zeit, durch die oberen Löcher der Glocke G in das Rohr L zu entweichen, welches bis zur Wasserlinie des Schiffes aufgeführt ist, um ein Ueberlaufen desselben beim Füllen der Kessel aus See zu verhüten.

Fig. 88.   Fig. 89.

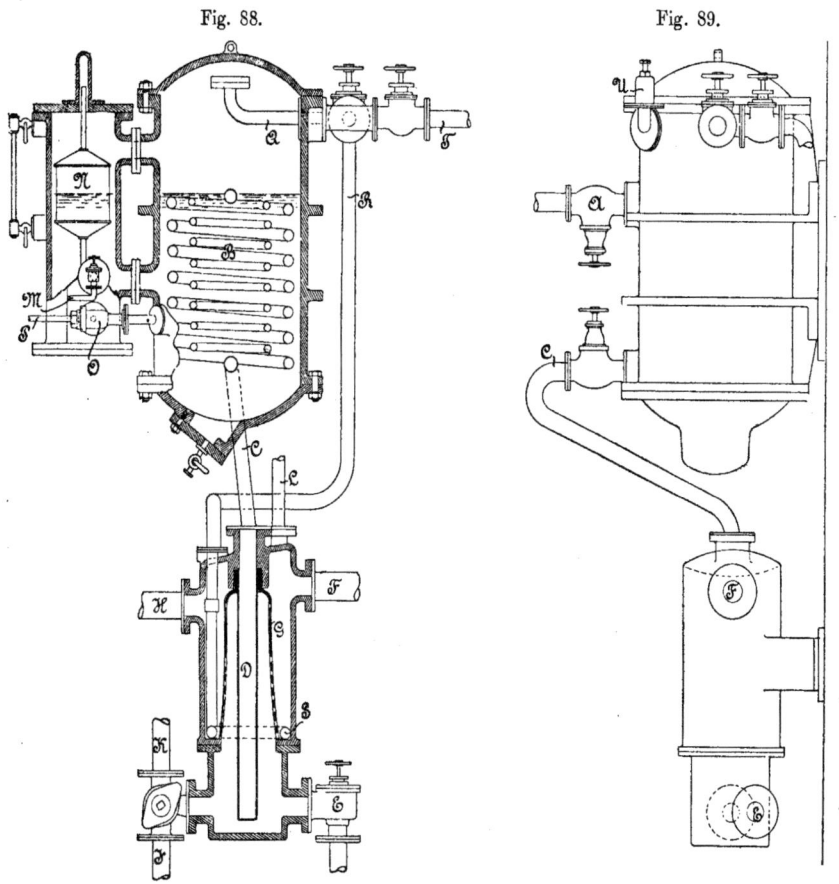

Das salzige, von dem Kühlwasser des Oberflächenkondensators herrührende, zur Verdampfung benutzte Wasser geht durch das Ventil M in die Schwimmer-kammer des oberen Cylinders, flieſst durch ein inneres Messingrohr, in welches ein von dem Schwimmer N regelbares kleines Corlissventil eingeschaltet ist, wenn letzteres offen steht, zu dem Injektor O, der es in den die Kupferrohr-schlangen umgebenden Raum des Verdampfers treibt. Den Betriebsdampf erhält

Beschreibung des Verdampfers.

der Injektor aus dem Rohre P, welches sich vor dem Ventil A von dem gröfseren Dampfrohre abzweigt. Der im Verdampfer aus dem Salzwasser entstehende Dampf tritt durch die Rohre Q und R in das durchlöcherte Schlangenrohr S des Vorwärmers, wo er beim Ausströmen in das zu erwärmende Speisewasser kondensirt. Sollte das Speisewasser im Vorwärmer zu heifs werden, oder ist ein besonders grofser Zufluss von Ergänzungsspeisewasser erforderlich, so kann der im Verdampfer gebildete Dampf durch das Rohr T auch in den Oberflächenkondensator geleitet werden. Die Leistung des Verdampfers lässt sich mittels der Ventile A und C beliebig vergröfsern oder verringern.

Betrieb des
Vorwärmers. Behufs Erleichterung der Reinigung ist der Verdampfer unten mit einem Handloch und darin verschraubtem Salzhahn versehen. Oben sitzt neben einem Manometer das Sicherheitsventil U. Der Verdampfer sowohl wie der Vorwärmer lassen sich unschwer auseinandernehmen und reinigen, die Einrichtung beider ist eine sehr einfache und auch ihre Handhabung bietet bei genügender Aufmerksamkeit keine Schwierigkeiten. Besonders verhindert die durch den Schwimmer herbeigeführte gleichmäfsige Höhe des Wasserstandes das sonst im Verdampfer ziemlich häufige Ueberkochen. Auf die Ausscheidung des Oeles aus dem Speisewasser scheint Maclaine in seinem neuen Vorwärmer kein besonderes Gewicht zu legen, so dass neben seinem Verdampfer und Vorwärmer wohl die Einschaltung eines besonderen Speisewasserreinigers erforderlich sein dürfte. Ein Vorzug des neuen Apparates ist die Ueberleitung der in dem Dampf des Salzwassers enthaltenen latenten Wärme in das Speisewasser. Auf dem mit neuen Maclaine'schen Vorwärmern ausgerüsteten Dampfer »Dunmore-Head« mit Maschine von 1300 ind. Pfkr. und 12 Atm. Kesseldruck konnte das Speisewasser so hoch vorgewärmt werden, wie es die Pumpen überhaupt noch fortschaffen wollten d. h. bis auf etwa 70^0 C.

Wirtschaftlich-
keit der bisher
besprochenen
Vorwärmer. Eine Kohlenersparnis lässt sich weder durch einen Weir'schen, noch durch einen Maclaine'schen Vorwärmer erreichen; denn die Wärme, welche jedes zur Erwärmung des Speisewassers verbrauchte Kilogramm des Zwischenkammerdampfes abgeben kann, ist um die mindestens 40 W. E. betragende äufsere latente Wärme geringer, als die zu seiner Erzeugung aufgewendete; mithin ist es zweckmäfsiger, diese Dampfwärme zur Arbeitsleistung im Niederdruckcylinder zu verwenden und die Vorwärmung unmittelbar durch die Heizgase zu bewirken, wie dies bei den nachstehend beschriebenen Einrichtungen geschieht.

d. Vorwärmer von Hudson [1]).

Beschreibung
des
Vorwärmers. Ein als Kessel oder Rohrbündel ausgebildeter Behälter a (Textfig. 90 und 91) umgiebt ganz oder teilweise den Vorderteil der Feuerung und ist durch das Rohr f mit einem hinter dem Roste angeordneten Behälter e, sowie mit dem spiralförmigen Umlaufsrohr g verbunden. Das durch die Speisepumpen zugeführte, in $a\,e\,g$ erhitzte Wasser tritt bei einem Kessel mit 3 Feuerungen durch die Rohre b in die Behälter a der beiden Seitenfeuerungen über, welche ebenfalls mit den Teilen $f\,e\,g$ für den Wasserumlauf ausgerüstet sind, von wo aus es durch die Ventile h in den Kessel gelangt. Ob sich dieser Vorwärmer im praktischen Betriebe bewähren wird, bleibt noch abzuwarten, da zu befürchten ist, dass sich in den oberen Teilen der Spiral-

---

[1]) Zeitschr. d. Ver. deutscher Ingenieure 1889 S. 639.

rohre *g* schon Dampf bildet, wodurch ein Durchbrennen derselben herbeigeführt werden kann.

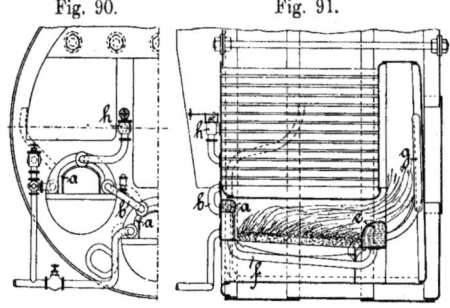

Fig. 90.   Fig. 91.

e. Vorwärmer von Howden.

Schon wenn man sich die Erfahrungen vergegenwärtigt, welche mit dem schnellen Verschleifs der Ueberhitzerrohre gemacht wurden, kann man ein gewisses Bedenken gegen die Dauerhaftigkeit der von Howden zur Vorwärmung der Luft in die Rauchfänge eingebauten, auf Seite 105 beschriebenen Rohrbündel nicht unterdrücken. Praktischer ist es daher jedenfalls, wenn man statt des Luftvorwärmers einen Speisewasservorwärmer im Rauchfange anordnet, dessen auf einer Seite stets vom Wasser berührte Rohre eine gröfsere Widerstandsfähigkeit besitzen, als die auf der einen Seite ebenfalls von den Heizgasen, auf der anderen aber nur von Luft bezw. Dampf umgebenen Rohre der Luftvorwärmer bezw. Ueberhitzer. Nach den bis jetzt vorliegenden Erfahrungen ist es aufserdem noch vorteilhafter, statt der Verbrennungsluft das Speisewasser möglichst vorzuwärmen. Hält man sich indes nur an den nachstehend mitgeteilten von Howden[1]) angestellten Versuch, dann scheint es, als ob ein Luftvorwärmer die Wärme der abziehenden Heizgase viel besser ausnütze als ein Speisewasservorwärmer. Howden verglich nämlich die Wirksamkeit des Luftvorwärmers während des gewöhnlichen Betriebes auf See in dem Kessel des Dampfers »New York City« mit dem Speisewasservorwärmer eines von ihm zu diesem Zwecke hergerichteten Kessels, welcher seine Heizgase sämmtlich durch diesen Vorwärmer entliefs.

Die Ergebnisse des Vergleiches lassen sich aus folgender Zusammenstellung ersehen:

(Marginalien: Zweckmäfsigkeit der Speisewasser-Vorwärmung. — Tabelle.)

Versuch mit dem	Heizfläche qm	In 1 Sek. zogen durch den Vorwärmer	Geschwindigkeit der Luft- bezw. Wassermenge im Vorwärmer m i. d. S.	Temperatur- zunahme der Luft bezw. des Wassers im Vorwärmer ° C.	Spez. Wärme der Luft bez. des Wassers	1 kg Kohle, welches auf dem Rost verbrannte,	Den aus 1 kg verbrannter Kohle entstehenden abziehenden Heizgasen wurden demnach entzogen:
Luftvorwärmer	21,36	125 kg Luft	7,6199	105	0,238	verbrauchte 17,5 kg Luft	105.0,238.18,5 = 462,32 W.E.
Speisewasser- vorwärmer	28,24	34 kg Wasser	0,0076	14	1,000	verdampfte 10 kg Wasser	14.1.10 = 140 W.E.

[1]) Transaction of the institution of naval architects 1886 S. 192.

Hiernach wären den abziehenden Heizgasen im Luftvorwärmer trotz seiner kleinen Heizfläche auf 1 kg verbrannter Kohle mehr als dreimal so viel Wärmeeinheiten entzogen wie im Speisewasservorwärmer. Gegen diese Zahlen lässt sich zunächst einwenden, dass die von Howden ermittelte Erwärmung der Luft wahrscheinlich zu hoch angegeben ist und der Wirklichkeit insofern nicht entspricht, als seine Thermometer der strahlenden Wärme der umgebenden heißen Kesselwände zu sehr ausgesetzt waren und demnach nicht die sehr schwierig zu ermittelnde Temperatur der vorbeistreichenden Luft, sondern nur die Temperatur ihres eigenen Körpers anzeigten. Andererseits ist die Erwärmung des Wassers von nur 14⁰ C. in dem Speisewasservorwärmer eine so geringe, dass letzterer gegenüber den sonst im Betriebe befindlichen als ein höchst mäßig wirkender angesehen werden muss.

Dagegen soll der Vorwärmer von Kemp, von welchem nachstehend die Rede sein wird, bei der allerdings sehr großen Heizfläche von 315 qm das Speisewasser um 133⁰ C. erwärmt haben. Bei einer solchen Vorwärmung muss mindestens eine 10fache Verdampfung eintreten, so dass hier den aus 1 kg verbrannter Kohle entstehenden, im Abzuge begriffenen Heizgasen noch $133 . 1 . 10 = 1330$ W. E., oder beinahe zehnmal mehr als im Howden'schen Speisewasservorwärmer und etwa 3mal mehr als in seinem Luftvorwärmer entzogen wurden. Die Ergebnisse des Kemp-schen Versuches sind, wie später nachgewiesen wird, ebenso unbestimmt und darum auch ebenso anfechtbar, wie die Howden'schen; trotzdem ist aber die größere Glaubwürdigkeit auf ihrer Seite, weil die Wärmeleitungsfähigkeit[1]) des Wassers sehr viel größer als die der Luft ist, mithin das Wasser die Wärme viel schneller als die Luft in sich aufnehmen kann, wie schon die mit Wasser gekühlten Oberflächenkondensatoren gegenüber den mit Luft gekühlten und die allgemeine Praxis, eine glühende Platte durch Begießen mit Wasser und nicht durch Ueberleiten eines Luftstromes schnell abzukühlen, beweisen.

Sowohl die Versuche von Howden als auch die von Kemp leiden an einer gewissen Oberflächlichkeit; beide sind lediglich zum Zwecke der Empfehlung ihrer Patente durchgeführt und haben natürlich das erwiesen, was man vor dem Versuch anstrebte. Es ist deshalb zu wünschen, dass durch weitere, mit größerer wissenschaftlicher Schärfe angestellte Untersuchungen eingehendere Aufschlüsse über den gegenseitigen Wert der Speisewasser- und der Luftvorwärmung erbracht würden.

f. Vorwärmer von Kemp.

Kemp's[2]) Schiffskessel mit Speisewasservorwärmer, von ihm »Hoch- und Niedertemperaturkessel« genannt, wurde zuerst in einen französischen Frachtdampfer »Bléville« eingesetzt, welcher bei der Firma Stephen & Sons in Glasgow, deren Mitinhaber Kemp ist, erbaut und Ende des Jahres 1886 erprobt worden ist[3]).

---

[1]) Nach Müller-Pouillet's Lehrbuch der Physik, bearbeitet von Pfaundler, VIII. Aufl. II. B II. Abt. S. 539 ist nach Versuchen von Depretz die Wärmeleitungsfähigkeit des Wassers etwa 95mal geringer als die des Kupfers, dagegen diejenige der Luft nach Versuchen von Stefan (siehe ebendaselbst S. 543) ungefähr 18000mal geringer als die des Kupfers.

[2]) Engineering 1887 I S. 54.

[3]) Die Anregung zur Herstellung einer solchen Anlage ging von dem bekannten Maschineninspektor der Sloman'schen Reederei in Hamburg, Hrn. von Essen aus, wie ich leider in der Zeitschr. d. Ver. deutscher Ingenieure Jahrgang 1887, S. 436 erst las, als dieser Teil des Buches bereits druckfertig war. B.

Der Dampfer hat 91,43 m Länge, 12,19 m Breite und 7,46 m mittleren Tiefgang Haupt-abmessungen. und ist mit Wasserballasttanks versehen. Seine Dreifach-Expansionsmaschine mit gewöhnlicher Dreikurbelanordnung arbeitet mit 11,25 kg/qcm Ueberdruck; die Cylinder haben bezw. 53,3 cm, 83,8 cm und 132 cm Dmr. bei 106 cm Hub. Den Dampf erzeugen 2 cylindrische Kessel von 3,22 m Dmr. und 3,04 m Länge. Jeder Kessel hat zwei gewellte Feuerbüchsen von 1,06 m Dmr.; beide Kessel zusammen umschliefsen eine Rostfläche von 6,688 qm und eine Heizfläche von 164,25 qm.

In dem Rauchfange jedes Kessels liegen 4 Bündel von schmiedeisernen, 51 mm Allgemeine Anordnung. i. L. weiten, wagerechten Rohren von 2,75 m Länge, welche das Speisewasser durchströmen muss, ehe es in den Kessel gelangt (Textfiguren 92—94).

Zwei dieser Rohrbündel befinden sich in der vorderen Rauchkammer unmittel- Beschreibung des Vorwärmers. bar über den Feuerrohren, die beiden anderen im Schornsteinhals. Die Vorwärmerrohre sind in ihre 25 mm starken, stählernen Rohrwände eingeschraubt und nach aufsen hin durch Stahlgussdeckel abgedichtet. Die inneren Flächen der Deckel besitzen vorspringende Rippen, die sich so an die Zwischenräume zwischen den Rohren anlegen, dass sie je zwei senkrecht benachbarte Rohrreihen mit einander verbinden, von den anderen aber trennen. Hierdurch entstehen vor den Rohröffnungen einzelne kleine Kasten, in welchen sich das an der Oberfläche der Rohre entlang fliefsende stärker erwärmte Wasser mit dem in ihrem Innern stehenden kälteren Wasser vermischen kann. Das von der Speisepumpe geförderte Wasser wird unten in die hintersten senkrechten Reihen des oberen Rohrbündels gepumpt und muss dann gleichzeitig die sechs über einander liegenden Rohre dieser senkrechten Reihe durchlaufen, um, auf der gegenüberliegenden Seite angekommen, in die zweite senkrechte Reihe zu treten, und so jede folgende Reihe durchströmen, bis es die vorderste Reihe dieses Bündels erreicht hat, worauf es durch ein Ueberleitungsrohr zur vordersten Rohrreihe des zweiten Bündels gelangt. In diesem durchfliefst es die senkrechten Reihen von vorn nach hinten, geht dann in das dritte Bündel, es von hinten nach vorn, und endlich in das vierte Bündel, dieses wieder von vorn nach hinten durchlaufend, bis es endlich nach Zurücklegung des durch die senkrechten Reihen der Vorwärmerrohre eines Kessels gebildeten Weges von 160 m in den Kessel tritt. Da das kältere, von der Speisepumpe kommende Wasser in das oberste, von den am meisten abgekühlten Heizgasen umspülte Rohrbündel gedrückt wird und erst mit zunehmender Erwärmung nach und nach mit den heifseren Heizgasen in den unteren Rohrbündeln in Berührung kommt, so ist die Gegenströmung vollkommen durchgeführt.

Die Wirksamkeit des Vorwärmers wurde dadurch untersucht, dass man bei Wirksamkeit des Vorwärmers. den verschiedenen Probefahrten mit künstlichem und natürlichem Zuge Thermometer in die Speiserohrleitung kurz vor ihrem Eintritt in die Rohrbündel und dicht vor ihrem Anschluss an den Kessel einschaltete. Die Thermometer sollen im Durchschnitt 49° C. bezw. 182° C. angezeigt haben, sodass sich das Wasser im Vorwärmer um 133° C. erwärmt hätte und fast mit der dem Kesseldruck von 11,25 kg/qcm Ueberdruck entsprechenden Temperatur von 188° C. in den Kessel getreten wäre. Leider fehlen alle Angaben darüber, ob diese Erwärmung bei natürlichem oder künstlichem Zuge stattfand. Wahrscheinlich geben die Zahlen die überhaupt beobachtete gröfste Erwärmung des Speisewassers an, wie der nachstehende Vergleich zwischen der vom Speisewasser aufgenommenen und der von den Heizgasen abgegebenen Wärmemenge lehrt.

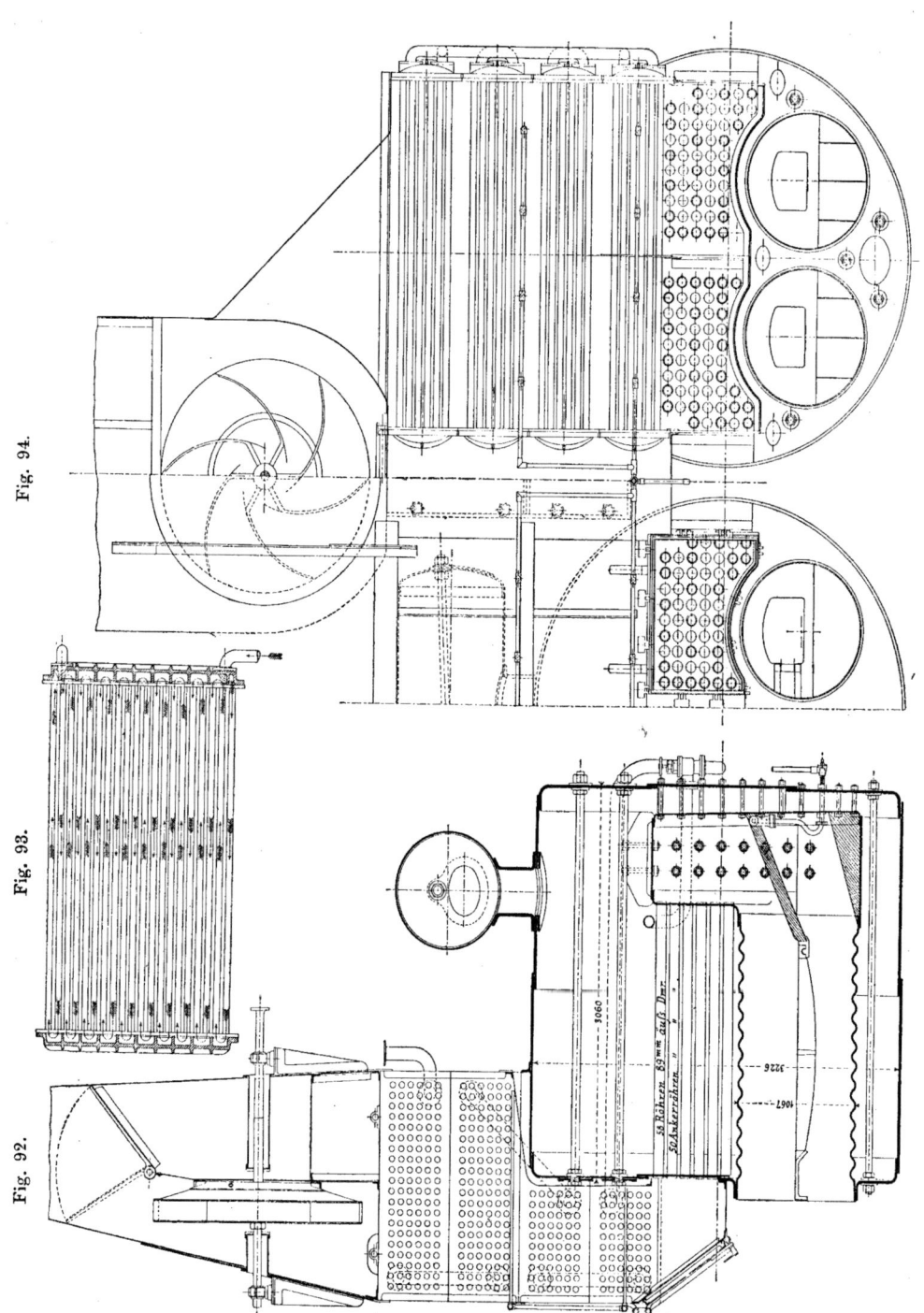

Fig. 94.

Fig. 93.

Fig. 92.

Die Temperatur der Heizgase wurde durch zwei Pyrometer bestimmt, von denen eins in der vorderen Rauchkammer, gegenüber den Feuerrohren, unterhalb der untersten Vorwärmerrohre, das andere im Schornsteinhals über den obersten Vorwärmerrohren angebracht war. An dem ersteren wurden bei gewöhnlichem Zuge etwa 340^0 C., bei künstlichem Zuge etwa 560^0 C., an dem letzteren etwa. 150^0 C. bezw. 180^0 C. abgelesen, sodass die Heizgase beim Durchstreichen des Vorwärmers etwa 190^0 C. bezw. 380^0 C. verloren hätten.

Nimmt man an, dass bei so beträchtlicher Vorwärmung des Speisewassers mindestens auf eine zehnfache Verdampfung zu rechnen ist, so mussten auf 1 kg verbrannter Kohle $133 \cdot 1 \cdot 10 = 1330$ W.-E. an das Speisewasser abgegeben worden sein, während die aus 1 kg verbrannter Kohle entstehenden Heizgase bei natürlichem Zuge mit einer Luftzuführung von 19 kg nur $20 \cdot 0{,}25 \cdot 190 = 950$ W.-E. abgeben konnten, wenn man ihre spezifische Wärme mit 0,25 in Rechnung setzt. Sollte die Wärmemenge von 1330 W.-E. wirklich an das mit 1 kg Kohle verdampfte Wasser abgegeben worden sein, so hätten bei natürlichem Zuge schon 27 kg Luft für 1 kg Kohle zum Feuer geführt werden müssen, und dann wäre noch nicht auf die Einschränkung der Wärmeleitungsfähigkeit der Rohre durch die eintretende Rußbedeckung sowie auf die Strahlungsverluste usw. Rücksicht genommen. Beim Fahren mit künstlichem Zuge kann das mitgeteilte Ergebnis indessen erreicht worden sein, weil hier den abziehenden Heizgasen für 1 kg verbrannter Kohle unter Beibehaltung der Werte:

$$20 \cdot 0{,}25 \cdot 380 = 1900 \text{ W.-E.}$$

entzogen sein sollen. In diesem Falle blieb noch ein Unterschied von $1900 - 1330 = 570$ W.-E. übrig, welcher auf Rechnung der verschiedenen durch Strahlung, Rußablagerung usw. herbeigeführten Wärmeverluste sowie der Ungenauigkeit der Messungen zu setzen wäre.

Kemp hat auch versucht, den Widerstand zu messen, den das Wasser beim Durchfließen des 160 m langen Weges und dem damit verknüpften sechzigmaligen Richtungswechsel im Vorwärmer erleidet. Er schaltete ein Manometer in die Speiserohrleitung vor dem Vorwärmer ein und fand, dass es bei jedem Hube der Pumpe etwa nur 0,28 bis 0,35 kg mehr Druck anzeigte als das Kesselmanometer, wonach also der Widerstand nicht sehr groß war. Die Geschwindigkeit, mit welcher das Wasser durch den Vorwärmer strömte, betrug nach von Essen[1] 0,178 m i. d. Sek., und es blieb bei 60 Umdrehungen der Maschine und etwas über $^1/_2$ Füllung des Hochdruckcylinders 30,5 Minuten im Vorwärmer.

Um die Maschinenleistung beliebig zu erhöhen oder in den Tropen bei Wind- stille den nötigen Zug zu erzeugen, oder um endlich geringere Kohlensorten verwenden zu können, ist in dem Schornsteinhals über dem Vorwärmer ein Allen'sches Flügelradgebläse von 1,82 m Flügelraddurchmesser angeordnet, welches, durch eine besondere kleine Dampfmaschine getrieben, die Luft von unten durch die Roste und das Feuer ansaugt und oben in den Schornstein presst. Dieses Flügelrad soll so gut gearbeitet haben, dass es bereits bei 500 Min.-Umdr. eine Luftpressung von 50 mm Wassersäule hervorbrachte, während nur eine Pressung von 13 bis 20 mm nötig war. Eine oberhalb des Flügelrades im Schornstein eingeschaltete Klappe zwingt die Heizgase, wenn geschlossen, beim Betriebe des Flügelrades, also bei

---

[1] Zeitschr. d. Ver. deutscher Ingenieure 1887 S. 438.

künstlichem Zuge, durch dieses hindurchzugehen, und, wenn offen, beim Fahren mit natürlichem Zuge mit dessen Umgehung unmittelbar ins Freie zu entweichen.

Probefahrts-
Ergebnisse.　Die Probefahrten des Dampfers »Bléville« lieferten nach Engineering und nach den jetzt hinzugekommenen Mitteilungen von Essen's die in der folgenden Tabelle zusammengestellten Ergebnisse:

No. des Versuches	Art des Versuches	Im Betriebe befind-liche Kessel	Dampfüberdruck im Kessel	Min.-Umdr. der Maschine	Maschinenleistung	Schiffs-geschwindigkeit	Kohlenverbrauch in 24 Stunden	Kohlenverbrauch für die ind. Pfkr. und Stunde	Kohlenverbrauch auf 1 qm Rostfläche in der Stunde
			kg/qcm		ind. Pfkr.	S.-M.	t	kg	kg
1	Schwacher künstlicher Zug	2	11,00	70	1227,9	11,5	—	—	—
2	Natürlicher Zug	2	10,50	60	896,5	10,5	11,5	0,543	72,67
3	Künstlicher Zug (25 mm Wassersäule)	1	10,12	56	715,0	10,0	—	—	—
4	Natürlicher Zug	1	—	—	—	8,5	—	—	—

Kohlen-
verbrauch
auf See.　Auf seiner ersten Fahrt von Glasgow nach Havre soll der Dampfer täglich 10,5 t schottische Kohle verbraucht und eine durchschnittliche Geschwindigkeit von 10 Knoten innegehalten haben. Nach den vorstehenden Probefahrtsergebnissen musste die Maschine 715 Pfkr. indiziren, um das Schiff mit 10 Knoten Geschwindigkeit vorwärts zu bewegen, so dass sich unter Zugrundelegung dieser Zahlen der mittlere Kohlenverbrauch auf See auf etwa 66 kg für 1 qm Rostfläche und Std. oder auf rund 0,63 kg für 1 ind. Pfkr. und Std. berechnet.

Vergleich der
Speisewasser-
und Luft-
vorwärmung.　Vergleicht man diese auf See mit der Kemp'schen Speisewasservorwärmung erhaltenen, also der Wirklichkeit am meisten entsprechenden Leistungen mit den unter gleichen Verhältnissen von Howden bei der Luftvorwärmung erzielten, so ergiebt sich:

		Name des Schiffes	Abmessungen des Schiffes			Kessel		Heizfläche im Vorwärmer	Dampfüberdruck	Maschine			Stündl. Kohl.-verbrauch		Schiffs-geschwindigkeit
			Länge	Breite	Tiefgang	Rostfläche	Heizfläche			System	Mittlere Min.-Umdr.	Ind. Pfkr.	für 1 ind. Pfkr.	auf 1 qm Rostfläche	
			m	m	m	qm	qm	qm	kg/qcm				kg	kg	S.-M.
1	2	3	4	5	6	7	8	9	10	11	12	13	14	15	16
Howden	Luftvor-wärmung	New-York-City	79,24	10,51	6,85	3,340	122,60	21,36	5,6	2-Cylinder-Kompound	60	623	0,63	120	9,5
Kemp	Speise-wasser-vor-wärmung	Bléville	91,43	12,19	7,46	6,688	164,25	315,00	11,25	Dreifach-Expansions	56	715	0,63	66	10,5

' Wie aus diesem Vergleiche hervorgeht, brachte es die von Howden in seiner Feuerung erzielte vollkommenere Verbrennung dahin, dass trotz seines weniger sparsamen Maschinensystemes und trotz seiner der Speisewasservorwärmung entschieden nachstehenden Luftvorwärmung der Kohlenverbrauch auf See nicht hinter demjenigen von Kemp mit der besseren Maschine und den leistungsfähigeren Kesseln zurück blieb. Hierzu kommt, dass sich der Kemp'sche Vorwärmer, wie sich inzwischen herausgestellt hat, während des späteren Betriebes durchaus nicht bewährte. Da das Wasser darin bis zur Dampftemperatur erhitzt werden sollte, so kam es vor, dass in den unteren Rohren schon die Verdampfung wirklich vor sich ging, wodurch deren innere Wandungen ungekühlt blieben und die Heizgase diese Rohre entweder durchbrannten oder sie doch so stark erwärmten, dass sie sich durchbogen und mit ihren Enden aus den Verschraubungen heraustraten. Während der Fahrt musste man die auf diese Weise undicht gewordenen Rohre zustopfen, um sie im Hafen wieder zu erneuern. Dieser Fall trat schliefslich so häufig ein, dass der ganze Vorwärmer auf der Reise abgestellt werden und das Schiff ohne ihn mit verringerter Maschinenleistung weiter fahren musste. Unter solchen Umständen entschloss man sich endlich, den Vorwärmer mit sammt den Kesseln gegen neue Kessel der gewöhnlichen Art auszuwechseln.

Dieser erste fehlgeschlagene Versuch scheint Kemp indes nicht entmutigt zu haben; denn in Verfolg seiner sehr richtigen Absicht, die Speisewasservorwärmung durch die abziehenden Heizgase in ausgiebiger Weise zu bewirken, hat er sich unterm 10. August 1887 in England[1]) die auf Tafel III, Fig. 16 dargestellte Anordnung des Vorwärmers für einen Einzelkessel und die dort Fig. 17 gezeichnete für einen Doppelkessel patentiren lassen. Der wesentlichste Unterschied zwischen der jetzigen und der früheren Einrichtung des Vorwärmers besteht darin, dass die Rohre der einzelnen Bündel nicht mehr vom Wasser, sondern von den Heizgasen durchströmt werden; das Wasser also in einzelne von den Feuerrohren durchzogene Behälter eingeschlossen ist. In den neuen Vorwärmern kann sich das Wasser nicht mehr so lange aufhalten wie in den alten, und da auch die Anzahl der Rohre verringert zu sein scheint, die Heizfläche daher vermindert ist, so kann eine starke, zur Dampfbildung Veranlassung gebende Erwärmung innerhalb derselben kaum noch vorkommen. Aufserdem ist die Zugänglichkeit der Rohre eine ungleich bessere als die frühere, und ihre Dichtung in den Rohrwänden, welche der gewöhnlichen Feuerrohrdichtung entsprechen dürfte, ist leichter zu bewirken.

Noch in demselben Jahre begann Kemp für den Frachtdampfer »Caloric« die Aufstellung eines Kessels mit Vorwärmer der neueren Konstruktion[2]), wie Textfig. 95 und 96 erkennen lassen. Die Maschinen-Speisepumpen drücken das Wasser nach einem der oberen Vorwärmer, wo es an dem Ende eintritt, an welchem die Heizgase in den Schornstein abströmen. Das Wasser durchläuft nun diesen Vorwärmer und fliefst am entgegengesetzten Ende durch ein Verbindungsrohr in den zweiten oberen Vorwärmer, von dort geht es in den dritten und endlich in den vierten, wobei es in jedem um etwa 20^0 C. erwärmt wird. Seine Temperatur steigt daher um etwa 80^0 C., wenn es also mit 50^0 C. aus der Maschine kommt, so gelangt es mit etwa 130^0C. in den Kessel. Die Heizgase gehen im entgegengesetzten Sinne durch die Vorwärmer

---

[1]) Engineering 1887 II. S. 447.
[2]) Engineering 1889 II. S. 235.

als das Wasser, sie treten aus den Feuerrohren des Kessels mit etwa 360⁰ C. und ziehen in den Schornstein nach Durcheilung der vier Vorwärmer mit etwa 115⁰ C. ab, so dass sie in den Vorwärmern 245⁰ C. an Temperatur verlieren. Hiernach sind bei etwa 10facher Verdampfung von 1 kg Kohlen an das Speisewasser in den Vorwärmern rund 80 . 1 . 10 = 800 W.-E. abgegeben, während 20 . 0,25 . 245 = 1225 W.-E.

Fig. 95.   Fig. 96.

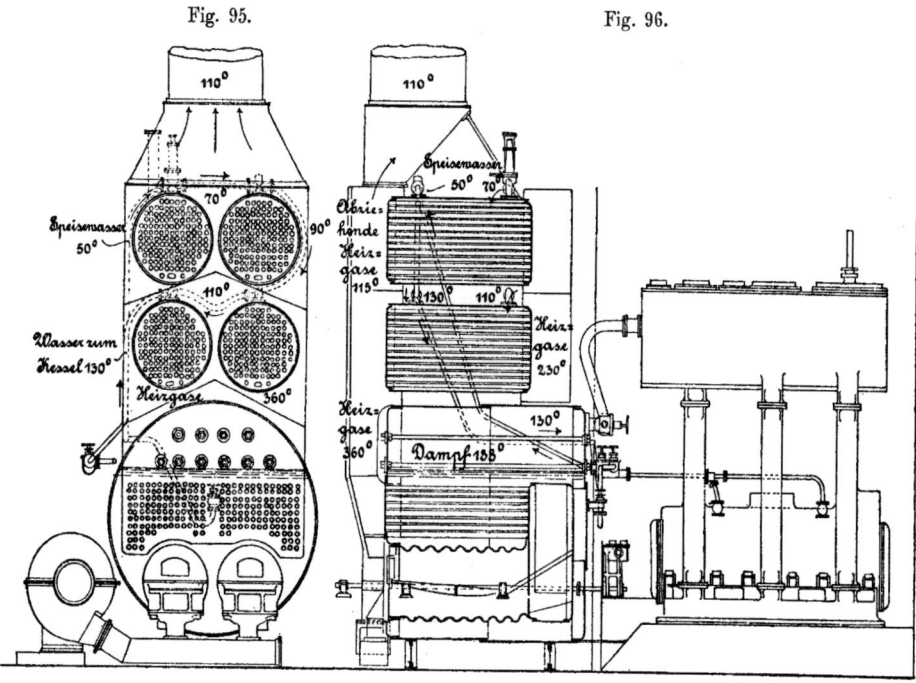

hierfür zur Verfügung standen, wenn wie auf S. 131 wieder eine Luftzuführung von 19 kg und eine spezifische Wärme der Heizgase von 0,25 angenommen wird. Die vorhandene Wärme ist also um mehr als die Hälfte gröfser wie die nutzbar gemachte, und das ist ein durchaus glaubwürdiges Ergebnis, kommen hierbei doch ganz andere Zahlen zum Vorschein, als die zuerst von Kemp angegebenen. Vergleicht man die mit »Caloric« erzielten Versuchsergebnisse mit denen, wie sie jetzt von Bléville angegeben werden, so folgt:

Schiff	Jahr der Erbauung	Rost-fläche in qm	Heizfläche		Verhältnis beider Heizflächen zueinander	Verhältnis der Rostfläche zur Kessel-heizfläche	Temperatur in ⁰C. in den Vorwärmern	
			im Kessel qm	im Vorwärmer qm			aufgenommen vom Speisewasser	abgegeben von den Heizgasen
1	2	3	4	5	6	7	8	9
Bléville	1886	6,688	164,25	315,00	1 : 1,91	1 : 25	85	220
Caloric	1887	3,576	149,78	325,60	1 : 2,17	1 : 42	80	245

Die Widersprüche in den Zahlen der Colonne 8 und 9 will Kemp durch die ver- schiedenen Verhältnisse der Rost- und Kesselheizflächen erklären. In den »Bléville-Kesseln« betrug dasselbe $1/25$ und bei natürlichem Zuge ging auch alles gut, aber sowie Unterwind angestellt wurde, konnte die bis auf 560^0 C. steigende Temperatur der aus den Kesselfeuerrohren strömenden Heizgase durch Wärmeabgabe in den Vorwärmern nur bis auf etwa 330^0 C. erniedrigt werden, sodass die Gase mit dieser Temperatur aus dem Schornsteine entweichen mussten, ihre Wärme also nur zum geringeren Teile an die Vorwärmer abgaben. Durch die Verkleinerung der Rostfläche im »Caloric«-Kessel bis zu dem Verhältnis $1/42$ zur Heizfläche soll die Wärmeausnutzung der mit geschlossenen Aschfällen versehenen und gewöhnlich mit Pressluft von 12 bis 20 mm Wassersäule betriebenen Feuer eine günstigere geworden sein. — Wenn die bessere Ausnutzung der Heizgaswärme durch die vergröfserte Heizfläche auch unbedingt zugegeben werden muss, so ist damit immer noch nicht erklärt, warum die Heizgase der »Bléville«-Kessel bei nur 220^0 C. Temperatur-Erniedrigung das Speisewasser um 85^0 C. erwärmten, während sie es im »Caloric«-Kessel bei 245^0 C. Temperaturgefälle nur auf eine Erwärmung von etwa 80^0 C. brachten. Es scheint hierdurch die anfängliche Behauptung, dass die »Bléville«-Versuche nicht mit der nötigen Genauigkeit ausgeführt wurden, einfach bestetigt zu werden.

Im übrigen sind die neuen Vorwärmer sehr zweckmäfsig ausgeführt. Die Rohre derselben besitzen dieselbe Länge — 2,54 m — und denselben Durchmesser — 75 mm — wie die Kesselfeuerrohre, man gebraucht daher nur eine Sorte von Ersatzrohren an Bord zu führen. Die Reinigung der neuen Vorwärmer lässt sich gegen die der alten durch den bekannten von Essen'schen Dampfrohrreiniger schnell und bequem durchführen.

Der Dampfer »Caloric« hat in 14 Monaten 45000 Seemeilen durchlaufen und dabei haben sich die Vorwärmer ausgezeichnet bewährt, denn der Kohlenverbrauch seiner mit 11,25 kg/qcm Ueberdruck arbeitenden Kessel betrug für die indizirte Pfkr. der Dreifach-Expansionsmaschine stündlich nur 0,57 kg. Die kürzlich vorgenommene gründliche Untersuchung der Vorwärmer zeigte, dafs einzelne Rohre derselben angefressen waren, weil die Cylinder mit Oel und die Kolbenstangen mit Talg geschmiert wurden und keinerlei Mafsregeln zur Beseitigung der Fettsäuren getroffen waren. Durch Einhängung von Zinkblöcken und Destillation des bisher aus See entnommenen Zusatzwassers, sowie durch Einbau von Oel- und Luftabscheidern in die Speiserohrleitung wird man dem genannten Uebel bald steuern.

Sollten sich Kemp's neue Vorwärmer besser bewähren als die alten so wäre vielleicht ihre Verbindung mit Howden's Feuerung ganz empfehlenswert, weil eine solche Vereinigung wahrscheinlich noch bessere Ergebnisse liefern würde, als sich bis jetzt durch jede Einrichtung allein erreichen liefs. Diese Verbindung könnte dadurch hergestellt werden, dass man einen Kemp'schen Kessel mit Howden's Feuerung versähe und die für den schwachen künstlichen Zug erforderliche Luft mittels eines Flügelrades aus dem wärmeren Teile des Kessel- und Maschinenraumes durch Kanäle in der vorderen Rauchkammer, ähnlich wie sie Wyllie anordnet, ansaugte und sie durch dasselbe in die Feuerung bezw. den Aschfall presst. Die Vorwärmung der Luft würde dann allerdings nur sehr gering ausfallen; sie ist aber auch nach früherem ganz unwesentlich gegenüber der gut verteilten Luftzufuhr unter- und oberhalb des Feuers. Da der sowohl von Howden als auch von Kemp angewendete Unterwind nur ziemlich schwach war, so steht einer solchen Verbindung kaum ein anderes Hindernis entgegen, als — eine Einigung der beiden Patentinhaber.

Schluss-
bemerkung.
Trotzdem die angeführten, in weiteren Kreisen bekannt gewordenen Versuche einer ausgiebigen Vorwärmung des Speisewassers, bis auf die Erfahrungen mit »Caloric«, teilweise wenig glaubwürdige und dabei recht lückenhafte Ergebnisse zu tage förderten, so lassen sie doch so viel erkennen, dass es bedeutend wirtschaftlicher ist, die abziehenden Heizgase der mit künstlichem Zuge oder Unterwind betriebenen Kessel zur Vorwärmung des Speisewassers als zur Vorwärmung der Verbrennungsluft zu benutzen.

Elfter Abschnitt.

Speisewasserergänzung durch destillirtes Wasser.

Arten der
Verdampfer.

Auf S. 25 sind die Gründe aufgezählt, welche es bei hohen Dampfspannungen notwendig machen, statt des dem Kühlwasser des Kondensators entnommenen Zusatzwassers von den Speisepumpen vollkommen reines, destillirtes Wasser mitsaugen zu lassen. Dieser Zweck lässt sich erreichen:

a) durch Verdampfer, wie sie in der englischen Marine gebräuchlich sind,
b) durch den Verdampfer von Smillie,
c)   »   »   »   » Weir,
d)   »   »   »   der Yaryan Co.,
e)   »   »   »   von Howe u. Beckwith,
f)   »   »   »   » Pamphlett und Ferguson,
g)   »   »   »   » Jones,
h)   »   » Hilfskessel, wenn ein Verdampfer erspart werden soll.

a. Die Verdampfer der englischen Marine.

Vorschrift in
der englischen
Marine.

Seit mehreren Jahren schon wird in der englischen Marine das Zusatzwasser für alle Kessel vom Lokomotivtyp durch Destilliren von Meerwasser gewonnen, und letzhin ist dieses Verfahren für sämmtliche neuen Kessel vorgeschrieben worden. Die Destillation geschieht auf 2 verschiedene Arten.

Aeltere
Verdampfer.

Bei der ersten und älteren Art leitet man Kesseldampf durch ein von Seewasser umspültes Rohrbündel. Die Dampfwärme bringt das Wasser zum Kochen; das hierbei aus dem Dampfe entstehende Kondensationswasser wird zum Kessel zurückgeführt, wogegen die aus dem Seewasser gebildeten Dämpfe in den Kondensator der Maschine geleitet werden, mit welchem der Verdampfer in Verbindung steht, so dass die Dampfbildung in letzterem unter dem Einfluss der Luftleere vor sich geht, wie dies auch bei den meisten der nachstehend beschriebenen Verdampfer der Fall ist. Im Kondensator niedergeschlagen, liefern diese Dämpfe das erforderliche Zusatzwasser.

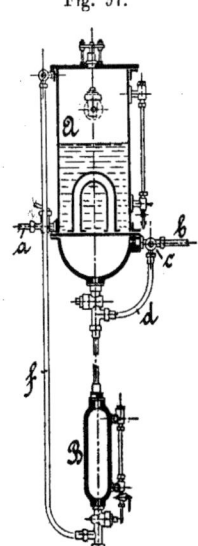

Fig. 97.

Bei der zweiten Art, Textfig. 97, wird das zu verdampfende Neuere
Verdampfer. Seewasser dem Kühlwasser des Maschinenkondensators durch das Rohr *a* entnommen, während der heizende Dampf aus dem Entwässerungsrohr *b* des Dampfmantels kommt. Rohr *b* besitzt einen Dreiweghahn *c*, mittels dessen man den Dampf entweder auf dem Umwege durch den Verdampfer *A* oder unmittelbar durch das Zweigrohr *d* in einen mit einem Wasserstandsglase versehenen Wassersammler *B* leiten kann, welcher durch das Rohr *e* mit dem Luftpumpendruckraume in Verbindung steht. Die aus dem Meerwasser des Verdampfers gebildeten Dämpfe werden durch das Rohr *f* ebenfalls in den Luftpumpendruckraum geleitet, wo sie sich beim Vermischen mit dem dort vorhandenen Speisewasser niederschlagen und letzteres gleichzeitig erwärmen.

Während die Wärme dieser Dämpfe beim erstgenannten Vorteil
der neueren
Verdampfer. Verfahren durch den Uebergang in das Kühlwasser des Kondensators verloren geht, wird sie bei dem zweiten nutzbar gemacht. Der hierdurch erzielte Wärmegewinn ist indessen nicht sehr bedeutend, weil die das Zusatzwasser ersetzenden Dämpfe bei guten Kessel- und Maschinenanlagen, wie schon S. 22 angeführt, nur etwa 2 pCt. des Gesammtdampfverbrauches ausmachen. Dagegen besitzt dieses letztere Verfahren den sehr grofsen Vorzug, dass man nicht nur beständig mit entwässerten Cylindermänteln fährt, sondern dass auch der Dampf fortwährend den zu heizenden Cylinder umströmt. Die mit beiden Arten der Destillation von Zusatzwasser gemachten Erfahrungen werden als sehr zufriedenstellende bezeichnet.

b. Der Verdampfer von Smillie.

Der Verdampfer von Smillie, Taf. I, Fig. 13 [1]) ist einer von der erwähnten Smillie's
Verdampfer. ersten Art, wie sie in der englischen Marine benutzt werden. Er besteht aus 2 nebeneinander angeordneten Cylindern. In dem gröfseren befindet sich das zu verdampfende Seewasser, welches vorher in dem kleineren Cylinder etwas vorgewärmt war. Durch das Rohr *A* tritt Dampf aus dem Kessel in den oberen Sammelkasten *B* des im grofsen Cylinder eingeschlossenen Rohrbündels, durchströmt die ringförmigen Zwischenräume der Rohre *C* und *D* und gelangt in den unteren Sammelkasten *B*₁. Hierbei giebt der Dampf eine beträchtliche Menge seiner Wärme an das umgebende Seewasser ab, welches die Aufsenwand der Rohre *C* und die Innenwand der Rohre *D* umspült. Der teilweise kondensirte Kesseldampf verlässt den Kasten *B*₁ durch das Rohr *E* und kommt in die Dampfschlange *G* des kleineren Cylinders. Dort kondensirt er vollständig und giebt den Rest seiner Wärme an das durch das Rohr *F* zufliefsende kalte Seewasser ab. Das Dampfwasser wird mittels des Rohres *H*

[1]) Engineering 1887 II. S. 613.

in die Speisewasserzisterne abgeleitet. Das angewärmte Seewasser tritt durch das Rohr J aus dem kleineren in den gröfseren Cylinder, in welchem es verdampft. Die Dämpfe ziehen durch K in den Kondensator als Ersatz für das fortfallende Zusatzwasser. Die Gleichmäfsigkeit der Seewasserzuführung nach Mafsgabe der Verdampfung vermittelt der Schwimmer L, indem er auf das entlastete Kolben-ventil M einwirkt. Durch das Rohr N entweichen etwa im kleineren Cylinder ent-stehende Dämpfe in den gröfseren. O ist ein Luftauslasshahn, P und P_1 sind Ent-wässerungshähne und Q ist ein Oberflächensalzausblasehahn. Der Verdampfer von Smillie ist deswegen besonders empfehlenswert, weil sich schon ein grofser Teil der Niederschläge des Seewassers in dem als Vorwärmer dienenden und verhältnis-mäfsig leicht zu reinigenden kleineren Cylinder absetzt, wodurch ein Auseinander-nehmen des Rohrbündels im gröfseren Cylinder seltener notwendig wird.

c. Der Verdampfer von Weir[1]).

Weir's
Verdampfer.
Der in Fig. 98 und 99 dargestellte, neuerdings in der englischen Marine mit grofsem Erfolge benutzte Verdampfer bildet einen kleinen Hilfskessel, denn er ist wie dieser mit allen Armaturteilen ausgerüstet; nur wird er statt mit Kohlen mit Dampf geheizt. Der Heizdampf wird der zwischen Hoch- und Mitteldruckcylinder gelegenen Zwischenkammer entnommen und durchströmt die Rohre des Kessels.

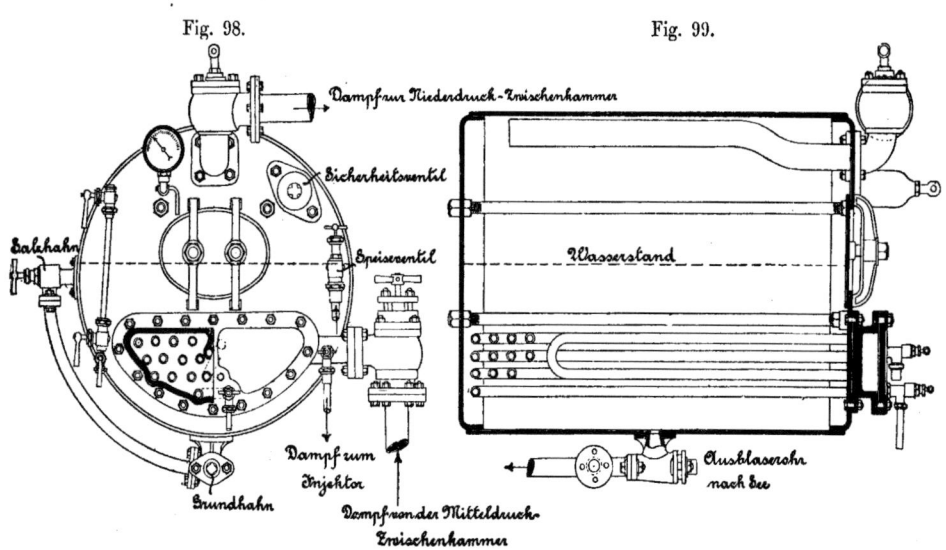

Fig. 98.   Fig. 99.

Eine Strahlpumpe speist Seewasser in das Innere des Kessels, wo es durch den Heiz-dampf verdampft wird. Der aus dem Seewasser entstehende Dampf tritt aus dem oberen Dampfventil in den Schieberkasten des Niederdruckcylinders und wird darin zur Frischung des Arbeitsdampfes benutzt. Den kondensirten Dampf leitet ein Entwässerungsrohr aus den Heizrohren zum Luftpumpendruckraum. Um das bei

---

[1]) Engineering 1888 II. S. 123.

allen Verdampfern sehr leicht auftretende Ueberkochen zu verhüten, hat Weir einen
im Verhältnisse zur Heizfläche sehr grofsen Dampfraum angeordnet, und um die
Heizfläche überall gleich wirkungsvoll, also eine gleichmäfsige Dampfbildung zu
erhalten, sind die Heizrohre hinten umgebogen und laufen nach vorn in die Rohrwand zurück. Durch Abschrauben der Rohrwand lässt sich demnach das ganze
Rohrbündel behufs gründlicher Reinigung aus dem Kessel entfernen. Die meisten
durch die Verdampfung entstehenden Niederschläge werden schon durch den Ober-
flächen- bezw. Grundausblasehahn aus dem Kessel getrieben werden; sollten sich
aber bei längeren Reisen die Rohre zu stark mit Kesselstein bedecken, ein Herausziehen behufs Reinigung wegen der Unentbehrlichkeit des Verdampfers aber unthun-
lich sein, so empfiehlt Weir das alte Mittel, den Kessel ganz auszublasen und dann
mit kaltem Wasser zu füllen, was ein plötzliches Zusammenziehen der Rohre und
dadurch Abspringen des Kesselsteines veranlasst. Bei dem niedrigen im Kessel
herrschenden Druck kann dieses Verfahren in Notfällen wohl zur Ausführung gelangen; eine öftere Wiederholung dürfte aber in folge der durch das plötzliche
Zusammenziehen stark beanspruchten Nietnähte sehr bald das Lecken des Kessels
herbeiführen. Da Weir den im Verdampfer erzeugten Dampf noch zur Frischung
des Arbeitsdampfes im Niederdruckcylinder der Maschine benutzt, so ist klar, dass
diese Einrichtung wirtschaftlicher sein muss als diejenigen, welche den erzeugten
Dampf sofort in den Kondensator leiten. Ob die Ergänzung des Speisewassers
darin aber gerade nur ein drittel so viel kostet, wie bei sonstigen Verdampfern, ist
eine Behauptung, welche Weir erst durch vergleichende Versuche beweisen müsste,
jedenfalls arbeitet noch bedeutend sparsamer als der Weir'sche der nachstehend
beschriebene:

d. Verdampfer der Yaryan-Co.[1]).

Der Hauptvorteil des Yaryan-Verdampfers besteht darin, dass das ver- Einrichtung des
dampfende Wasser in feinen Strahlen — nebelartig — hineingelangt, und dass der   Verdampfers.
daraus entstehende Dampf nochmals zur Verdampfung des nicht verdampften Wassers
angehalten wird. In Fig. 100 bis 102 ist der Verdampfer in Längs- und Seitenansicht
sowie im Grundrisse gezeichnet. Die langen mit einander parallelen Rohrbündel A_1
und A_2 sind die eigentlichen Verdampfer; die zwischen ihnen stehenden Behälter B_1
und B_2 sind Wassersammler. Der vom Kessel oder von einer Zwischenkammer der
Maschine kommende Heizdampf umspült die Rohre des Bündels A_1 und verdampft
einen Teil des sie erfüllenden Wassers, welches dem erwärmten Kühlwasser des
Oberflächenkondensators der Maschine entnommen, durch das Rohr F_1 zuströmt und
durch den mehrere kleine Ventile enthaltenden Ventilkasten G_1 in die Verdampferrohre ausspritzt. Der in A_1 kondensirte Heizdampf wird durch das Ventil J_1
geregelt in die Zisterne geblasen. Um die Verdampfung des Wassers in den Rohren
des Bündels A_1 zu verstärken, sind diese mit dem Maschinenkondensator durch eine
Rohrleitung mit Absperrventil verbunden, welches so gestellt werden kann, dass im
Innern der Verdampferrohre von A_1 etwa nur die halbe Luftleere des Maschinenkondensators herrscht. Die mit Salzwasser gemischten Dämpfe treten aus den
Rohren A_1 durch das Ueberlaufrohr D_1 in den Wassersammler B_1 und müssen hier
über mehrere Scheidewände fliefsen, welche ihre Trennung bewirken. Das heifse

---

[1]) Engineering 1889 II. S. 118.

Salzwasser sammelt sich in C_1 und läuft durch das Rohr F_2 und den die kleinen Absperrventile enthaltenden Kasten G_2 als zu verdampfendes Wasser in die Rohre des zweiten Bündels A_2. Die Dämpfe gelangen durch das Rohr E_1 ebenfalls nach A_2,

Fig. 100.　　　　　　　　　　　　　　　　　Fig. 101.

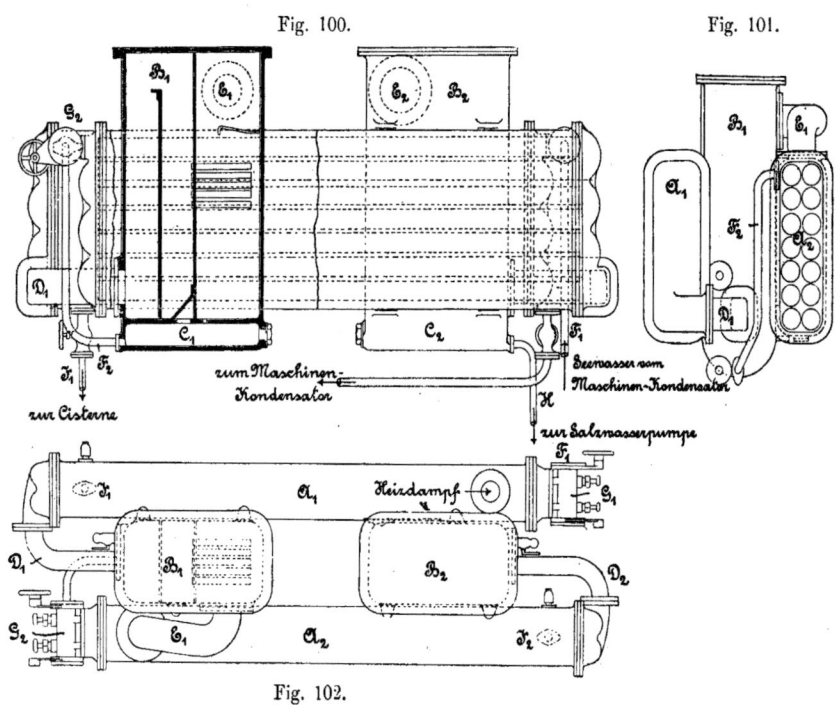

Fig. 102.

wo sie die Rohre umspülen. In A_2 hat nun der die Rohre umgebende Dampf dieselbe Temperatur, wie das sie füllende Wasser; da aber das Innere der Rohre durch ein Absperrventil so mit dem Maschinenkondensator verbunden ist, dass dessen volle Luftleere darin herrscht, so ist der die Rohre umspülende Dampf nach der hierdurch herbeigeführten Temperaturerniedrigung des Wassers bald in der Lage, noch etwas Wärme daran abzugeben. In folge dessen kondensirt er sich auch teilweise und fließt durch J_2 in den Maschinenkondensator ab. Die in A_2 entstehenden Dämpfe strömen mit dem Salzwasser gemischt in den Wassersammler B_2, dessen mit dem Maschinenkondensator verbundenes Rohr E_2 die Dämpfe nach vollzogener Trennung vom Salzwasser entführt, und in dessen unterem Teile C_2 sich das Salzwasser sammelt, welches eine besondere Pumpe durch H über Bord schafft.

Versuch mit dem Yaryan-Verdampfer. Vor kurzem hat die Yaryan-Co. in Holyhead einen Versuch mit ihrem Verdampfer angestellt, welchem Vertreter der englischen Admiralität sowie einiger größerer Dampfergesellschaften, Maschinenfabrikanten und einzelne fremde Marine-Bevollmächtigte anwohnten. 2 Kessel erzeugten Dampf von 3,5 kg/qcm Ueberdruck, um die verschiedenen Pumpen anzutreiben. Der in den Verdampfer tretende Dampf wurde jedoch durch ein Drosselventil bis auf eine Spannung von 0,14 kg/qcm Ueberdruck gebracht. Bei einer Luftleere von etwa 0,5 kg/qcm im ersten Wassersammler von 0,94 kg/qcm im zweiten und einer Wasserzufuhr von 45,25 tons in 24 Stdn.

wurden erhalten: 19,5 tons ausgepumptes Salzwasser und 25,75 tons reines destillirtes Wasser. Der zur Erzeugung dieses Wassergewichtes verbrauchte Dampf ist leider nicht gemessen worden; vielmehr stellt die Yaryan-Co. an die englische Admiralität das Ansinnen, Versuche einzuleiten, um die Wassermenge zu ermitteln, welche sich mit 1 kg Dampf destilliren lässt. Wie ich hier bemerken möchte, lässt sich dieses auf 1 kg Dampf erzeugbare Wassergewicht überschläglich wohl feststellen. Gute Normandy'sche Destillirapparate, wie sie in der deutschen Marine für die Trink-wassererzeugung benutzt werden, können erfahrungsmäfsig bei sorgfältiger Behand-lung, wie ich am anderen Orte nachgewiesen habe[1]), zwischen 1,6 bis 1,8 kg destil-lirtes Wasser auf 1 kg Heizdampf liefern, d. h. 1 kg aus dem niedergeschlagenen Heizdampf und 0,6 bis 0,8 kg aus dem verdampfenden Seewasser. Da bei diesen Apparaten aber die zweite Stufe der Verdampfung des Yaryan-Apparates fehlt, so wird es gewiss nicht zu weit daneben gegriffen sein, wenn man annimmt, dass im Yaryan-Verdampfer aus 1 kg Heizdampf nahezu 2 kg destillirtes Wasser entstehen können.

Als Vorzug der Yaryan-Verdampfer kann noch geltend gemacht werden, dass die hineingelangende Seewassermenge verhältnismäfsig gering ist, weswegen auch die Niederschläge im Innern der Verdampferrohre nicht bedeutend ausfallen können. Bewiesen ist dies durch den angeführten Versuch, der erst angestellt wurde, nachdem der Verdampfer vorher 48 Std. ununterbrochen im Betriebe war. Der vorstehend beschriebene Verdampfer scheint sich daher für Schiffszwecke ganz besonders zu eignen. Er beansprucht wenig Raum und lässt aufserdem eine mannig-fache Verwendung zu; denn je nachdem man den Heizdampf mit 10 oder 5 kg/qcm Spannung zuführt, kann man den erzeugten Dampf noch zur Frischung des Dampfes im Mittel- bezw. Niederdruckcylinder benutzen, also den Vorteil des Weir'schen Verdampfers ebenfalls mitnehmen.

Vorteil der Yaryan-Verdampfer.

e. Der Verdampfer von Howe und Beckwith[2]).

Wie Fig. 103 zeigt, wird bei diesem Verdampfer Kesseldampf durch das Rohr C in ein Schlangenrohr D geleitet, welches in einem von Seewasser umspülten Gefäfse B untergebracht ist. Der Heizdampf schlägt sich nieder, indem er das Seewasser ver-dampft. Das vom Heizdampfe herrührende Niederschlagswasser fliefst durch die Rohre E und F und das Rücklaufventil Z in den Kessel zurück. Das Ventil Z ver-hindert den Uebertritt von Kesselwasser in das Schlangenrohr D. H, H_1 und H_2 sind Ventile, welche den Zufluss des Heizdampfes und den Abfluss des daraus ge-bildeten Wassers regeln. H_3 ist ein Entwässerungshahn. An der Verbindungsstelle der Rohre E und F ist ein Windkessel J angebracht, damit die etwa mitgeführte Luft in ihn entweichen kann, während das Wasser durch F abläuft. Der aus dem Wasser in B gebildete Dampf tritt durch das Rohr N in ein zweites Schlangenrohr, aus welchem das Niederschlagswasser durch das Rohr O entweicht. Dieses Wasser kann entweder in den Luftpumpendruckraum abfliefsen oder mittels Pumpe durch das Ventil H_3 gleich in den Kessel gespeist werden. Das zweite Schlangenrohr ist von dem Gefäfse R umgeben, welches sein Kühlwasser durch das Rohr Q von einem

Verdampfer von Howe und Beckwith.

---

[1]) Die Meerwasser-Destillirapparate der kaiserl. Marine. Berlin 1880 S. 62.
[2]) Englische Patentschrift No. 9548 vom 16. November 1888.

Aufsenbordsventil empfängt und es stark erwärmt durch das Rohr S nach B hin weiter giebt. Q und S sind mit regelbaren Hähnen T, T_1 und T_2 ausgerüstet. Das Gefäfs R besitzt ein Ueberlaufrohr V und das Gefäfs D einen Salzhahn W, einen Grundhahn X und ein Wasserstandsglas M. Um die Kesselspeisung zu einer selbst-

Fig. 103.

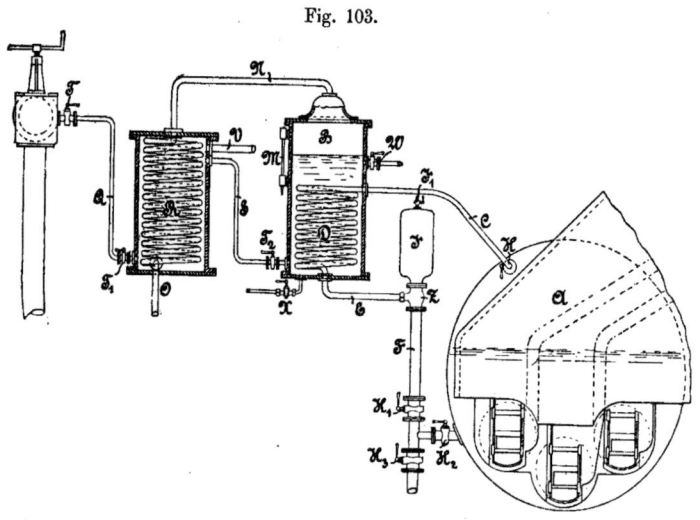

thätigen zu machen, muss der Boden von B selbstredend höher liegen als der Wasserspiegel im Kessel. Dieser Verdampfer, welcher in seiner Gesammtanordnung sehr stark an den alten Normandy'schen Destillirapparat erinnert, erscheint in allen Fällen recht praktisch, in denen für seine Unterbringung eine solche Höhe vorhanden ist, dass die selbstthätige Speisung gesichert erscheint. Um das Ueberreifsen von Seewasser aus dem Gefäfse B in die Schlange des Gefäfses R beim Schlingern des Schiffes bezw. beim Ueberkochen zu vermeiden, muss das Verbindungsrohr N aber wohl noch höher herauf geführt werden, als die Zeichnung der Patentschrift andeutet.

f. Der Verdampfer von Pamphlett und Ferguson [1]).

Verdampfer
von Pamphlett
und Ferguson.

Der erst vor kurzem in London erprobte Verdampfer Textfig. 104 und 105 besteht aus einem Bündel senkrechter Rohre A, welche das Seewasser enthalten und vom Heizdampfe umgeben sind. Oben und unten münden die Rohre in Kammern, die unter einander noch durch weite seitliche Kanäle verbunden sind. Durch letztere Verbindungskanäle unterscheidet sich der Verdampfer hauptsächlich von den vorstehend beschriebenen. Diese Seitenkanäle vermitteln einen vorzüglichen Wasserumlauf, indem das in den Heizrohren emporsteigende, nicht verdampfte Wasser durch die Seitenkanäle wieder nach unten fliefst, ohne in heftige Wallungen zu gerathen, trotzdem über dem Wasserspiegel eine Luftleere von 0,6 bis 0,7 kg/qcm herrscht. Der aus dem Seewasser entwickelte Dampf entweicht durch eine schmale kreisrunde Oeffnung mit darüber liegender Trennungsplatte, welche etwa mitgerissenes

---

[1]) Engineering 1889, II, S. 501.

Wasser zurückhält. Der trockene Dampf gelangt dann in den Kondensator B, ein den Verdampfer ringförmig umgebendes Gefäß. Aus dem Kondensator kann eine Dampfpumpe C das Wasser entweder in die Kessel behufs Speisung oder in einen Abkühler und darauf in einen Filter D befördern, falls es zum Trinken benutzt

Fig. 104.

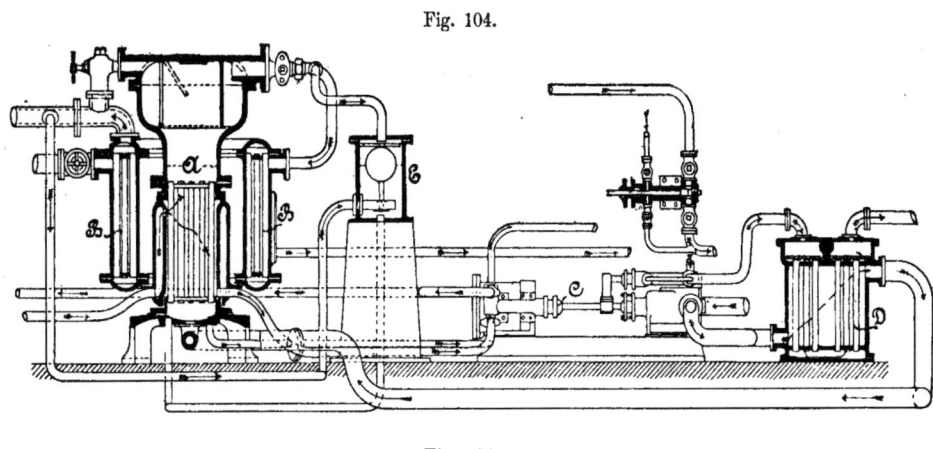

Fig. 105.

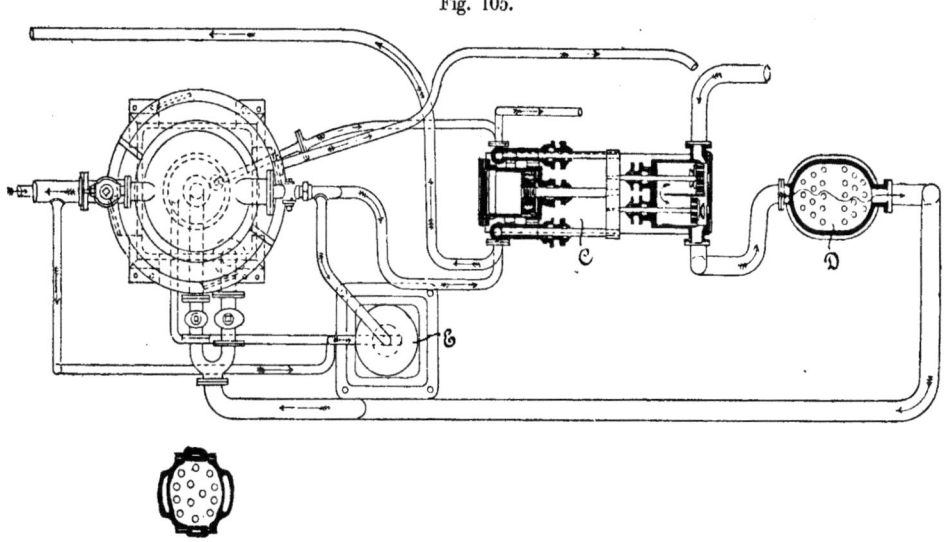

werden soll. Das Kühlwasser umströmt zuerst den Filter, dann den Abkühler, hierauf den Kondensator und fließt dann größtenteils über Bord, nur die zur Verdampfung bestimmte Menge wird in den Verdampfer gedrückt und in demselben mittels des Schwimmerventiles E stets auf gleichem Niveau erhalten. Eine Salzwasserpumpe schafft das aus dem Verdampfer auszublasende Salzwasser fort. Für den Betrieb des Pamphlett und Ferguson'schen Verdampfers sind, wie aus den Textfiguren ersichtlich, 5 Pumpen erforderlich, welche sämmtlich von einem Dampfcylinder von 178 mm Dmr. und 152 mm Hub bethätigt werden und demnach auch gleichzeitig stillstehen oder arbeiten. Bei seiner Erprobung durch Maxwell

Williams lieferte der Verdampfer auf 5,7 kg bei der Siedepunktstemperatur kondensirenden Heizdampfes 5,3 kg verdampftes und destillirtes Wasser von 75⁰ C., welche zusammen 11 kg Speisewasser von 88⁰ C. lieferten. An der durch Kondensation des Heizdampfes theoretisch verdampfbaren Wassermenge fehlen bei den vorstehenden Verhältnissen nur noch etwa 6 pCt. — Die von mir für den Yaryan-Verdampfer auf grund meiner Versuche an Normandy'schen Destillirapparaten angenommene Leistung stimmt daher mit den praktischen Ermittelungen sehr gut überein. Wenngleich der Pamphlett und Ferguson'sche Verdampfer weniger Raum beansprucht, als sich aus den der leichteren Verständlichkeit wegen sehr auseinandergezeichneten Textfiguren 104 und 105 schliefsen lassen dürfte, so erscheint er gegenüber allen anderen doch als sehr umständlich und besonderer Wartung während des Betriebes bedürftig. Er wird daher dem Weir'schen und Yaryan'-Verdampfer kaum einen nennenswerten Wettbewerb bereiten.

g. Der Verdampfer von Jones.

Erste Art des Verdampfers von Jones.

Neben der Erzeugung des destillirten Zusatzwassers aus dem Seewasser will Jones [1]) in Liverpool mit seinem Verdampfer, welchen Taf. IV, Fig. 1 und 2 zeigen, noch das an Bord erforderliche Trink-, Koch- und Waschwasser herstellen. Der Verdampfer besteht aus 2 etwas nach oben ansteigenden Rohrbündeln, welche an der Seite von schmiedeisernen Sammelkästen begrenzt sind. Sein Platz ist im Schornsteinhalse des Kessels. Die Rohre werden von den mit etwa 300 bis 500⁰ C., je nachdem man natürlichen oder künstlichen Zug anwendet, aus den Feuerrohren entweichenden Heizgasen umstrichen und sind ebenso wie die unteren Räume der Sammelkästen, in die sie münden, mit Seewasser gefüllt. Der obere Teil der Sammelkästen steht durch eine Rohrleitung mit dem Vakuumraume des Kondensators der Maschine in Verbindung, wenn man den Apparat nur zur Erzeugung des Zusatzwassers benutzen will; soll er auch das für andere Zwecke an Bord benötigte frische Wasser herstellen, so muss für dieses noch ein besonderer Kondensator aufgestellt werden. In dem oberen Teil der Sammelkästen des Verdampfers, oberhalb des Wasserspiegels, herrscht also die jeweilige Luftleere des Kondensators, und je nachdem diese, wie gewöhnlich, etwa zwischen 0,85 bis 0,95 Atm. schwankt, kocht das Wasser in den Rohren infolge der Wärmeabgabe der abziehenden Heizgase bei einer

No. des Versuches	Wirkungsweise der Maschine	Zeit des Versuches	Wetter auf See	Tiefgang des Schiffes		Schiffs-ge-schwin-digkeit
				vorn	hinten	
				m	m	S.-M.
1	Dreifach-Expansion	14. Juni 1886	Starker Wind und starker Seegang von vorn . . .	3,35	3,96	8,1
2	Kompound . . .	6. Juli 1886	Stilles Wetter und ruhige See	4,52	4,77	9,0
3	Kompound . . .	2. August 1886	Leichter Wind und wenig Seegang von vorn . .	3,05	4,57	9,2

[1]) The Iron Age 24. Februar 1887.

Temperatur von ungefähr 50 bis 30⁰ C. Die entstehenden Dämpfe strömen in den Kondensator und werden dort niedergeschlagen. Will man das destillirte Wasser zu anderen Zwecken als zum Speisen der Kessel benutzen, so lässt man es aus dem dann besonders angeordneten Kondensator in die Wasserkästen des Schiffes laufen, wobei man ihm noch Luft zuführen kann, um es trinkbar zu machen. Benutzt man den Verdampfer nur zur Herstellung des erforderlichen Zusatzwassers, so vermischen sich die in ihm entstehenden Dämpfe im Maschinenkondensator mit, dem verbrauchten Dampfe der Maschine. Man kann aber auch beide Zwecke vereinigen, wenn man die Speisepumpen immer aus den Wasserkästen mitsaugen lässt, in welchen sich das gewonnene destillirte Wasser befindet.

Im März 1886 ist Jones [1]) noch eine zweite Form seines Verdampfers patentirt (Taf. IV, Fig. 3), bei welcher die Dampfkammer vor dem Rauchfange angebracht ist, so dass in diesen nur eine Reihe am Ende geschlossener, wagerechter Rohre hineinragt. Wahrscheinlich ist ein solcher einfacher Apparat ausreichend, wenn es sich nur um die Erzeugung des Zusatzwassers handelt. Gleichzeitig hat Jones ein Patent auf eine selbstthätig wirkende Entwässerungsvorrichtung genommen, durch welche das infolge der inneren Abkühlung im Hochdruckcylinder entstehende Kondensationswasser von dem Ueberströmungsrohr zum anderen Cylinder nach einem Wassersammler abgeleitet wird; aus diesem tritt es durch ein Filter, um von den aus der Cylinderschmierung etwa herrührenden Unreinheiten befreit zu werden, und gelangt dann in den Luftpumpendruckraum. Es vermischt sich hier mit dem übrigen angesammelten Speisewasser, wobei es letzteres noch um einige Grade erwärmt. Bei den weiter unten angeführten Versuchen mit dem Dampfer »Bentinck« soll diese Erwärmung im mittel 9,6⁰ C. betragen haben.

zweite Art des Verdampfers von Jones

Da die Verdampfung des Seewassers in dem Jones'schen Apparat bei sehr niedrigen Temperaturen vor sich geht, so können die entstehenden Niederschläge in den Rohren nicht sehr festbrennen und lassen sich leicht durch die gegen die äufseren Seitenwände der Sammelkästen geschraubten Deckel entfernen. Diese Deckel werden so angeordnet, dass sie aus dem Schornsteinmantel herausragen und daher leicht zugänglich sind.

Reinigungsvorrichtung.

Jones hat einen Verdampfer seiner zweiten Form zuerst bei dem Kessel des Dampfers »Bentinck« von 70,88 m Länge, 8,88 m Breite und 4,9 m Tiefgang angewandt, von welchem »The Engineer« [2]) folgende Betriebsergebnisse veröffentlicht:

Betriebs-Ergebnisse.

Durchmesser der Cylinder			Hub	Min.-Umdr.	Dampfüberdruck im Kessel	Dampfüberdruck beim Eintritt in den Hochdruckcylinder	Füllungsgrad des Hochdruckcylinders	Gesammt-Expansion	Indizirte Pfkr.	Kohlenverbrauch in 24 Stunden	Kohlenverbrauch für 1 ind. Pfkr. und Stunde	Art der Kohlen
Hochdruck cm	Mitteldruck cm	Niederdruck cm	cm		kg/qcm	kg/qcm				t	kg	
38,1	50,8	117,8	60,9	61	11,25	11,04	0,62	15,5 fach	325,85	6,7	0,79	Welsh
50,8	—	117,8	60,9	65	9,14	9,00	0,48	11,25 fach	378,00	8,0'	0,91	»
50,8	—	117,8	60,9	67	9,84	9,70	0,42	12,9 fach	422,60	8,0	0,77	»

[1]) Engineering 1887 I. S. 585.   [2]) The Engineer 1887 I. S. 287.

Fehlschlüsse
aus den
Versuchen.
Leider ist an keiner Stelle des Berichtes gesagt, wie sich der Jones'sche Verdampfer an Bord bewährte, und wie sich der Kesselbetrieb mit ihm gestaltete; vielmehr werden die vorstehenden Zahlen, welche ja für die Kompoundmaschine sehr günstig sind, lediglich dazu benutzt, um die Dreifach-Expansionsmaschine herabzusetzen. Der grössere Kohlenverbrauch für die ind. Pfkr. und Std. der Dreifach-Expansionsmaschine gegenüber der Kompoundmaschine, welcher nur in den ungünstigen Verhältnissen der ersteren seinen Grund hat, wird gegen das System der dreistufigen Expansion ausgespielt und behauptet, bei zweifacher Expansion in der Kompoundmaschine lasse sich höher gespannter Dampf noch mit ebenso grofsem Vorteil wie in der Dreifach-Expansionsmaschine verwenden.

Gründe für die
Unwirtschaft-
lichkeit der
Dreifach-
Expansions-
maschine.
Die »Bentinck«-Maschine ist eine zweikurbelige Dreifach-Expansionsmaschine, deren vordere Kurbel vom Mitteldruck- und dem darüberstehenden Hochdruckcylinder bewegt wird, während der Niederdruckcylinder die hintere Kurbel allein treibt. Bei Kompoundwirkung wird der Hochdruckcylinder abgestellt. Nun hat diese Maschine zunächst, als Dreifach-Expansionsmaschine angesehen, ein Cylinderverhältnis wie $1:1,77:9,56$ und erleidet, soweit die Indikatordiagramme erkennen lassen, in den aufeinander folgenden Cylindern Temperaturgefälle von ungefähr 27^0, 55^0 und 37^0 C. Ferner ist die Arbeitsübertragung auf die Kurbelwelle, da der Hochdruckcylinder 90, der Mitteldruckcylinder 120,7 und der Niederdruckcylinder 114 Pfkr. indizirt, eine sehr ungleiche, denn auf die vordere Kurbel entfallen 210,7 und auf die hintere nur 114 ind. Pfkr., also etwa nur die Hälfte von der an die erstere abgegebenen Arbeit, und während man sonst die Leistung der einzelnen Cylinder von vorn nach hinten steigert, nimmt sie hier in beträchtlicher Weise ab. Es ist daher nicht zu verwundern, wenn die Maschine bei dreistufiger Expansion nur einen mäfsigen wirtschaftlichen Erfolg aufwies. Dagegen liegen die Verhältnisse für die Kompoundwirkung viel besser. Die Cylinderinhalte verhalten sich wie $1:5,4$, was für eine Eintrittsspannung von 9 bis 10 kg/qcm Ueberdruck sehr günstig ist. Das Temperaturgefälle beträgt ungefähr 60^0 C. im Hochdruck- und 50^0 C. im Niederdruckcylinder, und auf beide Kurbeln entfällt, bis auf eine verschwindende Mehrleistung der hinteren, beinahe die gleiche Arbeit. Immerhin bleibt aber der trotz der hohen Dampfspannung und der etwa 13fachen Expansion mit Kompoundwirkung auf See erreichte mittlere Kohlenverbrauch von 0,77 kg für 1 ind. Pfkr. und Std. ein aufsergewöhnlich geringer. Er lässt sich wahrscheinlich nur durch die vollkommene, mittels des Jones'schen Verdampfers ermöglichte Süfswasserspeisung erklären, infolge welcher die inneren Kesselwandungen sehr rein blieben, die Wärme der Heizgase also ohne die sonst durch Kesselsteinüberzüge bedingten Verluste an das Kesselwasser abgegeben werden konnte.

Vorzug des
Jones'schen
Verdampfers.
Verdampfer, welche wie der von Jones die Wärme der abziehenden Heizgase für die Erzeugung destillirten Wassers ausnutzen, sind sehr viel wirksamer als die vorbeschriebenen Arten, in denen die Heizung durch Dampf erfolgt. Leider muss beim Einbau eines Jones'schen Verdampfers auf die Vorwärmung des Speisewassers durch die Heizgase verzichtet werden; als Ersatz dafür kann er aber unter Umständen alles destillirte Wasser liefern, dessen man an Bord benötigt, erspart also die Aufstellung eines besonderen Destillirapparates.

Vorteile der
Verdampfer
für Hammer-
maschinen.
Den Kesseln der Hammermaschinen, deren Cylinder nicht geschmiert werden, lässt sich mit Hilfe eines Verdampfers vollkommen reines Speisewasser zuführen. Infolge der hierdurch ermöglichten Fernhaltung der Niederschläge und Fettstoffe von den Kesseln werden nicht nur die sonst von beiden verursachten Uebelstände

und Gefahren beim Betriebe vermieden, sondern es wird auch, was die meiste Beachtung verdient, eine längere Dauer der Kessel erreicht.

h. Der Hilfskessel als Verdampfer.

Die Vorzüge der Destillation des Zusatzwassers machen sich nach neueren Erfahrungen hauptsächlich bei den Kesseln solcher Dampfer bemerklich, welche mit hohen Dampfspannungen arbeiten und sehr lange Reisen ohne wesentliche Unterbrechungen zurücklegen müssen. Derartige mit Dreifach-Expansionsmaschinen von 10 bis 12 Atm. Anfangsüberdruck versehene neue Dampfer kamen von ihrer ersten grofsen Reise mit vollkommen lecken Kesseln in den Heimatshafen zurück. Anfänglich war man allerseits geneigt, den Grund dieser Erscheinung in der dem hohen Dampfdrucke nicht entsprechenden mangelhaften Verankerung, sowie in der sorglosen Ausführung der Kesselschmiedearbeit, welche schlecht zusammengepasste und genietete Blechverbindungen, schiefe Niete usw. im Gefolge gehabt haben sollte, zu suchen. Als sich diese Fälle aber auch dann noch wiederholten, wie man von der tadellosen Ausführung der Kessel überzeugt sein musste, forschte man nach anderen Ursachen. Sorgfältige Untersuchungen der Kessel ergaben denn auch bald, dass ausgedehnte Salzablagerungen auf den feuerberührten Wandungen eine Ueberhitzung und zu starke Ausdehnung der Bleche verursacht hatten. Bei dem für Oberflächen-Kondensationsmaschinen üblichen Salzgehalte des Kesselwassers von 9 bis 11 pCt. hatten sich auf einzelnen Blechen Salzschichten von 50 bis 60 mm Stärke abgelagert; die Rohrwände wiesen 8 bis 10 mm dicke Salzkrusten auf, und die Muttern der Ankerrohre waren in vollständige Salzklumpen eingehüllt. Diese Niederschläge konnten nur durch eine Verringerung des Salzgehaltes in den Kesseln vermieden werden, weswegen man für die Ergänzung des Speisewassers durch Süfswasser entweder Frischwasserbehälter anordnen oder besondere Verdampfer aufstellen musste. (Vergleiche S. 24). Um die Ausgaben für einen Verdampfer zeitweilig zu sparen und dabei doch die Zerstörung der Kessel zu verhüten, kann man den Hilfskessel zum Destilliren benutzen, wenn man seinen Dampfraum durch eine Rohrleitung mit dem Maschinenkondensator in Verbindung bringt. Selbstredend ist dies aber nur ein Notbehelf, weil die zum Heizen des Hilfskessels erforderlichen Kohlen bald die Anschaffungskosten eines Verdampfers übersteigen werden. Muss trotz solcher Vorkehrungen zuweilen noch Seewasser zum Zusetzen benutzt werden, so ist durch Ausblasen dafür zu sorgen, dass der Salzgehalt im Kessel nicht über $2^{1}/_{2}$ pCt. steigt. Nach zuverlässigen Angaben sind bei einem in dieser Weise abgeänderten Betriebe die Kessel bei späteren Reisen nicht allein dicht geblieben, sondern es sind auch durch Vermeidung der Salzablagerungen rund etwa 30 pCt. an Brennstoff gegen früher erspart worden. Aus den bis heute gemachten Erfahrungen lässt sich daher der Schluss ziehen, dass für die Erhaltung und den dauernd wirtschaftlichen Betrieb von Kesseln, welche mit hohen Dampfspannungen arbeiten, die Speisung mit destillirtem Wasser zur Notwendigkeit geworden ist.

Zwölfter Abschnitt.

Wasserrohrkessel.

Die Bestrebungen der Schiffsmaschinenkonstrukteure, einen möglichst leistungsfähigen, wirtschaftlichen und dabei wenig Raum beanspruchenden Kessel zu schaffen, welcher gleichzeitig die Möglichkeit bietet, den Dampfdruck bei ungeschmälerter Wärmeübertragung und ohne Erhöhung des Kesselgewichtes beträchtlich zu steigern, hat wiederholte, ziemlich weit zurückreichende Versuche mit Wasserrohrkesseln auf Dampfern hervorgerufen. Während die cylindrischen Kessel mit zunehmender Dampfspannung die Verwendung stärkerer Bleche und kräftigerer Verankerungen erforderlich machen, gestatten die Wasserrohrkessel eine solche Zunahme in weiteren Grenzen trotz der geringen Wandstärke ihrer Rohre und der gänzlich fehlenden Verankerung. Diesem Vorteile stehen aber alle Nachteile gegenüber, welche aus dem kleinen Wasserraum und dem weniger guten Wasserumlauf sehr vieler dieser Kessel entspringen. Von den seither teils in England, teils in Frankreich und in Amerika an Bord benutzten Wasserrohrkesseln verdienen die nachstehend angeführten die meiste Beachtung.

Am zweckmäfsigsten lassen sich die Wasserrohrkessel der Dampfer nach der Form ihrer Rohre einteilen, wodurch auch sofort ihre gegenseitige Verwandschaft klar wird. Demnach unterscheidet man:

I. Wasserrohrkessel mit geraden wagerechten Rohren:

    1) der Perkins-Kessel von 1860,
    2) » Belleville-Kessel von 1866,
    3) » Palmer-Kessel von 1874,
    4) » Herreshoff-Kessel von 1888.

II. Wasserrohrkessel mit geraden geneigten Rohren:

    5) der Root-Kessel von 1872,
    6) » Watt-Kessel von 1876,
    7) » Belleville-Kessel von 1878.

III. Wasserrohrkessel mit gebogenen Rohren:

    8) der erste Belleville-Kessel von 1864,
    9) » Rowan-Kessel von 1874,
   10) « Ward-Kessel von 1880,
   11) » » » von 1885,
   12) » » » von 1888,
   13) » du Temple-Kessel von 1886,
   14) » Thornycroft-Kessel von 1887,
   15) » » » von 1889,

IV. Wasserrohrkessel mit Spiralrohren:

   16) der Herreshoff-Kessel von 1876,
   17) » Hohenstein-Kessel von 1887,
   18) » Belliss-Kessel von 1888.

I. Wasserrohrkessel mit geraden wagerechten Rohren.

1) Der Perkins-Kessel von 1860.

Der auf Tafel IV in Fig. 5 bis 9 gezeichnete, schon im Jahre 1860 patentirte Perkins-Kessel wurde im Jahre 1879 erbaut und im Jahre 1880 in der Dampfyacht »Anthracite« erprobt. Er enthält eine Anzahl untereinander verbundener schmiedeiserner Rohre, welche eine aus dünnen Blechen bestehende doppelte Eisenhülle umgiebt, deren 100 mm betragender Zwischenraum mit Holzasche, einem sehr schlechten Wärmeleiter, angefüllt ist. _{Allgemeine Anordnung des Kessels.}

Der Kessel hat nur eine Feuerung mit einer Rostfläche von 1,424 qm. Die Rohre besitzen 76 mm äußeren und 57 mm inneren Dmr.; ihre Gesammtoberfläche beträgt 58 qm. Die Feuerung wird von 7 wagerechten Rohren umschlossen, welche in der Höhe 45 mm auseinander stehen. Jedes dieser Rohre läuft rings um die Rostfläche herum und ist an den Enden geschlossen. Die Feuerthüröffnung ist dadurch hergestellt, dass 2 Rohre an dieser Stelle unterbrochen sind. Der Raum zwischen den zusammenlaufenden Enden eines jeden Rohres ist 13 mm breit. Sämmtliche 7 Rohre sind untereinander durch kleine senkrechte Rohrstutzen von 33 mm äußeren und 27 mm inneren Dmr. verbunden, welche 204 mm auseinanderstehen. Die Stutzen sind im ganzen 75 mm lang, wovon in jedes der zu verbindenden wagerechten Rohre 15 mm eingeschraubt sind. Ueber den die Feuerung begrenzenden 7 Rohren sind 140 Rohre in zehn 45 mm auseinanderliegenden senkrechten und vierzehn 20 mm voneinander entfernten wagerechten Reihen angeordnet. Jedes Rohr ist 1397 mm lang und ebenfalls an beiden Enden geschlossen. Je 10 übereinander liegende Rohre sind kurz vor jedem ihrer Enden durch einen Rohrstutzen miteinander verbunden, welcher Rechts- und Linksgewinde besitzt. Da die wagerechten Rohrreihen untereinander keine Verbindung haben, so bilden die 10 senkrechten Rohre immer je ein Kesselelement für sich. Das unterste Rohr eines solchen Elementes ist mit dem obersten Feuerungsrohre durch je 2 in der Mitte stumpf zusammenstoßende, mittels zwischengelegter Kupferscheibe gedichtete und durch eine Muffe zusammengehaltene Stutzen aneinander geschraubt. Diese Rohrverbindungen lassen Fig. 8 und 9 erkennen. Quer über alle Rohre läuft in einer Entfernung von 280 mm ein als Dampfsammler dienendes Rohr von 1314 mm Länge, 152 mm äußerem und 101 mm innerem Dmr., welches mit jedem Element durch einen ebensolchen Stutzen verbunden ist, wie jenes mit den Feuerungsrohren, so dass also jedes Element für sich allein, ohne die anderen zu behelligen, aus dem Kessel herausgenommen werden kann. Von dem Dampfsammler führt das 28,5 mm weite Dampfrohr zur Maschine. Oberhalb des Dampfsammlers sitzt der Schornstein. In die Umhüllung des Kessels sind unten 1 Aschfallthür und oben 2 Reinigungsthüren zum Entfernen der Flugasche von den Rohren eingeschnitten. Der Kessel hat keinen festgesetzten Wasserstand; bei den amerikanischen Versuchen hielt man ihn so, dass die obersten 6 Rohrreihen den Dampfraum bildeten. _{Beschreibung des Kessels.}

Die zu diesem Kessel gehörende Maschine war eine Dreifach-Expansions-Hammermaschine, deren einfachwirkende Hoch- und Mitteldruckcylinder in Tandemstellung über der hinteren Kurbel standen, während der doppelwirkende Niederdruckcylinder die vordere Kurbel bewegte. Alle drei Cylinder besaßen einen eigentümlichen Dampfmantel, in Form eines schmiedeisernen Schlangenrohres, welches _{Beschreibung der Maschine.}

Rohr beim Guss in die Form gesetzt und in die Cylinderwand eingegossen war. Isherwood schreibt diesem Dampfmantel nur die halbe Wirksamkeit eines gewöhnlichen Mantels zu. Die Umsteuerung der Maschine wurde durch Stephenson'sche Kulissen bewirkt.

Erster
Versuch von
Bramwell.

Der erste Versuch mit dem Perkins-Kessel und der Maschine fand am 22. Mai 1880 im Auftrage der Perkins Engine Company durch Bramwell[1]) statt und ist insofern ohne Wert, als er sich nur mit Feststellung der Maschinenleistung und des Kohlenverbrauches befasste. Der Kesselüberdruck wurde hierbei nur auf etwa 5 kg/qcm gehalten und während einer 11 stündigen Fahrt bei einer zwischen 70 bis 90 ind. Pfkr. liegenden Maschinenleistung etwa 0,9 kg Kohlen stündlich für 1 ind. Pfkr. verbraucht, also ein Ergebnis erzielt, wie es jede bessere Kompoundmaschine ebenfalls geliefert haben würde.

Zweiter
Versuch von
Isherwood.

Der zweite, von Isherwood[2]) sehr eingehend beschriebene Versuch wurde am 13. und 14. August von Loring auf der New-Yorker Marinewerft angestellt, wohin »Anthracite« von England gedampft war. Während des fast 24 Stunden dauernden Versuches betrug der Kesselüberdruck, welcher bis auf 35 kg/qcm gesteigert werden durfte, im mittel 22,25 kg/qcm; mit einer nahezu 26 fachen Gesammtexpansion leistete die Maschine im Durchschnitte 67,7 ind. Pfkr., wobei stündlich 1,23 kg Kohle für 1 ind. Pfkr. verbraucht wurden. Dieses höchst mäßige Ergebnis erklärt sich zunächst durch die Drosselung, welche der Dampf in dem nur 1/47 der Hochdruckkolbenfläche als Querschnitt besitzenden Zuleitungsrohre vom Kessel zur Maschine erfuhr. Die Drosselung war so groß, dass der Spannungsunterschied zwischen Kessel und Hochdruckcylinder bei 23,29 kg/qcm Kesselüberdruck 9,14 kg/qcm betrug, der Dampf also nur mit 14,15 kg/qcm Ueberdruck in den Hochdruckcylinder trat. Ferner entstand in den beiden ersten Cylindern infolge des bedeutenden Temperaturgefälles eine ungewöhnlich starke innere Kondensation, welche einen ununterbrochenen Wasserstrahl aus den Indikatorhähnen trieb, sobald man diese öffnete, und die Abnahme von Diagrammen äußerst erschwerte. Der Kessel wurde bei diesen Versuchen mit destillirtem Wasser gespeist, welches in dem an Bord befindlichen Destillirapparat aus Süsswasser gewonnen wurde, weil dem Erbauer des Kessels das aus Seewasser destillirte Speisewasser nicht rein genug erschien. Auf See konnte das destillirte Wasser selbstredend nur aus Meerwasser gewonnen werden.

Unterbrechung
der Versuche.

Leider wurde die Yacht nach diesem einen Versuch wieder nach England zurückgerufen, so dass die von Loring geplanten Versuche unterbleiben mussten, bei welchen der Kesselüberdruck, mit 5 kg/qcm anfangend, zunächst um je 1,75 kg/qcm bei gleichbleibender Füllung gesteigert und dann für verschiedene Füllungen gleich hoch gehalten werden sollte, um die Grenzen zu finden, bei welchen für niedrigere Spannungen mit zunehmender und für höhere Spannungen mit abnehmender Füllung die Wirtschaftlichkeit des Betriebes aufhört. Wenn auch der eine Versuch nicht über alle Konstruktionseinzelheiten der Perkinsmaschine vollkommen befriedigende Aufschlüsse gab, so hat er über den Kessel doch folgendes endgiltig feststellen lassen.

Ergebnis der
Versuche.

Während des 24 stündigen Versuches wurden im Durchschnitte 58 bis 60 kg Kohlen auf 1 qm Rostfläche stündlich verbrannt, und hierbei entfielen auf 1 qm Rostfläche rund 48 ind. Pfkr. Bei dieser Leistung, bei welcher nur 9,27 kg Wasser

---

[1]) The marine engineer 1881 S. 8.
[2]) Journal of the Franklin Institute 1880.

von 100⁰ C. mit 1 kg Kohlen in Dampf verwandelt wurden, hatte der Kessel schon seine Gütegrenze überschritten, d. h., die Verbrennung war schon eine so lebhafte, dass die Verdampfung ihr nicht mehr folgen konnte. Hätte man die Verbrennung derartig gesteigert, dass 75 oder 100 oder gar 120 kg Kohle stündlich auf 1 qm Rostfläche verbrannt worden wären, wie dies bei Probefahrten mit natürlichem Zuge in gewöhnlichen Schiffskesseln erreicht wird, so würde die entwickelte Wärme ein derartiges Ueberkochen des Kessels hervorgerufen haben, dass alles Wasser aus den unteren Rohrreihen herausgetrieben worden wäre und sie zum Erglühen gebracht hätte.

Bei der Ueberfahrt der »Anthracite« von England nach New-York war die Leistung des Kessels eine so geringe, dass er nur 21,5 ind. Pfkr. auf 1 qm Rostfläche lieferte, also nur 1/10 derjenigen, welche man zur Zeit mit Unterwind in den neuesten Schiffskesseln erreichen will. Bei einer so ausgesprochenen Schonung musste der Kessel anstandslos arbeiten. *Leistung des Kessels auf See.*

Dem Perkins-Kessel fehlt eine genügend grosse Wasserober-fläche für das Entweichen des Dampfes und ein entsprechend hoher Dampfraum, welcher das nach oben mitgerissene Wasser zwingt, durch seine eigene Schwere wieder zurückzusinken. Wird die Verdampfung infolge stärkeren Heizens eine lebhaftere, so kann sich der Dampf nicht mehr schnell genug vom Wasser befreien; der Kessel kocht dann jedesmal über, und zwar um so mehr, je mehr man ihn anstrengt. Ein Perkins-Kessel ist demnach nur für eine verhältnismäfsig langsame Verdampfung zu gebrauchen und muss dann noch eine grofse Heizfläche besitzen, wenn ein wirtschaftlicher Betrieb eintreten soll. Dagegen ist das Gewicht des Perkins-Kessels, welches nach Isherwood's Berechnung 7266,5 kg einschliesslich des Wassers betrug, für die zulässige Dampfspannung von 35 Atm. (bei der Kaltwasserprobe hielt der Kessel 140, jedes einzelne vorher geprüfte Rohr 280 Atm. aus) ein sehr geringes; denn auf 1 qm Rostfläche entfallen nur 5,1 t, welches Gewicht schon von den meisten für 5 Atm. Dampfüberdruck bestimmten Cylinderkesseln überschritten wird. *Urteil über den Perkins-Kessel.*

2) Der Belleville-Kessel von 1866.

Nachdem Belleville seinen unter 8) beschriebenen ersten Wasserrohrkessel von 1864 besonders wegen seiner schwierigen inneren Reinigung aufgegeben hatte, trat er 1866 mit dem Textfig. 106 bis 110 dargestellten Kessel vor die Oeffentlichkeit. Diese Kessel sind besonders dadurch bekannt geworden, dass sie in der französischen Marine als vorschriftsmäfsige Dampfbeibootskessel eingeführt wurden, und als solche mit den 1870—71 auf der Loire erbeuteten Dampfpinassen auch in der deutschen Marine Eingang fanden. *Bestimmung der Kessel.*

Die Kessel bestehen aus einem Bündel schmiedeeiserner Rohre, welche an beiden Enden durch Kopfstücke aus schmiedbarem Guss abgeschlossen werden. Die Rohre münden unten in einem viereckigen Kasten, in welchen das Speisewasser eintritt, und oben in einen gleichen Kasten, aus dem der Dampf entnommen wird. Die untere Hälfte der Rohrreihen ist mit Wasser gefüllt, die oberen Rohrreihen enthalten den Dampf. Die Heizgase umstreichen von dem unter den Rohren liegenden Rost das ganze Rohrbündel und entweichen oben in den Schornstein. Die Umhüllung des Kessels ist aus zwei dünnen Blechmänteln zusammengesetzt, deren Zwischen- *Beschreibung der Kessel.*

raum mit einem die Wärme schlecht leitenden Material (gewöhnlich Asche) ausgefüllt wird. In der Vorderseite dieser Umhüllung sind Thüren angebracht, welche
die Zugänglichkeit zu den Rohren sichern. Die nach dieser Seite zu liegenden
Stirnwände der Rohre sind behufs Reinigung im Innern mit losnehmbaren Deckeln

Fig. 106—110.

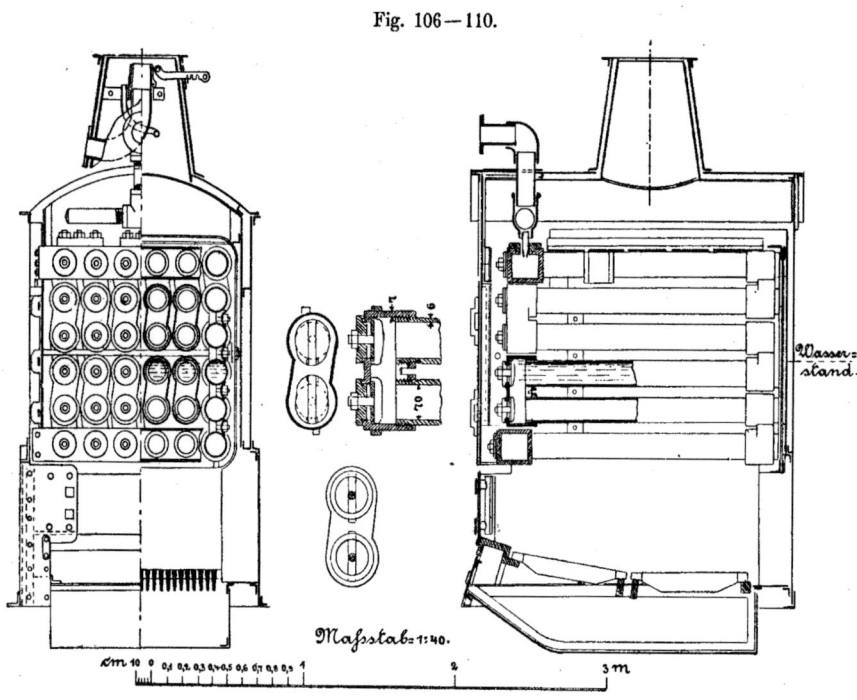

Maßstab = 1:40.

(siehe Textfig. 106 bis 110) versehen. Hierdurch war die Möglichkeit geboten, die von
dem salzigen Zusatzwasser herrührenden Niederschläge zu entfernen. Die nicht mit
Oberflächenkondensatoren versehenen Dampfbeiboote besafsen Speisewasserbehälter,
welche mit Frischwasser angefüllt wurden.

Haupt-
abmessungen.

Die Hauptabmessungen der Dampfbeibootskessel waren:

Rostfläche	0,403 qm
Heizfläche	3,100 »
$\dfrac{\text{Rostfläche}}{\text{Heizfläche}}$	$\frac{1}{8}$ »
Gewicht des leeren Kessels	659 kg
Gewicht des Kesselwassers	643 »
Gewicht des Kessels mit Wasser	1302 »
Gewicht des gefüllten Kessels auf 1 qm Rostfläche . .	3230 kg
Ind. Pfkr. auf 1 t Kesselgewicht	10 »

Erfahrungen
mit diesen
Kesseln. Diese Kessel sind zwar etwas schwer im Vergleich zu den neueren für kleine
Dampfer bestimmten Wasserrohrkesseln, ihrer sehr großen Rostfläche wegen jedoch

sehr leistungsfähig. Als Dampfbeibootskessel haben sie sich daher recht gut gemacht und sind mit den Verbesserungen der neueren, unter 7) beschriebenen Kessel ausgerüstet, noch heute in der französischen Marine die auf kleineren Dampffahrzeugen am zahlreichsten auftretenden Kessel.

3) Der Palmer-Kessel von 1874 [1]).

Für den Dampfer »Montana« der Guion-Linie von 4000 Tonnen Wasserverdrängung wurden von Palmer in Jarrow-on-Tyne, die in Textfigur 111 und 112 gezeichneten, für einen Ueberdruck von 7 kg/qcm bestimmten Kessel gebaut. Jeder Kessel bestand aus 5 Reihen wagerechter Rohre, deren jede 7 Rohre von 38 cm Durchmesser und 4,57 m Länge enthielt, welche an den Enden geschlossen waren. Jedes Rohr stand durch je zwei senkrechte Stutzen von 16,5 cm Dmr. mit dem unmittelbar

Beschreibung der Kessel.

Fig. 111.   Fig. 112.

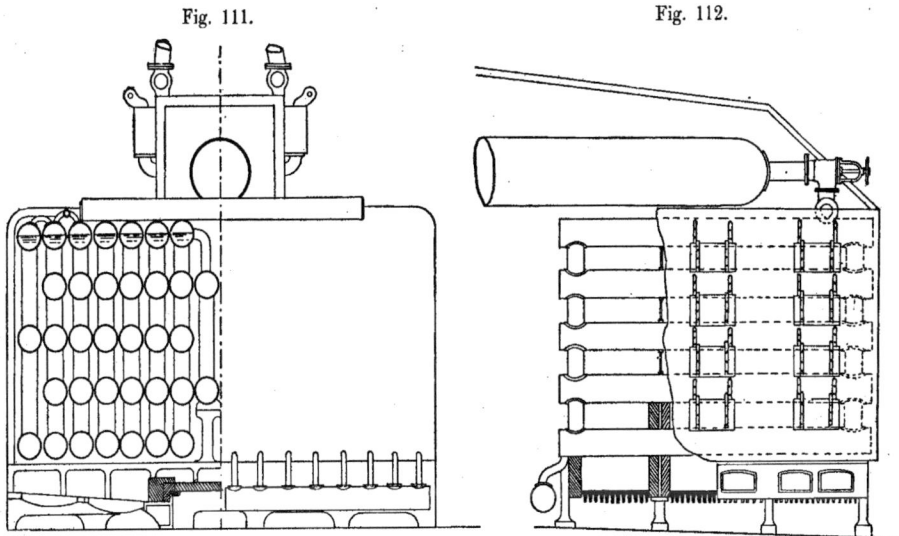

darüber liegenden in Verbindung. Diese Verbindungsstutzen lagen übereinander, durch den untersten musste der im untersten Rohr etwa erzeugte Dampf in das darüber liegende Rohr entweichen, durch den folgenden Stutzen schon der in den beiden darunter befindlichen Rohren entstehende Dampf und durch den obersten endlich der in den 4 wagerechten Rohren gebildete Dampf. Letzterer gelangte dann in 3 im Rauchfange gelagerte Cylinder von 91,5 cm Dmr., welche als Dampfsammler bezw. Ueberhitzer dienten. Die beiden der Feuerthür am nächsten liegenden senkrechten Rohrreihen waren bei der Konstruktion des Kessels als Speisewasservorwärmer bestimmt. Sie standen deswegen nicht in unmittelbarer Verbindung mit den Dampfsammlern wie die übrigen 6 senkrechten Rohrreihen, welche den eigentlichen Dampferzeuger vorstellten. Das Speisewasser trat oben in die beiden als Vorwärmer dienenden Rohre ein, sank nach unten und floss dann durch das seitlich

---

[1]) Transactions of the institution of naval architects 1876, S. 263.

vom Kessel liegende gemeinsame Speiserohr im angewärmten Zustande in die übrigen Rohrreihen. Die beiden Vorwärmerrohre waren oben noch durch 22 mm Dmr. haltende Rohre mit den Dampfsammlern verbunden, wodurch der etwa in den Vorwärmern entstehende Dampf abgeleitet werden sollte. Man hatte sich bei der Konstruktion dieser Vorwärmer vorgestellt, dass einerseits die Geschwindigkeit des durchlaufenden Speisewassers so grofs, und andererseits die Wärmeübertragung des in der Nähe der Schürplatte brennenden Feuers auf die beiden darüber stehenden senkrechten Rohrreihen so gering sein würde, dass eine nennenswerte Dampfbildung nicht darin auftreten könnte. Als der Kessel in Betrieb kam, stellte sich heraus, dass die beiden sogenannten Vorwärmerrohre in demselben Umfange Dampf entwickelten, als alle übrigen. Da nun aber der Dampf aus ihnen durch die nur 22 mm l. W. haltenden Verbindungsrohre nicht so schnell zu den Dampfsammlern entweichen konnte als er entstand, so sammelte er sich oben in den Vorwärmerrohren an, trieb das Wasser aus denselben hinaus, indem er es in das gemeinsame seitliche Speisewasserrohr presste, und setzte die neben dem Dampf nur noch eine kleine Menge Wasser enthaltenden unteren wagerechten Rohre der Ueberhitzung durch die Flammen aus. Auf der ersten Ueberfahrt des Dampfers vom Tyne zum Mersey rissen denn auch schon 5 von diesen Rohren auf, und zwar waren es in den verschiedenen Kesseln immer die inneren, untersten, wagerechten Rohre der Vorwärmer. Die Rohrverbindungen wurden nach dieser Erfahrung derartig abgeändert, dass nur noch die äufserste Rohrreihe als Vorwärmer diente, während die zweite zum Kessel geschlagen wurde. Für kurze Zeit arbeiteten die Kessel darauf besser, aber schon nach $1\frac{1}{2}$tägigem Dampfen platzten 2 andere Rohre, von denen eines das vierte von vorn in der untersten wagerechten Reihe war. Die Reeder wurden dadurch so entmutigt, dass sie sich kurzer Hand entschlossen, die viel schwereren und auch mehr Raum beanspruchenden Wasserrohrkessel von Palmer durch gewöhnliche Cylinderkessel zu ersetzen.

Konstruktions-fehler der Palmer-Kessel.   Nach dem Vorstehenden ist klar, dass die Palmer-Kessel nur an der unzweckmäfsigen Konstruktion ihrer Vorwärmer scheiterten. Da diese Einrichtung indessen bei später entworfenen Wasserrohrkesseln nicht wieder vorkommt, so kann man die hieraus zu ziehende Lehre wohl auf sich beruhen lassen. Wichtiger ist dagegen das Zerspringen des erwähnten inneren Rohres. Es ist keine Frage, dass dies nur eine Folge der viel zu eng bemessenen Verbindungsrohre zwischen den Wasserrohren und den Dampfsammlern war. Bei ihren geringen Querschnitten konnten sie das Anstauen des Dampfes in einer der senkrechten Rohrreihen nicht verhüten, deren Wasser dadurch in das gemeinsame Speiserohr zurückgedrängt wurde und von dieser in derjenigen Rohrreihe emporstieg, in welcher zufällig ein geringerer Dampfdruck herrschte. Die Verbindungsrohre jeder einzelnen senkrechten Rohrreihe zu den Dampfsammlern hatten nur 50 mm l. W., während die auf jede senkrechte Rohrreihe entfallende, darunter liegende Rostfläche 0,72 qm mafs. Der freie Rohrquerschnitt war demnach viel zu klein, um irgend welche nennenswerte Druckunterschiede ausgleichen zu können. Aus der Gröfse der zu den 0,72 qm Rostfläche gehörigen Heizfläche ergiebt sich sogar, dass unter gewöhnlichen Verhältnissen in jeder senkrechten Rohrreihe in der Minute 5,82 kg oder 5,82 . 0,4145 = 2,41 cbm Dampf von 3,5 kg/qcm Ueberdruck entstehen mussten. Diese Dampfmenge konnte nur durch die erwähnten beiden Verbindungsstutzen von 16,5 cm l. W. oder von je 213,82 qcm Querschnitt in das oberste Rohr entweichen. Nimmt man nun an, dass der eine Verbindungsstutzen für den Umlauf des nach unten zurücksinkenden

Wassers und der andere allein für den nach oben steigenden Dampf diente, so musste letzterer mit einer Geschwindigkeit von nahezu 2 m in der Sekunde durch den Stutzen hindurch, d. h. mit einer Geschwindigkeit, bei der es nicht ausgeschlossen ist, dass das Wasser aus den unteren Rohrreihen mitgerissen wurde, wodurch sie der Ueberhitzung ausgesetzt waren. Durch allmähliche Vergröfserung der Querschnitte der einzelnen Verbindungsstutzen nach oben hin hätte diesem Uebelstande schon kräftig entgegengewirkt werden können und es würden die mit dem Dampfer »Montana« erzielten Ergebnisse jedenfalls viel günstiger ausgefallen sein, wenn man sich zu einem Umbau der Kessel unter Vermeidung der angeführten offenbaren Fehler entschlossen hätte. Vom wissenschaftlichen Standpunkte ist es daher nur zu beklagen, dass die Palmer-Kessel schon nach dem ersten Versuche, nachdem sie kaum 5 bis 6 Tage unter Dampf gewesen waren, aus dem Schiffe entfernt wurden.

4) Der Herreshoff-Kessel von 1888[1]).

Im Frühjahr 1888 hat die Herreshoff-Co. in Bristol, R. J., einen neuen Wasserrohrkessel hergestellt, welcher von einer Kommission des Ver. Staaten-Marineministeriums eingehend geprüft wurde. Dieser neue Kessel hat mit den alten weiter hinten unter 16) geschilderten Herreshoff-Kesseln nichts mehr gemein, er erinnert vielmehr in seinem ganzen Aufbau stark an die unter 2 beschriebenen Belleville-Kessel. Die Erbauer wollten in ihm einen Kessel erzeugen, welcher gegenüber den früheren neben einer weniger aufmerksamen und mühevollen Bedienung im Betriebe auch die Möglichkeit der Ausführung notwendiger Reparaturen zulassen soll.

Entstehung des Kessels.

Der durch Textfig. 113 und 114 dargestellte Kessel besteht aus einer Anzahl senkrechter Rohrreihen, deren jede durch 5 gleich lange schmiedeiserne Rohre ge-

Beschreibung des Kessels.

Fig. 113.   Fig. 114.

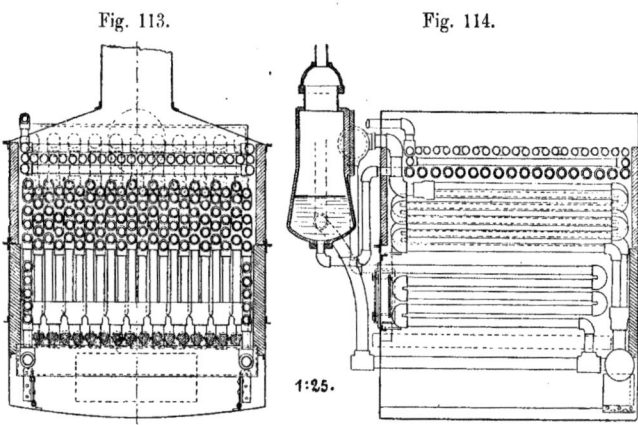

1:25.

bildet wird, welche mit Rechts- und Linksgewinde in die Kopfstücke aus schmiedbarem Guss geschraubt sind. Je zwei der Rohrreihen vereinigen sich an ihrem unteren Ende in einem Hosenrohr, das sie mit einem als Schlammfänger wirkenden, unter-

---

[1]) Annual report of the chief of the bureau of steam engineering for the year 1888. U. S. Navy Departement, Government printing office, Washington 1888 S. 48.

halb des Rostes liegenden, weiteren Rohr verbindet. In ähnlicher Weise sind die senkrechten Rohrreihen oben mit einem gleich weiten, an der Kesselvorderwand befestigten, als Dampfsammler dienenden Rohr verschraubt. 22 senkrechte Rohrreihen bilden den Kessel. Die untersten Rohre liegen 33 cm über dem Roste. An jeder Seite der Rostfläche ist eine, den vorstehenden gleiche, senkrechte Rohrreihe untergebracht, welche mit dem Dampfsammler durch ein längeres Rohr und mit dem Speisewasserrohr, in der Nähe des Schlammfangrohres, durch einen kürzeren Rohrstutzen, als die übrigen Rohrreihen, verbunden ist. Diese Seitenrohre sollen nebst den langen Anschlussrohren der senkrechten Rohrreihen an das Schlammfangrohr eine zu grofse Wärmestrahlung des Feuers nach der Kesselumhüllung verhüten. Oberhalb des ganzen Rohrbündels liegen im Kesselumbau noch drei wagerechte Rohrreihen, welche, wie die senkrechten Rohrreihen, unter einander verschraubt sind, sodass sie ein einziges zusammenhängendes Rohr darstellen, worin das Speisewasser angewärmt wird. Gleichzeitig schützen diese Rohre die Decke der Kesselhülle gegen die Wärmestrahlung der abziehenden Heizgase. Vor dem oberen Teile des Kessels sitzt der Wasserabscheider, von dessen höchster Stelle das Dampfrohr zur Maschine führt, während etwa in seiner Mitte der Dampfsammler des Kessels mündet. In den Boden des Wasserabscheiders ist das vom Vorwärmer kommende Speiserohr eingeführt, und dicht über dem Boden ist an der Seite ein Rohr abgezweigt, welches das erwärmte Speisewasser durch seine Schwere in das Schlammfangrohr des Kessels führt. Die Kesselhülle besteht aus zwei 1,5 mm starken Eisenblechen, deren 30 mm betragender Zwischenraum mit Schlackenwolle gefüllt ist. Die Aschfallbleche sind 3 mm dick. Die äufseren Abmessungen der Kesselhülle sind: 1,1 m Länge bei ebensoviel Breite und 1,2 m Höhe. Die Kesseldecke steigt nach dem Schornsteine hin um 15 cm an. Sämmtliche Kessel- und Vorwärmerrohre besitzen 25 mm inneren Dmr. und sind einzeln auf einen Druck von 70 kg/qcm geprüft.

Erforderliche Pumpe. ' Gegenüber den früheren Herreshoff-Kesseln mit einer Speisepumpe und einer besonderen Kesselpumpe erfordert der neue nur eine Speisepumpe, welche das Wasser durch den Vorwärmer in den Wasserabscheider drückt, von wo es in das untere Schlammfangrohr fliefst und dann in den senkrechten Rohrreihen aufsteigt. Die Verdampfung des Wassers geht in den Rohren vor sich, und der Dampf gelangt durch das Dampfsammlerrohr in den Wasserabscheider, aus welchem er zur Maschine strömt.

			Kohlen					Temperatur	
Kesselart	Fahrzeug	Versuchs-dauer	Ge-sammt-ver-brauch	Rück-stände	reiner Brenn-stoff	stündlich auf 1 qm Rostfläche verbrannt kg		Speise-wasser	Luft
						ins-gesammt	reiner Brenn-stoff		
		Std.	kg	kg	kg			°C.	°C.
1	2	3	4	5	6	7	8	9	10
Alter Kessel	Our Mary	4	146,96	28,73	118,22	43,94	35,25	18,0	10,0
Neuer Kessel	Jersey Lily	6	225,44	57,15	168,29	45,55	33,64	16,7	10,0

Der erprobte Kessel besitzt:

Rostfläche	0,836 qm
Kesselheizfläche	12,500 »
Vorwärmerheizfläche	6,570 »
Gesammtheizfläche	19,070 »
$\dfrac{\text{Rostfläche}}{\text{Heizfläche}}$	$\dfrac{1}{22,81}$
· Gewicht des leeren Kessels mit Armatur	1335,8 kg
Gewicht des Kesselwassers	47,6 »
Gewicht des Kessels mit Wasser	1383,4 »
Gewicht des gefüllten Kessels auf 1 qm Rostfläche . .	1655,0 »

Der an Bord eines 19,8 m langen Dampfbootes »Jersey Lily« aufgestellte
Kessel wurde am 19. April 1888 seitens der erwähnten Kommission einem Verdampfungsversuch unterworfen, welchem die Gebr. Herreshoff ebenfalls vor der Kommission am 24. April noch einen Vergleichsversuch mit einem Kessel der alten Bauart von gleichen äufseren Abmessungen der Dampfyacht »Our Mary«, einem Schwesterboot der »Jersey Lily«, folgen liefsen. Untenstehend ist das Ergebnis dieser Versuche zusammengestellt.

Der neue Kessel ist danach dem alten, was die Verdampfungsfähigkeit an-
belangt, vollkommen ebenbürtig und rücksichtlich einer bequemeren Ueberwachung und Bedienung ganz bedeutend überlegen. Die mehr als doppelt so grofse Dampffeuchtigkeit im alten Kessel rührte von den Schwankungen des Wasserspiegels in seinem Wasserabscheider her, welche trotz der denkbar gröfsten, auf den gleichmäfsigen Gang der Kesselpumpe verwendeten Sorgfalt nicht zu vermeiden waren. Mehrere male musste die von dem Kessel angetriebene Bootsmaschine während des Versuches wegen des in die Cylinder gerissenen Wassers langsam gehen. Dagegen zeigte der neue Kessel keinerlei Neigung zum Ueberkochen; auch wurde kein Wasser in den Cylindern bemerkt, trotzdem während des gröfsten Teiles der mit »Jersey Lily« unternommenen Probefahrt der Wasserstand im Kessel erheblichen Schwankungen ausgesetzt war, weil er nur durch die Probirhähne geregelt wurde, da gleich nach Beginn der Probefahrt das Wasserstandsglas zersprang.

Die Herreshoff-Co. hatte zur damaligen Zeit einen Kessel der neuen Art in
Bau, der die Maschine der Dampfyacht »Say When« von 700 bis 800 ind. Pfkr. treiben sollte. Dieser Kessel besafs 5,4 qm Rostfläche und wog zwischen 11 bis 12 t,

Feuchtig-keit des Dampfes	Verdampftes Wasser					Dampf-über-druck	Bemerkungen
	nach Messung im ganzen	auf 1 kg Kohle	auf 1 kg reinen Brenn-stoffes	von 100° C. Temperatur auf 1 kg reinen Brennstoffes	wie vor-stehend nach Abzug der Dampf-feuchtigkeit		
pCt.	kg	kg	kg	kg		kg/qcm	
11	12	13	14	15	16	17	18
7,3	1048	7,13	8,86	10,59	10,02	7,87	Die verwendeten Kohlen waren gute rotaschige Anthrazite
3,5	1457	6,37	8,53	10,23	9,97	8,46	

also nicht ganz 2000 kg auf 1 qm Rostfläche. Er würde demnach auf 1 t Kesselgewicht eine Leistung von 64 bis 67 ind. Pfkr. ergeben müssen, d. i. genau dieselbe Leistung, welche die neuen Thornycroft-Kessel (siehe weiter hinten) besitzen.
Seine äußeren Abmessungen betrugen nach jeder Richtung 2,6 m, er war also vollkommen würfelförmig. Im übrigen wich seine Bauart nur in Einzelheiten von dem
in Fig. 113 und 114 gezeichneten ab. Der Dampfsammler liegt innerhalb der Kesselhülle und der Wasserabscheider an der hinteren Kesselseite, um die Vorderwand
frei zu halten behufs Entfernung der senkrechten Rohrreihen, welche bei einer
Länge von 2,13 m sich bequem nach vorn heranziehen lassen, da jeder Heizraum
breiter als 2 m ist. Der Größe der Kessel entsprechend besteht der Vorwärmer
aus 4 Rohrreihen statt 3 bei dem gezeichneten, und jede senkrechte Rohrreihe des
Kessels zählt 7 Einzelrohre statt 5 bei dem geprüften. Die Rohre haben durchweg
50 mm inneren Dmr.; die Hosenrohre zur Verbindung der senkrechten Rohrreihen
mit dem Schlammfangrohr sind fortgefallen; jede Rohrreihe ist unmittelbar mit demselben mittels Rohrstutzens verschraubt. Diese Stutzen sind im Schlammfangrohre
zickzackförmig angeordnet. Ihre Verbindung ist ähnlich wie die beim Perkins-
Kessel mit Rechts- und Linksgewinde und darübergreifenden mutterartigen Muffen.
Die Dichtung bewirkt eine zwischengelegte Asbestscheibe. Die Kesselhülle ist
nicht doppelt, vielmehr die einfache Blechhaut innen mit T-Eisenreihen versehen,
deren Schenkel 63,5 mm von dem Blech abstehen, um zwischen sich feuerfeste
»Magnesia«-Steine zu halten.

Urteil der
Kommission. Die Kommission sagt über diesen größeren Kessel: »Wir sind der Meinung,
dass der neue Kessel wohl geeignet ist, größere Maschinen zu betreiben, und finden
auch keinen Grund, welcher gegen die Vereinigung mehrerer solcher Kessel zu
Gruppen, selbst in verschiedenen Abteilungen, sprechen sollte, sobald nur die nötige
Anzahl regelbarer Speiseventile eingeschaltet wird, welche zur Beaufsichtigung des
Speisewasserzuflusses erforderlich werden. Es lässt sich zwar nicht voraus-
sehen, ob der Kessel bei starkem Unterwinde und äußerster Anspan-
nung seiner Verdampfungsfähigkeit befriedigend arbeiten wird; indessen
lassen die Erfahrungen auf »Jersey Lily« erwarten, dass eine lebhaftere Verbrennung
keinerlei Schwierigkeiten verursachen wird. Der Kessel wird sich leicht ausbessern
lassen, da die senkrechten Rohrreihen nach vorn herausgenommen werden können.
Sollten einige derselben in solchem Zustande sein, dass sie entfernt werden müssen,
so können die Anschlüsse durch aufgeschraubte Kappen gedichtet werden, und der
Rest der Rohrreihen arbeitet allein weiter. Allerdings ist bei der großen Anzahl
von Verbindungen und Dichtungen, welche mit dem Feuer in Berührung stehen,
die Aussicht auf Leckagen nicht wegzuleugnen; indessen ist die hieraus erwachsende
Gefahr bei der Leichtigkeit der Entfernung der senkrechten Rohrreihen nur eine
geringe. Die an dem Kessel vorzunehmenden Unterhaltungsarbeiten werden sich
voraussichtlich hauptsächlich um Zusammensetzen und Dichten von Rohren drehen,
lassen sich also an Bord von Seedampfern unschwer ausführen«.

Aussichten des
neuen Kessels. Entgegen den vorstehenden Kommissionsbemerkungen muss es nach den schon
geschilderten Erfahrungen, welche mit den in ihrer Bauart ganz ähnlichen neuen
Belleville-Kesseln (siehe unter 7) in der französischen Marine gemacht wurden,
sofort zweifelhaft erscheinen, dass der neue Herreshoff-Kessel eine angestrengte
Thätigkeit unter Anwendung starken Unterwindes ertragen kann. Wenn die Kommission dies nach der mit größter Schonung vorgenommenen Kesselheizung auf
»Jersey-Lily« dennoch erhofft, wo blos 45 kg Kohlen auf 1 qm Rostfläche stündlich

verbrannt wurden, so lässt sich eben nur einwenden, dass bis zur Verbrennung des 10 fachen Kohlengewichtes, wie man es z. B. von einem auf der Höhe seiner Leistungsfähigkeit stehenden Torpedobootskessel verlangt, doch noch ein sehr weiter Schritt ist. Ich glaube auch nicht, dass der neue Herreshoff-Kessel auf »Say When«, der doch nun schon $1\frac{1}{2}$ Jahre im Betriebe sein muss, in diesem Punkte den gehegten Erwartungen entsprochen hat; die grofsen englischen Fachblätter würden dann schon gebührend darüber berichtet haben. Dagegen werde ich in meiner absprechenden Ansicht durch die Nachricht bestärkt, dass das neue bei der Herreshoff-Co. in Bau begriffene Versuchstorpedoboot für die Ver. Staaten-Marine, welches eine fünfcylindrige Vierfach-Expansionsmaschine erhält und mindestens 25 Knoten laufen soll, nicht mit Herreshoff, sondern mit neuen Thornycroft-Kesseln (siehe unter 16) ausgerüstet wird.

II. Wasserrohrkessel mit geraden geneigten Rohren.

5) Der Root-Kessel von 1872.

Die durch Textfig. 115 und 116 dargestellten Root-Kessel sind im Jahre 1872 in den Raddampfer »Birkenhead« eingebaut, welcher den Fährdienst zwischen Liverpool und Birkenhead versah. Sie bestanden aus 15 Elementen, wovon sich jedes aus 8 geneigten Rohrreihen zusammensetzte. Die 3,35 m langen und 15,2 cm l. W. *Allgemeiner Aufbau.*

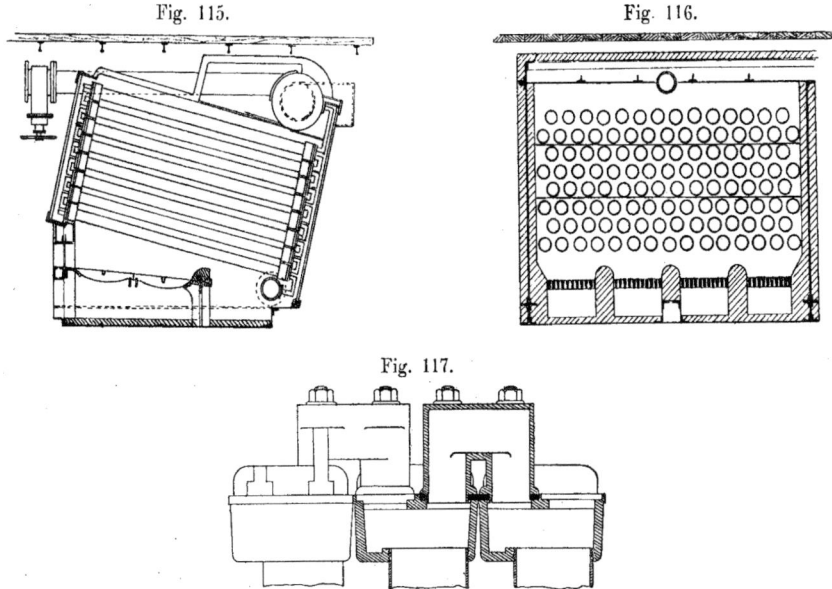

Fig. 115.   Fig. 116.

Fig. 117.

haltenden Rohre waren an ihren Enden mit Kopfstücken versehen, wie Textfig. 117 zeigt. Je zwei neben einander liegende Rohre wurden mittels kurzer Knierohre, die an die Kopfstücke angesetzt waren, mit einander verbunden. Der Arbeitsdruck dieser Kessel betrug nur 2,8 kg/qcm, trotzdem sie für 4,2 kg/qcm Ueberdruck berechnet waren. Wie der in den unteren Rohrreihen gebildete Dampf nach oben entweicht, ist aus den Textfiguren leicht verständlich.

Konstruktions-
fehler.

Ein Fehler dieser Kessel war ihr aufserordentlich kleiner Dampfraum, den man aber den Konstrukteuren nicht zu hart anrechnen darf. Der Dampfer »Birkenhead« hatte als Raddampfer nur einen verhältnismäfsig geringen Tiefgang und musste für den Verkehr der Fahrgäste notwendig ein glattes Deck erhalten. Somit war der Kesselraum der Höhe nach sehr beschränkt und die Dampfräume wurden zu knapp bemessen. Nun kam dazu, dass die Kessel in den ersten Betriebsmonaten mit unreinem Wasser gespeist wurden, wodurch fortwährende Störungen durch überhitzte Rohre hervorgerufen wurden. Nachdem ein Frischwasserbehälter aufgestellt war, besserte sich dies zwar etwas, allein die Rohre der unteren Reihen litten auch dann noch von Ueberhitzungen, welche häufige Reparaturen veranlassten. Hieran war zunächst das langsame Aufsteigen des Dampfes zur Oberfläche des Wassers schuld, welches durch den zickzackförmigen Weg, den die einzelnen Dampfbläschen in den Rohren zurücklegen mussten, sehr erschwert wurde. Ferner kam hinzu, dass die Absperrventile der Kessel sehr niedrig über dem Wasserspiegel lagen, und dass durch die grofsen Cylinder sowie die langsam erfolgenden Hübe der Maschine sich bei jeder Füllung das Bestreben des Kesselwassers bemerkbar machte, dem abströmenden Dampf in das Dampfrohr zu folgen, also auch aus den unteren Rohrreihen zu entweichen. Verstärkt wurde dieses Bestreben durch die infolge von Anhalten und Langsamgehen der Maschine oft sehr schnell wechselnde Dampfentnahme, wie dies bei einem zu vielen Manövern gezwungenen Fährdampfer nicht anders sein kann. Endlich waren die Kessel wegen des beschränkten Raumes für die »Birkenhead«-maschine überhaupt etwas zu klein und ihre zu geringe Leistung musste durch forcirtes Heizen ausgeglichen werden. Alle diese Umstände: erschwertes Entweichen des Dampfes, niedriger Dampfraum und verstärktes Heizen wirkten hier zusammen, um die Bildung von Dampf in den unteren Rohren und deren häufige Ueberhitzung herbeizufüren, so dass die Kessel der immerwährenden Reparaturen wegen, nachdem sie 3 Jahre im Schiffe gearbeitet hatten, durch gewönliche Cylinderkessel ersetzt wurden.

Wirtschaftlicher
Vorteil der
Root-Kessel.

In wirtschaftlicher Beziehung hatten die Root-Kessel zufriedenstellend gearbeitet. Die Schwesterschiffe der »Birkenhead« waren mit sehr guten Niederdruckkesseln der gebräuchlichen Art ausgerüstet, denen gegenüber die Kohlenersparnis der Root-Kessel 17 pCt. betrug, während sie im Vergleich mit Kesseln mittlerer Güte auf 25 pCt. stieg. Die wirtschaftlichen Ergebnisse würden jedenfalls noch bessere gewesen sein, wenn der nur 2,81 kg/qcm betragende Arbeitsdruck ein höherer und damit die Füllung der Maschine eine kleinere gewesen wäre. Die Ueberlegenheit der dünnwandigen, eine wirkungsvollere Heizfläche darbietenden Wasserrohrkessel war also durch diesen Versuch abermals festgestellt.

Weitere
Verwendung von
Root-Kesseln.

Ein anderer Dampfer »Malta« von 2000 t Wasserverdrängung, der ebenfalls Root-Kessel besafs, hatte sie zur selben Zeit etwa 12 Monate in Betrieb. Diese Kessel von ähnlicher Konstruktion, wie die vorbeschriebenen, litten an einem noch schlechteren Wasserumlauf. Man konnte in ihnen zwar in derselben Zeit Dampf aufmachen, welcher früher bei den gewöhnlichen Kesseln dafür benötigt wurde, sie kochten auch während gleichmäßiger Fahrt des Schiffes wenig über, aber die Ueberhitzung und Ausbeulung der unteren Rohre fand in derselben Weise statt, wie bei den »Birkenhead«-Kesseln. Nach einer längeren Reise des Dampfers in das Mittel- und Schwarze Meer wurden sie aus dem Schiffe entfernt und dieses, weil seine schon vor dem Einsetzen der Root-Kessel recht alte Maschine vollständig ausgelaufen war, in ein Segelschiff verwandelt. Die »Malta«-Kessel waren auch nur mit 3,5 kg/qcm Druck betrieben worden. — An Land, wo es an Raum nicht mangelt und wo, wie bei sehr vielen gewerblichen Anlagen, der Dampfverbrauch ein gleichmäfsiger ist, sollen sich Root-Kessel, wenn sie nicht zu sehr angestrengt werden, recht gut bewähren.

6) Der Watt-Kessel von 1876.

In den Dampflichter »Gertrude« setzte Watt Anfangs 1876 einen Kessel, welcher aus einer Anzahl geneigter Rohre bestand, die an ihren Enden in rechteckige Wasserkammern mündeten, wie Textfig. 118 erkennen lässt. Die andere Wasserkammer trug oben einen Dampfsammler. Die Wasserkammerwände waren, wie es sonst bei nahe neben einander liegenden, parallelen Kesselwänden üblich ist, durch Stehbolzen abgesteift. Das äufsere Ende der Stehbolzen stand, wie in Textfig. 119 dargestellt ist, etwas aus der Wand hervor und diente gleichzeitig zur

Allgemeine Einrichtung.

Fig. 118.   Fig. 119.

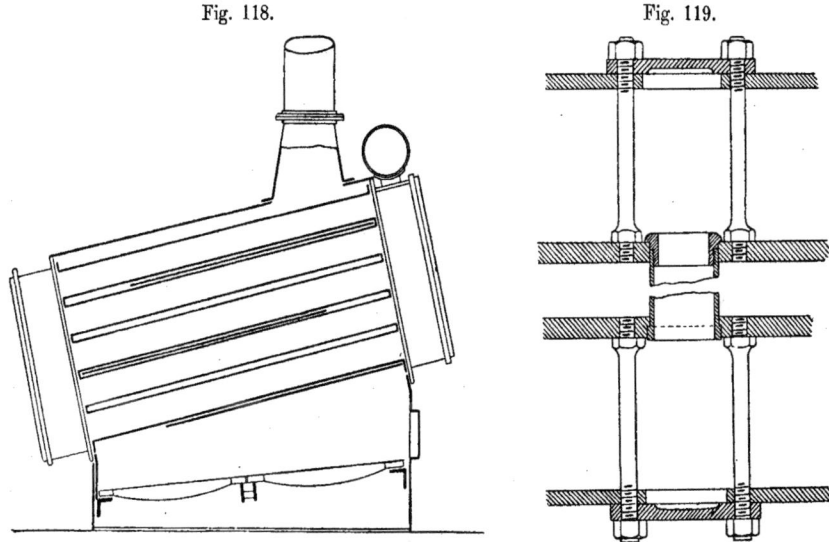

Befestigung der Reinigungsdeckel, welche für jedes einzelne Rohr vorhanden waren. Scheidewände zwischen den Rohren zwangen die Flamme, sich vom Rost bis zum Schornsteine zickzackförmig hin und her zu bewegen.

Es ist klar, dass diese Kessel vor den bis jetzt besprochenen Wasserrohrkesseln entschiedene Vorzüge besitzen. Der in den einzelnen Rohren erzeugte Dampf kann infolge ihrer Neigung sehr leicht entweichen und gelangt dann in die vordere Wasserkammer, die ihm sofort das Aufsteigen in die Dampfsammler ermöglicht. Das in Dampf verwandelte Wasser wird gleichzeitig aus der hinteren Wasserkammer durch nachfliefsendes ersetzt, wodurch ein gleichmäfsiger ungestörter Wasserumlauf im Kessel gesichert ist.

Vorteile des Watt-Kessels.

Um den wünschenswerten Umlauf herzustellen, braucht man nur den Dampf an der einen Kesselseite ab und das Wasser an der anderen Kesselseite zuzuleiten,

Verbesserungen am Watt-Kessel.

ein Gegeneinanderströmen beider muss natürlich vermieden werden. **Watt** hat für seine Kessel kurze und weite Rohre verwandt, weil der Betrieb dadurch an Sicherheit gewinnt. Je enger die Rohre sind, um so gröfser ist ihre Oberfläche im Verhältnisse zum Inhalt, denn mit dem Durchmesser wächst die Oberfläche, also hier die Heizfläche im einfachen Verhältnisse, während der Inhalt im quadratischen Verhältnisse zunimmt. Je gröfser aber die Heizfläche wird, in bezug auf den gleichen Inhalt, um so stärker muss die Verdampfungsgeschwindigkeit in den einzelnen Rohren wachsen. Diese Thatsache erklärt allein schon die Gefährlichkeit langer und dünner Rohre, ohne dass die dem Entweichen des erzeugten Dampfes in übermäfsig langen Rohren entgegenstehende Schwierigkeit noch besonders hervorgehoben zu werden braucht. Wie sehr in diesem Punkte bei früheren Wasserrohrkesseln gesündigt war, zeigen die unter 9) genannten **Rowan**-Kessel, von deren kleineren senkrechten Rohren einige 2,43 m lang waren und dabei nur 63,5 mm Dmr. hatten. Der **Watt**'sche Kessel an Bord der »**Gertrude**« soll mit einem so vorzüglichen Wasserumlaufe gearbeitet haben, dass er sich monatelang von Niederschlägen frei hielt, trotzdem teilweise Salzwasser zum Speisen benutzt wurde, weil die Maschine keinen Oberflächenkondensator besafs.

7) Der Belleville-Kessel von 1878.

Aussichten der Belleville-Kessel.
Während die unter 2) besprochenen **Belleville**-Kessel das mehr und mehr zu tage getretene Bedürfnis nach einem möglichst leistungsfähigen Kessel für kleine schnelle Fahrzeuge befriedigen sollten, scheinen die in neuerer Zeit von ihm hergestellten Wasserrohrkessel (Taf. IV, Fig. 10 und 11) Aussichten für eine allgemeinere Benutzung auf grofsen Seedampfern zu haben, wenngleich ihnen trotz aller guten Eigenschaften, und trotzdem sie sich teilweise ausgezeichnet bewährt haben, immer noch recht bedenkliche Schwächen anhaften. In Deutschland ist bis jetzt nur im Jahre 1875 ein einziger Versuch seitens der Marine mit **Belleville**-Kesseln älteren Systemes für gröfsere Fahrzeuge gemacht worden, welcher indes ebenso wie die früheren Versuche in Frankreich, z. B. auf dem Aviso »**Hirondelle**«, an der Unvollkommenheit dieser Kessel scheiterte. Es ist zu beklagen, dass die augenblickliche geschäftliche Lage es den meisten vaterländischen Werften nicht gestattet, umfangreiche Versuche auf diesem Gebiete anzustellen; Deutschland besitzt in dem **Steinmüllerkessel** einen Wasserrohrkessel, welcher dem **Belleville**-Kessel mindestens ebenbürtig, in bezug auf guten Wasserumlauf aber entschieden überlegen ist.

Schwierigkeiten beim Betriebe auf See.
Die Schwierigkeiten, welche der Einführung der Wasserrohrkessel auf Seedampfern bisher entgegenstanden, und welche hauptsächlich zurückzuführen sind auf:

    1. den schlechten Wasserumlauf,

    2. den kleinen Wasserraum,

    3. die Fernhaltung der Niederschläge von den Rohren,

überwindet **Belleville** bei seinen neuesten Kesseln auf folgende Weise:

Verbesserter Umlauf.
Zu 1. Der schlechte Umlauf der Wasserrohrkessel mit wagerecht einreihigen Elementen wird durch doppelreihige, aus fortwährend ansteigenden Rohren gebildete Elemente verbessert. Aufserdem sind die Kopfstücke der Rohre mit Scheidewänden versehen, gegen welche das Wasser beim Uebertritt von dem einen Rohr in das andere stöfst, wodurch eine Vermischung des am Umfange des Rohres entlang

fließenden stärker erhitzten Wassers mit dem inneren weniger warmen vermittelt und die Bildung von Dampfsäcken in den einzelnen Rohren eingeschränkt wird. — Beim Steinmüller-Kessel ist der Umlauf ein viel besserer, weil die einzelnen Rohre wie beim Watt-Kessel in Kästen münden, welche unmittelbar mit dem Oberkessel in Verbindung stehen, so dass die aus einem Rohr etwa entweichenden Dampfblasen sofort in ihnen aufsteigen können.

Zu 2. Der kleine Wasserraum, welcher gegenüber demjenigen eines gewöhnlichen Kessels nur einen unbedeutenden Wärmespeicher bildet, gestattet einen plötzlichen Wechsel in der Dampfentnahme, wie er bei einer manövrirenden Schiffsmaschine stets auftritt, nicht. Bei plötzlichem stärkerem Dampfverbrauch kochen solche Kessel in folge der Druckentlastung leicht über. Belleville hat nun, um dem Ueberkochen zu wehren, an seinen Kesseln eine allerdings etwas umständliche und empfindliche selbstthätige Vorrichtung angebracht, welche die Speisewasserzuführung nach dem Dampfverbrauche regelt und sich auch in schlechtem Wetter auf See bewährt hat. *Selbstthätige Speisevorrichtung.*

Zu 3. Die Fernhaltung von Niederschlägen in den Rohren, welche bei den vorgenannten Wasserrohrkesseln erreicht wird, indem man nur mit Frischwasser speist, erfolgt im Belleville-Kessel dadurch, dass das mit Zusatzwasser aus See vermischte Speisewasser den oberhalb der Rohre liegenden Dampfsammler von einem Ende bis zum anderen durchfliefsen muss, in welchem, da die Dampfspannung in den Belleville-Kesseln nie unter 6 kg/qcm Ueberdruck beträgt, eine Temperatur von mindestens 160⁰ C. herrscht. Das Wasser wird also plötzlich sehr stark erwärmt und verliert hierdurch den gröfsten Teil seiner aufgelösten Bestandteile. Sie werden in einem Behälter abgelagert, den das Wasser zu durchströmen hat, ehe es in den Kessel gelangt, und lassen sich daraus von Zeit zu Zeit ausblasen. Die bisherigen Erfahrungen haben gezeigt, dass bei dieser Einrichtung nur etwa alle 6 Monate eine Kesselreinigung erforderlich ist, wobei die dem Feuer am meisten ausgesetzten Rohre im Innern nur mit einer etwa 1 bis 1,5 mm starken Kesselsteinschicht überzogen sind. Bei den Steinmüller-Kesseln soll die Bildung von festen Niederschlägen in den Rohren hauptsächlich durch den starken Umlauf verhindert werden. *Einschränkung von Niederschlägen.*

Nach diesen zuerst an den Kesseln des französischen Aviso's »Voltigeur« im Jahre 1879 ausgeführten Verbesserungen hatte Belleville bis zum Schlusse des Jahres 1886 bereits mehr als 250 einzelne Schiffskessel erbaut, von welchen die meisten auf die französische Kriegs- und Handelsmarine entfielen, wobei aber auch die italienische, spanische und russische Marine beteiligt waren. Die wichtigsten und bedeutendsten Ausführungen Belleville's seit 1879 sind in der Tabelle auf Seite 164 zusammengestellt: *Bisherige Ausführung.*

Wie die Tabelle zeigt, besteht der Hauptvorzug der Belleville-Kessel wie bei allen Wasserrohrkesseln in ihrem verhältnismäfsig geringen Gewicht, welches sich einschl. Wasser bei 12 bis 14 Atm. Ueberdruck im Kessel auf rund 5 t für 1 qm Rostfläche stellt, wogegen Cylinderkessel einschl. Wasser bei 4 bis 5 Atm. im Durchschnitt mindestens 6 t, bei 8 bis 9 Atm. schon 8 bis 9 t und bei obigem Dampfdruck etwa das doppelte der Belleville-Kessel auf 1 qm Rostfläche wiegen werden. Leichter als diese Belleville-Kessel sind aber noch die weiter hinten beschriebenen Ward-Kessel. *Geringes Gewicht.*

Ueber die wirtschaftliche Leistung der Belleville-Kessel lässt sich an hand der nachstehend aufgeführten drei genauen, in der französischen Marine angestellten Versuche ein abschliefsendes Urteil nicht fällen, da ein Kohlenverbrauch *Wirtschaftliche Leistung.*

Laufende Nummer	Name des Schiffes	Art der Maschine	Jahr der Ausführung	Zahl der Kessel	Gesammte Heizfläche qm	Gesammte Rostfläche qm	Gewicht einschl. des Wassers Insgesammt kg	Gewicht einschl. des Wassers für 1 qm Rostfläche kg	Indizirte Pfkr. nach der Konstruktion	Indizirte Pfkr. nach der Probefahrt	Kohlenverbrauch für 1 ind. Pfkr. u. Stde. bei regelm. Betriebe kg	Dampfüberdruck in kg/qcm in den Kesseln	Dampfüberdruck in kg/qcm im Hochdruck-Cylinder
1	2	3	4	5	6	7	8	9	10	11	12	13	14
1	Kreuzer Voltigeur	Horizontale Woolf'sche Maschine mit 3 Cylindern, rückwirkender Pleuelstange, Oberflächenkondensation	1879	6	289,24	9,00	50400	5600	700	1000	1,028	6,5	4,25
2	Aviso Milan	4 Paar horizontale Kompoundmaschinen mit gerade-aus wirkender Pleuelstange, Oberflächenkondensation	1882	12	1034,14	33,84	159000	4700	3800	4132,8	1,080	14,0	9,0
3	Aviso Hirondelle	2 Paar Woolf'sche Hammermaschinen mit überein-ander stehenden Cylindern, Oberflächenkondensation	1883	10	689,42	22,28	115000	5150	2100	—	—	12,0	6,0
4	Kanonenboot Crocodile	2 cylindrige Woolf'sche Hammermaschinen mit nebeneinander stehenden Cylindern, Ober-flächenkondensation	1883	4	189,00	5,76	31000	5380	440	—	—	12,0	6,0
5	Postdampfer Ortégal	desgl. desgl. desgl.	1884	8	689,42	22,56	115000	5100	1400	2100	0,930	12,0	6,0
6	Dampfbeiboot von 8,85 m Länge	Eincylindrige Maschine, ohne Kondensation	1884	1	5,88	0,24	1300	5420	12	13	—	12,0	5,0
7	Dampfbeiboot von 10 m Länge	desgl. desgl. desgl.	1884	1	8,91	0,41	2020	5000	28	33	—	12,0	5,0
8	Kreuzerkorvette Rigault de Genouilly	3 Paar horizontale Woolf'sche Tandem-Maschinen, Oberflächenkondensation	1885	8	689,42	22,56	115000	5100	2100	—	—	12,0	6,0
9	Postdampfer Sindh	2 cylindrige Woolf'sche Hammermaschinen mit nebeneinander stehenden Cylindern, Ober-flächenkondensation	1886	12	1027,00	27,39	137400	5200	—	—	—	13,0	6,0
10	Torpedokreuzer Alger	Noch in der Konstruktion begriffen	1887	—	—	—	—	—	8000	—	—	—	—

von 1 kg für 1 ind. Pfkr. und Std. bei Kompoundmaschinen mit cylindrischen Kesseln im Durchschnitt ebenfalls immer erreicht wird. Nach den bisher in der französischen Marine gemachten Erfahrungen scheint es, als wenn die Nutzleistung der Belleville-Kessel diejenige der gewöhnlichen Cylinderkessel nicht ganz erreicht, während sie jene doch eigentlich übersteigen müsste. Ob dies an der eigentümlichen Einrichtung des Dampfsammlers liegt, welcher gleichzeitig als Speisewasservorwärmer bezw. Reiniger dient, lässt sich bei dem Mangel an Material über umfassendere Versuchsergebnisse und Beobachtungen nicht entscheiden.

Man bemängelt ferner an den Belleville-Kesseln, dass sie sich für die Erzielung einer gesteigerten Leistung mit verstärktem Heizen bei natürlichem Zuge, trotzdem diese Versuche mit dem Aviso »Milan« ein zufriedenstellendes Resultat ergaben, weniger gut eignen. Bei sehr lebhafter Verbrennung soll stets die Gefahr nahe liegen, dass die Kessel anfangen überzukochen, und dass die zwischen den Rohren ziemlich ungehindert abströmenden Heizgase noch mit langer, heller Flamme aus dem Schornstein hinausschlagen. Es ist dies im allgemeinen derselbe Vorwurf, welchen Isherwood gegen den Perkins-Kessel erhob, und den er auf die kleine Wasseroberfläche zurückführt, aus welcher der Dampf entweichen muss. Bei gesteigertem Betriebe kommt die Wasserfläche nicht in Ruhe, und wenn der Kessel nicht gleich überkocht, so entsteht doch nasser Dampf. Daher arbeiten denn auch die Belleville-Kessel bei langsamer Verdampfung am günstigsten, bei sehr schneller Verdampfung hingegen am ungünstigsten, wie die nachstehenden mittleren Probefahrtsergebnisse des französischen Avisos »Milan« erkennen lassen. Es wurden bei diesen Fahrten für 1 ind. Pfkr. und Std. nur 0,915 kg Kohle verbraucht, als man rund 60 kg Kohle auf 1 qm Rostfläche in der Stunde verbrannte, während 1,080 kg für dieselbe Leistung erforderlich waren, als rund 130 kg in der Stunde auf 1 qm Rostfläche verfeuert wurden.

Abnahme der Brauchbarkeit des Kessels mit der Verstärkung der Heizung.

Des Versuches			Min.- Umdr.	Ind. Pfkr.	Schiffsge- schwindigkeit S.-M.	Mittlerer Dampfüberdruck in kg/qcm			Kohlenverbrauch in der Stunde	
Zeit	Dauer	Art				in den Kesseln	in der Rohrleitung	im Hochdruckcylinder	für 1 ind. Pfkr. kg	auf 1 qm Rostfläche kg
1	2	3	4	5	6	7	8	9	10	11
14. April 1885	6 Std. 25 Min.	Dauerfahrt zur Erzielung der Konstruktionsleistung	146	3375,0	17,27	12,5	12,00	10,0	0,935	95,000
29. » »	3 » 45 »	Fahrt mit gewöhnlichem Heizen zur Feststellung der mittleren Leistung	126—127	2209,0	15,38	12,0	11,75	9,5	0,915	59,786
7. Mai »	4 » — »	Fahrt zur Feststellung der gröfsten Leistung	154	4132,8	18,60	11,5	11,10	9,5	1,080	129,325

Endlich hängt der ungestörte Betrieb der Belleville-Kessel wesentlich von der recht verwickelten selbstthätigen Speisevorrichtung ab, um welche man daher in steter Sorge sein muss, wenngleich sie bei gewissenhafter Pflege nach den bis jetzt vorliegenden Erfahrungen immer zufriedenstellend arbeitete. Aber auch diese Mängel lassen sich gewiss noch beseitigen; ist doch der Fortschritt in der Konstruktion der Belleville-Kessel seit dem Jahre 1864, in welchem der erste in Betrieb gesetzt wurde, ein unverkennbar sehr bedeutender.

III. Wasserrohrkessel mit gebogenen Rohren.

8) Der Belleville-Kessel von 1864[1]).

Der älteste Belleville-Kessel, welcher in Textfigur 120 und 121 dargestellt ist, setzt sich aus zwei unteren wagerechten Rohren zusammen, aus denen je eine Reihe senkrechter Rohre emporsteigt. In die unteren wagerechten Rohre tritt das Speise-

Fig. 120.   Fig. 121.

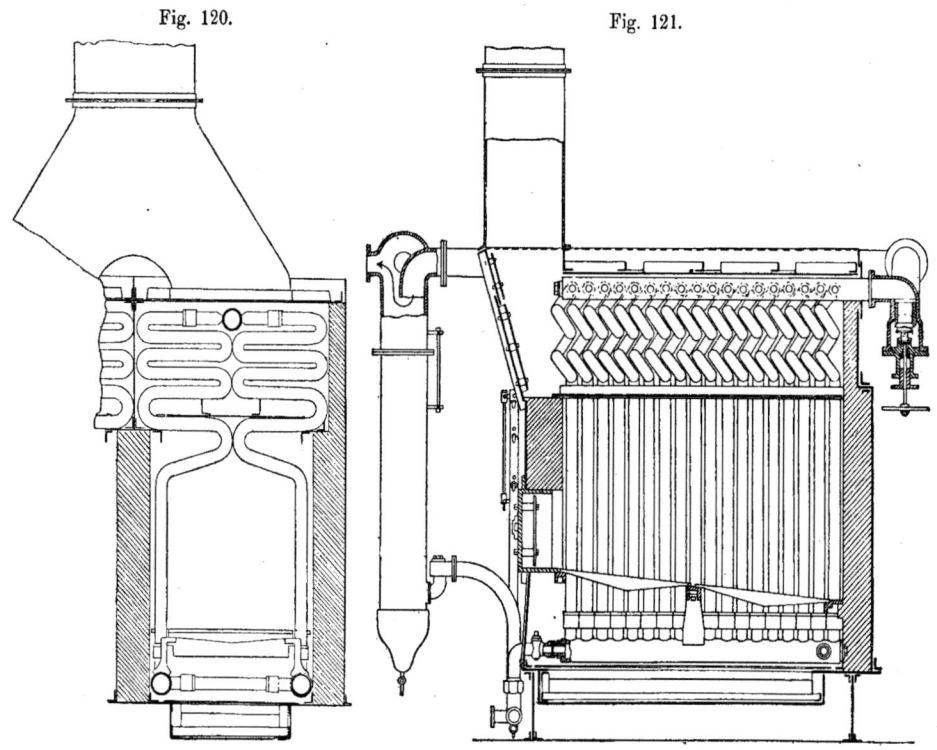

wasser und gelangt dann in die senkrechten Rohre. Bis zur Decke des Feuerraumes sind die senkrechten Rohre gerade, hier sind sie nach innen zusammengebogen, um die Feuerung zu begrenzen. Der obere Teil der Rohre ist schlangenförmig weiter

---

[1]) A. Ledien. Traité élémentaire des appareils à vapeur de navigation. Paris 1865. Tome II S. 470.

geführt, bis sie sich zuletzt sämmtlich in einem wieder wagerechten Rohre vereinigen, welches als Dampfsammler dient. Die Dampfsammler der zu einer Gruppe vereinigten Kessel münden in einen Wasserabscheider, welcher seitlich von den Kesseln angeordnet ist, und von hier wird der vom mitgerissenen Wasser befreite Dampf zur Maschine geleitet.

Der Wasserabscheider ist oben mit einem Wasserstandsglase versehen, während er unten durch ein Rücklaufventil mit den das Speisewasser aufnehmenden unteren wagerechten Rohren des Kessels in Verbindung steht. Stellt sich der Wasserstand im Abscheider höher als der Wasserstand im Kessel, so lässt das Rücklaufventil das im Abscheider angesammelte Wasser in den Kessel fliefsen, wogegen es den Uebertritt des Wassers aus diesem in den Abscheider verhindert. Durch seine Bodenhähne kann der Abscheider, wenn erforderlich, entwässert werden. Die Feuerungsanlage ist aus den Textfiguren deutlich zu ersehen, zu bemerken ist nur, dass eine über der ersten Biegung der Rohre angeordnete Scheidewand die Heizgase zwingt, durch die Schlangenrohre hindurchzugehen, ehe sie in den Schornstein entweichen können. Die aus Eisenblech bestehende Kesselhülle ist mit Chamotte ausgemauert.

Wasser-
abscheider.

Diese Kessel hatten wegen des aufserordentlich beschränkten Wasserraumes den Uebelstand, dass es an Bord sehr schwierig war, einen nur einigermafsen gleichmäfsigen Wasserstand im Kessel zu halten. Sie verlangten des weiteren süfses Speisewasser und konnten demgemäfs nur für Maschinen mit damals noch sehr seltenen Oberflächenkondensatoren Verwendung finden. Aber auch bei diesen wurde das nötige Zusatzwasser aus See entnommen, und von den hierdurch in den Kessel gelangenden Niederschlägen liefsen sich die nicht zugänglichen geraden Enden der Rohre nicht befreien, sodass die mit diesen Kesseln auf französischen Avisos angestellten Versuche fehl schlugen. Wirtschaftlich waren die Erfolge recht gute, da diese Belleville-Kessel für gleiche Spannungen und unter gleichen Verhältnissen bei den damaligen Niederdruckmaschinen statt 2 kg Kohlen stündlich auf die ind. Pfkr. nur 1,75 kg beanspruchten. Da die Kessel für 7 kg/qcm Spannung konstruirt waren, so würden sie bei Verwendung höherer Spannungen selbstredend noch bessere Ergebnisse geliefert haben. In Verfolg dieser nach der wirtschaftlichen Seite hin günstigen Versuche, änderte Belleville darauf seinen Kessel um, wie unter 2) erläutert wurde, sodass er für innere Reinigungen zugänglich wurde. Nach Textfigur 120 ist die Aehnlichkeit dieser ältesten Belleville-Kessel mit dem neuen unter 13) beschriebenen, nur mit destillirtem Wasser zu speisenden du Temple-Kessel nicht zu verkennen.

Erfahrungen
mit diesen
Kesseln.

9) Der Rowan-Kessel [1]) von 1874.

Der in Fig. 122 und 123 skizzirte Kessel von Rowan und Horton, welcher im Jahre 1874 als Dampferzeuger für die erste Dreifach-Expansionsmaschine von John Elder & Co. in Glasgow in den 2000 t grofsen Frachtdampfer »Propontis« eingesetzt wurde, bildet zunächst den Vorläufer für die nachstehend besprochenen Kessel von Ward. Da die Unvollkommenheit der Rowan-Kessel und die traurigen damit gemachten Erfahrungen, wie schon erwähnt, auf die weitere Entwicklung der Wasserrohrkessel von grofsem Einflusse waren, so sollen sie zunächst näher erläutert werden.

Aufstellung.

---

[1]) Transactions of the institution of naval architects. London 1876 S. 266.

Die » Propontis « hatte 4 Rowan-Kessel, 2 auf jeder Schiffsseite, mit einem gemeinschaftlichen Schornsteine. Jeder Kessel bestand aus 7 wagerechten Cylindern, welche unter einander durch einige gerade senkrechte Rohre von 30,4 cm Dmr. und durch eine ganze Schaar von gebogenen senkrechten Rohren von 63,5 mm Dmr.

Fig. 122.   Fig. 123.

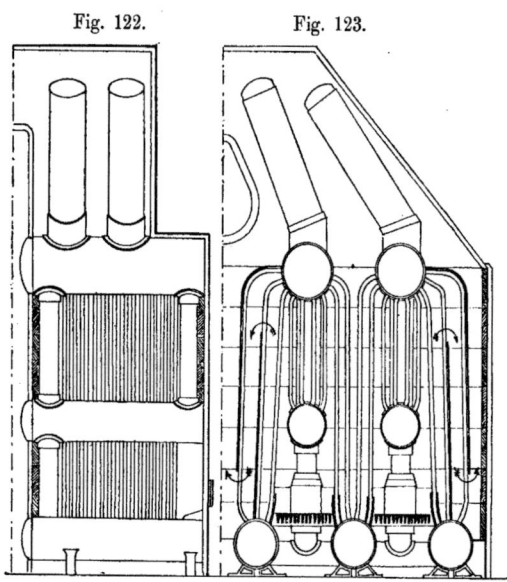

verbunden waren. Der Dampfraum wurde durch 4 diagonal gestellte Dome gebildet. Um das Ueberkochen zu verhüten, führten Rohre aus den Dampfsammlern geradeswegs in die unteren Wassercylinder, sodass etwa mitgerissenes Wasser gleich wieder herunterfallen konnte. Die Speiserohre mündeten in den untersten Wassercylinder. Zwischen den senkrechten Rohren waren Scheidewände angebracht, um die Flammen zum Umzüngeln sämmtlicher Rohre zu zwingen. Während die Wassercylinder unter einander in Verbindung standen, war eine solche für die Dampfräume nicht hergestellt, eine Unterlassungssünde, die sich beim späteren Betriebe der Kessel rächte. Die Kessel waren für einen Arbeitsdruck von 19,5 kg/qcm berechnet, wurden aber gewöhnlich nur mit 9 bis 10 kg/qcm Ueberdruck gefahren. Die Wirtschaftlichkeit dieser Kessel bewährte sich glänzend; während einer auf der ersten Reise von Liverpool nach dem schwarzen Meere unternommenen zehnstündigen Probefahrt wurden stündlich nur 0,7 kg Kohlen für 1 ind. Pfkr. verbrannt.

Die ersten Ausstände, zu denen die Kessel Veranlassung gaben, entstanden durch das Versalzen der den Rosten benachbarten **S**-förmig gebogenen senkrechten Rohrreihen, aus denen sich die durch das salzige Zusatzwasser gebildeten Niederschläge nicht entfernen ließen. Das Zusatzwasser wurde darauf destillirt; aber nun entstand eine starke Abrostung im Inneren der Kessel, welche tiefe rundliche Anfressungen von 10 bis 40 mm Dmr. hervorrief. Sobald diese Stellen hinreichend schwach geworden waren, wurden sie von der Dampfspannung nach außen durchgedrückt, rissen auf, und Dampf oder Wasser konnte in den Feuerraum entweichen. Herausreißen der Feuer und Dichtung des Loches mittels Rohrschellen waren die Folgen solcher kleinen Explosionen, welche sich zuletzt so häufig wiederholten, dass einer der 4 Kessel beständig aufser Betrieb war. Anfangs 1875 mussten daher schon 300 neue Rohre in die Kessel gezogen werden, welche darauf einer Kaltwasserdruckprobe von 19,33 kg/qcm unterworfen wurden. Da das Einhängen von Zinkschutzplatten in die Kessel behufs Verminderung der inneren Abrostung noch nicht allgemein üblich war, so suchte man die Anfressungen der Kesselwände dadurch zu bekämpfen, dass man einen Teil des Zusatzwassers aus der See entnahm, um einen geringen Kesselsteinüberzug auf den inneren Flächen zu erzeugen. Dies gelang auch recht gut, denn als die Kessel nach Beendigung einer zweiten Reise nach der Levante in England untersucht wurden, zeigten sie einen derartigen dünnen Schutzüberzug.

Der gröfste Uebelstand dieser Kessel, an welchem sie schliefslich auch zu Grunde gingen, war mangelhafter Wasserumlauf und in folge dessen Ueberhitzung der Bleche an den nicht mehr vom Wasser gekühlten Stellen, an denen sich gröfsere Dampfmassen ansammelten. Im Herbst 1875 ging die »Propontis« abermals ins Mittelmeer. Sie war erst am vierten Tage in See, als in einem der unteren wagerechten Cylinder des St.-B.-Vorderkessels bei 10,5 kg/qcm Kesseldruck ein fast 60 cm langer Riss entstand, wobei 2 Heizer durch das ausströmende heifse Wasser verletzt wurden. Der Riss lag etwa in der Mitte des Cylinders, nahe seiner untersten Fläche, und befand sich im vollen, 9,5 mm starken Blech. Lissabon musste behufs Aufsetzens eines Flickens auf die gerissene Stelle angelaufen werden. Einige Tage nach dem Verlassen dieses Hafens trat wiederum ein Riss in einem unteren Cylinder des St.-B.-Achterkessels auf. Auch dieser lag in der unteren Fläche, ebenfalls im vollen Blech und war etwa 30 cm lang. Er entstand in dem 53 cm Dmr. haltenden Cylinder bei einem Kesseldruck von 7,38 kg/qcm, während seine 9,5 mm messende Hülle erst bei einem kalten Drucke von 84,4 kg/qcm aufriss. Die Cylinder zeigten sich innen fast gar nicht vom Rost zerfressen, sodass dies nicht der Grund der Rissbildung sein konnte; dagegen war die Wandstärke an den Rissrändern etwas schwächer als in einem Abstande von 25 mm von ihnen, wo schon die ursprüngliche Dicke festgestellt wurde. Dieser Umstand spricht dafür, dass sich die Bleche erhitzten, in diesem Zustande etwas ausdehnten, um endlich an der schwächsten Stelle aufzureifsen.

Nach dem zweiten Unfalle lief der Dampfer Algier an, wo die Kessel von französischen Ingenieuren untersucht und im Druck bis auf 4,22 kg/qcm herabgesetzt wurden. Es ist nicht zu verkennen, dass gerade dieser geringe Druck den Kesseln mehr schadete als der frühere hohe, insofern als er den bisher schon mangelhaften Wasserumlauf noch mehr verschlechterte, wie folgende Betrachtung lehrt: Die Leistung eines Kessels wird durch das in der Zeiteinheit verdampfte Wassergewicht gemessen, welches bei einem Druck von 4 bezw. 10 kg/qcm Ueberdruck dasselbe bleibt. Nun nimmt aber 1 kg Dampf von 4 kg/qcm Ueberdruck mehr als doppelt so viel Raum ein wie 1 kg Dampf von 10 kg/qcm Ueberdruck, und da die Verdampfung nur so vor sich geht, dass an die Stelle des eben erzeugten Dampfes wieder neues zu verdampfendes Wasser tritt, so folgt, dass bei der Damfbildung von 4 kg/qcm Ueberdruck auf die Raumeinheit des Kessels nur halb so viel Wasser seine Stelle nach dem Dampfraume zu verändert, als bei 10 kg/qcm Ueberdruck vorgedrungen wäre. Die an sich schon unzulängliche Geschwindigkeit des Wasserumlaufes in den »Propontis«-Kesseln wurde also durch die Druckherabsetzung noch mehr verringert. Die letzte, zur Herausnahme der Kessel aus dem Schiffe führende Untersuchung der Kessel ergab an verschiedenen Stellen Ausbeulungen und Ver-

Schlechter Wasserumlauf.

Ueberhitzung und Ueberkochen.

biegungen der senkrechten Rohre aufser den bereits sichtbaren Formveränderungen der vom Feuer berührten Teile der wagerechten Cylinder. Die genannten Schäden müssen, wie schon gesagt, auf den mangelhaften Wasserumlauf und den in den einzelnen Kesselteilen herrschenden ungleichen Dampfdruck zurückgeführt werden. Der Mangel eines die Damfrohre jedes Kessels mit einander verbindenden Rohres verursachte beim Steigen des Dampfdruckes in dem einen Dampfraum ein Herauspressen des Wassers aus der darunter liegenden Abteilung des Wasserraumes in die Wasserräume der benachbarten Abteilung, deren Wasserstand sich dadurch ungewöhnlich erhöhte. Der hohe Wasserstand dieser Abteilung in Verbindung mit den der Feuerwirkung ungeschützt ausgesetzten Flächen der unteren, durch den hohen Dampfdruck fast entleerten Wassercylinder der ersteren Abteilung war die beständige Ursache des Ueberkochens und der Gefährdung der Kessel. — Die nachstehend beschriebenen Kessel zeigen nun, wie die einzelnen Konstrukteure die angeführten Mängel der Rowan-Kessel nach und nach wesentlich eingeschränkt bezw. vollkommen beseitigt haben.

10) Der Ward-Kessel [1]) von 1880.

Prüfungs-
Kommission.   Die von Ward in Charleston, Va., erbauten Wasserrohrkessel zeigen je nach ihrer Bestimmung als Boots- oder Schiffskessel eine von einander abweichende Einrichtung. Bei beiden ist die Verwandschaft mit den Rowan-Kesseln unverkennbar, deren Fehler sie indessen erfolgreich vermeiden. Der in Fig. 124 bis 126 gezeichnete Ward-Kessel ist im Jahre 1884 von den Oberingenieuren Isherwood, Zeller und Hunt der Ver. Staaten-Marine einer ungemein eingehenden, wissenschaftlich mustergiltigen Prüfung unterzogen und daraufhin als Dampfbeibootskessel in der genannten Marine eingeführt worden, wo er sich bisher zur vollen Zufriedenheit bewährt hat.

Beschreibung
des Kessels.   Der einen aufrechtstehenden Cylinder bildende Wasserrohrkessel ist für einen hohen Dampfdruck bestimmt, weswegen er einer Wasserdruckprobe von 35 kg/qcm Ueberdruck unterworfen wurde. Während der Druckprobe und während des Betriebes bei seiner Prüfung, welche sich fast über 13mal 24 Stunden erstreckte, wobei der Dampfdruck bis auf 18,3 kg/qcm Ueberdruck gesteigert wurde, zeigten sich weder lecke Stellen, noch irgend welche Zeichen von Formveränderung bezw. Nachgeben einzelner Verbindungen. Der Aufbau des Kessels ist im wesentlichen folgender: Ueber dem Aschfall liegt ein wagerechter Ring von kreisrundem Querschnitt; er ist aus Stahlguss von 9,5 mm Wandstärke und besitzt einen äufseren Dmr. von 88,9 cm, einen inneren von 66 cm, so dass sein Querschnittsdmr. aufsen 11,45 cm beträgt. Der innere Umfang des Ringrohres ist mit angegossenen Ansätzen versehen, auf denen ein schmiedeiserner Ring von 12,5 mm im Vierkant ruht, welcher den gusseisernen Rost trägt. An den äufseren Umfang des Ringrohres ist eine ringsherum laufende, wagerechte T-förmige Verlängerung angegossen, an deren Schenkel die Umhüllungsbleche des Kessels und des Aschfalles genietet sind. Das Ringrohr ist mit Wasser gefüllt; 1/4 seiner Oberfläche lässt sich als Heizfläche betrachten, während 3/4 derselben dem abkühlenden,

---

[1]) Report made to the bureau of steam engineering, Sept. 10, 1884, by a board of united states naval engineers, on the steam boiler invented by Ch. Ward. Printed by the authority of U. S. Navy Departement.

in den Aschfall tretenden Luftstrom ausgesetzt ist. An der Stelle der Feuerthür ist das Ringrohr unterbrochen; es besitzt hier eine 33 cm weite und 22 cm hohe rechteckige Ausbauchung nach oben hin. Diese ebenfalls mit Wasser angefüllte Ausbauchung umschliefst die 25,4 cm weite und 14,0 cm hohe Feuerthür, sodass nur

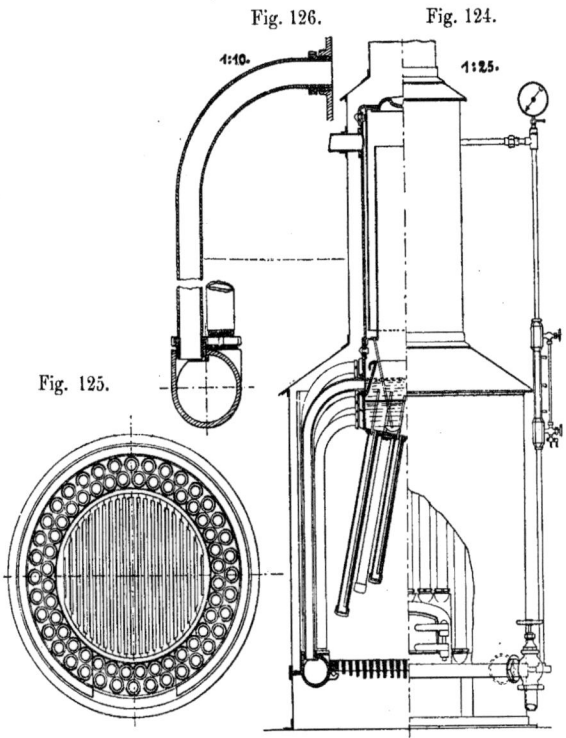

Fig. 126.   Fig. 124.

Fig. 125.

ihre der letzteren zugekehrte Fläche nicht als Heizfläche betrachtet werden kann. Sowohl diese Ausbauchung als der übrige Teil des Ringrohres sind an ihrer oberen Fläche mit 2 Reihen im Zickzack stehender Ansätze versehen, in denen senkrechte, den Feuerraum umschliefsende Rohre mittels Muffen, wie Fig. 126 zeigt, verschraubt sind. Die oberen Enden dieser Rohre sind gebogen, sodass sie wagerecht in 4 übereinander liegenden Reihen ebenfalls in Zickzackstellung in einen 37 cm weiten Cylinder aus Stahlguss münden. Dieser trägt ähnliche Ansätze wie das untere Ringrohr, in denen die einzelnen Rohre in ganz gleicher Weise befestigt sind. Jede Rohrreihe enthält 36 Rohre von 42 mm äufserem Dmr. bei 3,5 mm Wandstärke. Der innere Cylinder hat eine Wandstärke von 9,5 mm; sein etwas kegelförmiger Boden trägt 3 Reihen von Hängerohren, welche in derselben Art wie die vorigen in ihm befestigt sind. Diese Rohre ragen mit ihrem freien, durch eine vorgeschraubte Kappe verschlossenen Ende in den Feuerraum; sie haben sämmtlich gleichen Durchmesser und gleiche Wandstärke mit den senkrechten Rohren. Im ganzen sind in den 3 Rohrreihen von aufsen nach innen $16 + 8 + 4 = 28$ Hängerohre vorhanden. Die Mündung jedes Hängerohres ist durch einen eingetriebenen schmiedeisernen Pfropfen verschlossen. In jedem Pfropfen sind 2 messingene Röhrchen von 18 mm äufserem Dmr. und 1,5 mm Wandstärke befestigt, von denen das eine nach unten in das Hängerohr hineingeht und etwa 25 mm über dessen Bodenkappe endigt, während das andere, etwa 15 cm lange Röhrchen nach oben geleitet ist. Durch das längere Röhrchen fliefst das Wasser aus dem inneren Stahlcylinder zum Boden des Hängerohres und steigt dann darin auf, bis es durch das obere Röhrchen als Dampf entweicht. Die ganze Oberfläche der Hängerohre wirkt demnach als Heizfläche. Diese ganze Einrichtung hat viel verwandtes mit den bekannten Field'schen Rohren.

Wasserumlauf.   Im Innern des Stahlcylinders ist eine rund herumlaufende schräge Scheidewand angegossen, welche die Mündung der beiden oberen senkrechten Rohrreihen von denen der beiden unteren trennt. Diese Scheidewand ist oben halbrund gekrümmt, wodurch rings um dieselbe eine sich nach unten mit einem schmalen Spalt öffnende Rinne gebildet wird, in welche das Druckrohr der Speisepumpe mündet. Das in den Kessel tretende Speisewasser wird daher gezwungen, aus der Rinne fliefsend, sich auf die äufsere senkrechte Rohrreihe zu verteilen, durch sie in das untere Ringrohr zu fallen und aus diesem durch die innere senkrechte Rohrreihe in den unteren Teil des Stahlcylinders und von hier in die Hängerohre zu treten, aus denen es endlich in den oberen Teil des Stahlcylinders als Dampf entweicht. In dem Kessel ist hierdurch ein vollkommener ununterbrochener Wasserumlauf hergestellt, welcher bei der im Verhältnis zur Heizfläche sehr geringen Wassermasse äufserst schnell vor sich geht, sodass das Dampfaufmachen nur wenige Minuten beansprucht.

Dampfraum.   Der Dampfraum oberhalb des inneren Stahlcylinders ist aus Schmiedeisenblech zusammengenietet; er hat 35,5 cm äufseren Dmr. und ist 87,5 cm hoch. In seine Decke ist ein Mannloch eingeschnitten. Der Dampfraum enthält nach einem erst im Jahre 1889 genommenen Zusatzpatente [1]) 2 innere Cylinder; der Dampf steigt im innersten derselben empor, geht zwischen diesem und dem mittleren nach unten und kann erst von dem oberen Zwischenraume des mittleren und äufseren Cylinders in das Dampfrohr gelangen. Diese Einrichtung hat die Entwässerung des Dampfes zum Zwecke. Das abgesonderte Wasser fliefst durch ein Rohr zu einer im unteren Wasserraume des inneren Stahlcylinders angebrachten Schlammschale.

---

[1]) Englische Patentschrift No. 11617 vom 11. Januar 1889.

Art des Versuches	Dauer des Versuches	Kohlen					Temperatur	
		Gesammt verbrauch	Rückstände	reiner Brennstoff	stündlich auf 1 qm Rostfläche verbrannt kg		Speisewasser	Luft
					insgesammt	reiner Brennstoff		
	Std.	kg	kg	kg			°C.	°C.
1	2	3	4	5	6	7	8	9
Versuch mit Presskohle aus Wales	24,25	526,1	57,37	468,73	59,05	53,97	18,7	22,7
Versuch mit Anthrazit	23,75	313,6	63,50	250,10	38,54	30,74	18,8	23,7

Die Kesselhülle besteht aus einer doppelten 1,5 mm starken Eisenblechhaut Bekleidung. mit 20 mm Zwischenraum. Die Innenseite der inneren Hülle ist mit 5 mm starker Asbestpappe, einem schlechten Wärmeleiter, bekleidet. Oben schliefst sich der ebenfalls aus 1,5 mm starkem Eisenblech hergestellte Schornstein von 28,5 cm äufserem Dmr. an, dessen Mündung 7,31 m über dem Roste liegt.

Die Hauptabmessungen des Kessels waren: Haupt-
abmessungen.

Rostfläche . . . . 0,342 qm

Heizfläche . . . . 11,300 »

$$\frac{\text{Rostfläche}}{\text{Heizfläche}} \cdots \frac{1}{33}$$

Gewicht des leeren Kessels mit Armatur . . . . 763,0 kg

Gewicht des Kesselwassers . . . . 13,6 »

Gewicht des Kessels mit Wasser . . . . 779,6 »

Gewicht des gefüllten Kessels auf 1 qm Rostfläche . 2280 »

Bei den Versuchen war der vorbeschriebene Kessel in der Maschinenwerk- Bemerkungen
zur Tabelle. statt der New-Yorker Marinewerft aufgestellt. Von den Ergebnissen sind hier nur die günstigsten, mit halbbituminösen englischen Presskohlen aus Cardiff und mit amerikanischem Anthrazit ausgeführten Verdampfungsversuche mitgeteilt. Die geringe auf 1 qm Rostfläche verbrannte Anthrazitmenge ist nur dem natürlichen Zuge zuzu-schreiben, welcher für diesen Heizstoff zu schwach war. Bei den weiteren Ver-suchen wurde der Zug mit Hilfe der einfachen Schornsteindurchblasevorrichtung verstärkt, wobei es gelang, durchschnittlich etwa 80 kg Anthrazit auf 1 qm Rost-fläche in der Stunde zu verbrennen.

Ueber die Brauchbarkeit des Ward-Kessels äufsern sich die genannten Inge- Urteil der
Kommission. nieure sehr befriedigend. Der Kessel zeigte bei mäfsigen Dampfspannungen, selbst wenn die Verbrennung so hoch gesteigert wurde, wie sie gewöhnlich bei weitem nicht gebracht wird, keine Neigung zum Ueberkochen. Seine Festigkeit reichte noch für viel höhere Dampfspannungen aus, als wirtschaftlich verwendet werden konnten. Trotz des niedrigen Schornsteines besitzt die Feuerung des Kessels genügenden Zug. Seine Verdampfungsfähigkeit war gut und seine Verdampfungs-geschwindigkeit ausgezeichnet. Die Ueberhitzung des Dampfes im Dampfraume

Feuchtig-keit des Dampfes	Verdampftes Wasser					Dampf-über-druck	Bemerkungen
	nach Messung im ganzen	auf 1 kg Kohle	auf 1 kg reinen Brenn-stoffes	von 100°C. Temperatur auf 1 kg reinen Brennstoffes	wie vor-stehend nach Abzug der Dampf-feuchtigkeit		
pCt.	kg	kg	kg	kg		kg/qcm	
10	11	12	13	14	15	16	17
Der Dampf war voll-kommen trocken	4108,8	7,81	8,77	10,09	10,09	0,00	Beide Versuche fanden bei natür-lichem Zuge und offenem Sicher-heitsventil statt.
	2339,5	7,46	9,35	10,77	10,77	0,00	

war eine genügende und nebenbei so einfache, dass ihre dauernde Wirksamkeit gesichert ist. Der Kessel ist nach so gesunden Grundsätzen für höhere Dampf- spannungen konstruirt, dass er selbst bei roher und ungeschickter Behandlung mit Sicherheit bis zur äufsersten Grenze seiner Leistungsfähigkeit, sowohl rücksichtlich der Dampfspannung als auch der Verbrennung, gesteigert werden kann. Jedes Rohr kann im Bedarfsfalle ohne Beseitigung der übrigen mit Leichtigkeit aus- gewechselt werden; Reparaturen sind daher nicht schwierig. Der Kessel beansprucht nur eine geringe Grundfläche, und sein Gewicht ist mit Rücksicht auf den hohen Dampfdruck ein sehr kleines. Die Behandlung des Kessels im Betriebe ist dieselbe wie die jedes anderen Schiffskessels; er beansprucht keine besonders eingeschulten Heizer, und seine Lebensdauer kann vermöge seiner grofsen Einfachheit nur durch die unvermeidbare allmähliche Abrostung beeinträchtigt werden. Der Ward-Kessel eignet sich daher besonders für Dampfbeiboote sowie für Vorposten- und Torpedo- boote usw., für welche er von Isherwood, Zeller und Hunt ihrer vorgesetzten Behörde dringend empfohlen wurde, worauf letztere seine Verwendung für Dampf- beiboote verfügte.

11) Der Ward-Kessel von 1885.

Aelterer
Ward'scher
Schiffskessel. Nachdem Ward bereits eine Reihe seiner heimatlichen Flussdampfer und Schlepper mit seinen Kesseln ausgerüstet hatte, baute er im Jahre 1885 den ersten Schiffskessel für einen Frachtdampfer »Meteor« [1]), dessen Dreifach-Expansions- maschine von 458 ind. Pfkr. die erste ihrer Art in den Ver. Staaten war. Dieser in Fig. 127 bis 129 dargestellte Kessel hatte folgende Abmessungen:

Rostfläche	7,89 qm
Heizfläche	278,70 »
$\dfrac{\text{Rostfläche}}{\text{Heizfläche}}$	$\dfrac{1}{35,3}$
Gewicht des leeren Kessels mit Armatur	16 329 kg
Gewicht des Kesselwassers	4 561 »
Gewicht des Kessels mit Wasser	20 893 »
Gewicht des gefüllten Kessels auf 1 qm Rostfläche .	2 648 »
Ind. Pfkr. auf 1 t Kesselgewicht	22 »

Beschreibung
des älteren
Kessels. Der Kessel sollte mit 11,6 kg/qcm Dampfüberdruck arbeiten und wurde seitens des Erbauers auf 60 kg/qcm geprüft. Er besteht aus einer Schar von gebogenen Rohren, deren jedes sich aus 2 halbrunden Rohren zusammensetzt, welche sich mit ihren Enden in 2 senkrechten Rohrreihen vereinigen. Die beiden senkrechten Rohr- reihen münden unten in 2 wagerechte Rohre; eine Rohrreihe ist oben verschraubt, während die andere durch ein wagerechtes Rohr mit 2 inneren Cylindern in Verbindung steht. Jeder dieser Cylinder enthält 2 durchlöcherte Trennungsbleche, zwischen denen die Mündung des oberen wagerechten Rohres liegt. Das Speisewasser tritt von unten in die Cylinder ein und gelangt in einen unterhalb des unteren Trennungs- bleches befestigten, scheibenförmigen Behälter, welcher an seinem unteren Rande einen schmalen, rings herumlaufenden Spalt besitzt, durch den es in dünnen Strahlen nach unten fliefst und, von dem umgebenden Wasser angewärmt, seine Verunrei-

---

[1]) Engineering 1885 II S. 171.

nigungen ausscheidet, ehe es in das mit dem Cylinder verbundene untere wagerechte
Rohr tritt. Es steigt dann in den senkrechten, auf diesem unteren Rohre stehenden
Rohren empor und gelangt aus ihnen durch die gebogenen Rohre in die andere Reihe
der senkrechten Rohre. Stark erhitzt kommt es aus letzteren in das obere wagerechte

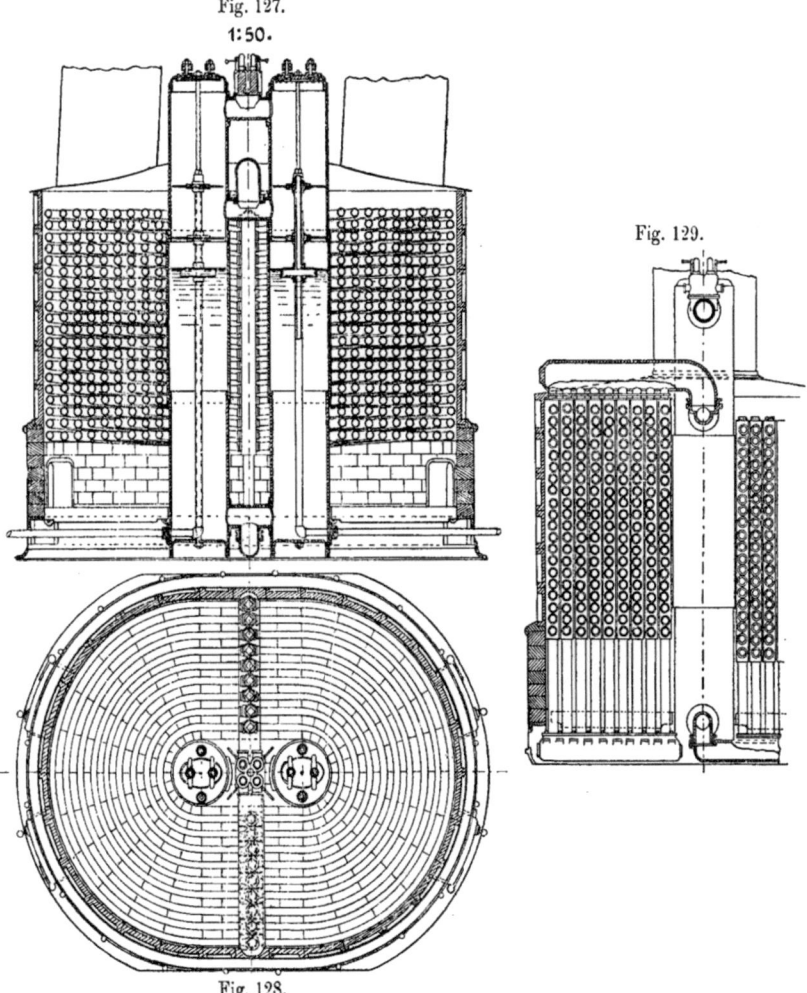

Fig. 127.

1:50.

Fig. 129.

Fig. 128.

Rohr, um endlich als Dampf zwischen die Trennungsbleche der Cylinder auszuströmen.
In den senkrechten Rohrreihen sind die gebogenen Rohre, wie Fig. 127 zeigt,
verschraubt, wogegen diese in den wagerechten Rohren oben und unten stopf-
büchsenartig eingedichtet sind, Fig. 131. Nach Abnahme der Kesseldecke und Ent-
fernung des oberen wagerechten Rohres können je zwei zusammengehörige senkrechte
Rohre mit den zwischenliegenden gebogenen Rohren aus der Kesselhülle behufs
Reparatur oder Erneuerung herausgehoben werden. Auch dieser Kessel soll im
Betriebe mit natürlichem Zuge befriedigend gearbeitet haben.

12) Der Ward-Kessel von 1888.

Augenblicklich fertigt Ward seine Kessel in 15 verschiedenen Nummern von 61,3 bis 226,0 qm Heizfläche in der Anordnung, wie Fig. 130 erkennen lässt, an. Der gezeichnete Kessel[1]) besitzt folgende Abmessungen:

Rostfläche . . . . 3,9 qm
Heizfläche . . . . 121,8 »
$$\frac{\text{Rostfläche}}{\text{Heizfläche}} \cdot \cdot \cdot \cdot \cdot \cdot \cdot \cdot \cdot \cdot \cdot \cdot \cdot \cdot \frac{1}{31,2}$$
Gewicht des Kessels mit Wasser . . . . 7874 kg
Gewicht des gefüllten Kessels auf 1 qm Rostfläche . . . . 2020 »

Fig. 130.

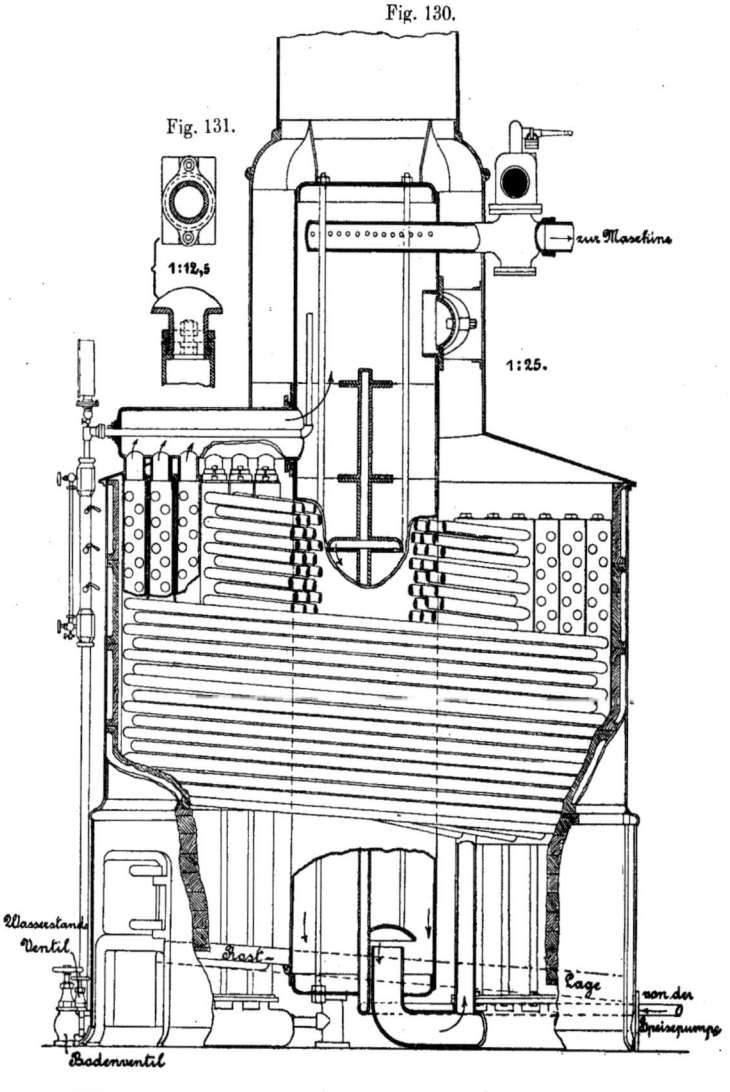

Fig. 131.

1:12,5

1:25.

---
[1]) Engineering 1889 I S. 322.

Der neue Kessel hat nur einen inneren Cylinder, ist sonst aber mit dem früheren übereinstimmend, konstruirt, vor welchem er den Vorzug noch gröfserer Einfachheit beansprucht. In seinem Heimatlande soll sich der Ward-Kessel einer ziemlich grofsen Verbreitung erfreuen. Von den bisher besprochenen Wasserrohrkesseln zeichnet er sich durch seinen verhältnismäfsig grofsen Dampfraum vorteilhaft aus, wenngleich das Verhältnis des Dampfraumes zum Wasserraum immer nur noch 1 : 10 verbleibt.

13) Der Du Temple-Kessel von 1886[1]).

Im Jahre 1886 wurde das französische Torpedoboot No. 20 mit 2 Kesseln versehen, wie sie in Fig. 132 und 133 abgebildet sind. Sie bestehen aus einem oberen, in der Mittelachse liegenden Cylinder mit Dampfdom, welcher durch gezogene Stahlrohre mit zwei unteren seitlichen Wasserkästen verbunden ist. Der obere Cylinder

Beschreibung des Kessels.

Fig. 132.　　　　　　　　Fig. 133.

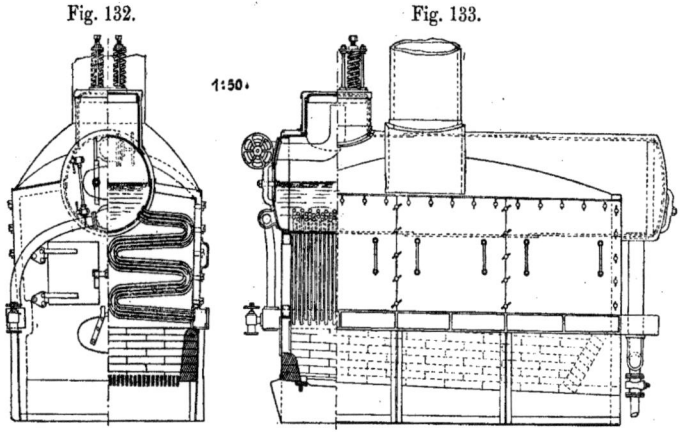

ist zur Hälfte mit Wasser gefüllt. Die Stahlrohre von 25 mm äufserem Dmr. bilden zu je 4 eine unter sich nahezu parallele Gruppe. Sie sind sämmtlich schlangenförmig gebogen, durch Aufwalzen in den Wasserkästen und im oberen Cylinder eingedichtet und vor dem Herausziehen durch innen vorgeschraubte Muttern geschützt. Aufserdem führt vorn aus dem Cylinder je ein weites Rohr zu jedem der beiden Wasserkästen. Die Feuerung ist mit feuerfesten Platten ausgekleidet, welche an der aus Stahlblechen hergestellten Kesselumhüllung befestigt sind. Die letztere umschliefst auch den oberen Cylinder und trägt auf ihrer Decke den Schornstein.

Dank dem kleinen Wassergewicht und seiner gelungenen Verteilung auf eine sehr grofse Heizfläche geht die Dampfbildung und die Steigerung des Dampfdruckes im Du Temple-Kessel ziemlich schnell vor sich. In einem für eine Maschine von 500 ind. Pfkr. bestimmten Du Temple-Kessel ist nur unter Anwendung natürlichen Zuges in 45 Min. Dampf aufgemacht worden, während ein gleich starker Lokomotivkessel die doppelte Zeit nötig hatte.

Schnelligkeit des Dampfaufmachens.

Der Wasserumlauf ist im Du Temple-Kessel in folge der Verdampfungsgeschwindigkeit innerhalb der Schlangenrohre ein ebenso lebhafter wie im Ward-

Wasserumlauf.

---

[1]) Revue industrielle vom 5. Januar 1889 S. 5.　　　　　　　12

Kessel. Das durch diese Rohre in den oberen Cylinder gelangende Wasser fällt durch die vorderen Verbindungsrohre wieder in die seitlichen Wasserkästen, in welchen auch die Speiserohre münden. Am hinteren Ende des oberen Cylinders und der beiden seitlichen Wasserkästen ist je ein Ausblaserohr angebracht, welche sich sämmtlich in einem Ausblasehahn vereinigen. Da die Ausblaserohre von den Kesselteilen ausgehen, wo sich das ruhigste Wasser befindet, wo sich also etwaige Unreinheiten ablagern können, so lassen sich letztere unschwer aus dem Kessel entfernen, und eine Bedeckung der Heizfläche mit Niederschlägen ist um so weniger zu befürchten, als der Kessel nur mit süfsem Wasser gespeist werden soll.

Dauer
des Kessels. Was die Dauerhaftigkeit und die Reparaturfähigkeit des Du Temple-Kessels anlangt, so gilt auch für ihn das auf Seite 181 für den Thornycroft-Kessel gesagte.

Versuchs-
ergebnisse. Die beiden Du Temple-Kessel des französischen Torpedobootes No. 20 haben in 2 Jahren 27 Fahrten mitgemacht, davon 20 mit grofser Geschwindigkeit, ohne irgend welche Ausstellungen zu verursachen. Dieses günstige Ergebnis veranlasste das französische Marine-Ministerium zur Bestellung eines Du Temple-Kessels von 500 ind. Pfkr. für das Torpedoboot No. 54, und auch dieser Kessel soll mit vollem Erfolge die schwierigsten Proben sowohl am Lande wie an Bord überstanden haben. Er soll nur 5,5 t, d. h. 11 kg für 1 ind. Pfkr. wiegen und müsste demnach auf 1 t Kesselgewicht rund 90 ind. Pfkr. erzeugen, eine nach den Ergebnissen mit den neuen Thornycroft-Kesseln, welche es bei angestrengtestem Betriebe nur auf 68 ind. Pfkr. für 1 t Kesselgewicht brachten, höchst wahrscheinlich einen beträchtlichen Erfinderaufschlag einschliefsende Angabe. Soweit sich aus der mitgeteilten Zeichnung bei dem kleinen Mafsstab ersehen lässt, besitzt der Du Temple-Kessel ungefähr folgende Abmessungen:

Rostfläche . . . . 2,5 qm
Heizfläche . . . . 82,5 »
$$\frac{\text{Rostfläche}}{\text{Heizfläche}} \cdot \cdot \cdot \cdot \cdot \cdot \cdot \cdot \cdot \cdot \cdot \cdot \cdot \cdot \cdot \frac{1}{33}$$
Gewicht des gefüllten Kessels auf 1 qm Rostfläche . . . 2200 kg.

14) Der Thornycroft-Kessel von 1887.

Entstehung. Nachdem Thornycroft bereits im Jahre 1882 einen dem älteren Herreshoffkessel sehr ähnlichen für ein kleineres flachgehendes Dampfboot zum Missionsdienst in Innerafrika erbaut hatte, dessen Zeichnung später im Engineering [1]) veröffentlicht wurde, konstruirte er im Jahre 1886 einen neuen Wasserrohrkessel für ein englisches Torpedoboot II. Kl., aus welchem endlich die beiden im Juli 1887 in dem spanischen Torpedoboote »Ariete« [2]) erprobten Kessel entstanden. Taf. IV, Fig. 12 bis 15 zeigen einen solchen Kessel [3]), welcher in der Konstruktion mit den »Ariete«-Kesseln übereinstimmt und nur in bezug auf Gröfse, Einzelteile und Aufstellung im Boot davon abweicht. Höchst wahrscheinlich ist es der Kessel des erwähnten englischen Torpedobootes II. Kl.

---

[1]) Engineering 1883 I S. 463.
[2]) Zeitschr. d. Ver. deutscher Ingenieure 1887 S. 911.
[3]) Engineering 1887 II S. 104.

Der Thornycroft-Kessel besteht hauptsächlich aus einem oberen wagerechten Beschreibung des Kessels. cylindrischen Dampfsammler, zwei unten zu beiden Seiten der Feuerung liegenden ebenfalls wagerechten Wassercylindern, 2 größeren Verbindungsrohren zwischen dem oberen und den unteren Cylindern und einer großen Anzahl enger Wasserrohre. Das Speisewasser tritt, wie bei den meisten neueren Wasserrohrkesseln, in den unteren Teil des Dampfsammlers, s. Längsschnitt Taf. IV, Fig. 13, fließt durch die Verbindungsrohre in die unteren Seitencylinder und gelangt durch diese in die Wasserrohre, in welchen es verdampft, um in den oberen Teil des Dampfsammlers zu entweichen. Der einzige Unterschied zwischen dem gezeichneten und den »Ariete«-Kesseln liegt in der Anordnung der beiden Verbindungsrohre, welche hier an der Kesselhinterwand, bei »Ariete« dagegen, um Raum zu sparen, an der Kesselvorderwand angebracht sind. Der normale Wasserstand soll sich etwa in der Mitte des Dampfsammlers befinden; indessen braucht er, wie die Probefahrten mit »Ariete« zeigten, nicht ängstlich innegehalten zu werden.

Damit der Dampfsammler seine Aufgabe, die Befreiung des Dampfes von mit- Dampfsammler. gerissenem Wasser, möglichst vollkommen erfüllen kann, muss er der unmittelbaren Einwirkung der Heizgase entzogen werden, weil sonst die darin auftretende Verdampfung ein lebhaftes Aufwallen der Wasseroberfläche verursachen würde. Zu diesem Zwecke wurden die Wasserrohre in ihren oberen Teilen, wie Taf. IV, Fig. 12 zeigt, sämmtlich um den Dampfsammler herumgebogen. Da die inneren Reihen der beiderseitigen Wasserrohre in der Mitte des Kessels dicht aneinanderstoßen, so bilden sie gewissermaßen eine Decke über der Feuerung und halten die Flamme vom Dampfsammler zurück. Gegen die strahlende Wärme ist dessen untere Fläche noch besonders durch eine Asbestschicht geschützt.

Die Wasserrohre bestehen aus Stahl und sind, von der Seite gesehen, in Anordnung der Wasserrohre. senkrechte Reihen geordnet. Jede Reihe enthält auf jeder Kesselseite 8 einzelne Rohre, welche in Zickzackstellung in die Cylinder münden, in deren Wände sie in der für Feuerrohre üblichen Weise durch Aufweiten ihrer Enden eingedichtet sind. Die beiden äußeren Rohre jeder Reihe sind gleich hinter ihrer Befestigungsstelle derart gebogen, dass sie sich gegenseitig berühren, um einen dichten, das Entweichen der Heizgase nach außen hin verhindernden Abschluss herzustellen. Die inneren Rohre behalten ihre durch die Zickzackstellung ihrer Mündungen bedingte Lage bis zum Dampfsammler und gestatten den Heizgasen den Durchgang durch ihre Zwischenräume. Die Anzahl der inneren Rohrreihen kann beliebig geändert werden; sie ist nur von der zu ihrer Aufnahme verfügbaren Fläche der Cylinderwand abhängig. Die zwischen den Wasserrohren aufsteigenden Heizgase gehen mit ihnen um den Dampfsammler herum und entweichen oben aus dem Schornstein. Um das ganze Rohrbündel ist ein dünner Blechmantel gelegt, welcher gegen die äußeren Rohre durch Schamotterde und Asbest abgedichtet ist und außen noch eine Bekleidung von Asbestplatten trägt.

Zur Herstellung einer möglichst geräumigen, eine gute Verbrennung sichernden Feuerung. Feuerkammer sind nur die 8 vordersten und hintersten Rohrreihen so gebogen, wie Schnitt $a-b$ (Fig. 12) erkennen lässt, wogegen alle übrigen inneren Rohre die durch Schnitt $c-d$ veranschaulichte Form besitzen. Die nach $a-b$ gebogenen Rohre sollen der Feuerung einen gewissen Abschluss nach vorn und hinten verleihen. Der offene Raum zwischen den Rohren wird vorn von der Feuerthür ausgefüllt, während er hinten mit feuerfesten Steinen vermauert ist, womit auch die in die

Feuerung hineinragende Wand der Seitencylinder bedeckt ist, um sie der unmittelbaren Flammenwirkung zu entziehen.

Während die Wasserrohrkessel mit wagerechten und geneigten geraden Rohren unter dem Ueberkochen leiden, soll dies im Thornycroft-Kessel besonders günstig wirken. Je schneller die Dampfentwicklung in den Wasserrohren vor sich geht, um so geschwinder wird das Wasser in den Dampfsammler gerissen, um von dort ebenso beschleunigt wieder durch die Verbindungsrohre in die Seitencylinder zurückzufließen; um so günstiger wird also der Wasserumlauf. Wenn hierbei der entstehende Dampf sowohl nach unten auf das Wasser in den Seitencylindern als auch nach oben auf jenes im Dampfsammler einen sich gegenseitig aufhebenden Druck ausübt, so bleibt doch der Unterschied im spezifischen Gewicht des Wasser- und Dampfgemisches in den Wasserrohren und dem reines Wasser enthaltenden Raume der beiden Verbindungsrohre bestehen, welcher einen ununterbrochenen, höchst lebhaften Umlauf aufrecht erhält. Da Kessel mit besonders gelungenem Umlauf die Neigung besitzen, nassen Dampf zu erzeugen, so hat Thornycroft folgende, die Trennung des mitgerissenen Wassers vom Dampfe bewirkende Einrichtung getroffen. Ein halbkreisförmig gebogenes, an beiden Enden sägenartig gezacktes Blech liegt im Dampfsammler dicht vor den Mündungen der Wasserrohre (Fig. 12), deren Inhalt beim Ausströmen gegen das Blech prallt. Ein Teil des Wassers trennt sich schon bei diesem Anprall vom Dampf, der andere wird abgesondert, wenn der Dampf auf seinem weiteren Wege gegen die aufgebogenen Kanten des Bleches stößt. Die eigentümliche Gestalt dieser Kanten ist das Ergebnis einer großen Reihe von Versuchen und hat sich für die Trennung des Wassers vom Dampf als sehr zweckmäßig erwiesen. Man stellt die Kanten dadurch her, dass man zunächst, wie Fig. 14 zeigt, ein dreieckiges Stück aus dem Blech heraus schneidet, diesen Schnitt, wie durch die ausgezogene Linie angedeutet, weiter in das volle Blech führt und hierauf die Enden an den durch punktirte Linien bezeichneten Stellen rechtwinklig aufbiegt, wie Fig. 15 zeigt. Der vom Wasser befreite Dampf gelangt dann in das oben im Dampfsammler befestigte, in der üblichen Weise mit Schlitzen versehene Dampfrohr.

Am 8. Juli 1887 wurde in Gegenwart einer zahlreichen Kommission, worunter Vertreter der spanischen Regierung und der englischen Admiralität, die Abnahmeprobefahrt des Torpedobootes »Ariete« an der Mündung der Themse bei Lower Hope gemacht. Nach dem Programm sollte zuerst die gemessene Meile 6 mal durchlaufen und während dem alle erforderlichen Beobachtungen angestellt werden. Dann sollte nach den dabei gemachten Umdrehungen und den übrigen Beobachtungen die mittlere Geschwindigkeit für eine zweistündige ununterbrochene Fahrt bestimmt werden. Hierbei war eine Beladung von 17,63 t an Bord, und der Tiefgang des Bootes betrug vorn 0,533 m, hinten 1,5 m. Bei einer mittleren Geschwindigkeit von 26 Knoten ergaben sich als Mittelwerte aus je 6 Beobachtungen die in der Tabelle zusammengestellten Zahlen. Während der zweistündigen Fahrt betrug die Geschwindigkeit, nach den Umdrehungen berechnet, 24,9 Knoten, die Maschinenleistung bei Volldampf 1570 ind. Pfkr. Bei 10,3 Knoten Geschwindigkeit betrug der Kohlenverbrauch in der Stunde 34,6 kg; für 1000 Knoten würde er demnach 8,2 t betragen; so dass das Boot 2500 Knoten bei 10 Knoten Geschwindigkeit mit einem Kohlenvorrate von 20,5 t zurücklegen kann.

	Dampfdruck im Kessel kg/qcm	Vacuum in den Kondensatoren cm	Dampfdruck in der Zwischenkammer kg/qcm	Luftdruck im Heizraume mm Wassersäule	Umdrehungen in der Minute	Zeit zum Durchlaufen der Meile
B.-B.-Maschine	10,67	66,0	3,04	95	392,0	2 Min. 19 Sek.
St.-B. »	10,67	64,6	3,24	95	395,5	—
Mittel der zweistündigen Fahrt:						
B.-B.-Maschine	9,77	66,0	2,96	95	372,0	—
St.-B. »	9,77	64,0	2,85	95	377,0	—

Bei den vorstehenden Volldampfprobefahrten hat sich der Thornycroft-Kessel **Manöver.** gut bewährt; der Dampfdruck war ein gleichmäfsiger und fiel auch nicht besonders als das Boot aus langsamer Fahrt plötzlich in die gröfste Geschwindigkeit überging. Leider sind keine Versuche gemacht, um das Boot aus voller Fahrt plötzlich zum Stillstand zu bringen, und um es nach längerer Ruhe schnell mit gröfster Geschwindigkeit zu bewegen. Inwieweit der Kessel solchen im späteren Dienste häufig vorkommenden Aenderungen seiner Leistung gewachsen ist, lässt sich daher nicht angeben.

Als besonderer Vorzug des Thornycroft-Kessels wird die Abwesenheit von **Vorteil des** Rauch und herumfliegenden glühenden Kohlenstückchen angeführt, welche sonst die **Thornycroft-Kessels.** an Deck befindlichen Personen bei den Probefahrten der Torpedoboote, sobald diese mit äufserster Maschinenleistung laufen, mehr oder minder belästigen.

Ein sehr schlimmer Fehler des Thornycroft-Kessels ist seine geringe Zugäng- **Nachteile** lichkeit für Ausbesserungen. Wird eines der inneren Wasserrohre unbrauchbar, so **desselben.** müssen sämmtliche äufsere mit ihm in einer Reihe stehenden herausgeschnitten werden, um ein neues Rohr einsetzen zu können, wozu dann immer ein entleerter und kalter Kessel gehört. Thornycroft meint dagegen, dass sein Kessel wenig Erneuerungen erforderlich machen werde, weil er einen sehr vollkommenen Wasserumlauf und eine sehr grofse Elastizität besitze, infolgedessen lecke Rohre selten sein würden. Die weitere Erfahrung muss lehren, ob er in diesem Punkte recht behält; denn sobald ein häufiges Leckwerden einzelner Rohre eintreten sollte, wäre die praktische Brauchbarkeit seines Kessels vollständig in frage gestellt. Einstweilen steht fest, dass der Thornycroft-Kessel für die Erreichung glänzender Probefahrtsergebnisse ganz besonders geeignet ist; sollte er sich im späteren Betriebe ebenso bewähren, wie er es nach den wahrscheinlich etwas schöngefärbten Schilderungen bei den Probefahrten gethan haben soll, so wäre er als ein merklicher Fortschritt in der Konstruktion von Wasserrohrkesseln für Schiffe zu bezeichnen, und es ist nicht unwahrscheinlich, dass er mit zunehmender Vollkommenheit die Lokomotivkessel aus den Torpedobooten verdrängt.

15) Der Thornycroft-Kessel von 1889.

Die jetzige Gestalt des Thornycroft-Kessels, auf dessen Aehnlichkeit mit **Allgemeine** dem Rowan-Kessel der erste englische Lloyd-Ingenieur Parker zuerst aufmerksam **Anordnung** machte, und dessen konstruktive Uebereinstimmung mit dem vorbesprochenen älteren **des Kessels.**

Du Temple-Kessel klar zu Tage liegt, weicht insofern von der eben beschriebenen ab, als die vordersten und hintersten Rohre dieselbe Biegung wie die mittleren besitzen, der Abschluss der Feuerung daher nicht mehr durch einzelne Rohrreihen sondern durch feuerfeste Auskleidung erfolgt, wie Fig. 135 bis 136 erkennen lassen. Durch diese Aenderung ist die Feuerung zugänglicher und die Anordnung von 2 Feuerthüren möglich geworden. Die Verbindungsrohre zwischen den oberen und den Seitencylindern sind der Raumersparnis wegen an der Vorderseite des Kessels verblieben.

Angaben über den Kessel. In der letzten Jahresversammlung[1]) der englischen Schiff- und Schiffsmaschinenbauer am 11. April 1889 hat Thornycroft die nachstehenden, bis dahin nicht veröffentlichten genauen Angaben über die Wirtschaftlichkeit, das Gewicht und die Raumbeanspruchung des neuen Kessels gemacht.

Verdampfungs-versuche. Vor zwei Jahren wurden in Portsmouth Verdampfungsversuche mit natürlichem Zuge zum Vergleiche zwischen einem Lokomotiv- und diesem Thornycroft-Kessel angestellt, deren Heizflächen sich wie 1 : 2,3 verhielten. Diese Versuche ergaben, dass der Wasserrohrkessel bei gleicher Wirtschaftlichkeit 2,36 mal so viel Wasser verdampfte wie der Lokomotivkessel. Ein Wasserrohrkessel kann demnach bei gleicher Wirtschaftlichkeit etwas mehr Wasser auf 1 qm Heizfläche verdampfen als ein Lokomotivkessel, weswegen sich auch die Gewichte der beiden Kesselarten ungefähr wie die Gewichte der Heizflächeneinheit verhalten. Die beiden Kessel wogen auf 1 qm Heizfläche 11,61 bezw. 4,35 kg; der mit gleicher Wirtschaftlichkeit arbeitende Wasserrohrkessel war also noch nicht halb so schwer als der Lokomotivkessel. Thorny-

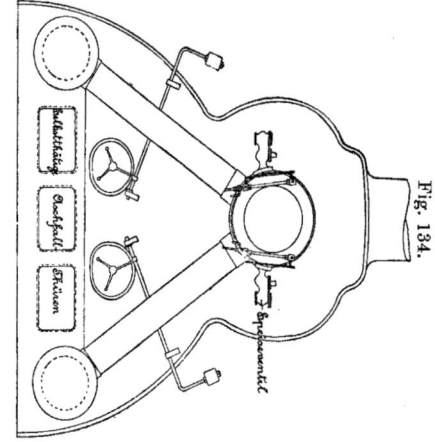

Fig. 134.

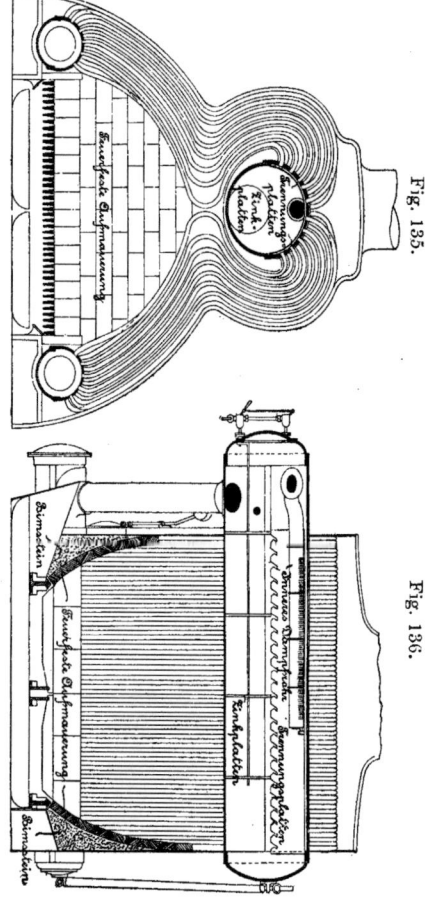

Fig. 135.

Fig. 136.

---

[1]) Transactions of the institution of naval architects, London 1889 S. 271.

croft hofft, durch Vergröfserung der Heizfläche seiner jetzigen Kessel deren Gewicht, bezogen auf die Heizflächeneinheit, noch mehr zu vermindern und gleichzeitig ihre Wirtschaftlichkeit zu steigern. — Jüngst hat Professor Kennedy mit einem der letzterbauten Thornycroft-Kessel Verdampfungsversuche angestellt und gefunden, dass bei natürlichem Zuge als bestes Ergebnis mit 1 kg Kohle (müsste wohl richtiger heifsen: »reinen Brennstoffes«), deren theoretische Verdampfungskraft laut Analyse auf 15,41 kg berechnet war, 13,4 kg Wasser von 100° C. in Dampf von 100° C. verwandelt werden konnten, wonach der Kessel einen Wirkungsgrad von 0,87 besessen hätte — eine ungewöhnlich hohe, nach den bisherigen Erfahrungen kaum glaubhafte Zahl.

Während die Lokomotivkessel der Torpedoboote bei gröfster Anstrengung mit Pressluft von 100 bis 120 mm Wassersäule arbeiten, treibt Thornycroft die Pressluft bei seinen Wasserrohrkesseln im äufsersten Falle nur bis auf etwa 40 bis 50 mm Wassersäule und erzielt dann auf 1 t Kesselgewicht einschl. Wasser, Schornstein, Armatur, Rohrleitung und Ersatzteile die nachstehend wiedergegebene Leistung in ind. Pfkr. gegenüber anderen Kesseln: *(Leistung des Kessels.)*

Thornycroft-Kessel, Leistung auf 1 t Gewicht . . . . 68,0 ind. Pfkr.
Torpedoboots-Lokomotivkessel, von gleicher Stärke, Leistung auf
    1 t Gewicht . . . . 48,0 » »
Lokomotivkessel in Torpedobootsjägern, Leistung auf 1 t Gewicht 43,0 » »
Kessel des Panzerschiffes »Anson«, Leistung auf 1 t Gewicht . . 21,3 » »
Kessel von Postdampfern der P. & O.-Co., Leistung auf 1 t Gewicht 16,6 » »

Praktische Versuche haben gezeigt, dass der Thornycroft-Kessel in 15 bis 20 Min. »Dampf auf« haben kann, ohne dass durch das schnelle Anheizen ein Leckwerden der Rohre zu befürchten ist. *(Schnelligkeit des Dampfaufmachens.)*

Die Raumersparnis des neuen Thornycroft-Kessels gegen einen Lokomotivkessel veranschaulicht der Heizraum (Fig. 137 u. 138) der 1876 von Thornycroft *(Raumbeanspruchung.)*

Fig. 137.

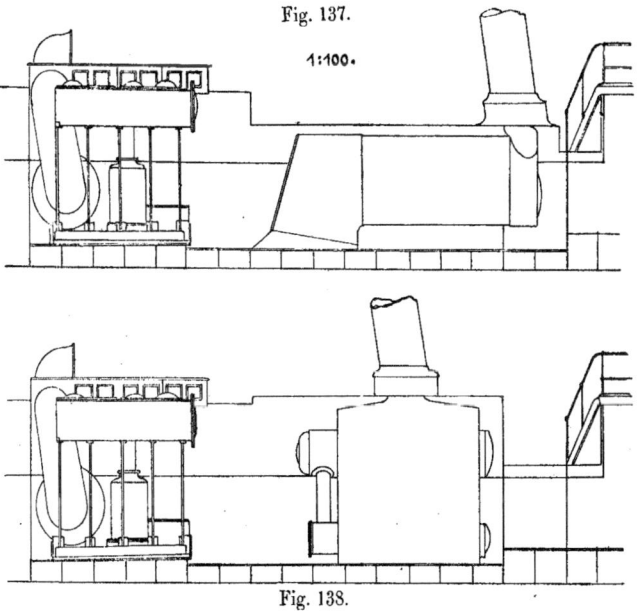

Fig. 138.

mit einem Lokomotivkessel erbauten Dampfyacht »Gitana«, welcher jetzt ausgefahren und gegen einen Wasserrohrkessel vertauscht ist. Die Maschine dieser Yacht indizirte nach einem früheren Vortrage Thornycroft's [1] mit dem Lokomotivkessel 460 Pfkr. und das Fahrzeug lief 20,75 Knoten.

Die Abmessungen und Gewichte beider Kessel stellen sich wie folgt:

	Lokomotivkessel	Wasserrohrkessel
Rostfläche	1,5	2,1 qm
Heizfläche	65,5	130,0 »
Gewicht des leeren Kessels	6350,0	5995,0 kg
Gewicht des Kesselwassers	1900,0	1372,0 »
Gesammtgewicht des Kessels	8250,0	7367,0 »
Gewicht des Kessels auf 1 qm Rostfläche	5500,0	3500,0 »
Ind. Pfkr. auf 1 t Kesselgewicht	55,6	62,5 »

Der neue Thornycroft-Kessel ist nach dieser Zusammenstellung, welche sein Erbauer selbst mittheilt, auf 1 qm Rostfläche noch etwa um die Hälfte schwerer als die Kessel von Ward und Du Temple, deren Gewicht sich im mittel auf 2000 bis 2200 kg auf 1 qm Rostfläche stellte, und mehr als doppelt so schwer wie der neue Herreshoff-Kessel. Endlich ist es nach Fig. 137 u. 138 noch nicht klar, ob sich 2 Thornycroft'sche Wasserrohrkessel als Ersatz für einen grofsen Lokomotivkessel ebenso bequem und auf demselben Raume unterbringen lassen wie letzterer.

Bisher hat Thornycroft mit seinen neuen Kesseln die von ihm erbauten spanischen Torpedoboote »Ariete« und »Rayo«, das französische Torpedoboot »Coureur« und die dänischen Torpedoboote »Stören« und »Sölöven« ausgerüstet. Die 5½ Jahre alten Lokomotivkessel in den Torpedobooten der dänischen Marine ersetzt er gegenwärtig durch je 2 seiner neuen Wasserrohrkessel, und auch für die Ver. Staaten-Marine soll er den Kessel zu dem bei der Herreshoff-Co. im Bau begriffenen Torpedoboot liefern. Nach diesen Bestellungen zu urtheilen, muss sich der Kessel auch im gewöhnlichen Betriebe zufriedenstellend verhalten haben, dass er dies gelegentlich der Probefahrten gethan hat und auch immer glänzend thun wird, ist bereits am Schlusse der Besprechung des Thornycroft-Kessels von 1887 hervorgehoben worden.

Um aber dauernd gute Betriebsergebnisse mit den neuen Wasserrohrkesseln zu erzielen, bedürfen sie einer so eingehenden Pflege und sorgsamen Ueberwachung, wie bei den gewöhnlichen Verhältnissen, unter denen sie in Torpedobooten zu arbeiten haben, nur durch Einschränkung der militärischen Verwendbarkeit der letzteren zu erreichen sind. Ein Beispiel für die grofse Empfindlichkeit dieser Kessel gegenüber einer rücksichtslosen Behandlung bieten die bekannten spanischen, im Frühjahr 1888 abgehaltenen Torpedobootsmanöver [2], bei deren Schluss jedes einzelne Boot eine 3½ bis 4 stündige Volldampffahrt antreten musste. Die Torpedoboote »Rayo« und »Ariete«, welche beide während ihre Abnahmeprobefahrt in England an der gemessenen Meile über 26 Knoten gelaufen hatten, erreichten hierbei nur noch eine Geschwindigkeit von 19,5 bezw. 17,2 Knoten, wobei indessen zu bemerken ist, dass »Ariete« nur mit einem Kessel dampfen konnte, weil der andere betriebsunfähig

---

[1] Proceedings of the institution of civil-engineers. Juniheft 1881.
[2] Revista general de Marina 1888.

war. Am Schlusse eines dreimonatlichen Betriebes hatte hiernach das noch ganz neue Boot »Rayo« einen Geschwindigkeitsverlust von 25 pCt. gegen die Abnahmemeilenfahrt und von 22 pCt. gegen die rund 25 Knoten betragende Geschwindigkeit während zweistündiger Abnahmedauerfahrt zu verzeichnen.

In folge dieser höchst kläglichen Ergebnisse richtete Thornycroft an das spanische Marineministerium die Bitte, ihm die Untersuchung der Kessel beider Boote durch einen seiner Ingenieure in ihrem gegenwärtigen Zustande zu gestatten. Im März 1889 fand diese Untersuchung statt, wobei sich herausstellte, dass sämmtliche Rohre mit einer 3 bis 4 mm starken Rufsschicht bedeckt waren, welche in den unteren, erst nach Entfernung der Kesselhüllen und der Bunkerwände zugänglichen Teilen bis zu 120 mm Höhe anschwoll. Die unteren Seitenbleche der Umhüllung waren zerstört, und die Dampfrohre, welche zum Ausblasen des Rufses aus den Zwischenräumen der Rohre dienen, zeigten sich verstopft und teilweise angefressen. Ebenso waren die Aschfälle ganz mit Rufs angefüllt, die Feuerbrücken bezw. die feuerfesten Auskleidungen teilweise weggebrannt. Die Zinkschutzplatten im oberen Cylinder erschienen um 3 bis 4 mm ihrer ursprünglichen Stärke geschwächt; dafür war aber kein Zeichen innerer Abrostung in diesem Cylinder zu entdecken. In den unteren Cylindern, welche ebenfalls keine inneren Anfressungen zeigten, waren die Zinkplatten in geringerem Umfange zerstört, indessen lagen an ihrem Boden gröfsere Mengen von Niederschlägen. Die Rohre waren dicht bis auf eins, das zweite von aufsen in der elften Reihe von der Feuerthür des einen »Ariete«-Kessels, welches nahe am oberen Cylinder ein Loch von etwa 6 mm Dmr. aufwies und die Veranlassung für die Aufserbetriebsetzung des Kessels war.

Zustand der Kessel nach dreimonatlichem Betriebe.

Thornycroft ist nun der Meinung, dieses Rohr hätten die Heizer während des Betriebes abschneiden und mittels der für solche Zwecke an Bord vorhandenen Pfropfen in den Rohrwänden zustopfen müssen. Wäre dies geschen, so würden statt der vorhandenen 918 Rohre noch 917 betriebsfähig geblieben, mithin die Leistungsfähigkeit des Kessels durchaus nicht berührt worden sein. Nach den Mitteilungen von Scott[1]), dem Inhaber der bekannten Schiffswerft in Greenock, ist das Zustopfen durchlöcherter Rohre indessen nicht so leicht gethan, wie es sich sagt. Scott hat sich selbst seit Anfang der sechziger Jahre lebhaft um die Einführung von Wasserrohrkesseln auf Schiffen bemüht, auch solche für eine ganze Reihe von Dampfern angefertigt, ohne indessen von ihren Erfolgen befriedigt zu sein. In der Bekämpfung von Thornycroft's Aeufserung führt er an, dass er einmal einen Frachtdampfer von 800 t Tragfähigkeit erbaut hatte, welcher am Kai mit voller Ladung zur Abfahrt bereit lag, als sich in einem einzigen Rohre eines seiner Wasserrohrkessel plötzlich ein kleines Loch öffnete. Der Dampf entwich aus diesem Loch mit solcher Heftigkeit, dass weder Maschinen- noch Kesselraum zugänglich waren und erst wieder betreten werden konnten, nachdem sämmtliches Kesselwasser verdampft war. Da nun die Bildung solcher durch innere Anfressungen der Rohre hervorgerufener Löcher nach Scott's Erfahrungen in den von ihm erbauten Wasserrohrkesseln nicht gerade ungewöhnlich war, so ist die Gefahr, in welche ein mit Wasserrohrkesseln ausgerüsteter Dampfer auf See durch einen solchen Vorfall kommen kann, doch nicht so ganz unbedeutend, wie sie Thornycroft hinstellt, auch wenn man annimmt, dass die innere Abrostung seiner Rohre wegen des vorzüglichen Wasserumlaufes auf ein sehr geringes Mafs beschränkt bleibt.

Zustopfen lecker Rohre.

---

[1]) Transactions of the institution of naval architects, London 1889 S. 279.

Bedenklicher als die, wie zugegeben werden soll, unbedeutenden inneren Anfressungen der Rohre sind bei den Thornycroft-Kesseln jedenfalls die durch den Gebrauch des Dampfrohrreinigers entstehenden, viel schwieriger zu vermeidenden äufseren Abrostungen der Rohre. Wenn auch die spanischen Heizer die Reinigung und Pflege der Wasserrohrkessel sehr stark vernachlässigten, so ist doch nicht zu verkennen, dass nicht aller Rufs zwischen den Rohren durch das Dampfgebläse aus dem Schornstein entfernt werden kann; ein Teil wird stets nach unten fallen und bei der Aufserbetriebsetzung des Kessels in Verbindung mit der Feuchtigkeit des zwischen die Rohre geblasenen Dampfes namentlich bei etwas schwefelhaltigen Kohlen einen an den unteren Rohrflächen haftenden und sie stark angreifenden Niederschlag bilden. In den »Ariete«-Kesseln hatten diese Ansammlungen feuchten Rufses nach dem angeführten Berichte des Thornycroft'schen Ingenieurs schon die vollständige Zerstörung der dünnen Bekleidungsbleche herbeigeführt.

Nur durch gründliche Reinigung der Rohre von Rufs und vollkommene äufsere Trocknung derselben nach jeder Aufserbetriebsetzung der Kessel ist die äufsere Abrostung zu vermeiden. Eine gründliche Reinigung erfordert aber nicht nur eine Abnahme der Bekleidung, sondern auch eine allseitige Zugänglichkeit des Kessels. Ein mit einem Thornycroft-Kessel versehenes Torpedoboot muss demnach zur Erhaltung seines Kessels nach jeder längeren Dampfzeit, aufser dem für die Erholung der Mannschaft nötigen Ruhetage, noch einen oder zwei Tage für die unvermeidliche gründliche Rohrreinigung frei haben, und diese Pausen müssen sich in viel kürzeren Zeiten wiederholen, als für den Wasserwechsel erforderlich sind. Die Freihaltung der Kesselseitenwände behufs Sicherung der Zugänglichkeit bedingt ferner eine Verringerung der auf Torpedobooten stets recht beschränkten Kohlenräume; aber ohne diese Mafsnahmen wird es nicht möglich sein, die Kessel dauernd auf der Höhe ihrer Leistungsfähigkeit zu erhalten.

Weiteren, die Lebensdauer der Wasserrohrkessel beeinflussenden Uebelständen, wie der Fettsäurebildung, begegnet man durch Einschränkung der Cylinderschmierung, Einschaltung von Fettabsonderern in der Speiserohrleitung, durch Zinkschutzplatten, Sodazufuhr usw., wie man auch die das Durchbrennen von Rohren veranlassenden Niederschläge in ihrem Innern durch ausschliefsliches Speisen mit destillirtem Wasser umgeht. Alle diese Schutz- und Vorsichtsmafsregeln stellen aber sehr hohe Anforderungen an die Umsicht und die Ausdauer des Bedienungspersonales. Sind diese Eigenschaften vorhanden, oder lassen sie sich durch gründliche Schulung erreichen, so wird der neue Thornycroft-Kessel zweifellos gegen die jetzigen Lokomotivkessel der Torpedoboote erfolgreich sein, wie dies schon für den älteren Thornycroft-Kessel in Aussicht gestellt wurde. Seine Einführung auf gröfseren Kriegsschiffen und auf Handelsdampfern ist seiner viel zu grofsen Empfindlichkeit wegen nicht zu erwarten; hierfür eignen sich augenblicklich, wenn es nun einmal Wasserrohrkessel sein sollen, die nach den amerikanischen Versuchen viel widerstandsfähigeren Ward-Kessel bedeutend besser.

IV. Wasserrohrkessel mit Spiralrohren.

16) Der Herreshoff-Kessel von 1876.

Der Herreshoff-Kessel, Taf. IV, Fig. 16, wurde im Jahre 1878 von den Ver. Staaten nach England gebracht. Er entsteht durch Aufwickeln eines einzigen schmiedeisernen Rohres, welches durch Zusammenschweifsen einzelner Rohrlängen hergestellt wird. Je nach den räumlichen Verhältnissen an Bord wird er mit doppelter und einfacher Umwicklung ausgeführt. Die erstere — hier gezeichnete — gebräuchlichere Art wählt man, wenn es an der nötigen Höhe gebricht, indessen eine genügende Grundfläche vorhanden ist; die zweite seltenere gelangt dort zur Aufstellung, wo man in der Höhe weniger, in der Grundfläche aber mehr beschränkt ist. Bei den doppelt gewundenen Kesseln besitzt die äufsere Rohraufwicklung die Gestalt eines Cylinders, die innere die einer Glocke; bei den einfach gewundenen fällt der äufsere Cylinder fort.

Der erste in England versuchte, für ein Torpedoboot bestimmte Herreshoff[1]- **Beschreibung des Herreshoff-Kessels.** Kessel hat eine innere Aufwicklung, welche sich bei 76 mm lichter Rohrweite von 1700 mm unterem Dmr. auf 1470 mm oberen Dmr. verengte. An der Decke dieser Aufwicklung nahm das Rohr eine l. W. von 51 mm und endlich von 38 mm an. Die äufsere Umwicklung hatte eine lichte Rohrweite von 76 mm an den Seiten und 51 mm an der Decke. Bei neueren Kesseln giebt Herreshoff der äufseren Umwicklung gleichmäfsig denselben Durchmesser wie der Decke der inneren Umwicklung und macht nur das Seitenrohr der letzteren weiter. Die Gesammtlänge des aufgewickelten Rohres betrug rund ungefähr 200 m und die gesamte Rohroberfläche 42 qm. Die oberen Enden des äufseren und des inneren Rohres stehen miteinander in Verbindung; das freie Ende des äufseren Rohres führt zu einer für diesen Kessel besonders vorgesehenen Pumpe, das freie Ende des inneren Rohres zu einem Wasserabscheider, von welchem der Dampf zur Maschine geleitet wird. Die innere Glocke bildet die ungewöhnlich geräumige, eine gute Verbrennung begünstigende Feuerbüchse, deren untere Seitenwände mit feuerfesten Steinen bekleidet sind; sie enthält den Rost, dessen Fläche bei dem Torpedoboot 2,35 qm betrug. Die ganze den Kessel darstellende Rohraufwicklung ist mit 2 oder 3 dünnen Stahl- oder Eisenblechhüllen umkleidet, welche zwischen sich Luftisolirschichten behufs Einschränkung der Wärmestrahlung enthalten. Die Kesseldecke ist mit Schlackenwolle bedeckt. Die einzelnen Umwicklungen liegen an den Seiten des äufseren Rohres und an der Decke des inneren Rohres dicht aneinander, während sie an den Seiten des inneren und der Decke des äufseren Rohres kleine Zwischenräume besitzen, damit die Heizgase zu der äufseren Umhüllung und aus dem Raume zwischen beiden in den Schornstein gelangen können.

Das in die äufsere, gleichsam als Speisewasservorwärmer dienende Umwick- **Wasserumlauf.** lung mittels der erwähnten Pumpe gedrückte Wasser gelangt allmählich emporsteigend an der Decke des Kessels in das innere Rohr und von hier fast schon dampfförmig in das innere weitere Seitenrohr, in welchem die Verdampfung in stärkerem Mafse fortgesetzt wird. Tritt nun so wenig Speisewasser in den Kessel, dass es von den Heizgasen schon in dem oberen Teile des inneren Rohres in Dampf verwandelt wird, so muss der Dampf in dem unteren Teile desselben stark überhitzt werden und in die Cylinder tretend die damit verbundenen Schäden verursachen. Herreshoff verhindert eine solche Ueberhitzung dadurch, dass er durch den Kessel mehr Wasser pumpt, als darin verdampfen kann. In den Wasserabscheider entweicht daher stets ein Gemisch von Dampf und Wasser, in welchem von letzterem etwa noch 15 bis 20 pCt. seiner ursprünglichen Menge enthalten ist. Der Wasserabscheider, welcher einerseits die Abscheidung des mitgerissenen Wassers

---

[1]) Engineering 1879 I. S. 32, 93 und 122.

bewirkt, andererseits aber auch, als Dampfraum des Kessels dienend, für eine möglichst gleichmäfsige Dampfspannung sorgt, begründet den wesentlichsten Vorzug des Herreshoff- gegenüber dem Perkins- und anderer ihm verwandter Kessel. Das aus Rohr A in den Wasserabscheider strömende Gemisch trennt sich in Dampf und Wasser; ersterer zieht durch das schmiedeiserne, die Absperrvorrichtung tragende Rohr B zur Maschine, letzteres fällt zu Boden. Das ebenfalls schmiedeiserne Rohr C führt zu den Sicherheitsventilen.

Das Wasserstandsglas zeigt die Menge des nicht verdampften, überschüssig durch den Kessel gepumpten Wassers an, welches infolge der Geschwindigkeit, mit der es durchgedrückt wurde, sämmtliche durch das Zusatzwasser sowie durch Schmiermittel in das Speisewasser gedrungenen, sich sonst im Kessel absondernden Unreinigkeiten daraus fortspült. Aus dem Wasserabscheider werden die erstgenannten Absonderungen durch das Boden- (D), letztere durch das Oberflächenausblaserohr (E) entfernt. Das nach dem Abblasen im Wasserabscheider verbleibende Wasser geht in den Saugekasten der zum Kessel gehörigen Pumpe durch das Rohr F. Diese Kesselpumpe steht durch ein absperrbares Zweigrohr mit dem Kondensator in Verbindung, damit man sich schnell von zu grossen, plötzlich durch den Kessel gepressten Wassermengen befreien kann. Das Wasserstandsglas zeigt eine solche Ueberflutung des Wasserabscheiders an, wie es auch erkennen lässt, wenn zu wenig überschüssiges Wasser durch den Kessel fliefst. Ist letzteres der Fall, so muss durch vermehrtes Zusatzwasser dafür gesorgt werden, dass die Maschinenspeisepumpe, welche das Wasser aus der Zisterne in den Saugkasten der für das fortwährende Durchpumpen des Kessels besonders vorhandenen Pumpe — der Kesselpumpe — drückt, eine gröfsere Wassermenge fördern kann. Da in diesen Saugkasten auch das vom Wasserabscheider kommende Rohr F mündet, so ist der Kolben der Kesselpumpe immer nahezu im Gleichgewicht, indem auf der Saugseite die im Wasserabscheider herrschende Spannung, auf der Druckseite dagegen der um den Reibungswiderstand des den Kessel durchströmenden Wassers vermehrte Dampfdruck vorhanden ist. Aus einem Frischwasserbehälter saugt die Luftpumpe das erforderliche Zusatzwasser mit und fördert es in die Zisterne, aus der es, falls durch ihre gänzliche Füllung ein Ueberdruck erzeugt werden sollte, mittels eines Ueberlaufrohres in den Saugekasten der Kesselpumpe entweichen kann.

Die erste im Dezember 1878 mit dem Herreshoff-Boot auf der Themse vorgenommene Abnahmeprobefahrt fiel zufriedenstellend aus, insofern, als die vorgeschriebene Geschwindigkeit von 16 Knoten erreicht wurde. Hingegen waren die im Oktober 1879 im Solent vorgenommenen Probefahrten[1]), welche die praktische Brauchbarkeit des Kessels erweisen sollten, nichts weniger als günstig, woran allerdings nicht der Kessel, sondern nur der unzweckmäfsige Kondensator die Schuld trug. Dieser bestand nach einer zuerst von Crichton ausgeführten Konstruktion aus 2 aufserhalb des Bootes zu beiden Seiten des Kieles entlang laufenden kupfernen Rohren, deren Durchmesser von dem einen Ende, wo der Dampf eintrat, bis zu dem entgegengesetzten Ende, an welchem das Luftpumpensaugrohr anschloss, allmählich abnahm. Die Luftpumpe drückte die Kondensationsprodukte in die Zisterne, aus welcher die Speisepumpe sie in den Saugekasten der dem Herreshoff-Kessel eigentümlichen Kesselpumpe schaffte. Da die Themse bei der Abnahmeprobefahrt mit

---

[1]) Engineering 1879 I. S. 365.

einer Eiskruste bedeckt war, so genügte das kalte am Boot entlang laufende Fluss-wasser, um den in die Kielrohre tretenden Dampf zu kondensiren, wogegen das wärmere Seewasser bei den späteren Fahrten hierzu nicht im stande war. Die Luft-leere stieg daher nicht über 0,5 kg/qcm, so dass die Maschine trotz des zuletzt von 8,5 auf 10,5 kg/qcm gesteigerten Dampfüberdruckes nicht zur vollen Kraftentwicklung kommen konnte und die Bootsgeschwindigkeit sich nicht über 13,825 Knoten bringen liefs. Auch die Speisevorrichtungen bewährten sich nicht, so dass eine regelmäßige Wasserzufuhr zum Kessel nicht zu bewirken war. Die Abnahmefahrt im Dezember 1878 ging nach Morcom[1]), welcher dieser sowie den späteren Fahrten beiwohnte, unter Leitung von Herreshoff ohne Störungen vor sich, während die Misserfolge der späteren Fahrten hauptsächlich dem Mangel an Erfahrung zuzuschreiben sind, welchen die Maschinisten in der Behandlung der eigenartigen Maschinenanlage an den Tag legten. Namentlich hatte hierunter der den Heizern ganz fremdartige Kessel zu leiden, dessen Explosion durch den ihnen damals nach ungewohnten hohen Druck sie besonders befürchteten, so dass sie ein gewisses ängstliches und unruhiges Gefühl nicht los wurden, trotzdem an dem Kessel an sich nichts aus-zusetzen war.

Unter dem Missgeschick der Maschine hatte aber auch der Kessel zu leiden, und erst im Jahre 1881, als man schnell fahrende handliche Dampfbeiboote für die grofsen Kriegsschiffe zu gewinnen suchte, kam die englische Admiralität auf Herreshoff zurück, indem sie zwei 14,6 m lange Pinnassen bei ihm bestellte. Diese Boote besafsen gewöhnliche zweicylindrige Kompoundmaschinen mit einem als Oberflächenkondensator dienenden Aufsenbordrohr der vorbeschriebenen Art, Herres-hoff-Kessel mit doppelter Windung, Einzelschraube und einen geschlossenen Raum, in welchem Maschine und Kessel untergebracht waren. Ein Flügelradgebläse erzeugte in diesem Raume die Pressluft für das Fahren mit Unterwind. Eines dieser Boote wurde gegen eine von White gelieferte Doppelschraubenpinnasse von gleicher Länge mit 2 getrennten zweicylindrigen Kompoundmaschinen und einem liegenden Kessel mit durchschlagender Flamme, der ebenfalls mit Unterwind betrieben werden konnte, im August 1881[2]) erprobt. Nachstehend sind die Abmessungen der Maschinen und die Probefahrtsergebnisse dieser beiden Boote zusammengestellt.

Vergleichs-Probefahrten mit Dampf-pinnassen.

Abmessungen der Boote.

Erbauer des Bootes	Länge des Bootes	Dampfcylinder			Schraube			Kessel		
		Durchmesser		Hub	Flügel-zahl	Dmr.	Stei-gung	Rost-fläche	Heiz-fläche	Dampf-überdruck
		Hoch-druck	Nieder-druck							
	m	mm	mm	mm		mm	mm	qm	qm	kg/qcm
Herreshoff	14,63	203	355	229	4	914	1244	1,142	13,90	10,54
White	14,63	184 (2 Stück)	286 (2 Stück)	203	4 (2 Stück)	985	1407	0,525	18,58	8,43

[1]) Transactions of the institution of naval architects 1887 S. 331.
[2]) Transactions of the institution of naval architects 1887 S. 328.

Probefahrts - Ergebnisse.

Boot	Art und Dauer der Fahrt	Dampfüberdruck in kg/qcm			Min.-Umdr.	Ind. Pfkr.	Kohlenverbrauch auf 1 ind. Pfkr. und Std.	Bootsgeschwindigkeit
		im Kessel	im Hochdruckcylinder	im Niederdruckcylinder			kg	S.-M.
Herreshoff	Ablaufen der Meile	10,20	—	—	453,0	—	—	15,12
»	Dauerfahrt von 5 Std. 30 Min.	6,60	3,73	0,84	333,0	68,4	1,87	10,18
»	» » » 8 » 24 »	3,67	2,40	0,56	273,2	36,7	1,76	8,63
White	Ablaufen der Meile	8,78	—	—	301,1	—	—	12,60
»	Dauerfahrt von 5 Std. 30 Min.	7,36	3,10	1,14	246,3	68,8	1,44	10,80
»	» » » 10 » 8 »	3,90	1,13	0,49	163,5	18,3	2,22	7,40

Wirtschaftliche Dauerfahrten.

Hiernach war das Herreshoff-Boot das schnellere, während bei der ersten Dauerfahrt mit gleicher Geschwindigkeit sich das White'sche Boot, welches etwa 30 pCt. weniger Kohle gebrauchte, als das wirtschaftlichere herausstellte. Die zweite Dauerfahrt sollte erweisen, wie lange jedes Boot mit seinem Kohlenvorrate dampfen könnte, und welche Strecke es damit zurückzulegen vermöchte. Das Herreshoff-Boot hatte seine Kohlen in 8 Stdn. 24 Min. verbrannt, in welcher Zeit es 72,5 S.-M. oder 14,25 S.-M. mit 100 kg Kohle zurücklegte. Das White'sche Boot musste nach einer Fahrt von 10 Std. 8 Min. die Maschine anhalten, weil die inzwischen eingetretene Dunkelheit das Weiterfahren verhinderte; es hatte noch 117 kg Kohlen an Bord. In der angegebenen Zeit durchdampfte dieses Boot 75 S.-M. oder 19 S.-M. mit 100 kg Kohle. Das White'sche Boot ist also weiter gelaufen, indessen mit geringerer Geschwindigkeit und einem gröfseren Kohlenverbrauch für die ind. Pfkr. und Std.

Vergleichs-Probefahrten mit Dampfkuttern.

Etwas später ist noch ein Versuch mit einem 10 m langen Herreshoff-Dampfkutter gegen einen in der englischen Marine eingeführten (White'schen) Dampfkutter von 9 m Länge gemacht worden. Der Herreshoff-Kutter hatte eine zweicylindrige Kompoundmaschine eigener Konstruktion, der White'sche eine zweicylindrige Hochdruckmaschine von Belliss; letztere besafs einen gewöhnlichen liegenden Bootskessel mit durchschlagender Flamme, erstere einen Herreshoff-Kessel mit einfacher Windung. Indikatordiagramme sind bei diesen Fahrten, deren Ergebnisse folgende waren, nicht genommen.

Kutter	Länge des Bootes	Dampfüberdruck im Kessel	Min.-Umdr.	Bootsgeschwindigkeit	Cylinderdurchmesser		Kolbenhub	Gesammtgewicht der Maschinenanlage
					Hochdruck	Niederdruck		
	m	kg/qcm		S.-M.	mm	mm	mm	kg
Herreshoff	10,058	8,57	305,3	8,073	108	178	178	965,2
White	9,144	5,20	457,1	7,694	2 zu 121	—	127	1676,4

Gröfste erreichte Geschwindigkeit.

Während einer mit dem Herreshoff-Kutter allein, um seine gröfste Leistungsfähigkeit festzustellen, vorgenommenen Probefahrt arbeitete der Kessel mit 12,65 kg/qcm

Ueberdruck, und das Boot lief mit 400 Min.-Umdr. der Maschine und nur 4 Personen an Bord an der gemessenen Meile 9,25 Knoten.

Die gröfsere Geschwindigkeit der Herreshoff-Boote hat zum nicht geringen Teile ihren Grund in ihrem kleineren Kesselgewichte; denn die Kessel einschl. Wasser wogen bei den beiden Kuttern 546 bezw. 1112 kg. Der Bellis-Kessel war also mehr als doppelt so schwer wie der Herreshoff-Kessel, welcher indessen als einfach gewundener wahrscheinlich verhältnismäfsig leichter ausgefallen ist, wie sonst die gebräuchlicheren mit doppelter Windung sind. *Kesselgewichte.*

Die ungewöhnlich kleine Wassermenge, die Hauptursache des geringen Kessel-gewichtes, gestattet ein sehr schnelles Anheizen. Ein mit der 14,6 m langen Herres-hoff-Pinnasse nach dieser Richtung hin angestellter Versuch ergab, dass in deren doppeltgewundenem Kessel in 5 Min. 50 Sek. Dampf von 4 Atm. Ueberdruck erzeugt werden konnte, wenn das Wasser vor dem Feueranzünden kalt war. *Schnelles Dampf-aufmachen.*

Die geringe Wassermenge machte aber ein äufserst sorgfältiges Heizen des Kessels zur unumgänglichen Notwendigkeit, wenn ein gleichmäfsiger Dampfdruck gehalten werden sollte, und war ferner die Ursache, dass während des Anhaltens der Maschine sich der ganze Inhalt des Kessels schnell in Dampf verwandelte und nur mit Mühe eine Ueberhitzung der inneren Rohrwindung vermieden werden konnte. Endlich will man beobachtet haben, dass die Herreshoff-Kessel sich schneller abnützen als gewöhnliche Cylinderkessel. *Nachteile der Herreshoff-Kessel.*

Erwähnt sei noch, dass die im Sommer 1887 von der Herreshoff-Gesellschaft abgelieferte Dampfyacht »Nowthen«[1] von 24,7 m Länge, 3,05 m Breite und 0,924 m Tiefgang mit einem doppeltgewundenen Kessel von nur 1,524 m Dmr. und 1,83 m Höhe mit 17,6 kg/qcm Dampfüberdruck beim sechsmaligen Ablaufen der Meile die für ein so kleines und flachgehendes Fahrzeug sehr achtbare Geschwindigkeit von 23,2 Knoten erreicht haben soll. *Dampfyacht »Nowthen«.*

Wenn dem Herreshoff-Kessel auch noch manche Mängel anhaften, so ist er doch ein Fortschritt gegenüber allen anderen bis Mitte der siebziger Jahre an Bord versuchten Wasserrohrkessel; denn während diese nur bei starker Schonung eine regelmäfsige Verdampfung be-safsen, liefs sich bei jenem die Verdampfung durch Anwendung von Unterwind bis zu einem gewissen Grade steigern. Die den Heizern durch die Bedienung des Herreshoff-Kessels anfänglich zugemutete gröfsere Aufmerk-samkeit und Umsicht soll sich verringern, wenn sie mit den Eigentümlichkeiten des Kessels besser vertraut sind. Jedenfalls wird der unleugbar mühevolle Betrieb die fernere Verbreitung ähnlicher verbesserter Kessel in Zukunft nicht aufzuhalten im stande sein; denn das unerreicht dastehende geringe Kesselgewicht einschl. Wasser von etwa 1 t für 1 qm Rostfläche, welches nur den fünften Teil gewöhnlicher cylin-drischer Schiffskessel beträgt, ist für die Konstrukteure von schnelllaufenden kleinen Fahrzeugen zu verlockend, als dass sie sich nur wegen der schwierigen Wartung seiner Vorteile entschlagen sollten. Der Hauptgrund, aus welchem die Herreshoff-Co. von der weiteren Herstellung dieser Kessel abgesehen hat, liegt in der Unmöglichkeit, sie zu repariren. Ein beschädigter oder ausgefahrener Kessel dieser Art muss stets durch einen vollkommen neuen ersetzt werden. (Vergl. S. 155.) *Beurteilung der Herreshoff-Kessel.*

---

[1] The Engineer 1887 II S. 227.

17) Der Hohenstein-Kessel von 1887.

Die Spiralrohre, welche den in Fig. 139 u. 140 wiedergegebenen, von der Hohenstein Manufacturing-Co. in Newark, N. J., gefertigten Kessel hauptsächlich bilden, erinnern stark an die vorbeschriebenen, aus einem spiralförmig aufgewundenen Rohre bestehenden Herreshoff-Kessel. Der vorliegende von Ingenieuren der Ver. Staaten-Marine im Mai 1888 amtlich geprüfte Kessel ist für Oelheizung ein-gerichtet. Seine Grundplatte ist viereckig und 13 mm stark; sie hat oben einen runden aufrechtstehenden Flansch, an dessen beiden Flächen die eisernen Umhüllungsbleche so befestigt sind, dass zwischen ihnen 3 mm Luft verbleibt; das innere Blech ist an seiner inneren Seite noch mit Asbestpappe be-kleidet. In der Mitte besitzt die Grund-platte eine kleine cylindrische Kammer, in welcher oben ein an beiden Enden ge-schlossenes senkrechtes schmiedeisernes Rohr von 75 mm innerem Dmr. und 6 mm Wand-stärke befestigt ist. In die Kammer unterhalb dieses Rohres treten die Oeldämpfe aus einer Retorte und gelangen in 20 kleine oben durchlöcherte Rohre, welche radial stehend, in der Kammerwand verschraubt, als Brenner dienen. Die Grundplatte ist zwischen der cylindrischen Kammer und dem Befestigungs-flansch mit den Oeffnungen aa, Fig. 139, versehen, damit die nötige Luft zu den Brennern gelangen kann. 20 Spiralrohre aus Kupfer von 6 mm l. W. und 1,5 mm Wand-stärke umgeben das innere senkrechte Rohr, in welchem sie mittels bronzener Verschrau-bungen unten und oben befestigt sind. Die Decke des senkrechten Rohres wird von einem eingeschraubten stählernen Spiralrohre durch-brochen, dessen innerer Dmr. 13 mm beträgt. Dieses nach unten um das senkrechte innere Rohr gewickelte Spiralrohr führt den Dampf zur Maschine, welcher durch die abziehenden Heizgase noch getrocknet bezw. etwas überhitzt wird.

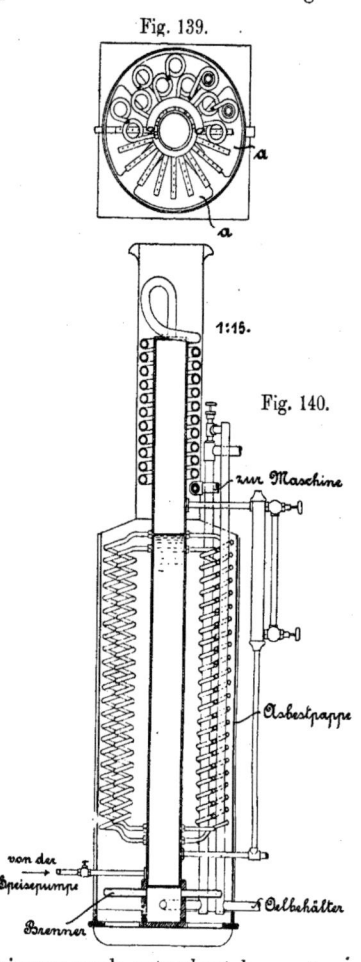

Fig. 139.

1:15.

Fig. 140.

Das Speisewasser wird in den unteren Teil des inneren senkrechten Rohres gepumpt, steigt in den kupfernen Rohrschlangen empor und tritt nahe am Wasser-spiegel, bis zur Dampfbildung erhitzt, heraus. Der obere Raum des senkrechten Rohres dient als Dampfraum. Der mit dem senkrechten Rohre verbundene Wasser-stand sitzt aufsen am Kessel.

Die Retorte, innerhalb deren das Erdöl verdampft wird, besteht aus 2 stäh-lernen Rohren, welche sich an die Leitung des Oelbehälters anschliefsen. Das äußere dieser Rohre geht unterhalb der Brenner in die Kesselhülle, steigt innerhalb derselben empor und ist an seinem oberen Ende mit einem Injektor versehen, der das Oel sowie durch eine besondere Oeffnung auch Luft ansaugt und dann beide durch das zweite niedersteigende Retortenrohr in die Brennerkammer und durch die Brenner presst.

Die Vorteile des mit 21 kg/qcm Ueberdruck geprüften Hohenstein-Kessels bestehen zunächst in der ungewöhnlichen Schnelligkeit, mit der sich Dampf erzeugen lässt. Bei den Proben wurde in 3 Minuten kaltes Wasser in Dampf von 7 kg/qcm Ueberdruck verwandelt. Ferner ist die außerordentliche Leichtigkeit des Kessels hervorzuheben und sein geringer Raumbedarf trotz verhältnismäßig großer Heizfläche. Die Hohenstein-Co. hatte bei der amtlichen Erprobung ihrer Kessel durch die Marine-Ingenieure bereits 4 Stück derselben fertiggestellt, hatte aber bereits größere Kessel dieser Art für Kohlenheizung im Bau, mit denen nach ihrer Fertigstellung Dauerversuche angestellt werden sollten. Deswegen wurden die Versuche mit dem für Oelheizung eingerichteten Kessel weniger eingehend durchgeführt, umsomehr, als die Marineverwaltung diese Art der Heizung nicht zu benutzen gedenkt. Die amerikanischen Ingenieure sprechen sich, abgesehen von der Kleinheit des Kessels und den nur kurzen Versuchen, welche ein endgiltiges Urteil über seine Brauchbarkeit für schnelle kleine Kriegsschiffsboote nicht gestatteten, recht befriedigend über seine Leistungen aus.

Vorteile der Hohenstein-Kessel.

Der erprobte Kessel hatte folgende Abmessungen:

Abmessungen des Hohenstein-Kessels.

Rostfläche (falls eine solche für Kohlenfeuerung vorhanden gewesen wäre) 0,0875 qm
Heizfläche . . . . 2,57 »
$\dfrac{\text{Rostfläche}}{\text{Heizfläche}}$ . . . . $\dfrac{1}{29,4}$
Gewicht des leeren Kessels mit Armatur . . . . 66,68 kg
Gewicht des Kesselwassers . . . . 5,89 »
Gewicht des Kessels mit Wasser . . . . 72,57 »
Gewicht des gefüllten Kessels auf 1 qm Rostfläche . . . . 830,00 »

Während einer 4 stündigen Probefahrt in einem 7,62 m langen Dampfboote trieb der Kessel mit 7,5 kg/qcm Ueberdruck eine senkrechte Halbtrunk-Kompoundmaschine (besondere Konstruktion der Hohenstein-Co.), welche im mittel 2,77 Pfkr. indizirte, mithin wurden auf 1 t Kesselgewicht trotz der minderwertigen Maschine 38,2 Pfkr. erzeugt. Bei einem zweiten, mit 4,22 kg/qcm Ueberdruck vorgenommenen Verdampfungsversuche wurden stündlich 56,97 kg Wasser von 100° C. in Dampf von 100° C. mit 3,74 kg Erdöl, also 15,23 kg Wasser, mit 1 kg Erdöl verdampft. Die Ergebnisse der Versuche mit den größeren für Kohlenfeuerung eingerichteten Hohenstein-Kesseln sind noch nicht veröffentlicht.

Probefahrts-Ergebnisse.

18) Der Belliss-Kessel [1]) von 1888.

Der Grundgedanke des Hohenstein-Kessels, die Verwendung von elastischen und eine große Heizfläche darbietenden Schlangenrohren, ist im Belliss-Kessel, Fig. 141 u. 142, in verstärktem Maße zum Ausdruck gebracht. Die senkrecht an-

Beschreibung des Kessels.

---

[1]) Annual report of the chief of the bureau of steam engineering for the year 1888. U. S. Navy Departement, Government printing office, Washington 1888 S. 55.
[1]) Englische Patentschrift No. 16595 vom 2. December 1887. (Accepted 21. Septbr. 1888.)

geordneten Schlangenrohre $a^1\,a^1$ sind unten in einem Wassersammler c, oben in einem Dampfsammler d befestigt. Beide Sammler sind außerdem noch je nach der Größe des Kessels durch zwei oder mehrere — hier 4 — Rohre f von größerem Durchmesser mit einander verbunden. Um einen besseren Wasserumlauf in den Schlangenrohren zu erzielen, werden sie nicht aus einer Windung hergestellt,

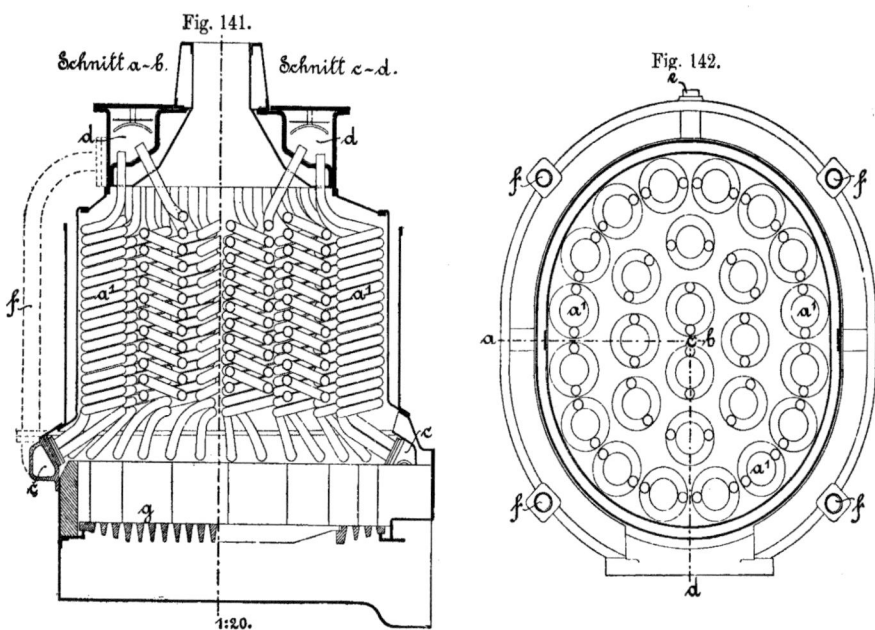

Fig. 141.

Schnitt a–b.   Schnitt c–d.   Fig. 142.

1:20.

sondern bestehen aus 2 oder mehreren Rohren, deren Windungen so angeordnet sind, dass die Windung des einen Rohres gerade den Raum zwischen den Windungen des anderen Rohres ausfüllt. Hierdurch werden nicht blos die Windungen steiler; sondern es wird auch der für den Wasserumlauf zur Verfügung stehende Querschnitt verdoppelt bezw. verdreifacht, wenn 2 oder 3 Rohre in dieser Weise zu einer Schlange vereinigt werden. Wenn Raum mangelt, will Belliss in diese Schlangenrohre noch andere von geringerem Windungsdurchmesser hineinlegen.

Wasserumlauf.   Das Speisewasser strömt unten in den Wasserraum bei e ein, und der Dampf wird vom oberen Teile des Dampfsammlers abgeleitet. Die den ganzen Kessel umschließende Eisenhaut schmiegt sich oben und unten an den Wasser- und Dampfsammler an, deren Grundform, wie gezeichnet, elliptisch oder kreisförmig gewählt werden kann. Unterhalb des Wassersammlers liegt der durch feuerfeste Aufmauerung begrenzte Rost mit dem Aschfall.

Beurteilung.   Ob Belliss schon solche Kessel ausgeführt hat, konnte ich trotz aller Bemühungen nicht in Erfahrung bringen, noch weniger, wie sie sich zutreffenden Falles im Betriebe bewährt haben. Nach den Erfahrungen mit den Hohenstein-Kesseln ist indessen zu erwarten, dass sie den Thornycroft-Kesseln kaum nachstehen werden, welche sie bei gleicher Grundfläche jedenfalls an Größe der Heizfläche und vielleicht auch an Leichtigkeit übertreffen.

Schluss aus den vorstehenden Besprechungen.   Gelingt es, wie es nach den mitgeteilten, in den letzten Jahren erzielten Erfolgen den Anschein hat, in nicht zu ferner Zeit einen

Wasserrohrkessel herzustellen, welcher allen Anforderungen des Schiffsmaschinendienstes entspricht, so wird das Drängen nach einer Steigerung der Kesselleistung vorläufig befriedigt sein und aufserdem steht einer wesentlichen Erhöhung der Dampfspannung das bisherige gröfste Hindernis — die unverhältnismäfsige Vermehrung des Gewichtes und der Kosten der Kessel — nicht mehr im Wege.

Schlussbemerkungen.

Sollen die in den letzten Jahrzehnten im Schiffsmaschinenbau erreichten Erfolge zu einem Gesammtbild vereinigt werden, so sind den vorstehend erörterten Fortschritten in der Erzeugung und Verwendung des Dampfes noch die Fortschritte in der Konstruktion der Maschinen hinzuzufügen, durch welche man erzielte: *Fortschritte im Bau der Maschinen.*

<ul style="list-style:none">
<li>a) eine Verminderung des Maschinengewichtes,</li>
<li>b) eine Verminderung der Widerstandsarbeit der Maschine,</li>
<li>c) eine Erhöhung der Schiffsgeschwindigkeit.</li>
</ul>

Zu a). Die Verminderung des Maschinengewichtes ging mit der im Laufe der Zeit ermöglichten Erzeugung besserer Baumaterialien Hand in Hand. Die schmiedeisernen Kesselbleche, deren mittlere absolute Festigkeit bei besseren Sorten etwa 35 kg/qmm betrug, wurden durch Bleche von mildem Stahl mit einer abs. Festigkeit von durchschnittlich 45 kg/qmm ersetzt. An die Stelle der Kondensatoren und Pumpen aus Gusseisen, dessen abs. Festigkeit etwa 12 kg/qmm beträgt, traten solche aus Bronze, mit einer abs. Festigkeit bis zu 25 kg/qmm. Die meisten der früher aus Schmiedeisen gefertigten Maschinenteile, wie Wellen, Peuelstangen, Kulissen, Kreuzköpfe usw. werden jetzt aus Gussstahl bezw. Stahlguss hergestellt, dessen Festigkeit im mittel zu 50 kg/qmm zu rechnen ist, während sie sich beim Schmiedeisen auf höchstens 40 kg/qmm stellt. Bei besonders leicht zu haltenden Maschinen wird das ganze Fundament und der Aufbau, statt aus Gusseisen, wie sonst üblich, nur aus Schmiedeisen oder Stahl ausgeführt; endlich bestehen die neueren Schrauben aus Stahlguss oder Manganbronze statt aus Gusseisen. Mit der Verwendung ungleich haltbarerer Materialien ist eine jedes unnütze Mehrgewicht bei genügender Festigkeit ersparende, durchdachtere Konstruktion aller einzelnen Maschinenteile verbunden worden, woraus sich neben der Erhöhung der Kolbengeschwindigkeit die fast unglaublich klingende Gewichtsverminderung von etwa 250 kg, welche die Schraubenschiffsmaschinen um die Mitte der fünfziger Jahre einschliefslich Kessel mit Wasser, Propeller usw. auf 1 ind. Pfkr. wogen, auf ein Gewicht von etwa 25 kg erklärt, welches die neueren Torpedobootsmaschinen für dieselbe Leistung aufweisen. Diese Gewichtsabnahme kann bei gleichbleibender Wasserverdrängung des Schiffes je nach Umständen zur Erhöhung des mitzuführenden Kohlenvorrates, zur Vergröfserung der Ladefähigkeit usw. verwendet werden. *Verminderung des Maschinengewichtes.*

Zu b). Die Verminderung der Widerstandsarbeit wurde durch Abtrennung der Pumpen von der Hauptmaschine und Anordnung besonderer Dampfmaschinen *Verminderung der Widerstandsarbeit.*

für ihren Betrieb, Einführung weniger Reibung hervorrufender Liederungen und Packungen, durch gute und einfache Entlastungen der Schieber sowie endlich durch eine sorgfältige Montage der Maschine in der Werkstatt und genauen Einbau an Bord angestrebt. Wie sehr diese Bestrebungen von Erfolg gekrönt wurden, lässt sich daran erkennen, dass die älteren Schraubenschiffsmaschinen nach neueren Untersuchungen bei Probefahrten nur ungefähr 35 pCt. ihrer indizirten Leistung für die Fortbewegung des Schiffes nutzbar machten, wogegen die Maschinen der neueren grofsen Schnelldampfer bis zu 55 pCt. und diejenigen der neuesten Torpedoboote mehr als 60 pCt. Nutzleistung aufweisen. Was besonders die sorgfältige Montage der Maschinen in der Werkstatt betrifft, so sei hier noch erwähnt, dass die Central marine engineering Company in West-Hartlepool, deren Leiter der mehrfach genannte Mudd ist, ihre sämmtlichen in den letzten Jahren erbauten Schiffsmaschinen vor dem Einbau an Bord auf der für diesen Zweck in ihrer Werkstatt besonders hergerichteten festen Grundplatte nicht blofs zusammensetzte, sondern auch unter Dampf erprobte. Die für den Leergang der Maschine einschl. der Widerstandsarbeit der hierbei allerdings nur wenig belasteten Pumpen erforderliche ind. Pfkr. hat sich nach den veröffentlichten Indikatordiagrammen der Dreifach-Expansionsmaschinen der Frachtdampfer »Enfield«[1]), »Cleveland«[2]), »Stepney« und »Wapping«[3]) nur zu 6 bis 7 pCt. der später bei den Volldampfprobefahrten ermittelten ind. Leistung der Maschine ergeben, welche für die ersten beiden rund 900, für die anderen beiden rund 650 ind. Pfkr. betrug, während man doch im allgemeinen diese Leergangsarbeit auf 13 pCt. der indizirten schätzt.

Erhöhung der
Schiffsgeschwin-
digkeit.   Zu c). Die Erhöhung der Schiffsgeschwindigkeit entspringt neben der Anwendung schärferer und schlankerer Schiffsformen hauptsächlich den Verbesserungen in der Konstruktion, Ausführung und Anbringung der Schrauben, welche eine Frucht zahlreicher mit Schiffen oder Booten angestellter Versuche sowie langjähriger Erfahrungen mit in Fahrt befindlichen Dampfern sind. Selbstredend haben aber auch die verbesserte Maschinenkonstruktion und das verminderte Maschinengewicht mitwirken müssen, um die Geschwindigkeit der Schraubendampfer bei Probefahrten an der gemessenen Meile von 14 Knoten, was in den fünfziger Jahren noch als aufsergewöhnliche Leistung galt, bis auf 20 Knoten zu bringen, welche Geschwindigkeit einzelne der neuesten schnellsten Post- und Kriegsdampfer bei gleicher Erprobung noch überschritten. So lief z. B. der spanische Kreuzer »Reina-Regente«[4]) 20,13 Knoten, der italienische Kreuzer »Piemonte«[5]) 22,3 Knoten und die Postdampfer »Umbria« und »Etruria« der Cunard-Linie erreichten 20,18 Knoten.

belle.   Die glänzende Ueberlegenheit der heutigen Schiffsmaschine gegenüber einer vor etwa drei Jahrzehnten erbauten lässt die Gegenüberstellung der nachstehenden, den durchschnittlichen Mittelwerten entsprechenden runden Zahlen unzweifelhaft erkennen.

---

[1]) Engineering 1886 I S. 8.
[2]) Engineering 1886 I S. 206.
[3]) Engineering 1886 II S. 290.
[4]) The marine engineer 1887 S. 263; s. a. Z. 1887 S. 911.
[5]) Transactions of the institution of naval engineers. 1889. S. 265.

Maschine	Dampfüberdruck im Kessel kg/qcm	Auf 1 qm Rostfläche erzeugte ind. Pfkr.	Mit 1 kg Dampf sekundl. erzielte ind. Pfkr.	Durchschnittlicher Kohlenverbrauch für die ind.Pfkr. u. Std. kg	Täglicher Kohlenverbrauch für 1000 ind. Pfkr. t	Gewicht der vollständigen Schiffsmaschinenanlage einschliefslich Wasser auf 1 ind. Pfkr. kg	Procentsatz der für die Fortbewegung des Schiffes nutzbar gemachten Maschinenleistung	Gröfste mit Ozeandampfern erreichte Geschwindigkeit S.-M. in 1 Std.
1	2	3	4	5	6	7	8	9
Watt'sche Niederdruckmaschine vor 30 Jahren	1,33	50	180	2,5	60	250	35	14
Heutige Dreifach-Expansionsmaschine mit den neuesten Verbesserungen	12,00	200	600	0,6	15	90 [1]	55 [2]	20 [3]

[1]) Bei den neuesten Torpedokreuzern beträgt das Maschinengewicht nur zwischen 40 bis 50 kg und bei Torpedobooten nur zwischen 25 bis 30 kg für 1 ind. Pfkr. der gröfsten Leistung.

[2]) Sorgfältig gebaute Torpedobootsmaschinen machen gegenwärtig etwa 60 pCt. ihrer indizirten Leistung für die Fortbewegung des Bootes nutzbar.

[3]) Die schnellsten im Frühjahr 1887 fertig gestellten Torpedoboote Thornycroft's liefen an der gemessenen Meile leicht geladen zwischen 25 bis 26 Knoten, während die im Sommer 1889 von Schichau in Elbing an die italienische Marine abgelieferten 5 Doppelschrauben-Torpedoboote eine Geschwindigkeit von 27 Knoten entwickelt haben. Die schnellsten obengenannten Ozean-Schrauben-dampfer erreichten 20,13 bezw. 20,18 Knoten und die schnellsten S. 100 erwähnten Raddampfer 22,6 bezw. 24,25 Knoten.

Wie viel Versuche angestellt, wie viel Erfahrungen gesammelt und wie viel geistige Kräfte in Bewegung gesetzt werden mussten, um in wenigen Jahrzehnten einen so gewaltigen Fortschritt hervorzurufen, werden diejenigen am besten beurtheilen können, welche zur Erreichung dieses Fortschrittes ruhmvoll mitgearbeitet haben!

A. W. Schade's Buchdruckerei (L. Schade) in Berlin, Stallschreiberstr. 45/46.

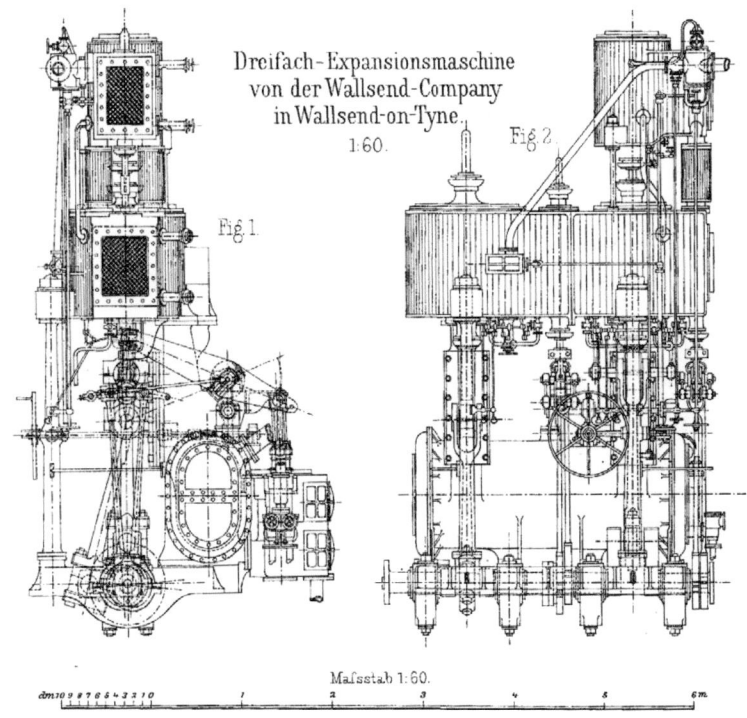

Dreifach-Expansionsmaschine
von der Wallsend-Company
in Wallsend-on-Tyne.
1:60.

Fig. 2.

Fig. 1.

Mafsstab 1:60.

dm 10 9 8 7 6 5 4 3 2 1 0   1   2   3   4   5   6 m

Vierfach-Expansionsmaschine der Dampfjacht „Rionnag-Na-Mara"
von Rankin & Blackmore in Greenock.
1:50

Fig. 7.

Fig. 8.

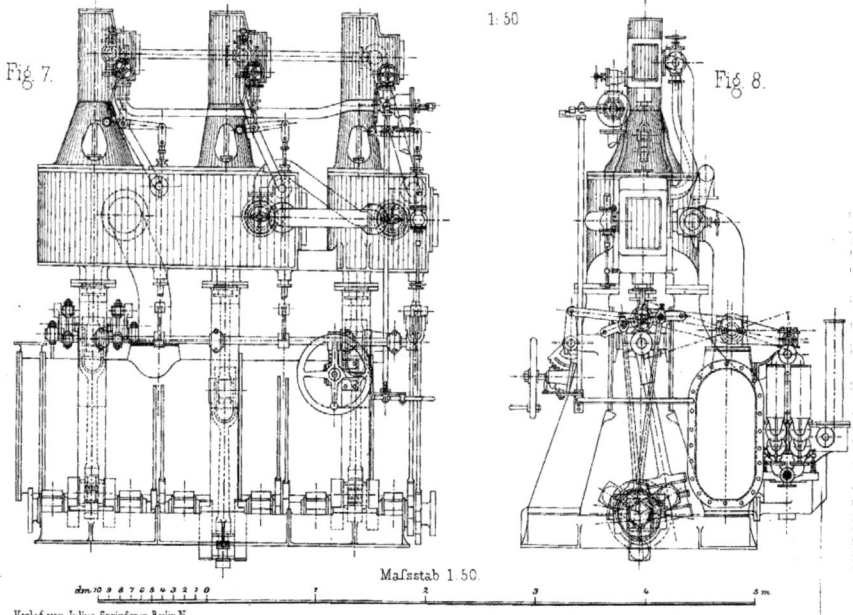

Mafsstab 1:50.

dm 10 9 8 7 6 5 4 3 2 1 0   1   2   3   4   5 m

Verlag von Julius Springer in Berlin N.

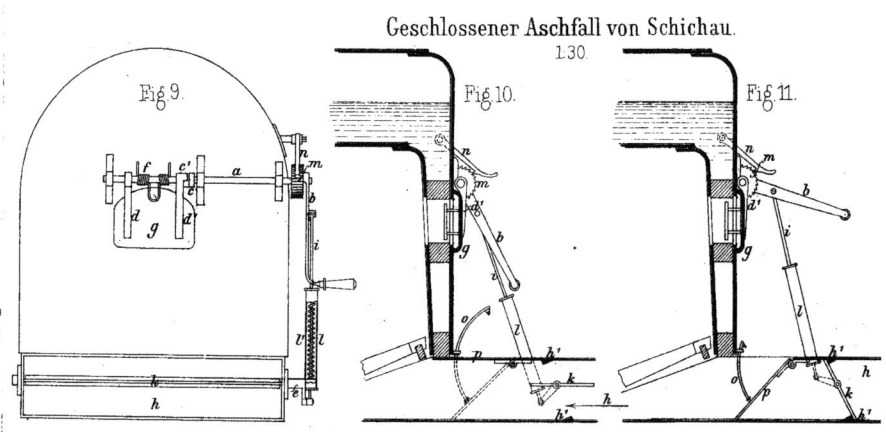

Dreifach-Expansionsmaschine von der
Barrow-Shipbuilding-Company in
Barrow-in-Furness.
1:60

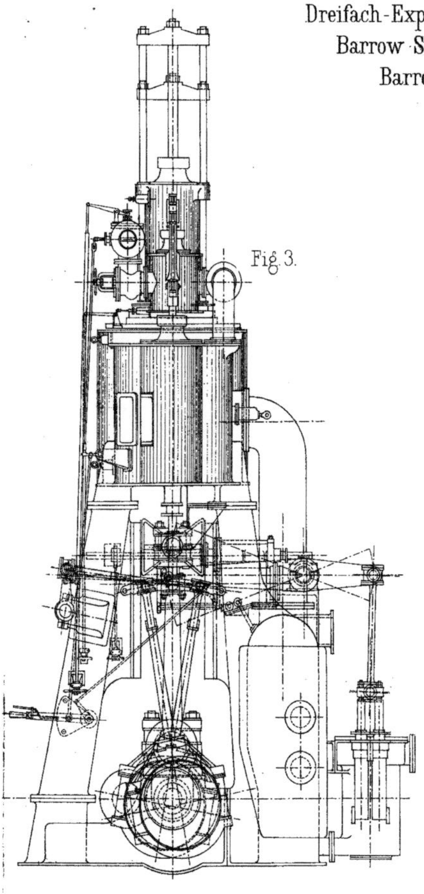

Fig. 4.

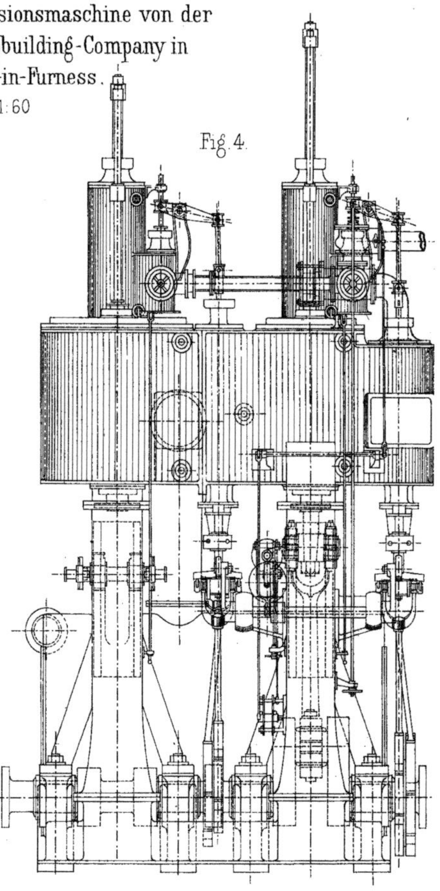

Fig. 3.

Geschlossener Aschfall von Schichau.
1:30.

Fig. 9.

Fig. 10.

Fig 11.

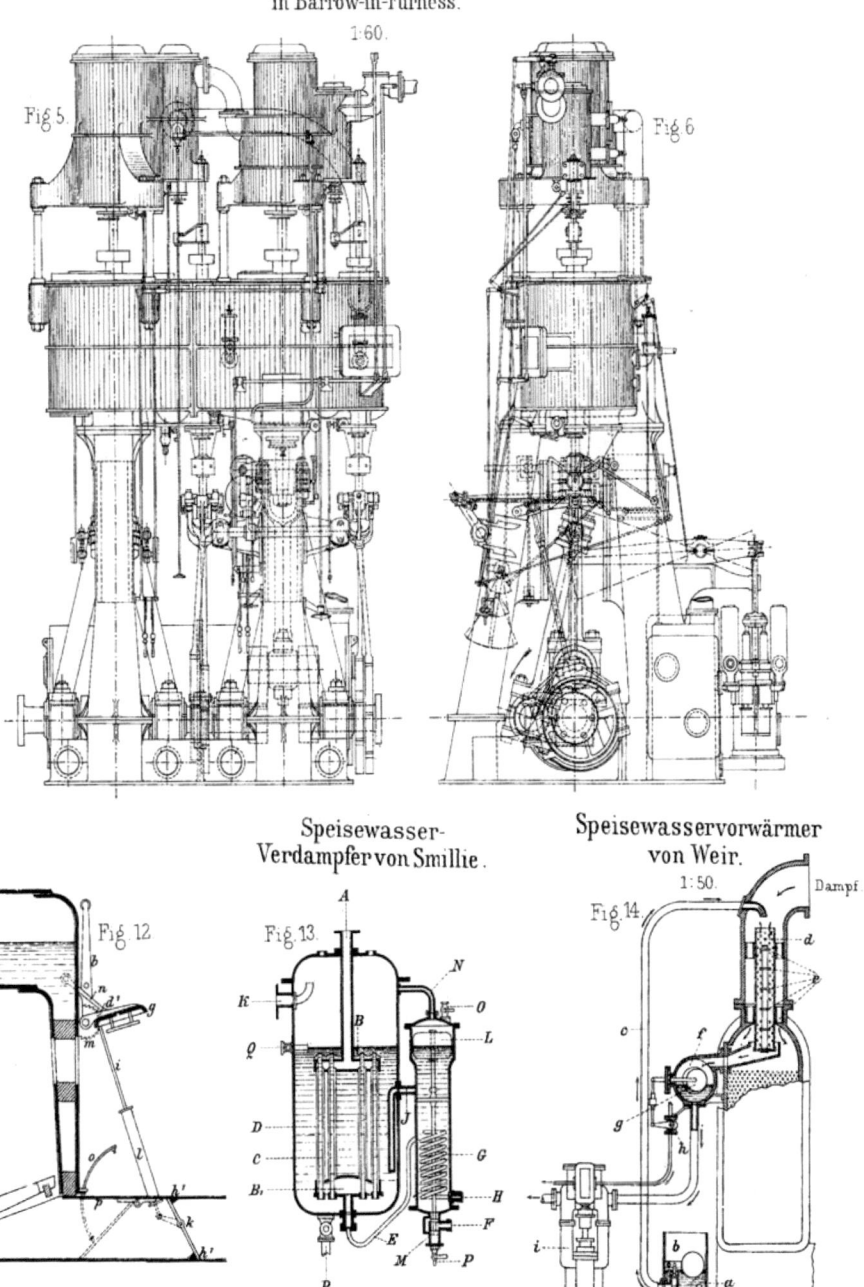

Vierfach-Expansionsmaschine von der Barrow Shipbuilding-Company
in Barrow-in-Furness.

1:60.

Fig. 5.

Fig. 6.

Speisewasser-
Verdampfer von Smillie.

Fig. 12

Fig. 13.

Speisewasservorwärmer
von Weir.

1:50.

Dampf.

Fig. 14.

Geogr. lith. Anst. u. Steindr. v. C. L. Keller, Berlin S.

Vierfach-Expansionsmaschine von Rankin & Blackmore in Greenock.

1:60.

Fig. 1.

Fig. 2.

Geschlossener Aschfall von Willans.

1:30.

Fig. 5.

Verlag von Julius Springer in Berlin N.

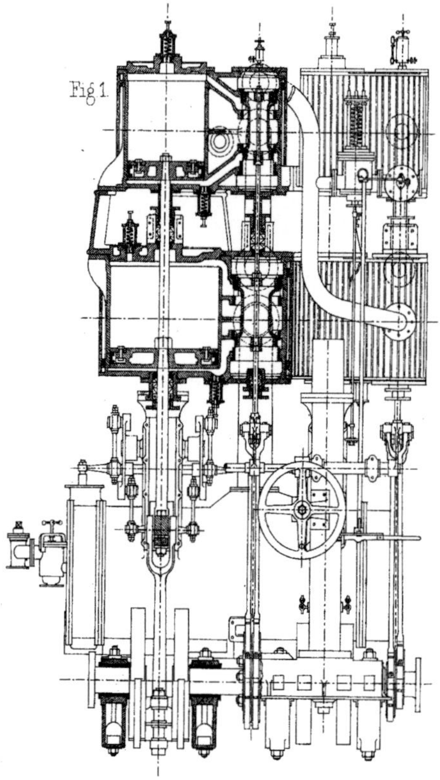

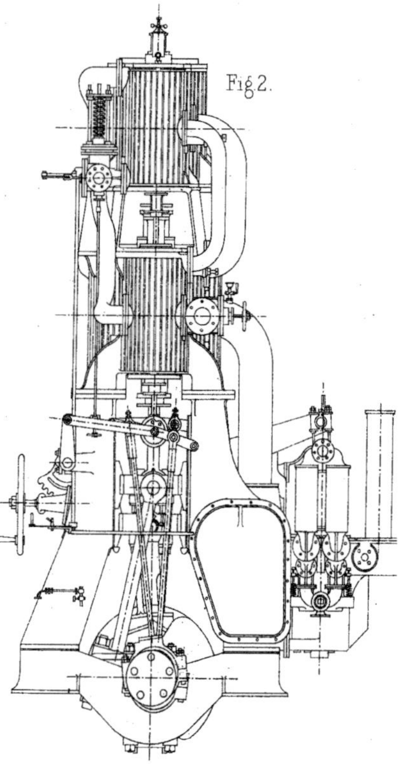

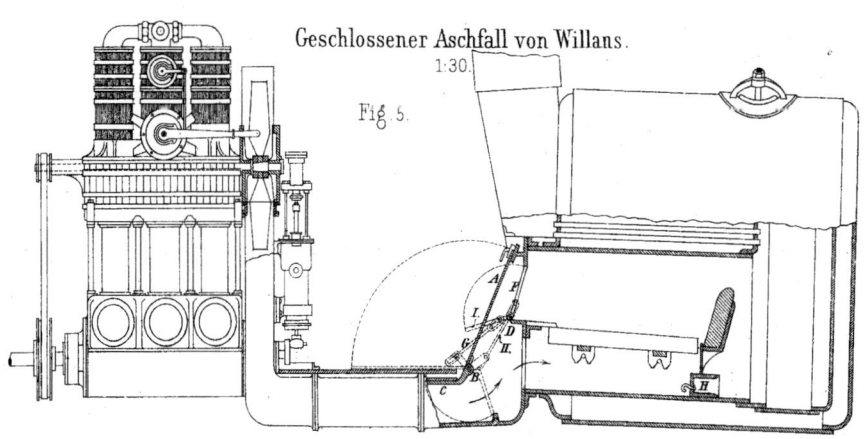

Brock's ältere Vierfach-Expansionsmaschine von Denny in Dumbarton.

1:60.

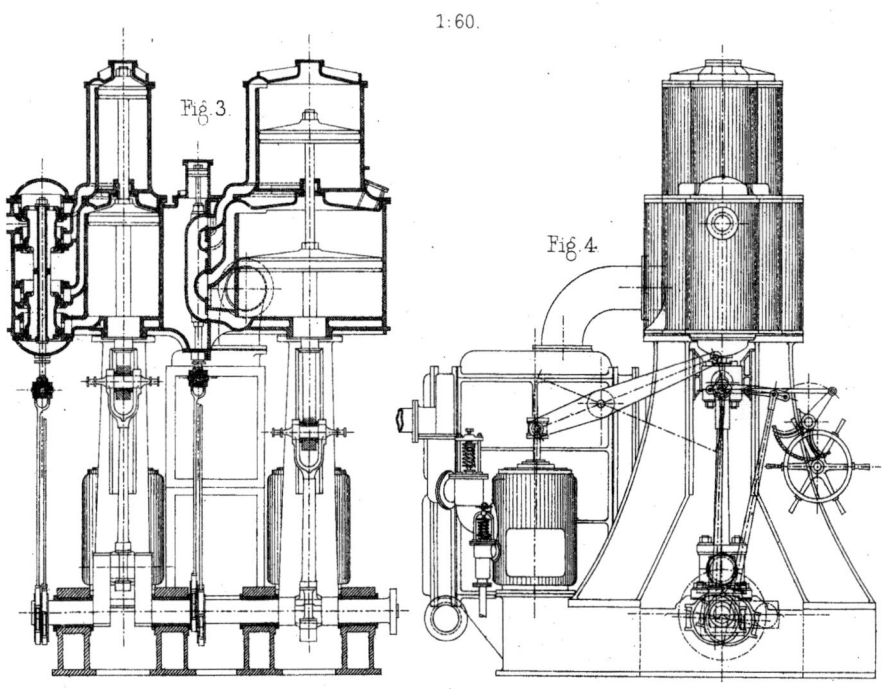

Fig. 3.

Fig. 4.

Bootskessel für geschlossene Heizräume von Belliss.

1:20.

Fig 6.

Fig 7.

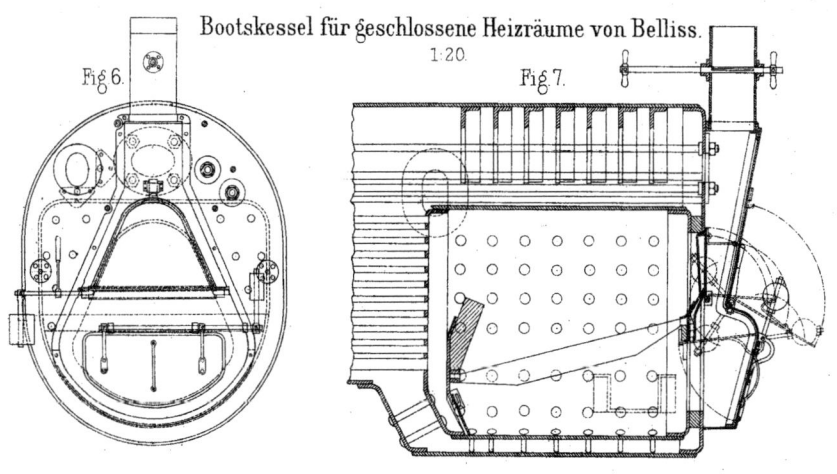

Maſsstab 1:20

Geschlossene Aschfälle von Audenet.

1:40.

Fig. 1.

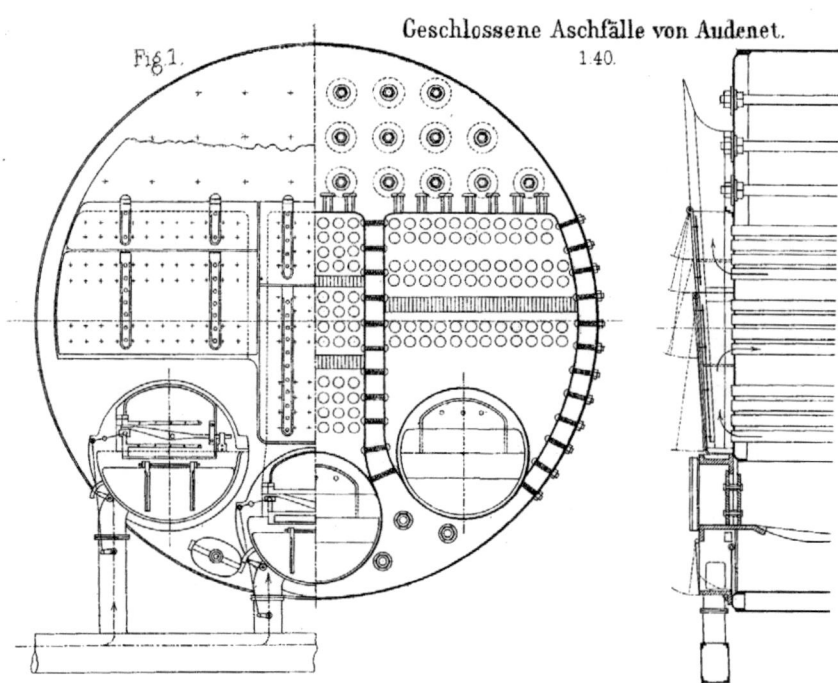

Feuerung mit vorgewärmter Pressluft von Wy

Fig. 9.

Fig. 8.

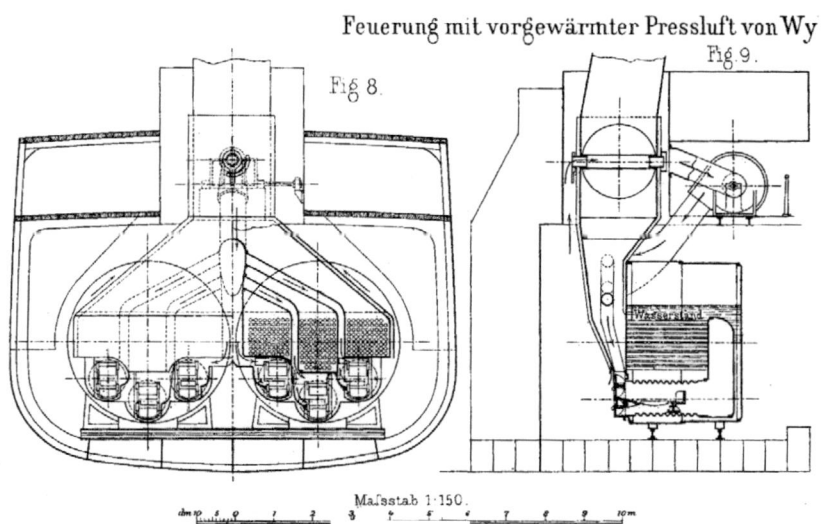

Massstab 1:150.

Fig. 2.

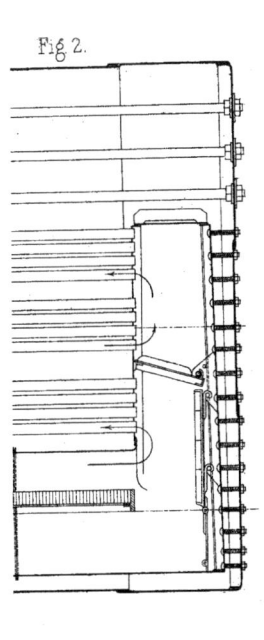

Fig. 3.

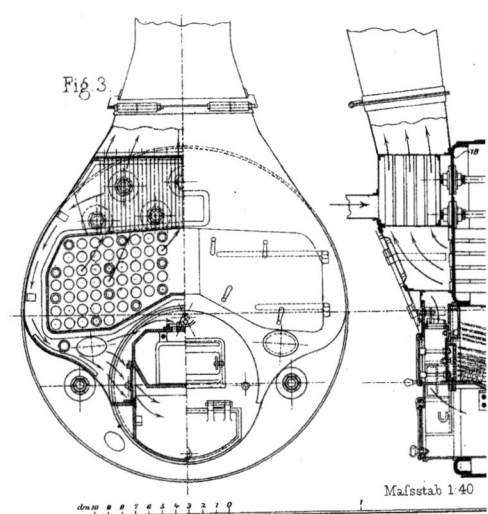

Maßstab 1:40

dm 10 9 8 7 6 5 4 3 2 1 0

Speisewasservorwärmer
von Maclaine.

Wasserstand in
der Cisterne.

Fig. 14.

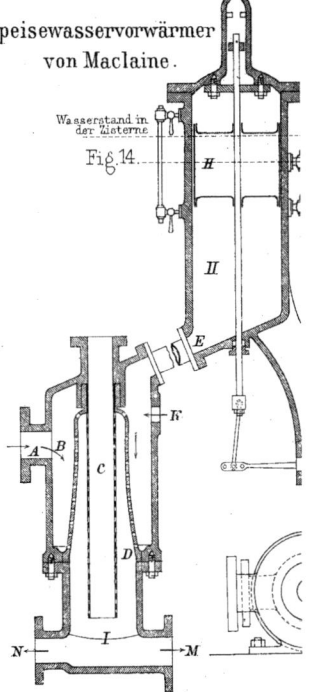

Fig. 10.

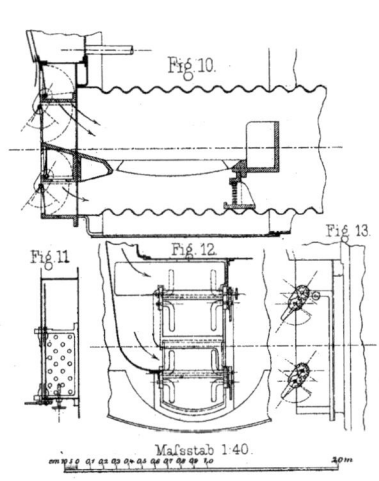

Fig. 11.   Fig. 12.   Fig. 13.

Maßstab 1:40.

cm 10 9 8 7 6 5 4 3 2 1 0   1,0 m

Feuerung mit vorgewärmter Pressluft nach Howden von Gebr. Sachsenberg.

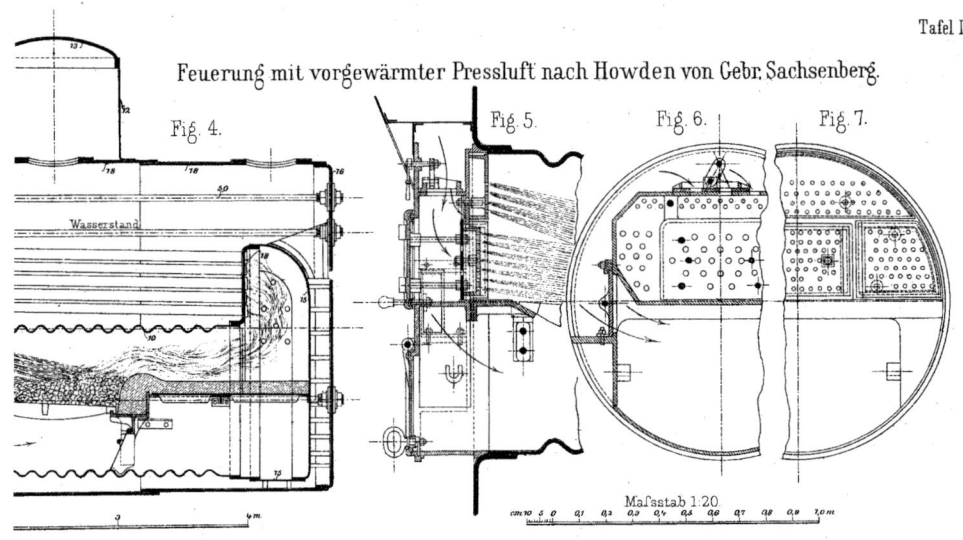

Fig. 4. Fig. 5. Fig. 6. Fig. 7.

Wasserstand

Maßstab 1:20.

Speisewasservorwärmer von Kemp.

für Einzelkessel. für Doppelkessel.

1:100.

Fig. 16. Fig. 17.

Wasserstand
in II

K

Fig. 15.

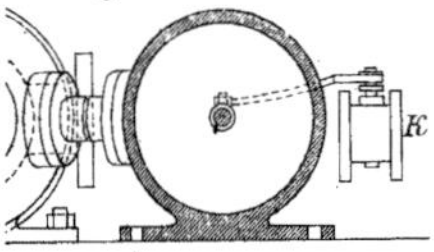

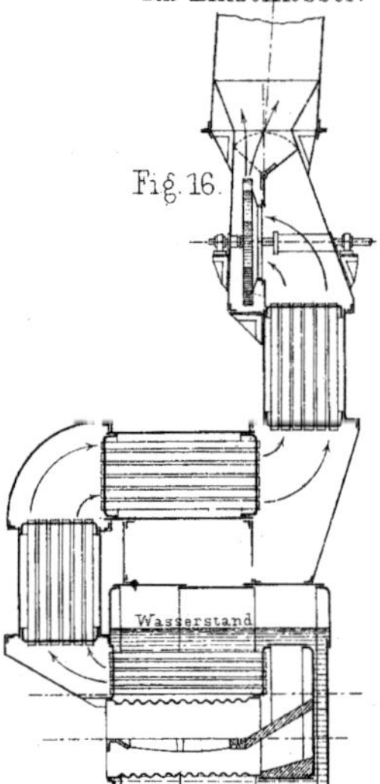

Wasserstand

Wasserstand

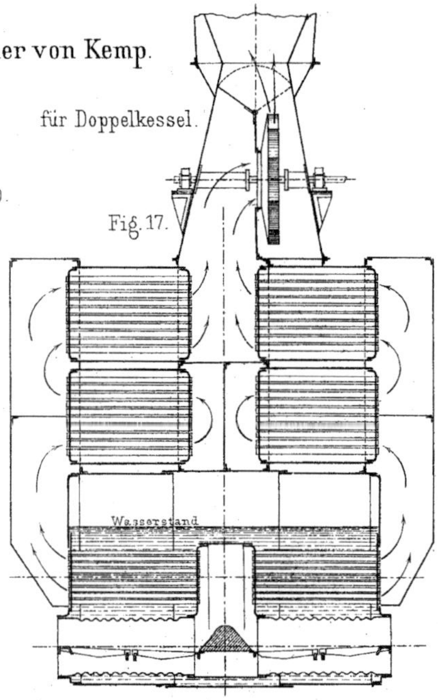

Geogr. lith. Anst. u. Steindr. v. C. L. Keller, Berlin.

Speisewasserverdampfer von Jones.

Vertikalschnitt nach a-b.

1 : 40.

Fig. 1.

I Anordnung.

Seitenansicht

Fig. 2.

Geschlossener

von Lai

1 : 100.

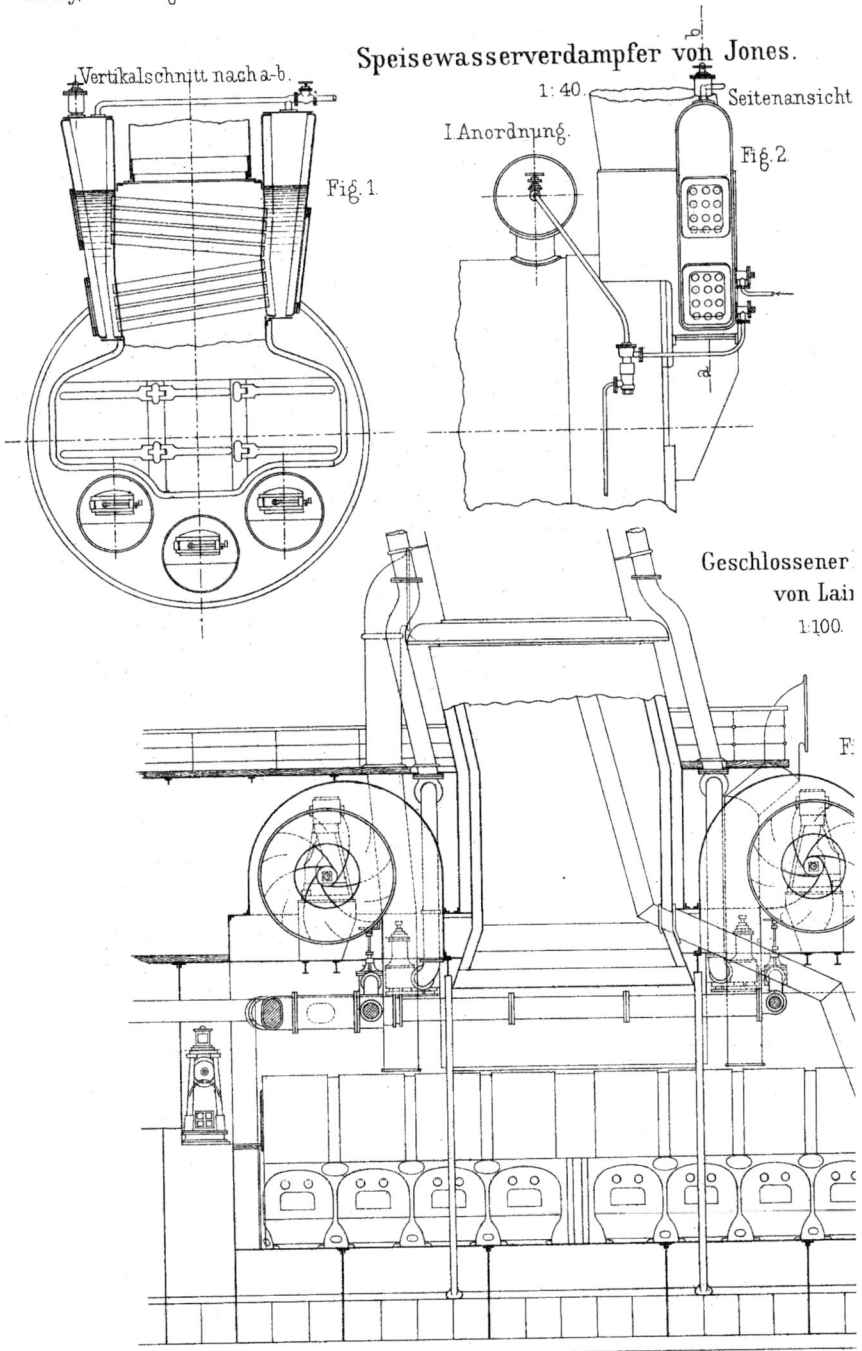

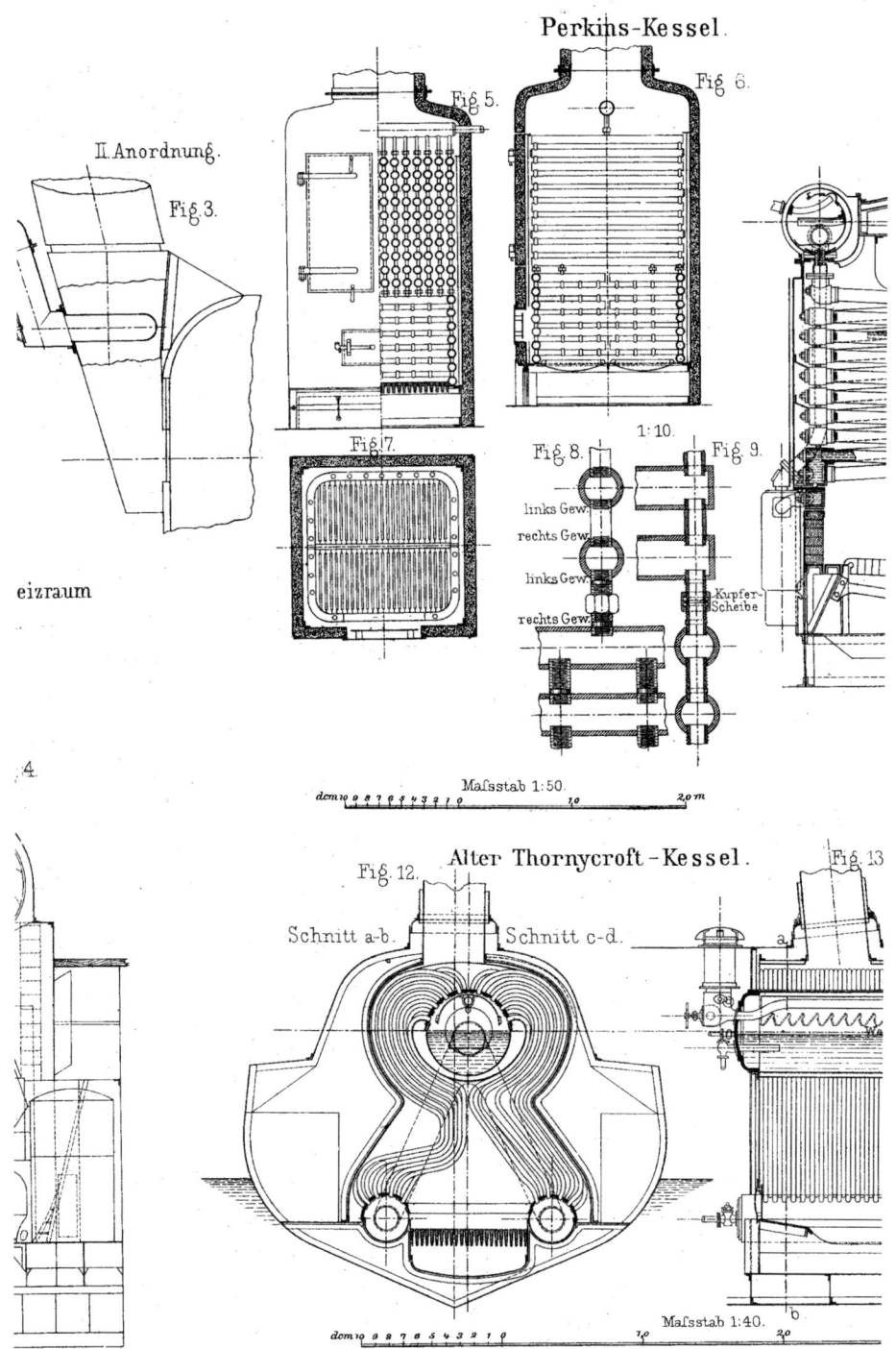

II. Anordnung.

Fig. 3.

eizraum

Perkins-Kessel.

Fig. 5.

Fig. 6.

Fig. 7.

Fig. 8.

1:10.

Fig. 9.

links Gew.

rechts Gew.

links Gew.

rechts Gew.

Kupfer-Scheibe

Maſsstab 1:50.

dcm 10 9 8 7 6 5 4 3 2 1 0   1,0   2,0 m

Alter Thornycroft-Kessel.

Fig. 12.

Schnitt a-b.

Schnitt c-d.

Fig. 13.

a.

Maſsstab 1:40.

dcm 10 9 8 7 6 5 4 3 2 1 0   1,0   2,0

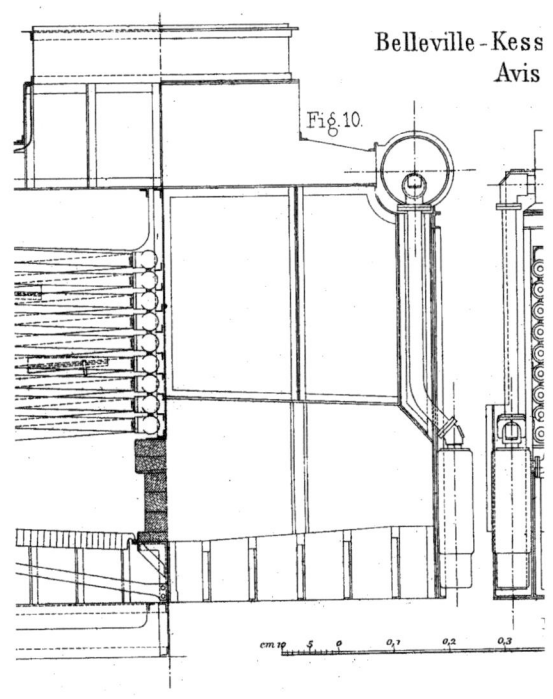

Belleville-Kess
Avis

Fig.10.

cm 10   5   0   0,1   0,2   0,3

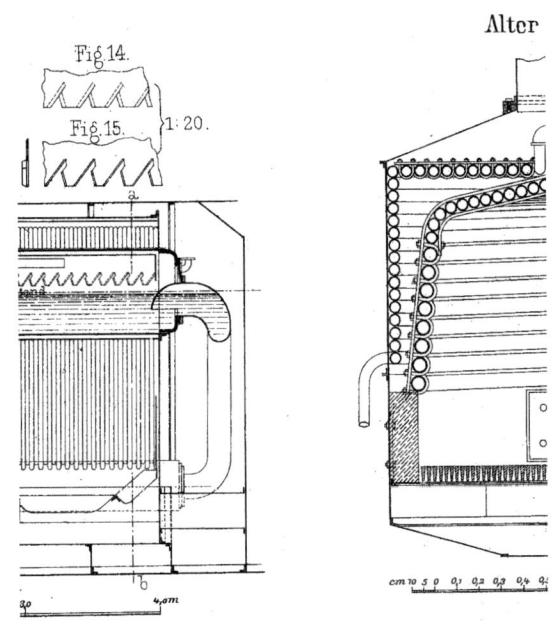

Alter

Fig.14.
Fig.15.   1:20.

cm 10 5 0 0,1 0,2 0,3 0,4 0,5

0   4,0m

el des französischen
os „Milan".

Fig. 11

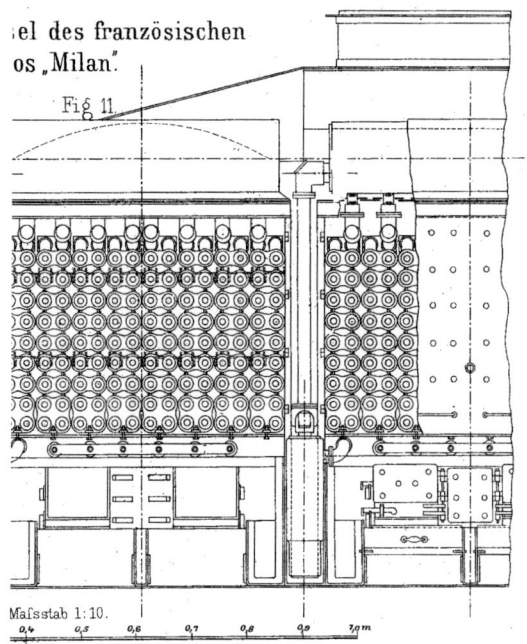

Mafsstab 1:10.

0,4   0,5   0,6   0,7   0,8   0,9   1,0 m

Herreshoff-Kessel.

Fig. 16.

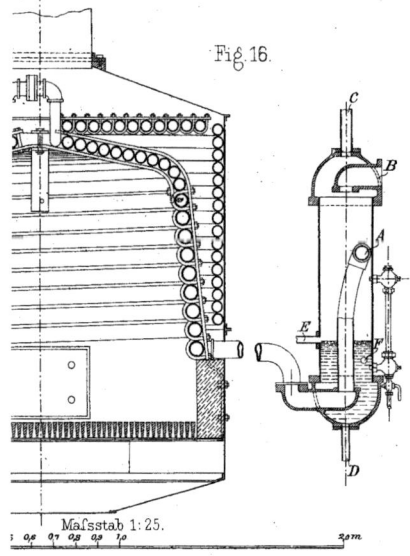

Mafsstab 1:25.

0,6   0,7   0,8   0,9   1,0   2,0 m

Geogr. lith. Anst. u. Steindr. v. C. L. Keller, Berlin S.

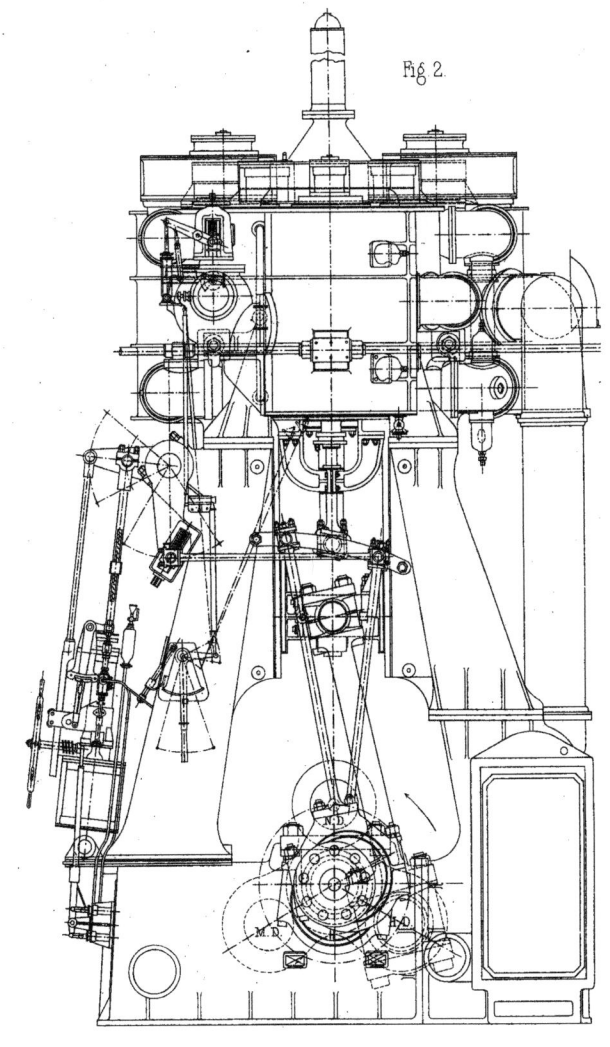

Fig 2.

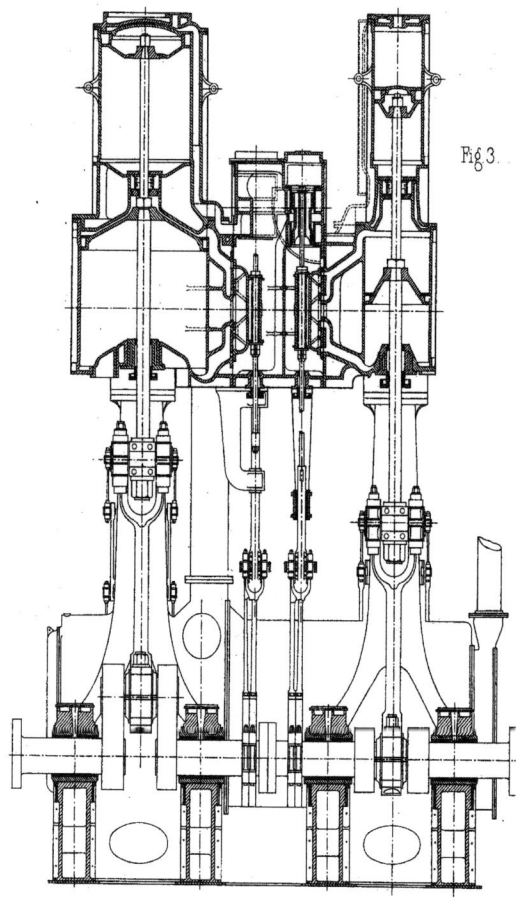

Fig 3.

Dreifach-Expansionsmaschine für den Schnelldampfer „August

1:60.

Fig. 1.

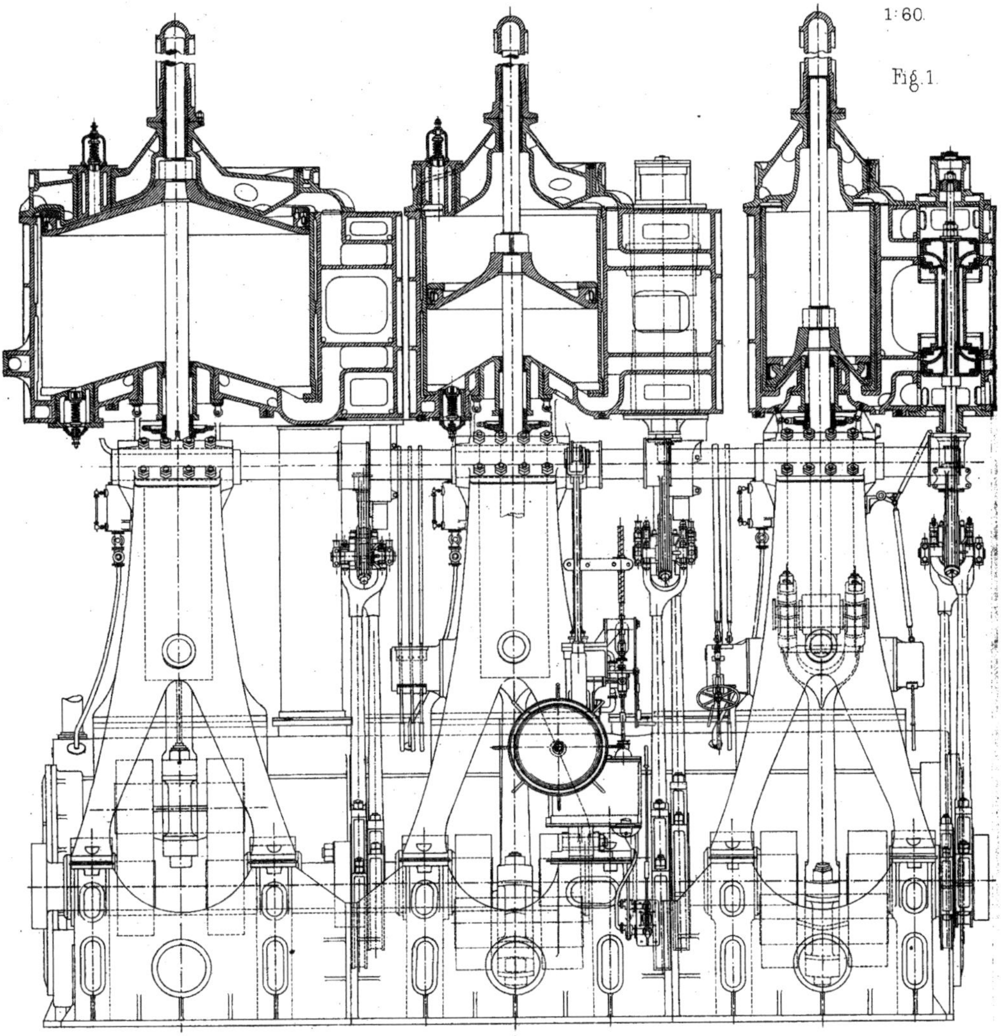

Verlag von Julius Springer in Berlin N